최신

사회복지실천기술론

SKILLS AND TECHNIQUES OF SOCIAL WORK PRACTICE

최신 사회복지 실천기술론

윤경원 · 김윤배 · 간호옥 · 권태우 · 오선영 공저

동문사

사회복지사는 개인, 가족, 소집단 또는 지역사회를 대상으로 사회복지의 지식, 가치를 가지고 다양한 이용자와의 삶의 현장에서, 대인관계 속에서 당면한 욕구나 문제해결 또는 인권을 실현하기 위하여 체계적이고 조직적인 사회복지실천을 전문적으로 수행하는 사람이라고 할 수 있다. 클라이언트와 가장 접점지역에서 그 일을 담당하고 있는 사회복지사에게 꼭 필요한 내용이 학자들에게는 전문적인 실천기술에 대한 연구와 가르침이라고 볼 수 있다.

자신의 학문 분야에 관련된 교재를 집필한다는 것은 연구자로서 무엇보다도 가치 있고 의미 있는 일이기도 하지만, 그만큼 따르는 책임감이 엄청나게 밀려오는 것도 사실이다. 실천기술론이 사회복지 핵심 전공이니만큼 기존의 다른 교재들과는 조금이라도 차별화가 되어야 한다는 생각으로 3년이라는 시간을 구상과 망설임으로 보내게 되었다. 집필을 시작하면서도 어떻게 하면 좀 더 쉽고, 더 재미있게 실천기술론을 작성할까에 대한 생각으로 집필 진도가 많이 느리게 수행되었다.

사회복지실천기술을 처음 접하게 되는 학생들에게 기존의 학습한 교과과정과 함께 학습에 용이하고 맥락이 가능한 교수방법을 어떻게 가르칠 것인가에 대하여 늘 고민을 하였다.

사회복지실천기술은 사회복지실천의 가치와 지식을 현장기술로 전환하는 행동으로 사회복지실천의 목적을 효과적으로 달성하기 위해 사회복지사가 사용하는 전문적 방법이다. 다양한 사회복지현장에서 이루어지는 사회복지사의 역할을 이해하고 복지실천 대상에 효과적으로 개입하기 위한 구체적인 기술과 기법을 이해하는 것은 매우 중요하다. 따라서 사회복지실천기술은 예비 사회복지사들이 기본적으로 배워야 할 사회복지실천을 위한 기초적인 가치와 지식, 기술을 제시해 주는 사회복지교육의 핵심 교과목이라고 할 수 있다. 이에 2003년 이래로 사회복지사 1급 국가고시의 필수과목으로 지정되어 있으며, 그 중요성은 상담과도 연결되어 있어 말로 다 표현할 수가 없다. 이러한 이유로 다른 책 집필도 마찬가지이겠지만 특히 실천

기술론 책을 집필하기가 그리 쉽지가 않았던 것이다. 따라서 자신감 부족과 바쁘다는 핑계로 몇 년간을 혼자서 관련 자료를 가지고 끙끙 앓다가 허비한 시간도 적지 않았던 것이다.

최근에 사회복지실천 환경은 빠른 속도로 변화하고 있다. 이에 일선에 있는 사회복지사들에게 다양한 요구가 많아지다 보니 사회복지사의 역할이 매우 다양하고 높은 수준의 기술과 전문성을 더 강하게 요구되고, 학문적으로도 높은 지식까지 공부해야 하는 시대로 변화하게 되었다. 이러한 시대의 역할에 제대로 수행하기 위해 학부나 대학원에서 관련된 지식과 기술을 연구하여 가르치고 있으며, 그 수요가 계속적으로 늘어나고 있다. 급변하는 환경 속에서 지금이 그 어느 때보다 사회복지사의 역량 강화가 필요한 시기이며, 사회복지사가 한 단계 업그레이드되는, 즉 전문적으로 도약하는 시기이기도 하다. 따라서 이 책은 예비 사회복지사들이 현장에서 클라이언트에게 바로 활용할 수 있는 지식과 기술을 학습하여 사회복지사로서 전문성을 높이는 데 기여하였다. 이 책은 한국사회복지협의회 사회복지학 교과목 지침에 따라 사회복지실천의 전문성에 대한 이해, 주요 실천 모델, 실천수준에 대한 기법, 개입 및 평가 방법에 대한 학습 등으로 구성되어 있다.

이 책은 위의 내용을 기본적으로 구성하여 총 14장으로 구성하였다. 1부에서는 사회복지실천기술에 대한 개관으로 1장에는 사회복지사의 전문성과 실천윤리, 2장에는 사회복지실천 현장으로 나누어 설명하였다.

2부 사회복지실천 모델과 개입기술은 총 6장으로 구성되어 있으며, 정신역동 모델, 심리사회 모델, 인지행동 모델, 과제중심 모델, 위기개입 모델, 해결중심모델 · 클라이언트중심모델 · 동기강화모델 등으로 기술하였다.

3부 수준별 사회복지실천은 개인, 가족, 집단, 지역사회에 대한 실천기술로 구분하여 총 3장으로 기술하였으며, 4부에서는 사회복지실천의 기록과 평가기술을 2장으로 나누어 기술하였다.

또한 사회복지실천기술의 이론과 실제 모델 제시뿐만 아니라 학생들이 직접 실천현장에서 적용해 보는 연습을 할 수 있도록 필자가 수년간 진행해 온 프로그램을 중심으로 많은 예시와 프로그램을 소개하였다. 처음 이 책을 집필하려고 마음을 먹었을 때는 기존 저서들과 완전히 차별화되고 더 나은 내용을 자신하고 구상했었는데, 학생들과의 수업을 통해 개정 작업을 거쳐 보다 알차고 좋은 내용으로 계속적으로 개선할 것을 약속하면서 많은 관심과 지도편달을 바란다.

이 책의 출판에 아낌없는 성원과 정성을 쏟아주신 동문사 이중수 사장님 그리고 직원분들에게 지면을 빌어 감사함을 전한다.

2025년 1월

윤경원 교수

CONTENTS

▌머리말 _ 5

PART 01 사회복지실천기술 개관

CHAPTER 01 사회복지사의 전문성과 실천윤리 15

1. 사회복지사의 전문적 지식과 기술 _ 17
2. 사회복지 전문직에 대한 관계의 원리 _ 28

CHAPTER 02 사회복지실천 현장 53

1. 사회복지실천 현장의 개념 _ 54
2. 분야별 사회복지실천 현장 _ 55

PART 02 사회복지실천 모델과 개입기술

CHAPTER 03 정신역동 모델 63

1. 철학과 기본 개념 _ 65
2. 개입목표와 과정 _ 79
3. 개입기법 _ 81

CHAPTER 04 심리사회 모델 85

1. 에릭슨의 8단계 이론 _ 86
2. 에릭슨의 치료기법 _ 91
3. 철학과 기본 개념 _ 92
4. 개입목표와 과정 _ 95
5. 개입기법 _ 100

차 례

CHAPTER 05 **인지행동 모델** 107

1. 철학과 기본 개념 _ 109
2. 개입목표와 과정 _ 123
3. 치료과정과 개입기법 _ 125
4. 인지이론에 대한 평가 _ 132

CHAPTER 06 **과제중심 모델** 133

1. 철학과 기본 개념 _ 134
2. 개입목표와 과정 _ 146
3. 개입기법 _ 147
4. 과제중심모델의 기대효과와 한계 _ 149

CHAPTER 07 **위기개입 모델** 151

1. 기본 개념 _ 152
2. 개입목표와 사정 _ 156
3. 개입기법 _ 157

CHAPTER 08 **해결중심모델, 클라이언트중심모델, 동기강화모델** 163

1. 해결중심모델 _ 163
2. 클라이언트중심모델 _ 174
3. 동기강화모델 _ 181

PART 03 **수준별 사회복지실천기술**

CHAPTER 09 **개인 사회복지실천** 185

1. 개별사회사업 _ 185
2. 복합적 욕구를 가진 클라이언트의 개입과 기술 _ 188
3. 비자발적 클라이언트의 개입과 기술 _ 191

CONTENTS

CHAPTER 10 가족 사회복지실천 197

1. 가족의 개념과 변화 _ 198
2. 가족구성원의 의사소통 _ 218
3. 가족규범과 역할 _ 223
4. 가족 사정도구 _ 226
5. 가족에 대한 실천기법 _ 233

CHAPTER 11 집단 사회복지실천 245

1. 집단의 개념과 유형 _ 246
2. 집단지도력의 요소와 유형 _ 263
3. 집단의 역동성 _ 272
4. 집단에 대한 실천기법 _ 283
5. 집단상담의 과정과 특성 _ 308
6. 집단상담자의 자질과 수행능력 _ 316

CHAPTER 12 지역사회의 이해와 실천기법 335

1. 지역사회와 거시적 사회복지실천 _ 336
2. 지역사회 분석과 조직의 유형 _ 338
3. 지역사회에 대한 실천기법 _ 343
4. 사례관리 _ 350

PART 04 사회복지실천의 기록과 평가기술

CHAPTER 13 사회복지실천 기록 367

1. 기록의 중요성 _ 367
2. 기록의 목적과 내용 _ 368
3. 기록의 필요성 _ 372
4. 기록의 목적 _ 372
5. 기록의 내용 _ 373
6. 기록의 형태 _ 380

차 례

CHAPTER 14 **사회복지실천 평가** **389**

1. 사회복지실천 평가의 중요성 _ 389
2. 평가의 개념과 유형 _ 390
3. 프로그램 평가 _ 398
4. 사례연구 설계 _ 402

▎참고문헌 _ 413

01 PART

사회복지실천기술 개관

CHAPTER 01 사회복지사의 전문성과 실천윤리
CHAPTER 02 사회복지실천 현장

사회복지사는 무엇을 하는가? 사회복지사는 심리학이나 정신의학, 교육학, 그리고 여타의 관련 전문직과는 어떻게 다른가? 사회복지사에게 요구되는 가치와 기술은 무엇인가? 사회복지사와 상담자는 어떠한 차이가 있는가? 사회복지사에게 상담은 어느 정도의 비중을 차지할까? 이는 사회복지사에게 주어지는 주요 질문들이고 우리는 그 답을 찾아야 한다.

사회사업이 등장한 것은 약 120년 전의 일이다. 1905년 리챠드 캐봇이 종합병원에 고용된 이래로 사회복지사는 학교, 정신보건기관, 아동기관 등에 채용되기 시작했다. 그 후 사회사업은 리치몬드의 책 출간을 통해 전문적인 토대를 갖추기 시작했다. 1920년대의 정신분석이론은 많은 사회복지사를 매료시켰으며, 정신역동이론은 사회사업의 주요한 개인모델로서 개인을 변화시키는 데 많은 기여를 하였다. 본 장에서는 사회복지실천기술과 상담에 추후 논의할 내용에 대해 이해를 높이는 장으로 활용하고자 한다.

CHAPTER 01

사회복지사의 전문성과 실천윤리

전문가를 기술자와 구별하는 것은 실천을 결정하는 데 이론을 활용한다는 것이고, 전문직이 비전문직과 구별되는 것은 일반인에게 활용할 수 있는 지식과 기술을 가지고 있다는 것이다. 물론 비전문직 종사자도 전문직 종사자에 못지않게 많은 기술과 스킬, 경험을 가지고 있다. 이의 주요 차이점은 이론적 체계로 구성할 수 있느냐이다. 사회복지실천의 이론적 체계는 문제를 효율적으로 어떻게 해결해야 하는지에 대한 전체적인 통찰력을 가져 준다.

현시대는 모든 정치, 경제, 사회, 문화 분야에서 급속하게 변화하는 4차산업의 혁명이 도래하는 시기이다. 이러한 사회에서 사회복지와 인간을 다루는 상담 영역은 점차 확장되고 다양화, 세분화되고 있다. 이에 따라 사회복지실천의 고유한 역할과 한층 업그레이드된 전문적 기반에 대한 논의가 활발하게 지속되고 있다. 전문적 기반은 사회복지사와 관련 업무에 종사하는 상담자, 교사 등의 실천기술에 포함되어 사회복지분야 전문직의 인생철학, 교육철학에 바탕을 둔 전문직의 지식과 지혜, 고도의 기술과 고가치의 통합으로 이루어지고 있다.

기술은 학습을 통해서 발달하는 신체적·언어적 · 행동적인 작용이다. 기술은 사회복지사가 사회복지현장에서 사용하는 지식, 기술적인 전문성, 상황에서의 판단력과 창의성 등의 경험을 의미한다. 사회복지실천은 여러 상황에서 다양하게 활용할 수 있는 폭넓은 기술을 요구한다.

기술은 사회복지의 행동적 요소라고 할 수 있지만 엄격히 따져보면 본질적으로는 인지적인 요소로 볼 수 있다. 가치는 비단 사고의 요소뿐 아니라 감정적 · 정서적 요소도 포함되며, 사회복지실천에서는 보다 넓은 보편적인 지식의 활용과 그 상황에 적절한 이론적 지식을 선택하고, 관련된 고가치를 결정하며, 적절한 행동을 찾아 도움을 주는 것 등이 창의적으로 조화를 이루어야 한다.

사회복지실천의 기초기술은 다음과 같다.

- 면접기술: 효율적인 의사소통 및 적절한 관여의 기술
- 사정기술: 개인과 조직, 환경의 상호작용에서 발생되는 문제 발견
- 개입기술: 직면한 문제나 어려움을 해결하는 기술
- 팀워크기술: 주어진 문제해결을 위해 다른 전문가와 공동으로 노력하는 기술
- 지지망 구축: 실천기술 개입효과의 지속성을 유지함으로써 클라이언트의 자립과 독립심을 유도
- 협상기술: 클라이언트의 복지와 관련된 주변 사회복지체계와의 협상기술
- 평가 및 종결: 수평적, 수직적 상호작용의 협력과 노력의 결과를 평가하고 클라이언트의 자립과 독립을 위해 종결하는 기술
- 추수관리: 실천상담 후 자립적 생활의 유지여부를 관찰

사회복지의 궁극적 목표는 국민들의 경제, 사회, 문화, 건강, 삶의 질 보장, 여가, 노후 등과 관련된 기본적인 욕구를 충족시키는 것이다. 사회복지는 빈부와 관계없이 모든 국민의 사회적 기능을 향상시키고자 한다. 사회복지는 사회의 유지에 기본이 되는 건강, 교육, 사회, 경제적인 욕구를 충족시키고자 하는 서비스와 프로그램의 국가체계로 정의되고 있다(Barker, 1995).

역사적으로 볼 때도 사회복지는 정의와 평등, 공평 등의 가치에 기초하여 발달해 왔고, 가치와 윤리는 사회복지실천의 주요 관심사였다. 사회복지는 이러한 가치에 기초로 발달해 왔고, 가치는 어떠한 사물이나 현상 · 행위 등이 인간에게 의미 있고 바람직함을 나타내는 개념이다. 또한 그 가치는 특정 대상층 내부의 집단이 함께 공유하면서 행동양식을 도식화 · 구조화하는 수단을 제공한다. 한편, 윤리는 가치에서 비롯된다. 무엇이 옳고 그른가를 판단하는 도덕적 판단이 그 지침이다. 사회복지실천의 가치는 사회복지실천이 추구해야 하는 이상적이고, 도덕적인 방향으로 가야 한다. 결국 사회복지실천의 윤리는 전문가인 사회복지사와 클라이언트와의 관계 속에서 가치지향적인 사회복지사로서 반드시 지켜야 하는 행동 원칙이나 지침을 뜻한다.

1. 사회복지사의 전문적 지식과 기술

사회복지실천은 다른 여러 가지 상황에 적용되는 다양한 종류의 기술을 필요로 한다. 따라서 특정 상황에 대한 적절한 기술과 스킬을 선택하여 그 문제가 잘 해결될 수 있도록 효과적으로 활용하는 능력이 요구된다. 그래서 실천기술을 사회복지실천의 종합적이고 세분화된 기술로도 이해하기도 한다. 사회복지사는 복지사로서의 기본적인 소양, 인격, 지혜를 겸비한 후, 실천분야의 다양한 이론과 지식을 바탕으로 사회복지실천의 목표를 추진하기 위한 실천기술을 활용한다. 하지만 사회복지사가 사회복지 전문직의 가치를 이해하고 사회복지와 관련된 전문지식을 두루 갖추고 있다 하더라도 클라이언트와의 협력적 상담관계에 적절하게 사용할 수 있는 기술, 스킬이 부족하다면 어떻게 될 것인가? 클라이언트의 문제해결이 원활히 진행되기는 어려울 것이다. 따라서 사회복지사는 개인, 가족, 집단, 지역사회를 대상으로 일을 할 때에는 각각의 상황에 필요한 실천기술을 사용할 수 있도록 준비된 자세가 필요하다.

1) 사회복지실천지식

(1) 실천지식의 차원

실천지식은 사회복지사의 실천활동에 영향을 주는 구체성의 정도에 따라서 패러다임, 이론, 모델, 관점 등의 형태로 구분할 수 있다. 기능적으로 분류된 이들 지식은 실천가의 세계관이나 사회문제를 바라보는 인식의 틀을 구성하는 것으로부터 구체적인 실천기술의 선택에 이르기까지 각기 다른 수준에서 영향을 미친다.

① 패러다임

패러다임은 추상적인 수준의 개념으로서 세계관과 현실에 대한 인식의 방향을 결정한다.

세계관의 커다란 변화를 나타내는 패러다임은 학문의 인식론적 변화나 사회의 분위기, 사상적 조류, 정치적 사건 등의 영향을 받는다.

② 관점/시각

관점/시각은 개념적 준거틀이라고 하며, 관심 영역과 가치, 대상들을 규정하는 사고 체계를 말한다.

③ 이론

이론은 특정 현상을 설명하기 위한 가설이나 개념, 의미의 집합체를 말한다. 이론은 단순히 현상을 기술하는 차원을 넘어서 어떤 일이 왜 일어났는지에 대한 설명을 제공하며, 사회복지실천이론은 정신역동이론, 인지행동이론, 학습이론, 현상학적 이론, 일반적인 의사소통이론, 체계이론, 생태체계이론, 임파워먼트이론 등이 주를 이루고 있다.

④ 모델

모델은 일관된 실천활동의 원칙과 방식을 구조화시킨 것으로서 실천과정에 직접적으로 필요한 기술적 적용방법을 제시한다. 사회복지실천에서 활용되는 모델로는 관점과 이론을 배경으로 기술적 과정을 도출한 정신분석이론과 정신분석모델, 행동주의이론과 행동수정모델, 인지이론과 정서적 치료 모델 등이 있다. 또한 특정한 이론보다는 여러 이론들의 장점을 추출, 절충해서 실천에 적용하는 절충주의인 심리사회 모델, 과제중심 모델 등이 있다. 절충주의의 장점으로는 유사하게 제안하는 사회복지실천이론을 병합시킬 수 있고, 복잡한 상황을 특정이론보다 더 잘 해결하도록 하고 특정이론이 갖는 단점이나 취약한 부분을 보완할 수 있다.

(2) 실천지식의 종류

사회복지사가 실천현장에서 만나는 다양한 문제를 지닌 클라이언트들을 돕기 위해서는 인간의 욕구와 문제, 상황과 사회환경과 관련하여 심리적, 사회적, 문화적 특징 전반에 대해서 이해하고 클라이언트의 문제가 발생하는 상황적 맥락을 분석할 수 있는 능력이 있어야 한다.

① 기초지식

개인으로부터 환경에 이르는 폭넓게 삶의 문제를 다루는 학문의 특성상 사회복지실천 분야에서 활용하는 지식은 사회과학 및 인접 학문의 지식을 포함한다. 미국사회사업교육협회는 사회복지실천 맥락과 대상자를 이해하는 데 도움이 되는 교과내용으로 사회, 문화, 역사, 예술, 철학 등의 기초 교양과목을 폭넓게 포함시키고 있다. 사회복지실천에서는 기본적으로 생물학과 생리학 등의 자연과학 분야뿐만 아니라 인류학, 정치학, 경제학, 사회학, 심리학 등 사회과학 분야의 복잡하고 깊이 있는 지식을 활용하고 있다.

사회복지는 개인과 개인을 둘러싼 다양한 환경체계, 그리고 그와 관련된 복잡하고 여러 가지 사회문제를 다룬다. 사회문제에 대한 폭넓은 시각과 관점을 가지기 위해 사회복지실천에서는 다양하고 넓은 지식의 기초를 필요로 한다.

사회복지지식의 기초는 공통적이고 다양한 학문적인 특성, 복합적이고 포괄적이며, 인간과 사회에 대한 넓은 시각과 많은 정보를 제공한다. 다만 사회복지와 관련된 다른 학문의 지식을 활용할 때는 복지 분야의 특정한 지식이 아니라는 점을 알고 있어야 한다.

② 전문지식

효과적인 사회복지실천을 위해서 사회복지사가 지녀야 할 전문지식은 다음과 같다.

- 인간행동과 사회환경에 관한 지식

인간문제를 이해하기 위해서는 인간행동의 특성 및 발달단계와 관련된 욕구와 자원에 대해 알아야 하며, 이러한 욕구가 어떻게 정의되고 다양한 문화와 어떻게 만나는지 알아야 한다. 인간의 행동적 특성을 이해하고 환경의 상호적 영향력을 파악하기 위해서는 인간의 정서적, 심리적, 사회적 발달단계와 환경의 물리적, 사회적, 문화적 특성 등과 관련된 지식을 습득해야 한다. 또한 인간은 상호작용을 하면서 살고 있기 때문에 개인, 가족, 집단, 지역사회 내 조직이나 기관 간에 어떤 형태로 상호 연결되어 있는지 이해해야 하며, 의사소통의 다양한 언어적 방법을 이해하고, 이러한 외적 표현의 바탕에 깔린 내적 감정 상태를 이해해야 한다.

- 실천이론과 모델에 관한 지식

다양한 실천상황 및 체계에 적합한 전문적인 원소 관계와 실천과정의 개입방법과 전략 등을 선택하는 데 필요한 지식을 이해해야 한다.

기본적인 실천이론과 모델은 사회복지현장에서 기초적인 프로그램 구성과 실행, 자료 분석을 위한 중요한 자원이므로 사회복지에 종사하는 자들은 자기 몸에 맞는 적절한 이론은 충분히 인지할 수 있어야 하며 다른 이론과 모델 등도 상호작용할 수 있도록 능력을 갖추어야 한다.

• 사회복지정책과 서비스에 관한 지식

서비스를 제공하는 전문가와 기관을 포함하여 사회복지 전달체계에 관한 지식 및 사회복지정책이 변화해 온 역사적 맥락을 알 필요가 있다. 사회경제적 정의와 원칙 안에서 정책입안 과정, 정책형성 과정, 사회정책 분석에 영향을 미치는 정치적 과정과 사회복지 정책을 발전시키기 위한 사회복지사의 역할 등에 대한 지식이 필요하다.

• 사회복지실천방법에 관한 지식

실천방법의 지식과 기술은 사회복지사가 관여하는 클라이언트 체계수준에 따라 미시, 중범위, 거시수준으로 구분하는데, 효과적인 실천을 위해서는 모든 수준에 관계된 지식이 필요하다. 미시수준의 실천은 개인, 부부, 가족을 포함하는 다양한 클라이언트 체계를 대상으로 하며, 중범위수준의 실천은 학교나 직장, 이웃에서의 동료 간 관계에 개입한다. 거시수준의 실천은 지역사회조직과 사회계획, 사회복지 정책 형성 등과 같은 문제에 개입한다.

• 특정 분야나 클라이언트 집단에 관한 지식

특정 상황에 처한 클라이언트 집단이나 기관 등에 대한 이해가 있어야 효과적인 실천이 가능하며, 상황과 대상에 적합한 지식을 선택할 수 있다.

집단을 구성할 때 일어나는 개인의 역할과 집단의 상호작용에 의해 발생하는 집단역할을 이해해야 한다. 또한 개인과 집단, 지역사회는 종교적 신념이나 영적 가치관, 법률, 사회제도 내에서 행동이나 사업이 결정되는 사례가 많기 때문에 지역사회의 문화적 요인을 이해해야 한다. 그리고 군대 내의 사회사업, 병원 등 의료 사회사업, 정신보건 사회사업, 한가족, 독거노인에 대한 지원사업, 북한이탈주민에 대한 지원사업, 다문화가정 지원사업 등 특정 분야나 특수 대상에 관한 지식을 충분히 가져야 한다.

• 조사 및 연구에 관한 지식

사회복지실천을 위한 지식 형성과 관련된 모든 영역에서 서비스 전달의 효율성과 효과성을 평가하기 위해 과학적 · 분석적으로 접근하는 지식이 필요하다. 사회복지사는 조사연구로 얻은 정보를 실천에 활용할 수 있어야 한다. 자신의 실천과 자신이 주도하거나 참여한 프로그램의 효과성을 평가하여 전문직 동료나 전문직 자체를 위해 좀 더 효과적인 이론이 형성되고 실천이 발달하도록 해야 한다. 사회복지에서 가장 필요한 부분은 조사 방법에 관한 연구이기 때문에 기초적인 조사, 분석에 관한 지식은 기본으로 갖추어야 한다.

• 사회복지사 자신에 대한 지식

사회복지사는 자기 자신을 실천의 도구로 사용하게 되므로, 사회복지실천에 영향을 미치는 전문가로서 자신의 감정이나 가치관, 태도, 행동에 대해서 잘 인식하고 책임감을 갖도록 노력해야 한다. 즉, 자신이 지닌 성격상의 강점과 약점을 객관적으로 파악하려는 노력을 해야 한다. 또한 사회복지사의 윤리적 태도와 자기성찰에 대한 지식을 가져야 한다.

미국사회복시사협회에서는 효과적인 사회복지실천을 위한 이론과 기술을 포함하는 사회복지 전문지식의 종류를 다음과 같이 제시하고 있다.

① 인간 성장과 발달이론, 가족 간 상호작용의 이론적 지식
② 클라이언트에게 영향을 미치는 사회적·환경적 요인에 관한 지식
③ 한 사회의 문화집단에 대한 지식과 가치, 현대사회에서의 이슈
④ 기본적인 사회경제, 정치이론에 관한 지식
⑤ 인간의 존엄성과 윤리적 원칙, 실무에 관한 지식
⑥ 실천기술에 대한 사정과 개입에 관한 이론과 기술
⑦ 개별지도와 집단지도의 이론과 기술
⑧ 소집단이론과 대집단이론에 대한 행동역동에 관한 지식
⑨ 집단 상호작용과 치료적 개입에 관한 지식
⑩ 위기개입이론과 기법에 관한 지식
⑪ 지역사회조직이론과 전략에 관한 지식
⑫ 조직과 사회체계에 관한 이론과 행동, 변화 등에 관련된 지식
⑬ 실천 옹호기술과 기법에 관한 지식
⑭ 지역사회조직이론과 보건·복지서비스 개발에 관한 지식
⑮ 사회계획의 개념과 기술에 관한 지식
⑯ 지역사회자원과 서비스에 관한 지식

⑰ 공적사회서비스에 관한 지식
⑱ 사회와 보건서비스 등과 관련한 복지법규와 규정에 관한 지식
⑲ 사회복지발달과 정책에 관한 지식
⑳ 사회복지행정이론과 개념에 관한 지식
㉑ 사회·심리 통계와 기타 조사방법과 기술에 관한 지식
㉒ 실무와 관련된 전문적이며 과학적인 연구에 관한 지식
㉓ 교육과 훈련에 관한 이론과 기법에 관한 지식
㉔ 슈퍼비전의 개념과 이론을 포함하는 지식
㉕ 실천에 적합한 전문적·과학적 조사에 관한 지식
㉖ 인력관리의 개념과 이론에 관한 지식
㉗ 사회복지행정 개념과 이론에 대한 지식
㉘ 심리 사정과 개입 이론과 방법, 진단에 대한 지식
㉙ 소집단이론과 행동역학에 관한 지식
㉚ 옹호이론과 기법, 사회복지 동향 및 정책에 대한 지식

(3) 사회복지사의 실천기술

기술(skill)은 솜씨나 지식, 재능, 성격 또는 자원을 능숙하게 활용하는 능력을 말한다. 바커(Barker)는 사회복지사의 기술을 대화나 클라이언트의 문제, 욕구, 능력 등에 대한 사정, 자원개발과 사회구조를 변화시키는 데 있어서의 숙련성이라고 정의하고 있다.

사회복지실천기술은 사회복지사가 실천 활동을 수행함에 있어서 지식을 효과적으로 이용하고 적용할 수 있게 해주는 능력이나 방법을 말하며, 사회복지사의 가치와 지식을 조화시켜 행동으로 옮기는 실천 요소로서, 클라이언트의 욕구에 반응하여 클라이언트의 사회적인 기능을 향상시키는 데 목적이 있다. 기술(skill)은 특수한 상황에서 곤란해 있는 클라이언트의 행동에 대한 다양한 이론을 올바르게 이해하는 것이 시작점이다.

사회복지실천은 다음의 네 가지 특성을 가진 일련의 인지적이고 행동적인 행위를 말한다(Cournoyer, 김인숙·김용석 역, 2002). 사회복지실천기술은 ① 사회복지실천의 지식, 가치, 윤리, 의무에서 나와야 하며, ② 사회복지사에게 필요한 핵심적 자질과 일치해야 하며, ③ 전문적 통합성의 특징을 반영해야 하며, ④ 실천의 단계나 과정의 맥락을 고려할 때 사회복지실천 목적과 일

치하는 것이어야 한다. 사회복지사는 다양한 지식과 이론적 이해를 바탕으로 사회복지실천의 목적 달성을 위해 실천기술을 활용한다. 사회복지사가 사회복지실천과 관련된 전문지식을 잘 갖추고 있다고 하더라도 클라이언트를 원조할 때, 기술이 부족하다면 사회복지의 궁극적인 목적인 클라이언트의 문제해결을 돕는 과정이 제대로 이루어지기 힘들 것이다.

사회복지실천기술과 관련하여 미국사회복지사협회(NASW, 1981)는 사회복지사에게 필요한 열두 가지 필수적인 기술을 바탕으로 사회복지사가 갖추어야 할 열네 가지 능력을 제안하였다. 먼저 사회복지사에게 필요한 열두 가지 실천기술을 살펴보면 다음과 같다(Cournoyer, 김인숙 · 김용석 역, 2002; Johnson & Yanca, 2010).

① 전문가적 이해와 목적을 바탕으로 타인의 말을 경청
② 사회력과 사정, 보고서 작성을 위한 정보 취합
③ 진문직 원조관계를 형성, 발전시키며 자신을 도구로 활용
④ 언어적 · 비언어적 행동을 관찰하고 해석, 성격이론과 같은 관련 이론과 사정방법에 대한 지식을 활용
⑤ 클라이언트와의 초기관계를 맺고 신뢰감 획득
⑥ 민감한 정서적 문제를 위험 없이 지지
⑦ 클라이언트를 위한 창의적인 해결책 제시
⑧ 치료적 관계의 종결시기와 방법을 결정하고 실행
⑨ 조사 연구의 수행과 결과해석, 전문적 자료를 해석
⑩ 갈등관계에 놓인 양측을 중재하고 협상
⑪ 조직 간의 연계서비스를 제공
⑫ 후원자, 시민, 입법관계자 등에게 사회적 욕구를 해석 의사소통

사회복지실천기술은 실천현장에서 사회복지사의 행동에 의해 직접적으로 보이고 나타나는 것이지만, 기본적으로 사회복지사 지식에서 도출된 것이며 사회복지사의 가치, 숙련성, 개인적 업무 방식과도 관련된다. 모랄레스와 쉐퍼(Morales & Sheafor, 1987)는 "사회복지실천기술은 특별한 상황에 적절한 기술의 선택과 효과적으로 기술을 사용하는 능력을 요구한다"라고 하였다. 사회복시사는 '사람-문제-상황'의 특성과 욕구에 적합한 기술을 선택하고 조합하며 적용할 수 있어야 한다는 의미이다.

또한 사회복지사가 특정 프로그램이나 서비스 목적을 달성하기 위하여 필요한 지식과 방법론을 사용하며 실천을 반복할 때 습득되며, 결국 사회복지실천기술은 학습될 수 있다는 것이다. 미(美)를 추구하는 예술가는 이론과 학습, 복잡한 기술을 익혀서 자신의 방식을 발전시켜 위대한 작품을 완성한다. 이처럼 사회복지사도 지식을 익히고 자신의 방식으로 발전시켜 하나의 문제해결 작품을 완성한다. 이처럼 사회복지사는 지식에 기초한 실천기술의 훈련과 연습, 자신의 업무 방식과의 조화를 통해 숙련된 사회복지실천가로 발전하는 것이다(장수미 외, 2010).

베어(Bear)는 사회복지사가 성공적으로 업무를 수행하기 위해 갖추어야 하는 능력을 다음과 같이 제시하고 있다.

- 클라이언트와 사회기관 간의 관계 변화를 파악하고 사정하는 능력
- 문제 사정과 목표, 대안에 대한 탐색을 기초로 클라이언트의 삶의 질을 향상시키기 위한 계획을 세우고 수행하는 능력
- 취약하고 차별을 받는 집단을 위해 효과적으로 개입하는 능력
- 보다 공정하고 정의로우며, 소비자 중심 서비스와 자원들이 창출되고 개선되도록 타인들과 적극적으로 참여하는 능력
- 실무능력을 중심으로 전문가로서의 자기 개발과 성장을 지속적으로 평가하는 능력

위에서 제시한 실천기술과 관련하여 사회복지사가 갖추어야 할 능력을 열거하면 다음과 같다.

① 명확하게 말하고 확실하게 기록하는 능력
② 타인이나 클라이언트를 교육, 상담하는 능력
③ 위기상황에서도 지지적 반응 능력
④ 전문적 관계에서 역할 모델이 되는 능력
⑤ 복잡한 심리·사회적 현상을 해석하는 능력
⑥ 책임 완수를 위해 자신의 업무량을 조직적으로 관리하는 능력
⑦ 타인을 돕는 데 필요한 자원을 파악하고 동원하는 능력
⑧ 인간 행동이나 감정을 사정하고 자문을 줄 수 있는 능력
⑨ 집단활동에 적극 참여하고 그 집단을 지도할 수 있는 능력
⑩ 스트레스 상황에서도 평상심을 유지하며 제대로 기능하는 능력

⑪ 갈등상황과 비판적 · 논쟁적인 사람을 잘 다루는 능력
⑫ 사회적 · 심리적 이론을 실천 현장에 적용하는 능력
⑬ 문제해결에 필요한 정보를 파악하는 능력
⑭ 기관과 자신의 서비스 실천활동을 조사 · 연구하는 능력

2) 사회복지사의 실천윤리

(1) 사회복지실천에서의 가치와 윤리

사회복지실천은 지식과 기술만으로 충분한 것이 아니고 가치가 우선적으로 선행되어야 한다. 가치를 바탕으로 지식과 기술을 선택해야 하며, 가치는 인간의 본질에 대하여 모든 전문직이 갖고 있는 신념이며 전문가의 활동에 반영되고 전문직의 실천방향을 제시한다.

사회복지실천은 그 목적과 추구하는 가치, 이론적 지식, 기술과 경험 등의 조화를 통해서 이루어지지만 사회복지사는 본인의 가치, 지식, 기술을 사회복지현장에 적용하는 데 있어서 갈등과 모순된 상황에 자주 직면하게 된다. 이러한 가치관의 혼란이나 윤리적 딜레마가 전문가로서 사회복지사 활동에 많은 영향을 미치게 된다. 또한 전문직에 있어서 가치는 실천의 현장에서 지향하는 방향을 제시하고, 윤리는 가치에서 나오는 것으로 행동의 원칙이나 지침을 제공하기 때문에 사회복지사에게 있어서 가치와 윤리는 매우 중요하다.

『사회복지사전』(Baker, 1995)에 의하면, 윤리는 "옳고 그름에 관한 도덕적 원칙과 인식의 체계이며 실천된 행동에 대한 결과적인 철학"이라고 간주하고 있다. 가치는 "문화, 집단 혹은 한 개인에 의해 바람직하다고 간주되는 관습, 행동표준 및 원칙" 등을 의미한다. 따라서 사회복지의 가치는 사회복지실천이 추구하는 방향성을 제시하며 윤리는 전문직업인으로서 사회복지사가 반드시 지켜야 하는 행동의 원칙이나 지침을 의미한다.

사회복지실천의 전문적인 윤리는 사회복지실천이 도덕적으로 바른 방법이어야 함을 인식하도록 돕기 위한 것이다. 또한 윤리적 결정이 요구될 때 어떻게 결정하여 어떻게 바르게 행동하는지를 배우도록 돕는 기준이다. 사회복지실천에서 윤리는 클라이언트와의 관계 속에서 전문가로서 지켜야 할 도리이다. 즉, 전문적 행동의 기준이자 원칙이 되는 것이다. 이처럼 윤리는

가치에서 나오며 사회복지실천 현장에서 개입을 결정하는 중요한 판단 기준이 된다.

(2) 사회복지실천과 윤리강령

사회복지사 윤리강령은 미국사회복지사협회에서 1979년에 처음으로 채택되었다. 사회복지사의 전문직 수행을 이상적인 가치로 삼아 이를 행동강령으로 세분화한 것이다. 사회복지사가 기관이나 사회실천 현장에서 수행하는 모든 일에 대해서 전문가의 윤리와 책임, 의무라는 관점에서 원칙과 소신, 지침과 평가, 그에 따른 책임 소재의 뿌리가 되고 있다. 이후 사회복지사 윤리강령은 많은 나라에 소개되어 각 나라마다 사회복지사 윤리강령을 채택·시행해 오고 있다. 미국사회복지사협회가 1996년에 개정한 윤리강령에서 제시하는 핵심적 가치와 윤리적 원칙을 살펴보면 **표 1-1**과 같다 (설진화, 2008).

표 1-1 윤리강령의 핵심가치와 윤리적 원칙

핵심가치	윤리적 원칙
서비스	사회복지사의 궁극적 목표는 욕구를 가진 사람들을 돕고 사회문제에 개입하는 것
사회정의 증진	사회복지사는 사회정의를 위하여 도전
인간존엄과 가치	사회복지사는 타고난 개인의 존엄과 가치를 존중
대인관계의 중요성	사회복지사는 대인관계의 중요성을 인식
신뢰성	사회복지사는 신뢰감 있는 행동과 태도
능력향상	사회복지사는 자신의 능력 및 한계 내에서 활동, 전문적인 역량 개발과 향상

출처: NASW(1996), 임상록 외(2010), 사회복지실천기술론, p.20 재인용.

한편, 한국 사회복지사협회에서는 1992년에 사회복지사 윤리강령을 정하였고, 2001년 12월에 전체적으로 개정하였다. 2001년 12월에 전국사회복지사대회에서 개정된 윤리강령을 채택하고 발표함으로써 사회복지사의 윤리강령을 내외에 소개하였다. 새로이 개정된 사회복지사 윤리강령은 서문과 본문 내용에 있어 기본 윤리기준, 클라이언트에 대한 윤리기준, 동료에 대한 윤리기준, 사회에 대한 윤리기준, 기관에 대한 윤리기준, 그리고 윤리위원회의 구성과 운영에 관한 부분을 포함하고 있다. 이를 구체적으로 살펴보면 다음과 같다.

① 사회복지사는 전문가로서의 품위와 자질을 유지하고 관장하는 업무에 대해서 책임을 진다.
② 사회복지사는 전문직의 가치를 견지하면서 관련 지식과 기술을 습득, 개발, 전달하는 데 최선의 노력을 기울인다.
③ 사회복지사는 업무수행과정에서 어떠한 압력에도 타협하지 않으며 전문적 관계를 이용하여 부당한 영리를 취하지 않는다.
④ 사회복지사는 복지대상자가 자기결정권을 최대한 행사할 수 있도록 돕는다.
⑤ 사회복지사는 복지대상자의 사상, 종교, 인종, 성별, 연령, 지위, 계층에 따른 차별을 하지 않는다.
⑥ 사회복지사는 복지대상자의 사생활을 존중하고 직무상 취득한 정보를 전문적 업무 외에는 공개하지 않는다.
⑦ 사회복지사는 동료를 존중과 신뢰로서 대하며 동료 간의 전문적 지위의 인격을 훼손하는 언행을 하지 않는다.
⑧ 사회복지사는 동료나 사회복지기관 또는 단체의 비윤리적 행위에 대하여 공식적인 절차를 통하여 대처한다.
⑨ 사회복지사는 소속기관과 전문단체 활동에 적극 참여하여 성장발전과 권익옹호에 힘쓰며 기타 유관기관과는 협조적 관계를 유지한다.

(3) 사회복지실천에서의 윤리적 딜레마

윤리적 딜레마(dilemma)는 일반적으로 가치의 상충(相衝), 상충되는 충성심에 의해 발생한다. 다시 말하면, 두 가지 이상의 상충되는 갈림길에서 한 방향을 선택해야 할 때, 선택하고자 하는 각 대안이 한 사람 혹은 여러 사람에게 바람직하지 못한 결과를 초래하게 될 때 발생한다. 예를 들어, 상담활동이 끝난 후 클라이언트의 비밀보장과 개인생활보호라는 두 가지 상충되는 가치로 말미암아 사회복지사는 두 가지 모두 똑같은 책임을 느끼며, 결정에 어려움을 겪는다. 사회복지사는 다양한 실천현장에서 바람직한 윤리강령과 윤리원칙을 준수하고, 다른 전문적인 실천활동이 뒤를 따라와 줘야 한다. 하지만 종종 사회복지사 자신의 개인 가치나 철학이 클라이언트의 가치와 어긋날 수도 있으며, 이 상황에서 사회복지사는 윤리적 딜레마에 빠지게 된다.

사회복지사가 이러한 윤리적 딜레마를 경험할 수 있는 상황은 첫째, 비밀보장, 내담자의 자기결정, 진실성, 비심판적 자세 등과 같은 윤리적 가치와 의무를 어느 정도까지 보장해야 하는가? 둘째, 한정된 자원을 배분하는 기준은 어느 것이 가장 바람직한가? 셋째, 복지기관에 종사하는 동료, 상급, 후배 사회복지사와의 관계에서 발생할 수 있는 윤리적 딜레마 등이다. 따라서 윤리적 딜레마의 상황에서 현명한 사회복지사는 각 실천현장에서 요구되는 기본적인 법적 의무를 먼저 이해하는 것이 바람직하다.

2. 사회복지 전문직에 대한 관계의 원리

자기가 속한 주위의 관계된 사람들에 대하여 관심을 갖는 것과 상대에 대한 긍정적이고 진솔한 생각이 인간관계(human relations)의 기본적인 출발이라 할 수 있다. 그렇다면 왜 그래야 하는가는 생각할 때, 그 이유는 궁극적으로 자신에게 심리적 안정과 삶에 대한 의미가 부여되기 때문이다.

전문적 관계는 클라이언트의 입장에서 출발해야 하며, 사회복지사는 관계의 전반적인 과정에 대한 전문적 책임을 지게 된다. 이러한 전문적 책임을 위해 사회복지실천에서 가장 많이 논의되는 관계의 구성요소들은 다음과 같다.

1) 관계 구성요소

(1) 타인에 대한 관심(타인수용)

클라이언트에게 일어난 일에 대해 진심 어린 관심을 가지며, 친절, 지지를 나타내는 태도로 타인과 교류할 수 있어야 함을 의미한다. 타인에 대한 관심은 상황 속의 개인을 이해하고자 하는 진실한 바람을 전달하는 것이다.

프롬(Fromm)은 클라이언트를 돕는 관계에서의 타인에 대한 관심이란 "책임감, 배려, 존중, 이해 및 클라이언트의 더 나은 삶에 대한 바람"을 포함한다고 한다. 전문적 관계에서 타인에 대한 진정한 관심은 사회복지사가 기술과 지식, 자기 자신을 실천의 도구로 활용하여 목표를 달성하는 방향으로 나아가는 것을 의미하는 것이다.

(2) 이해

이해는 영어로 'understanding'으로 아래에 선다는 말이다. 사회복지사는 클라이언트의 위에서 군림하는 것이 아니라 클라이언트 입장에서 동등하게 보거나 그보다 한 단계 밑에 설 때, 그의 처지를 충분히 파악하고 이해할 수 있게 된다.

(3) 헌신과 의무

헌신과 의무는 원조 상황에 대한 책임감을 의미하는 것으로, 신뢰성과 일관성을 포함하는 개념이다. 책임감이 없이는 클라이언트와 의미 있는 관계를 맺을 수 없다. 사회복지사의 의무는 관계를 맺을 때 필수적인 절차상의 조건을 최대한 준수하는 것을 말한다. 의무가 정당한 이유나 설명 없이 훼손된다면, 클라이언트는 더 이상 사회복지사를 신뢰하지 않게 되며 자신을 중요하게 생각하지 않는다고 판단하여 효율적인 관계를 형성하기 어렵다.

(4) 권위와 권한

권위는 클라이언트와 기관에 의해 사회복지사에게 위임된 권한으로 정의된다. 사회복지사는 지식과 경험을 보유하고 일정한 지위에 있음으로써 영향력을 미칠 수 있는 권한을 가진다. 원조관계의 권위는 두 가지 측면에서 생각해 볼 수 있다. 하나는 사회복지기관 내에서 사회복지사의 위치와 기능으로부터 나오는 표면적·제도적인 측면이고, 다른 하나는 클라이언트가 사회복지사에게 필요한 정보와 전문적인 조언과 상담 등을 구하는 권위를 부여하는 심리내면적인 측면이다.

(5) 공감과 의사소통

공감은 사회복지사가 클라이언트에게 관심을 가지고 그의 처지를 이해하고자 하며, 그의 마음속에 들어가서 적극적으로 경청하고, 충분히 이해하고 있음을 클라이언트에게 전달하는 능력을 말하며, 이때 여러 경로의 의사소통을 통하여 클라이언트에게 보내는 메시지를 그가 충분히 이해할 수 있도록 분명하게 전달하고 느낄 수 있어야 한다.

(6) 진실성과 일치성

진실성과 일치성은 사회복지사가 클라이언트와 관계를 맺을 때, 클라이언트에 초점을 두고 일관성 있고 개방된 마음으로 상태를 유지하면서 원조활동을 전개하는 것을 의미한다. 진실성은 책임감이 있고 방어적이지 않은 태도를 지니며, 대화의 내용과 행동이 항상 일치하며, 전문가로서의 자아와 가치체계에 부합하여 함께함을 의미한다.

진실성과 일치성을 갖기 위해 사회복지사는 이 세 가지 사항을 유념해야 한다.

첫째, 사회복지사 자신에 대한 정직한 인식

둘째, 사회복지사와 클라이언트에게 동일한 의미로 작용하는 전문가의 역할, 기관의 절차 및 정책에 대한 분명한 인식

셋째, 타인에 대한 관심, 수용, 헌신 등 전문적 관계에서 요구되는 기본 요소들에 대한 내면화

(7) 자기를 관찰하는 능력

자신의 목표에 대해서 깊이 생각하고, 스스로를 믿고 존중하며, 자신을 복잡한 개입활동의 한 부분으로 관찰할 수 있는 능력을 말한다. 혹 인정하고 싶지 않은 자신의 모습이 발견되더라도 두려워하거나 왜곡하지 않고 상담을 수행하는 용기가 필요하다.

(8) 민감성

민감성이란 클라이언트가 내면에 무엇을 느끼고 생각하는지 민감하게 파악하는 것을 의미한다. 클라이언트의 감정을 잘 관찰하고, 인지하며 적극적

으로 경청하면서 클라이언트에게 공감적 이해와 진심 어린 관심을 가질 때에 가능하다. 사회복지사는 클라이언트와의 관계에서 언어적 표현, 특히 비언어적 표현에 주의를 기울여야 하며, 특정한 단서가 없어도 클라이언트의 내면세계를 느끼고 감지할 수 있는 직관적인 능력과 태도가 필요하다.

(9) 인간적 자질

사회복지사가 보이는 수용, 존중, 공감만으로도 클라이언트는 긍정적 변화를 일으키고 자긍심을 높일 수 있다. 사회복지사가 클라이언트를 비하하거나 공감하지 못하는 경우, 혹은 부적절한 비판을 하는 경우 클라이언트는 분노, 거부, 좌절을 느끼게 된다. 상담을 하는 사람의 인간적인 자질로서, 클라이언트의 고통을 존중하는 마음, 자신과 다른 인생 경험이나 행동양식, 가치관에 대한 포용성, 장기 목표를 가지고 일할 수 있는 끈기, 클라이언트가 스스로 결정하고 행동할 수 있도록 허용적인 자세를 취할 수 있는 것 등을 들고 있다.

코리(Corey)는 상담 국면에서 치료효과를 일으키는 가장 중요한 요인으로 상담자의 인간적인 자질이라고 언급하면서 다른 사람의 삶을 변화시킬 수 있는 치료적 인간의 특성을 다음과 같이 제시하였다.

- 정체감: 자신이 현재 누구인지, 어떤 사람이 될 수 있는지, 자신이 원하는 것이 무엇인지, 무엇이 본질적인 것인지 알고 있다.
- 자신을 존중하고, 인정: 자신이 가진 가치관과 힘으로 도움과 사랑을 줄 수 있고, 자신의 힘을 인정하고 수용할 수 있다.
- 삶의 형성하기 위한 선택: 자신과 주변 상황에 대해 초기에 결정한 것을 인식하고 있다.
- 변화에 개방적: 자신이 가지고 있는 것에 만족하지 않을 때 모험을 할 수 있는 의지와 힘을 갖게 된다.
- 진실, 성실, 정직: 가면, 방어, 허세적 역할, 위장 속에 숨지 않는다.
- 실수를 기꺼이 수용: 자신의 과오를 가볍게 넘겨 버리지는 않지만, 그 과오 때문에 괴로워하지도 않는다.
- 현재에 충실: 과거에 집착하지도 않고, 미래에 매달리지도 않는다. 현재를 경험하고, 현재에 살고, 현재의 사람들과 함께한다.

- 타인의 복지에 진정한 관심: 이러한 관심은 존경하고 잘 되기를 바라는 마음, 신뢰, 타인의 가치를 인정하는 것 등에서 나타난다.
- 유머 감각: 생활을 대해 여유롭고 편안함을 즐긴다.
- 일에 대한 의미: 일에서 보상이 주어진다는 것을 인정하지만 만인의 노예가 아니다라는 것을 알고 있다.
- 열정적: 갈망하는 것을 추구하는 용기가 있고, 자신의 삶과 일에 열정적이다.
- 건전한 경계선 유지: 내담자와는 현재에 있으려고 하지만, 여가시간에는 내담자의 문제를 가져오지 않는다.

(10) 존경심과 보살핌

사회복지사가 클라이언트에 대한 관심과 존경심, 보살핌의 생각을 가지고 있음을 느끼게 한다. 또한 사회복지사는 클라이언트도 자신의 문제 내지 인생에 대하여 무엇인가 할 수 있는 능력을 갖고 있다는 것을 확신하고 있다는 감정을 클라이언트에게 전달할 수 있는 능력이 있어야 한다.

(11) 긍정적 자아개념 형성

- 승리하는 기술을 개발한다.

  본인이 잘하는 스포츠나 악기, 또는 다른 취미나 관심분야에 관련된 기술개발에 시간을 투자해서 잘하게 되면 다른 일에도 자신감이 생기게 되고 따라서 부정적인 자아개념에서 벗어나게 된다.
- 현재 당신의 모습을 수용한다.

  과거의 당신에 집착하지 말고, 또한 미래의 당신이 되고자 하는 당신의 모습에 집착하지 말고, 현재의 당신을 있는 그대로 받아들이는 것을 배운다.

  - 당신 주변에 있는 사람들 가운데 강한 자존감을 가진 사람들을 관찰하고 이들의 생활태도를 당신의 생활에 적용하도록 노력한다.
  - 당신이 존경하는 인물에 대한 전기를 읽어보아서 그들이 어떻게 어려움을 극복했는가를 관찰하여 이를 당신에게 적용시켜 본다.
  - 당신의 장점과 능력을 열거하여 리스트를 만든다. 이 리스트를 만들 때는 가족이나 친구들의 도움을 청한다. 친구나 가족이 당신의 장점

이나 능력에 대해서 당신보다 더 정확히 지적할 수 있다. 장점과 능력의 리스트가 만들어지면 그중에서 최소한의 노력으로 개발할 수 있는 장점이나 능력부터 우선순위를 정해 둔다. 다음에는 최우선 순위에 올라와 있는 것부터 개발한다. 최우선 순위에 올라와 있는 장점이 개발되면 자존감이 높아지게 되고 또 다른 장점의 개발에 자신 있게 도전하게 된다.

- 꾸물거리거나 지체하지 말 것

목표가 정해졌는데도 착수하지 않고 꾸물거리고 지체하는 것은 당신의 자존감에 부정적으로 작용한다. 목표가 정해지면 망설이지 말고 즉시 착수한다.

- 후원자나 역할모델을 찾는다.

후원자란 그의 경험과 지식을 통해서 당신에게 배움을 줄 수 있는 사람을 말한다. 이런 후원자를 당신 주위에 둠으로써 당신의 문제에 대한 조언을 얻을 수 있다. 그러나 이런 후원자는 당신이 필요한 경우에 항상 쉽게 접근할 수 있는 것은 아니다. 이런 경우를 대비하여 역할모델을 준비해 둔다. 역할모델이란 당신이 닮고자 하는 사람을 말한다. 당신이 어려운 문제에 봉착했을 때 그 역할모델을 생각하고 만일 그 사람이라면 이 문제를 어떻게 해결했을까를 생각한다. 이 역할모델은 항상 당신과 접촉할 필요는 없다.

- 당신 자신이나 다른 사람에 대한 표면적인 분석은 피한다.

표면적인 분석이란 깊이 있고 심층적인 분석이 아니라 밖에 나타난 현상만을 관찰하는 것을 말한다. 당신이 당신보다 훨씬 대단하다고 생각하는 사람들도 사실은 당신이 모르는 엄청난 어려움에 직면하고 있으면서 밖으로는 아무 일도 없는 것처럼 다닐 수 있는 것이며 당신 또한 마찬가지이다. 따라서 겉으로 보기에 대단하게 보이는 상대방 때문에 당신의 자존감이 위축될 필요는 없다는 것이다.

- 긍정적인 자신과의 대화를 활용한다.

긍정적인 자신과의 대화는 자신의 자존감 증대에 긍정적으로 작용하게 된다. 그러나 이 자신과의 대화는 구체적이어야 하며 현재 시제를 사용하는 것이 좋다. 예를 들면 “나는 큰 성공을 하고 싶다”라고 말하는 것보다는 “나는 사회복지사로서 큰 성공을 하고 싶다”와 같이 보다 구체적으로 말하는 것이 좋으며, "나는 존경받고 성공한 사회복지전문가이다"라고 현재 시제를 사용하는 것이 가장 바람직한 성공적인 자신과의 대화라는 것이다.

• 피그말리온 효과(Pygmalion effect)를 인식한다.

피그말리온 효과라는 말은 하버드 대학의 로젠탈(R. Rosenthal)이 처음으로 사용한 말인데 이는 고대 그리스 신화의 키프로스왕인 피그말리온에 대한 이야기에서 나온다. 신화에 의하면 왕은 상아로 완벽한 여성상을 조각하였다. 너무나 아름다운 그 조각에 마침내 왕은 사랑에 빠지게 되고 그 조각이 사람이 되기를 갈망하게 되고 마침내 그의 꿈이 성취된다는 이야기이다. 당신이 실패한 또는 당신이 성취하지 못한 당신 주변의 많은 일들은 당신이 그 일을 할 수 있다고 생각하지 않았기 때문일 수 있다는 것이다.

2) 사회복지사의 자기인식

전문직으로서 사회복지사가 이론적 지식과 기술, 윤리와 정체성을 두루 갖추었다고 하더라도 훌륭하고 유능한 사회복지사가 된다는 것을 의미하지는 않는다. 훌륭한 사회복지사가 되기 위해서는 사회복지사의 자기인식이 우선되어야 한다. 따라서 사회복지사는 자기이해, 수용, 개방, 자기성장을 중요한 요소로 다루게 된다. 자기인식(self awareness)이란 자기 자신을 있는 그대로 진실된 모습으로 볼 수 있는 능력을 말한다. 즉 실재의 자신의 모습이나, 다른 사람들이 자신을 보는 모습과 큰 차이가 없을 때 자기인식 능력이 있다고 말할 수 있다. 즉 자기인식이란 다른 말로 표현한다면 거울에 비친 자신의 모습이라고 말할 수 있다. 즉, 상담사나 사회복지사가 얼마나 자기문제로부터 자유로우며 스스로 치유되었는가, 아니면 아직도 본인의 문제에 얽매여 있는가 하는 것은 중요하다. 왜냐하면 이런 자신의 문제와 자기한계, 스스로의 경험으로부터 자유로워지거나 자신이 어떤 문제를 가진다는 것에 대한 인식이 없다면, 다른 사람을 돕는 과정에서 자기문제에 봉착하게 되며 그 문제로부터 스스로 벗어나지 못한다. 자칫하면 상담의 장애로 등장하는 사회복지사의 어려움을 클라이언트에게 넘겨주는, 이른바 역전이가 일어날 수 있기 때문이다. 사회복지사의 자기이해 과정이 사회복지

관련직을 수행하는 동안 사회복지사 자신과 클라이언트를 위해서 끊임없이 경험하고 수행해야 할 이유도 바로 여기에 있다.

예를 들면, 어린 시절 부모로부터 무시당하거나 학대를 받은 경험이 있는 사회복지사는 자식을 포기하고 이혼하려는 여성을 상담할 때, 자신의 경험과 감정에서 벗어나지 못해서 이 여성의 태도에 대해 지나친 비난을 하거나 설교와 설득으로 회유하거나 적절하지 못하다는 가치판단을 하게 된다. 따라서 클라이언트가 스스로 삶을 선택할 수 있도록 돕는 것이 아니라, 자기와 비교하여 이 여성의 이혼을 막기 위해서 클라이언트의 자기결정권을 침해하고 자기가 결정한 것을 강하게 요구할지도 모른다. 아니면 사회복지사 속에 내재된 분노를 엉뚱하게 클라이언트에게 폭발시킬지도 모른다. 이러한 태도는 사회복지사가 자신의 문제를 투사해서 역전이가 일어난 것이다. 즉, 자신이 받은 상처에서 벗어나지 못했기 때문에 발생하는 일로 결코 바른 상담사의 태도가 아니다. 사회복지사는 이렇게 자신의 문제에서 벗어나지 못하는 소극적인 태도에 머물지 말아야 한다. 인간을 더 깊이 이해하고 더 넓게 사랑할 수 있는 인간적 그릇을 키우려는 노력과 꾸준히 자기 성찰을 하여야 한다. 사회복지사가 자기이해를 위해서는 개인적인 가치와 신념, 행동 등을 살펴보아야 한다. 이를 위해 자라난 가족적 배경과 그 영향에 대한 객관적인 이해가 필요하다. 사회복지사는 이러한 자기이해를 통해 클라이언트에 대한 자신의 느낌과 생각을 개인적 경험과 분리시켜 객관적으로 다룰 수 있을 것이다(최선화, 2007).

따라서 사회복지사의 자기이해는 자신에 대한 이해와 함께 사회복지 관련 지식과 기술, 가치와 개인적 경험을 의도적으로 활용하여 자신의 업무를 효과적으로 진행 및 향상하는 원동력이 됨을 의미한다(Trevithick, 2000). 결국 충분한 자기이해를 통해 사회복지사는 필요 이상으로 클라이언트에게 개입하는 것을 막을 수 있으며, 클라이언트와의 전문적인 관계를 형성할 수 있게 된다.

3) 상담과 사회복지 전문직의 정체성

상담관계란 내담자가 정한 목표를 달성하도록 돕기 위해, 사회복지사와 한 명 또는 그 이상의 내담자가 일정 기간 동안 상담할 때 맺는 관계를 말한다. 효율적인 상담관계를 맺고 유지하는 것이야말로 상담을 성공으로 이끄는 핵심이며(Kadushin, 1990, Rogers, 1980; Shilling, 1984; Shulman, 1992; Young, 1998), 관계 그 자체를 가장 중요한 것으로 여기는 사람들이 많다.

인본주의 창시자인 칼 로저스(1961)는 상담자의 태도와 감정이 일반적인 상담의 기법보다 더 중요하게 생각한다. 상담자의 태도가 바로 상담기술이라고 얘기하는 그는 상담자의 해석보다 내담자의 지각이 무엇보다 중요하다는 사실을 강조했다.

로저스(Rogers)는 『내담자 중심치료』(1951)에서 첫 번째 상담자와의 상담에서 실패한 후 다른 두 번째 상담자를 만나 성공을 거둔 한 내담자 사례를 들었다. 두 번째 상담자에게서 "이번 상담에서는 어떻게 문제를 잘 해결할 수 있게 되었느냐?"는 질문을 받은 내담자는 "이번 상담선생님은 첫 번째 상담자와 똑같이 상담을 진행했지만, 다른 점은 진심과 진정성으로 저에게 많은 관심을 가져주시는 것 같았습니다."라고 대답했다.

상담관계란 친밀한 인간관계의 특징이라 할 수 있는 친밀감, 배려, 지지와 같은 동일한 구성요소로 이루어진다. 수준 높은 의사소통기술은 친구 간의 우정에서와 마찬가지로 일반상담에서도 매우 중요하다. 사실 상담에 사용되는 많은 기술들이 효율적인 일상생활의 커뮤니케이션 기술과도 거의 대동소이하다. 친구들 간의 우정이 상호 매력과 공통 관심사를 통해서 그 깊이가 계속적으로 깊어지지만, 상담관계는 위기해결, 의사결정, 새로운 기술의 학습 등 내담자가 목표를 달성하도록 돕는 데 초점을 맞춘다. 상담관계는 어디까지나 이러한 목표를 달성하기 위한 것으로서 내담자가 이러한 목표를 달성하고 나면 관계가 종결된다.

4) 인간 성장 이해

로저스(Rogers)는 인간을 부단히 '성장해 나가는 과정' 중에 있는 존재로 보았다.

이러한 인식은 변화 능력에 대한 근본적인 신뢰를 나타낸다. 내담자는 자신의 과거에 얽매이지 않아야 하며, 사회복지사는 진단이나 분류를 통해 내담자를 비인격화하거나 단순한 대상으로 삼는 일이 있어서는 아니 된다. 로저스의 상담 철학은 상담과정에 막강한 영향력을 행사하고 있다. 사회복지사가 내담자와의 관계에서 자신의 태도와 행동을 성찰할 수 있는 많은 물음을 다음과 같이 제시하고 있다.

- 클라이언트가 나를 전적으로 신뢰할 수 있는 사람으로 인식하려면 상담자가 어떠한 행동이나 태도를 보여야 되겠는가?
- 클라이언트에게 따뜻하고 배려 깊고 좋아하고 많은 관심을 가지고 '나는 당신을 존중합니다.'라는 태도를 가지려면 어떻게 표현을 해야 하겠는가?
- 클라이언트와 나를 확실히 분화할 수 있는 공감능력을 강하게 가질 수 있겠는가?

"로저스는 우울한 클라이언트를 보면 기가 꺾이지 않고 상대의 두려움을 목격하고 놀라지 않고 내담자의 의존성에 본인이 지고 들어가지 않을 만큼 강한 정신을 가지고 있는가? 클라이언트의 분노나 짜증에 영향을 거의 받지 아니하고 클라이언트의 사랑에 사로잡히지 않고 본인을 클라이언트의 감정에서 완전 분리시킬 수 있는 내적 마인드가 강한가?(1961:52)"

5) 의사소통의 이해

의사소통은 다른 사람에게 정보와 이해가 전달되는 과정으로 자신의 태도, 생각, 사상, 느낌 등을 상대에게 전달하는 매개체이다. 또한 의사소통이란 조직 내에 있어서 정보를 교환하며 횡적관계의 협조를 구하고, 동시에 인간관계의 철저함을 기하기 위한 기술을 뜻한다. 사회조직의 규모가 확대되고 그 내용이 복잡해질수록 의사소통이 가지는 의의는 더욱 중대해진다.

한 조직의 사례로서 노사분규가 잦은 회사의 종업원들이 회사의 실제 이익이 외부에 발표된 숫자보다 훨씬 크다는 것을 믿고 있으면 그것은 근로자의 과오가 아니라 정보 책임자로부터 회사의 경영성과에 대하여 아무런 정보도 얻지 못하고 있기 때문이다. 상부로부터 하부에로의 의사소통의 경로 중에서 조직의 체계만 잘 정비되어 있다면 상의하달이나 횡적 전달에는 큰 애로가 없다고 하겠으나 종업원의 하의상달에는 복잡한 난관이 있는 것이다. 일선 종업원으로부터 과장, 부장, 상무 등에 이르는 동안 삭제, 여과되어 상달되지 않는 하의는 불평불만으로 돌아오게 되고 욕구좌절감 때문에 사기는 걷잡을 수 없이 저하되는 것이다.

개인 간이나 집단 내에서 인간관계의 제 1차적이고 가장 기본적인 수단은 의사소통이기 때문에 인간관계에 관한 연구에서 의사소통에 관한 연구는 가장 중요한 위치를 차지하고 있다. 리더십의 효과는 의사소통의 능력에 따라 결정되고 인간관계는 효과적인 의사소통에 의존한다고 해도 틀린 말이 아니다.

일반적으로 사회복지분야, 일반조직분야, 사회생활 내에 유용한 의사소통의 방법으로는 ① 공식적인 위원회 또는 협의회를 조성하여 토의방식으로 하는 방법, ② 간담회 · 회식 같은 비공식 회합을 수시로 갖고 자유로이 의사교환을 하는 방법, ③ 사내 정보지 또는 수시 간행물에 의해 의사와 정보를 교환하여 주지시키는 방법, ④ 게시판을 효과적으로 활용하는 방법 등이 있다.

또한 커뮤니케이션 수단은 공식커뮤니케이션과 비공식적 커뮤니케이션으로 나누어 설명한다.

(1) 공식커뮤니케이션(Formal Communication)

여기에는 크게 언어와 문자 및 문서(document)를 들 수 있다.

① 언어(mouth language)

'언어적 의사소통'이라고도 말하며 가장 중요시되고 가장 많이 사용되는 의사소통수단이다. 서로 마주 보고 하는 대면적(face to face)인 대화, 전화기를 통한 대화 및 토의를 통한 회의 등을 포함한다. 언어를 사용하는 공식적 의사소통이 가장 많이 선호되는 이유는 언어적인 것은 문서적인 것보다 쉽고 언어적인 것은 즉시에 할 수 있다. 비밀정보, 가십(gossip) 및 개인적인 비밀은 통상 언어적인 방법에 의존할 수밖에 없다는 점 등이다.

언어적인 것은 사회적 사회작용(접촉)에 대한 욕구를 만족시킨다. 그러나 언어적 의사소통의 최대 장점은 상호 간의 쌍방적 의사소통(two-way communication)이기 때문에 경영학에서는 '피드백 루프'(feedback loop)라고도 한다. 이는 상호적인 것이므로 의사거래적(transactional) 의사소통이라고 한다. 그러나 언어적 의사소통에도 활용상의 한계가 있다. 테이프에 수록되지 않는 한 정보교환에 관한 영구적인 기록을 남기지 못한다는 점과 문서로 의사소통할 때보다 송신자가 올바른 어휘의 선택에 신중하지 못하기 때문에 보다 정확하지 못하며 좋은 사전 계획을 할 수 없다는 것이다. 언어의 구사와 관련된 유의사항은 7가지로서 ① 언어와 의미론, ② 언어의 구사법과 화술의 중요성, ③ 화자와 논쟁의 회피, ④ 화자와 결점의 지적, ⑤ 칭찬과 인간관계, ⑥ 성실한 관심과 인간관계, ⑦ 감사의 표현과 인간관계 등을 고려하여야 한다.

• 언어와 의미론

말이나 언어의 사용은 자신의 메시지를 전달하기 위하여 어떻게 구사하느냐에 따라 다양한 의미를 가지며 인간관계에 플러스 또는 마이너스효과를 가져올 수 있다.

예를 들어, "당신도 느꼈겠지만 나는 그 영화가 정말로 재미있었다구요"라는 단순한 표현에서, 그 사람의 목소리 강조와 억양의 차이에 따라 그 말의 의미는 아주 달라질 수 있다. 그 말은 "당신은 내가 재미있었다는 것을 알면서 왜 물어보지 않았소!"라는 것을 의미 할 수도 있고 "당신은 재미없게 느꼈는지 모르지만 나는 대단히 재미있었다"라든가, "나는 다른 어떤 것보다도 특히 바로 그 영화가 재미있었다"라는 것을 의미할 수도 있다. 그리고 빈정대는 투로 말했다면, 그 말은 "이 영화는 내가 지금까지 본 것 중에서 가장 재미없는 것이었어"라는 것을 의미할 수도 있다. 언어상의 의사소통에서 말은 다소의 의미를 갖기 마련이다. 오히려 강조, 억양, 음조 등의 말을 어떻게 사용하느냐 하는 문제가 더 많은 의미를 갖는다.

"오!"라고 하는 단순한 말은 놀램 · 충격 · 분노 · 슬픔 · 기쁨 · 당황, 그리고 여러 다른 반응과 관련한 의미를 전달할 수 있을 것이다. 말을 통해 분노를 표현하거나 비록 숨기려 한다 할지라도 말의 음조를 통하여 은연중에 나타나게 된다. 오해를 초래할 수도 있는 언어를 통한 의사소통의 또 다른 측면은 속어, 방언, 줄임어, 은어 등 기타 특수한 언어의 사용과 관련된다.

• 언어의 구사법과 화술의 중요성

우리나라 학교 교육에서는 화술이나 대화법을 가르치지 않는다. 그렇기 때문에 발표력이 뒤지고 대중 앞에 서면 얼굴을 붉히거나 몸 둘 바를 모르며 이렇게 자라나서는 이 서툰 화술이 기나긴 인생을 고역스럽게 하고 막대한 손실을 입히는 것이다. 언어의 적절한 구사와 능숙한 화술은 성격을 개조하고 인간관계를 개선하며 인생까지도 바꾸어 놓는데 말이다. 따라서 너무나 많은 사람들이 "언어의 자유"를 누리지 못하고 직장이나 사회에서는 물론이고 가정에서까지 인간관계가 원만하지 못해 불화를 초래하고 사는 것은 슬픈 일이 아닐 수 없다. 인간은 평생 말로서 살아가는 동물이기 때문에 그 사람의 인품을 나타내는 척도이고 화술은 인간관계를 좌우하는 능력인 것이다.

사회구성원으로서 조직에 근무하는 한 중년 남성의 사례를 한번 들어 보기로 한다. 회사의 과장이 된 지도 10년이 넘는 점잖기로 소문난 김과장은 부지런하고 일밖에 모르는 성실파의 인물이었지만 만년과장이라고 부인으로부터는 주변머리 없는 남편으로 인기가 없었다.

그런데 회사에 차장자리가 하나 비게 되었다. 주위 사람들은 모두 제일 고참이고 성실하니까 당연히 김과장이 되는 줄 알고 미리 축하를 보냈으나 뜻밖에 막상 인사발령이 있고 본즉, 한참 자기보다 후임인 다른 사람이 되고 말았다. 인정받지 못하는 것처럼 슬픈 일도 없을 것이다. 그 회사의 인사 담당자의 말은 화술이 서툴러서 그렇게 되었다는 것이다. 동료들이 인사를 하면 들릴 듯 말 듯한 작은 소리로 우물쭈물 대답하고는 자기 자리에 들어가 앉아 일만 한다는 것이다.

좋게 말해서 과묵한 사람쯤으로 보아 넘기곤 했지만 중역회의에 불려 나가면 소심한 김과장은 굳어 버려 "그런데 …", "저어…", "에…또…"만을 연발, 의사표현 방식이 요령부득하여서 도대체 무슨 말을 하고 있는지조차 알 수 없을 정도라는 것이다. "저 친구, 왜 저 모양이지! 조리 있게 말도 한마디도 못하는 사람이 여태껏 과장노릇 한 것만도 다행이었군! 도저히 간부감은 못되겠는걸!" 하고 낙인을 찍히고 말았다는 것이다. 현대는 화술의 시대이고 자기개발의 시대이다. 대인관계의 대부분이 언어활동이라는 사실을 고려한다면 화술의 연마는 자기개발 중에서도 제일의 목록인 것이다.

• 칭찬과 인간관계

비판을 삼가고, 칭찬의 말을 활용한다는 것은 행동주의 심리학자 스키너 교육의 기본적인 사고방식이다. 이 심리학자는 인간이나 동물실험을 통해 본 결과 비판을 삼가고, 칭찬하는 데 역점을 두면 착한 행동이 정착되고, 나쁜 행동은 억제된다는 것을 입증하고 있다. 인간의 행위에 대해서는 중요한 법칙이 있다. 그것은 항상 상대에게 중요감을 갖게 하는 것이다. 진보주의 철학자이자 경험을 강조한 존 듀이 교수는 "중요한 인물이 되고 싶다고 하는 원망은 인간의 가장 뿌리 깊은 욕구"라고 했으며 윌리엄 제임스 교수도 "인간의 근원을 이루는 것은, 남에게 인정받고 싶다는 원망"이라고 했으며 "우리들이 갖고 있는 가능성에 비하면, 현실의 우리는 아직 그 절반의 완성도에도 도달하지 않고 있다. 우리는 육체적 · 정신적 자질의 극히 적은 일부분만 활용하고 있다는 것이다. 대체적으로 말하면 인간은 자기 한계보다도 훨씬 좁은 범위 내에서 살고 있을 따름이며, 여러 가지 능력을 활용하지 않거나 방치하고 있는 것이다. 그런데 비판에 의해서 인간의 능력은 그마저도 움츠러들고, 칭찬과 격려에 의하여 활성화되고 꽃이 피게 된다." 그러나 마음에도 없는 겉핥기 식의 건성적인 칭찬에는 반발을 느낀다. 칭찬은 진심으로 해야 한다. 마음속으로 인간은 아낌없이 칭찬받고 싶다고 생각하고 있기 때문에 때와 장소에 구분 없이 실천해야 한다.

인간은 거의 예외 없이 자기를 중요한 존재라고 잠재의식에서 은연중 생각한다. 세계 어느 나라 사람도 마찬가지다.

사람은 누구나 자기가 남보다 어딘지 더 나은 곳이 있다고 생각한다. 그러므로 상대의 마음을 확실하게 잡는 방법은 상대가 상대 나름의 세계에서 중요한 인물이라는 것을 솔직히 인정하고, 그 사실을 상대에게 알리는 것이다.

에머슨은 어떠한 인간일지라도 자기보다 어떤 점에서 우수하고 배울 점을 갖추고 있다고 인정하는 것을 잊어서는 안 된다고 한다.

우리는 이 엄청난 효과를 가져오는 칭찬의 법칙을 어디서보다 먼저 자기의 가정에서 시작해 보는 것이 좋다. 가정만큼 그것이 필요한 곳도 없으려니와 가정만큼 그것을 잊고 있는 곳도 없다. 어떠한 남편이나 아내도 반드시 장점은 있다. 적어도 상대의 그것을 인정했기에 결혼이 성립된 것이다. 그런데 남편이나 아내의 매력에 대하여 찬사를 보내지 않은 지가 얼마나 오랜 세월인가?

트로시 딕스 여사가 쓴 글 가운데 "칭찬을 잘하게 되기까지는 절대로 결혼해서는 안 된다." 독신일 때는 여성을 칭찬하든 안 하든 자유이지만, 일단 결혼하면 상대를 칭찬할 일이 필수조건이다. 이것은 자기의 안전을 위해서도 불가결하다. 만족한 나날을 보내고 싶으면 결코 아내의 집안일을 비난하거나, 짓궂게 자기 어머니와 비교하는 일은 하지 말아야 한다. 반대로 항상 아내가 하는 일을 칭찬하고 재색 겸비한 이상적 여성과 결혼한 것을 드러내며 기뻐할 일이다. 토스트가 새까맣게 탔더라도 결코 불평을 해서는 안 된다. 오늘은 마침 잘 구워졌다고 칭찬하라. 아내는 남편의 기대에 부응하려고 열심히 노력할 것이다. 이 방법은 갑자기 시작해서는 안 된다. 이상하게 생각한다. 우선 오늘 저녁이나 내일, 아내에게 꽃이나 좋아하는 가벼운 것을 사들고 들어가는 것이 좋다. 그리고 미소 띤 얼굴로 한 두 마디 칭찬의 말을 건넨다. 이것을 실천하는 부부가 많으면 세상의 이혼은 훨씬 줄어들 것이다.

부부 사이에 있어서 상대의 핸디캡이 되는 것은 어떠한 상황하에 서로 들추어서는 안 된다. 지적한 쪽은 쉽게 잊을지도 모르지만 받은 쪽은 영원히 가슴에 한을 품을 수 있다. 특히 용모의 결점, 머리가 나쁘다는 평가라든가, 학력 등 상대의 약점이나 결점을 들추어내는 것은 비열한 행위이다. 사람은 칭찬을 받은 직후에는 꾸중도 지적도 그다지 크게 생각하지 않는다. 중요한 것은 먼저 칭찬을 앞세운다는 것이다.

예를 들어 안경을 쓴 사람이 있다고 하자. "당신은 참 지성적이고 세련된 모습을 지녔군요. 그러나 저는 안경 쓴 사람을 좋아하지는 않습니다."고 했을 경우와 「저는 안경 쓴 사람을 좋아하지 않는데 당신은 무척 지적이고 세련되어 보이는군요.」 이 경우 똑같은 칭찬과 지적이지만 내용에 따라 어느 것에 우선권을 두었느냐에 따라 정반대의 뜻이 되는 것을 알 수 있다. 그러므로 사람을 교정할 때는 교정의 내용이나 성격에 따라 상대방에게 적합한 칭찬을 해야 된다. 그렇게 되면 지적하는 것에 대해서도 좋은 감정을 갖고 스스로 시정해 나갈 수 있게 된다. 즉, 사람을 교정하는 방법은 먼저 상대편에 대한 칭찬을 잊지 말 것이다.

• 성실한 관심과 인간관계

친구를 얻거나 주위사람으로부터 우호적인 관심을 얻는 방법에 대하여는 날마다 길거리에서 만나게 되는 우수한 존재에게 배우면 되는 것이다. 강아지들은 이쪽에서 다가가면 꼬리를 흔든다. 어루만져 주면 정신없이 어쩔 줄을 모른다. 환심을 사기 위한 것이 아니지만 거의 노력도 하지 않고 사랑을 받으며 살아가는 동물은 개뿐이다. 닭은 알을 낳아 주고 소는 일을 하거나 우유를 제공해 주고 카나리아는 노래를 불러 주지만, 개는 단지 사람에게 애정을 바치는 것만으로도 훌륭히 살아가고 있는 것이다. 친구를 얻으려면 먼저 이쪽에서 관심을 가지고 접근하는 것이 옳고 빠른 길이다. 남의 일에 무관심하거나 또는 일시적으로 남을 감탄케 하여 관심을 사려 한다면 그것은 무모한 것이다.

오스트리아 빈 출생의 심리학자 알프레드 아들러는 그의 저서에서 다음과 같이 말하고 있다.

"남의 일에 관심을 갖지 않는 사람은 고난의 인생길을 걷지 않을 수 없고, 남에게도 커다란 폐를 끼치게 된다. 사람의 모든 실패는 그와 같은 사람들 사이에서 생긴다." 심리학에 관련된 책과 글은 널리 많이 알려져 있지만, 이와 같이 우리들에게 공감되고 피부에 와 닿는 의미심장한 말은 자주 대하기는 힘들 것이다. 이 아들러의 말을 우리들은 인간관계에서 몇 번이고 되풀이해서 음미할 만한 가치가 있다.

새로운 진리를 발견한 것은 아니지만, 기원전 100년에 로마의 시인 파프리어스 실러스가 이미 다음과 같이 말한 적이 있다.

"우리들은 자기에게 관심을 가져주는 사람들에게 관심을 갖는다." 남에게 나타내는 관심은 인간관계의 다른 원칙과 같이 반드시 마음속으로부터 우러나오는 것이라야 한다. 관심을 표시하는 사람의 이익뿐 아니라, 상대에게도 이익이 있지 않으면 안 된다. 나시 말해서, 자기의 일방통행이 아니고 쌍방의 이익이 되지 않으면 안 되는 것이다.

사람은 누구나 자기를 칭찬해 주는 사람을 좋아하는 것이다. 예를 들면 독일 황제의 경우, 제 1차 세계대전에 패했을 때 아마 그는 세계에서 제일 미움을 받고 있었을 것이다. 신변의 위험을 느껴 네덜란드로 망명할 무렵이 분격의 소용돌이 속에서도 한 소년이 진정과 찬미에 넘치는 편지로 카이젤 황제에게 편지를 보냈다.

"누가 어떻게 생각해도 저는 폐하를 언제까지나 저의 황제로서 존경하며 사랑하고 있습니다."

이 글을 읽고 카이젤은 깊은 감동을 받아 꼭 한 번 만나고 싶다고 답장을 했다. 소년은 어머니에 의해 인도되어 왔다. 그리고 카이젤은 그의 어머니와 결혼을 했다.

친구를 얻으려면 먼저 그 사람을 위하여 봉사하는 것이다. 남을 위해 자기의 시간과 힘을 바쳐, 생각이 깊고 자기희생적인 노력을 하는 것이다. 남에게 사랑을 받고 싶거나, 진정한 우정을 싹틔우고 싶으면, 그리고 자기 자신을 이롭게 하고 동시에 남도 이롭게 할 수 있는 방법으로 성실하게 관심을 기울이면 훌륭한 인간관계가 성립된다는 진리를 결코 잊고 다니지 말아야 한다.

(2) 비공식 커뮤니케이션(Informal Communication)

조직의 제도적인 의사소통 수단인 언어와 문자, 문서만으로는 인간의 복잡하고 다양한 내면의 의도를 전달하기 어렵기 때문에 공식적 의사소통의 보조적 수단으로 사용되는 ① 신체언어, ② 접촉(촉각)언어, ③ 물리적, 상징적 언어, ④ 풍문 등을 말한다. 그러나 여러 연구에서 얼굴표정과 신체언어에 의해 전달된 경우가 55%이고 음성의 변화 및 강조, 억양, 음조에 의해 38%가 그리고 7%만이 공식적 의사소통으로 사용되었다는 보고가 있다. 때에 따라서는 비공식적인 의사소통이 보다 강력한 작용과 효과를 가져올 수 있기 때문에 이에 대한 연구와 개발이 요구된다.

① 신체언어(Body Language)

• 얼굴(face)

인간의 얼굴은 그 사람을 대변하는 최고의 비공식 의사소통 수단이다. 얼굴을 보면 그 사람의 신념체계, 과거와 현재, 성격, 건강상태, 마음, 심지어 출신지역까지 조금은 알아차릴 수 있다.

• 용모(personal appearance ; look)

개인적인 얼굴의 모양으로서 선천적으로 타고난 얼굴여자의 경우 비너스(Venus)처럼 예술적으로 균형과 미를 완벽한 인간은 쌍둥이라도 비슷하긴 하지만 용모가 같지는 않다. 모든 인간은 천차만별로 태어난다. 그러나 용모는 내 뜻대로 결정되는 것은 아니다. 인상과 표정, 그것이 그 사람을 대변하기 때문이다.

• 인상(impression)

인상의 대인적 효과는 거의 절대적이다. 첫인상에 반한 사람은 상대가 실수하거나 잘못이 있어도 첫 만남의 강한 인상이 머리에 각인되어 있어 관용을 갖고 상대하게 된다.

인간은 목표지향적 삶을 통해서 자기를 개선, 보완, 충족해 가면서 생활해 가고 있다. 그 과정에서 후천적으로 가정, 학교, 사회로부터 학습을 통해 지득(知得)한 지식과 기능을 활용하고 경험을 축적하여 나름대로의 인간성, 인간관, 인생관 등의 가치관을 정립해 감으로써 독특하게 특징지어진 개성을 구성한다. 인간은 욕구와 동기를 가진 목표지향적인 경향과 본능을 가지고 있으며 삶을 추구하는 과정에서 부단히 자신을 개선하고 보완하며 충족해 가는 연속선 위에서 생활하면서 후천적으로 가정, 학교, 사회로부터 학습과 경험을 통하여 비교적 영구적인 행동변화를 가져온다.

즉 개인의 지식과 기술, 신념과 가치관 그리고 정서적 감정과 태도를 구성하여 특히 개인의 성격은 개인 자신의 일상생활에서 자신의 환경과 상호작용을 하는 과정에서 형성되며, 마지막으로 개인은 옷차림이나 인물 그리고 신체적 특징 등 표면적으로 나타나는 전체적인 단서를 통하여 특정한 인상을 남기게 된다.

- 표정(expression)

인간은 의식의 객체가 되는 대상에 대하여 또는 외부의 자극에 대하여 반응하는 양식이 개인마다 다르다.

전통적으로 한국인은 얼굴에 희로애락의 감정을 가급적 나타내지 않는 것을 수양인의 덕목으로 삼아 왔다. 그러나 밝은 표정, 명랑한 표정은 다른 사람의 마음을 편안하고 즐겁게 해 준다. 따라서 생각이나 느낌, 감정 등을 자유자재로 표현할 수 있는 사람은 원만한 성격의 소유자로 생각된다.

여기에서 우리가 인간관계를 염두에 두고 항상 잊지 말아야 할 것은 전염병이 다른 사람에게 옮겨지는 것처럼 사람의 감정이나 얼굴표정도 다른 사람에게 전염된다는 사실이다.

인간관계에 있어서 절대로 잊어서는 안 되는 명심할 사항이 있으니 이는 곧 '감정이입의 법칙'(Law of Empathy)이다. 사람의 인상과 표정은 타인을 위하여 관리되어야 한다. 역시 사람의 감정과 표정은 전염(의사소통)이 된다. 항상 준엄한 표정을 짓고 있는 가장의 가족들은 소심하고 소극적으로 행동한다. 확신과 기쁨에 가득 찬 표정을 짓고 단상에 오른 목사의 설교는 이미 절반은 성공한 셈이다.

한편 사람이 타인에게 감정이입을 한다는 것은 타인의 관점에서 세상을 보려고 하는 것을 의미할 수 있다. 감정이입을 통해서 우리는 타인의 기쁨을 우리 나름대로 볼 수 있고, 타인의 슬픔이나 고통을 '내면화'할 수 있으며, 타인과 '동반자 의식'을 느낄 수 있으며 그래서 타인과의 선의, 애정, 애환을 나누는 진지한 인간관계로 발전할 수 있게 될 것이다.

의사소통의 목적은 자신의 생각과 감정을 타인에게 정확하게 전달하고 타인이 표현하는 감정을 정확히 받아들이는 것이다.

쉐퍼(Scheafor)는 효과적인 의사소통을 위해 준비해야 할 사항을 다음과 같이 지적했다.

- 모든 인간은 독특하고, 그 결과 누구나 독특한 방법으로 사건을 의식하고, 경험하고, 상호교환한다는 것을 이해
- 타인이 이해하기 쉬운 방법으로 사고를 조직하고 메시지를 전달하려는 의지
- 타인이 말하는 것을 들을 수 있도록 자신의 방어를 줄이는 의지
- 말하고 있는 사람에게 주의를 기울여 듣고자 하는 의지
- 자신의 사고와 감정, 행동에 책임을 지려는 의지
- 잘 이해하기 위해서 의사소통에 필요한 시간을 가지려는 의지

한편, 어떤 직종을 전문직종이라고 하는가? 그린우드(Greenwood, 1957)는 일반적인 전문직의 속성을 기본적인 지식과 체계적인 이론체계, 클라이언트와의 관계에서 부여된 전문적 권위와 신뢰, 전문가집단의 힘과 특권, 사회로부터의 인정, 명확하고 체계적인 윤리강령, 전문적인 가치와 규범을 가진 그 직종의 문화 등을 꼽고 있다. 플랙스너(Flexner, 1915)는 개인의 책임성이 요구되는 지적인 활동, 과학적 · 학문적 기반을 둔 여러 이론, 실제적이며 명확한 목적, 교육적 전달방식의 다양화, 자발적 조직, 이타주의적 동기 등 여섯 가지 특성을 사회복지 전문직의 속성으로 언급하고 있다.

이러한 전문직의 속성에 비추어 볼 때, 과연 사회복지사가 전문직인가, 비전문직인가? 여러분은 어떻게 생각하는가? 이에 대한 논란은 오래전부터 지금 이 순간까지 지속하고 있다. 그동안 사회복지직의 전문화를 위한 다양한 노력과 사회적 인증에도 전문직 사회복지사의 정체성에 대한 의문은 다른 전문직뿐만 아니라, 사회복지직 내부에서도 끊임없이 제기되고 있다(설진화, 2008).

특히 우리나라 사회복지사는 서구의 복지선진국과 비교할 때, 전문직 교육과정과 자격증 제도의 수월함, 초창기의 열악한 사회복지 환경에 대한 부정적 시각 등의 이유 탓에 사회적 인식이나 처우가 다른 전문직에 비해 낮은 편이다. 더구나 2010년 이후부터 최근에는 다양한 교육형태(사이버대학교, 학점은행제, 평생교육기관 등)를 통해 2급 중심(무시험전형)의 사회복지사가 손쉽게 배출

되고 있는 상황을 보고 있노라면 사회복지 전문직의 정체성 확립을 더욱 어렵게 하고 있는 것이 아닌가 하는 우려를 하게 한다.

그렇다면 사회복지 전문직의 정체성 확보를 위해서 어떻게 해야 하는가? 전문직의 정체성 확보를 위해서는 핵심적인 기술과 사회복지사의 자격기준이 더 어렵고 힘듦으로 나아가야 할 것이다. 또한 체계적이고 전문적인 교육과 일정기간 이상의 수련과정, 엄격한 자격증 보수 관리제도 등이 선행되어야 할 것이다. 그리하여 다른 전문직과는 차별화된 전문적이고 독특한 사회복지서비스 제공이 이루어져야 하고 전문직으로서의 사회복지사는 지식과 기술, 가치를 창의적으로 통합하고 적용하는 능력과 상담능력을 갖추어야 한다.

6) 내담자의 언어적 진술모형 파악

도움을 청하는 내담자의 요구를 다음 4가지 영역에 따라서 분류할 수 있어야 한다.

① 실제적 행위를 해주기를 바라는 부탁
② 정보를 얻으려는 부탁
③ 부적절한 상호작용에 대한 해결책을 원하는 부탁
④ 이해 · 관여를 원하는 부탁

내담자가 조력자인 당신에게 말을 걸어올 때, 당신은 먼저 그가 처한 상황을 판단해야 한다. 이때 당신은 비록 의식하지 않을지라도 당신의 마음속에서 다음과 같은 물음에 대한 해답을 찾는다. "이 사람은 나로부터 무엇을 원하는가? 나는 이 사람을 위해서 무엇을 할 수 있는가? 이러한 물음에 대한 당신의 대답은 곧 피조력자에게 반응하는 당신의 방법을 결정짓게 된다. 동원하는 기술로는 전문적인 지식과 기술, 상담 및 훈련경험, 인생경험을 활용할 것이다.

(1) 실행행위를 바라는 부탁 – 적절한 행위

"나는 지금 꼼짝할 수가 없는 처지인데 당신 의자 옆에 있는 그 책을 좀 집어주시렵니까?
"오늘 집에 갈 차비가 없어."

(말로 표현된 내용은 물론이고 말로 표현되지 않은 내용과 그것의 중요성까지 알아야 함)

(2) 정보를 얻으려는 부탁 – 적절한 정보

"제가 어떤 주제에 대한 보고서를 써야 할지 좋은 생각이 있으면 좀 가르쳐 주지 않겠어요?"

(3) 부적절한 의사소통 – 정중하게 참여하기를 거절

이야기하고 있는 당사자에게, 현재 자리에 없는 사람에게, 또는 자기가 속한 기관·단체에 잠정적으로 해를 끼칠 수 있는 여러 가지 종류의 대화가 있다.

이는 파괴적이고 분열적으로 될 수도 있다.

"나는 4교시가 마칠 때쯤이면 늘 기분이 좋아. 오전 시간에 들어오시는 선생님들은 다 처량해 보이거든!"

- 피조력자: 정화가 지각했기 때문에 꾸지람을 듣는 것을 보니 기분이 좋군요. 그녀가 K씨와 함께 점심 식사하러 나갔다는 사실과, K씨는 다섯 명의 자녀를 둔 유부남이라는 사실을 아십니까?
- 조력자: "나는 당신이 정화가 지각한 사실과, K씨와 만났다는 일에 대해 많은 신경을 쓰고 있는 줄 압니다만, 정화에 관한 얘기에는 관여하고 싶지 않습니다. 물론 그 이야기가 다소 흥미롭게 들리는 것은 인정하지만 나는 이러한 이야기에 관계하고 나면 기분이 유쾌하지 않은 사실을 잘 알고 있기 때문이지요."

(4) 이해·관여를 원하는 부탁 – 느낌이 가장 중요하며 촉진적인 반응이 필요

"정말로 나를 괴롭히는 문제가 있는데 그것에 관해서 당신과 이야기 해 볼 수 있을까요?"
"나는 지금까지 부모님과 아주 원만한 관계를 유지하고 있었다고 생각했으나, 최근에는 다소 회의가 생기기 시작했어요."
"올해에도 축구연습을 5시가 넘도록 할 예정입니까!!(약간 화난 목소리로)?
액면 그대로라면 정보를 얻으려는 부탁이지만, 피조력자의 마음에는 그것 이상의 많은 문제가 있을 수가 있다.

내면: 나는 이제 연습하기가 싫고, 이 팀에 남아 있을 수도 없습니다 라고 말하고 싶었는 줄도 모른다.

7) 의사소통 유형의 분류 훈련

- 행동목표: 피훈련자는 의사소통 유형에 관한 30가지의 연습문제 중에서 25가지를 정확하게 분류할 수 있게 한다.

실행행위: RA (Request for Action)
정보부탁: RI (Request for Information)
부적절한 상호작용: II (Inappropriate Interaction)
이해 및 관여: RUI (Request for Understanding / Involvement)

* 실제 사례

1. 관장이 복지사에게: 황선생이 오늘 결근을 하셨는데, 선생님께서 대신 그의 프로그램을 맡아 주시겠습니까?
2. A복지사가 B복지사에게: 가끔 성호라는 학생이 난처한 질문으로 나를 당황스럽게 해요."
3. 학생이 교사에게: "선생님은 정말 멋있는 분이세요. 최선생님과는 아주 달라요. 그 선생님은 항상 너무 많은 숙제를 내어서 저희를 괴롭히거든요. 다른 선생님들은 최선생님을 좋아하세요?"
4. 학생이 교수에게: "도대체 이 조사방법론 과제는 풀 수가 없어요. 저는 통계에 관한 한 멍청이랍니다. 내일 프로그램평가 시험도 형편없을 거예요."
5. 학생이 교사에게: 선생님! 저는 이 수학문제를 이해할 수가 없습니다. 예를 하나 들어서 설명 좀 해주시겠습니까?"
6. 학생이 교수에게· 조퇴증을 좀 끊어 주십시오. 저는 내일 치루는 시험공부를 해야 하는데, 오늘 이렇게 교실에 앉아 한가하게 수업할 마음의 여유가 없습니다.
7. 교사가 교사에게: "식당에서 학생들과 함께 앉아 식사할 기분이 내키지 않는군요. 요즘 학생들은 말이 너무 거칠거든요. 도대체가 형편이 없어요."

8. 관장이 복지사에게: 나는 늘 잘못된 결정을 내리는 것 같아요. 내가 누군가를 즐겁게 해 주려고 애쓸 때마다, 그것이 오히려 그 사람 외의 다른 사람들에게 고통을 안겨주는 결과가 되거든요.
9. 교사가 교사에게: 금년에 선생님 학급에는 학생수가 많습니까? 저는 평년보다 학생수가 엄청나게 더 많아요.
10. 학생이 지도교수에게: 취업 원서 용지를 여기 갖고 왔습니다. 원서의 해당란에 기입할 수 있도록 저의 학생기록부를 좀 보여 주십시오.
11. 복지사가 상담교사에게: 동수의 어머니가 이혼을 하고 다른 남자와 결혼하여 아기를 가졌다는데 뭔가 문제가 있는 것 같지 않아요? 그러니 그 애가 학교성적이 나쁘고 빗나가는 것도 무리가 아니지요.
12. 교수가 상담교수에게: 저는 오늘 둘째시간에 영철이라는 학생과 언쟁을 했답니다. 교수님께서 그 아이가 제가 오늘 그 일로 얼마나 화가 났는지를 이야기해 주시고 그 애로 하여금 그것을 깨닫게 해 주시겠습니까?
13. 교사가 교사에게: 금년에는 수능고사를 언제 치르지요? 학생들이 그것에 관해 물어 오는데 저는 날짜를 몰라 무어라 대답해야 할지를 모르겠군요.
14. 학생이 상담교수에게: 교수님은 오늘 병일이라는 학생과 상담을 하고 계셨다면서요. 그 녀석, 참으로 골치 아픈 놈이지요? 그런데 어떤 문제로 상담을 하셨습니까?
15. 학생이 상담교수에게: 매주 목요일 수업 마치고 교수님께서는 집단 상담을 실시한다고 들었는데, 집단상담이란 무엇을 하는 것입니까?
16. 학생이 직원에게: 학교 구내가 너무 넓어서 지금 헤매는 중입니다. 대관절 식당이 어디쯤 있습니까?
17. 학생이 상담교사에게: 저의 가족이 다른 동네로 이사할 예정이라 그래서 저도 전학을 가야 될 것 같습니다. 제가 가고자 하는 학교의 연혁을 좀 알아봐 주실 수 있습니까?
18. 복지사가 복지사에게: 저는 많은 선생님들이 정말로 저를 싫어하는 것이 아닌가 걱정됩니다. 저는 다만 그분들께서 조금이라도 도움이 되었으면 하는 마음으로 애를 썼는데…
19. 교사가 교사에게: 지난해에 선생님께서 경수라는 학생을 담임하셨을 때, 그 학생이 다른 학생들과 잘 사귀지 못한다는 사실을 아셨습니까?
20. 복지사가 관리인에게: 제게 맞는 새 의자를 하나 구해 주실 수 있습니까? 저는 지금 제가 사용하고 있는 의자는 너무 작아서 말입니다.
21. 교수가 학생에게: 얘 민성아! 네가 지금 하고 있는 과제물을 언제 제출할 계획이니? 매우 재미있을 것 같은데.
22. 복지사가 관장에게: 이렇게 형편없는 근무조건하에서 복지사들이 일을 잘 할 수 있다고 기대하십니까? 이 복지관은 도대체 제멋대로군요. 관장님께서는 별 하는 일 없이 관장실만 앉아 계시는군요.
23. 교수가 상담교수에게: 저는 이 심리검사의 점수를 정말 이해 못하겠군요. 이 점수를 제게 설명해 주실 수 있겠습니까?
24. 교사가 교사에게: 내일 교직원회의에서 큰 논쟁이 있을 것입니다. 선생님께서도 우리가 그것에 대한 계획을 짜는데 돕고 싶으시면 오늘 밤에 정선생님 댁으로 나오십시오. 우리는 원장선생님이 지난주에 사표를 내라고 한 처사에 대해 따질 것입니다.
25. 학생이 상담교수에게: 저는 집에서 공부할 시간이 정말 없어요. 부모님은 별거 상태에 있기 때문에 방과 후에 저는 어머니를 도와 드려야 하거든요. 어머니, 아버지가 함께 계실 때가 훨씬 즐겁고 행복했는데…”
26. 학생이 교수에게: 교수님, 저의 남자친구인 영진이를 어떻게 했으면 좋을까요? 저는 그를 몹시 사랑하지만 그는 저랑 결혼하기를 원하지 않아요.”
27. 관리인이 교사에게: 선생님께서 학생들에게 의자를 똑바로 정리하도록 말해 주셨으면 좋겠습니다. 도대체 왜 마지막 시간이 지나면 의자들이 항상 어지럽게 놓여 있는지를 모르겠군요.

28. 학생이 상담교사에게: 저는 대학에 진학할 결심을 했지만 어느 학교로 지원을 해야 할지를 아직 결정하지 못했습니다. 선생님께서 제가 갈만한 대학에 관해 이야기를 좀 해 주실 수 있습니까?
29. 관장이 복지사에게: 금년에 선생님들과 나 사이에 문제가 있는 것 같군요. 어떻게 해서 그런 문제가 생겼는지 모르겠지만, 무언가 내가 잘못해서 선생님들이 화를 내는 것 같아 정말 괴롭답니다.
30. 학생이 지도교수에게: 저는 학교를 졸업한 후에 제가 택할 수 있는 직업에 대해 최근에 한 번 생각해 보았습니다. 그런데 저는 직업에 대해선 정말 아는 것이라고는 없습니다. 혹시 저의 직업적 흥미에 대해서 알 수 없을까요? 도대체 저는 어떻게 해야 할지 감을 잡을 수가 없습니다.

CHAPTER 02

사회복지실천 현장

사회복지실천장면은 주로 사회복지의 목적을 달성하기 위하여 공적이나 사적기관의 사회적 주체가 운영하고 있는 사회복지 관련 조직 및 시설로 이해되고 있다. 여기에 고용되거나 그 시설을 운영하는 사회복지사들이 사회복지실천에 대한 가치와 지식을 바탕으로 다양한 실천현장에 전문적으로 적극 참여하여 실천기술을 적용시키고 활용하는 현장이라고 할 수 있다. 사회복지실천장면은 사회변화, 새로운 사회문제, 변화하는 가치와 윤리, 새로운 법률에 따라 다른 모습으로 등장하거나 사라지기도 한다. 또는 그 내용이 통합되거나, 분화되다가 다시 재통합도 되기 때문에 유동성이 있다고 봐야 할 것이다.

사회복지실천 현장의 범위는 엄청 광범위하고 다양하다. 사회복지 대상자는 자원의 한계와 즉각적인 반응으로 바로 보호를 해야 하는 일부의 사람에 치중하고 있음에도 불구하고, 모두를 위한 예방적 개입의 필요성이 강조되고 있는 실정이다. 이런 맥락에서 본다면, 우리 일상의 모든 사건과 사고, 사람들 간의 상호작용, 관계형성 등이 모두 실천현장이다. 내 삶의 터전이 기본적이고 일차적인 실천 영역이 되며(개별), 여기에서부터 출발하여 더 넓고 더 다양한 대상(집단)과 실천 현장으로 확장해 나가게 된다. 이러한 상황에서 사회복지실천 현장을 이해하는 것은 다양한 클라이언트 집단과 사회문제에 대한 개입이 이루어지는 사회복지기관에 대한 이해뿐만 아니라, 사회복지기관 간의 연계, 사회복지실천 영역 간의 협력을 이해하는 데 도움이 될 것이다.

1. 사회복지실천 현장의 개념

사회복지사에게 사회복지실천장면은 실천을 적절하게 하는 특이한 장면이며 특정 인구집단 또는 사회문제의 영역을 의미하기도 한다. 또는 사회복지서비스를 제공하기 위해 고안하거나 사회복지서비스를 필요로 하는 사람과 이를 제공하는 사회 간의 차이를 조정하거나 공식적 연결고리 역할을 하는 사회복지조직, 사회복지시설, 기관이라고 할 수 있다.

사회복지실천 현장은 협의로는 클라이언트에게 사회복지서비스를 직·간접적으로 제공하는 사회복지기관을 말하며, 물리적인 장소의 개념으로서 사회복지사가 활동하는 장소, 시설, 사회복지기관 및 단체를 말한다. 광의의 사회복지실천 현장은 "사회복지실천이 이루어지는 전문 분야, 전문 영역, 전문 활동, 전문 환경"을 의미한다. 예를 들어, 아동, 노인, 청소년, 장애인, 성인, 여성 등의 대상별 분야, 약물남용, 의료/정신보건, 교정, 상담 등의 문제 영역별 분야, 지역사회복지관, 병원, 학교, 산업체, 상담소 등의 실천 현장별 분야 등으로 구분될 수 있다.

한편, 사회복지실천 현장은 다음과 같이 클라이언트에 접근하는 수준과 사회복지실천방법에 따라 정의할 수도 있다. 실천대상자 수준에 따른 정의는 현장의 개념을 미시적, 중간적, 거시적 수준 대상으로 규정하는 개념을 말하며, 실천방법별 정의는 실천대상 수준과도 연관이 있다. 사회복지임상실천(미시적 수준), 사회복지서비스실천(중간적 수준), 사회복지정책실천(거시적 수준)으로 규정하는 것이다. 일반적으로 사회복지실천 현장은 사회복지시설(기관)을 의미하므로, 거시적 실천이 이루어지는 사회복지정책 부문은 개념의 범주에서 제외되기도 한다. 따라서 사회복지실천 현장의 개념에는 미시적 수준과 중간적 수준에서 사회복지대상자를 처우하는 사회복지사 등의 전문적이고 조직적인 실천현장이 대부분이다.

사회복지실천 현장은 기관의 목적에 따라 1차 현장과 2차 현장으로 구분된다. 1차 현장이란 기관의 우선적인 목적과 기능이 사회복지서비스를 제공하는 곳으로서, 사회복지사가 중심이 되어 활동하는 실천현장을 말한다. 종합사회복지관, 사회복지이용시설과 생활시설, 사회복지재단 등이 해당된다. 2차 현장이란 기관의 일차적인 목적과 기능처럼 사회복지서비스 제공은 아니지만, 사회복지서비스가 기관 운영과 서비스 효과에 도움을 주는, 즉 사회복지 개입이 이루어지는 실천현장을 말한다. 예를 들면, 병원, 학교, 기업, 교정시설 등 기관 본래의 기능 수행과 더불어 사회복지실천이 이루어지는 곳을 말한다. 사회복지 영역이 확대되면서 2차 현장도 다양화 · 세분화되고 있다(장수미 외, 2010).

2. 분야별 사회복지실천 현장

1) 가족복지실천 현장

미시적 가족복지는 가족문제 혹은 가족위기를 경험하고 있는 가족에게 직접적 혹은 개별적으로 필요한 자원을 제공하며, 거시적 차원 가족복지는 가족이 사회 전체의 제도 내에서 유지 · 발전할 수 있는 조건 혹은 환경을 조성해 가는 접근이다. 여성에 대한 복지는 여성의 인간다운 삶을 실현하기 위한 모든 실천적 노력을 포함하는 개념으로, 가정에서 여성의 역할을 고려했을 때 가족복지, 아동복지와 관련된 부분이 많다. 여성이 가족과 사회에서 성적 평등을 실현할 수 있는 방향으로 가족정책 및 가족복지서비스가 수립되어야 하고, 가족과 사회 사이에서 갖는 여성의 구조적 위치를 고려하여 가족과 여성의 문제는 함께 접근되어야 한다. 여성복지는 특정한 문제를 가진 여성뿐 아니라 일반여성까지 포함하며, 일련의 연속선상에 있는 다양한 여성의 문제를 대상으로 한다. 그럼에도 현실적으로는 미혼모, 저소득 모자가정, 성폭력 피해 여성 등 특별한 욕구가 있으나, 독립적인 삶이 어려운 여성을 대상으로 하는 정책과 사업이 주를 이루고 있으며, 가족 내 여성의 복지실천 현장도 이러한 경향이 뚜렷하다.

2) 아동복지실천 현장

협의의 아동복지는 특수한 욕구를 가진 아동과 가족을 대상으로 하여 사회복지기관을 비롯한 특정 기관에서 제공하는 서비스를 의미하며, 광의의 아동복지는 모든 아동의 행복을 위해 신체적 · 사회적 · 심리적 발달을 보호하고 촉진하기 위한 모든 정책이나 대책을 말한다. 우리나라 아동복지는 아동양육시설을 중심으로 진행되었다.

1990년대 이후 아동시설 운영의 대안으로서 그룹 홈, 위탁보호의 시설과 도입이 이루어졌고, 2000년도에는 아동복지법 개정으로 아동보호전문기관이 설치되었다. 2003년 가정위탁지원센터 설치, 2004년 지역아동센터 법제화 등이 아동복지실천 현장의 주요 변화라고 할 수 있다. 이는 빈곤아동, 피학대아동, 유기아동, 입양아동 등 특정 요보호아동이 주요 대상이었던 실천현장을 21세기에 들어와서는 아동의 권리에 관한 관심이 커지기 시작하면서, 요보호아동에만 한정하지 않고 일반아동에 대한 보편적 서비스로 변화되었다.

또한 아동복지 현장의 주요한 변화는 지역아동센터의 법제화다. 지역아동센터는 소규모 가정형 아동복지시설로 전국적으로 많은 아동이 이용하고 있다. 지역아동센터는 기존 지역사회 아동복지서비스(기관)와의 중복, 서비스의 질 관리, 열악한 운영비 지원 등의 문제점이 제기되고 있다. 그럼에도 불구하고 처음 시작은 지역사회 빈곤아동을 위한 보호 센터였으나, 앞으로는 전체 아동·청소년의 보호 인프라로서 양육의 사회화과정에서 중요한 기능을 수행할 것으로 기대된다.

3) 노인복지실천 현장

노인복지는 노인을 대상으로 노인이 인간다운 삶을 영위하고 삶을 마감할 때까지 건강하고 즐겁게 살아갈 수 있도록 하며, 본인과 그 가족을 대상으로 현시대를 살아가면서 여러 가지 직면된 사회적 문제를 해결하거나 그 문제를 경감시키고 생활을 잘 유지해 나갈 수 있도록 도와주는 전문적 원조활동이다.

노인복지실천 현장의 큰 변화로는 2008년 도입된 노인장기요양보험이다. 삶의 질의 향상, 급변하는 경제발전, 정신보건 및 의료기술의 발달 등으로 2~30년 전에 비하여 평균 수명의 급격한 연장, 자식과 후손에 대한 가치관의 변화, 초혼연령의 증가, 보육 및 교육환경의 어려움 등으로 출산율이 급격히 저하되어 전체 인구구조의 급속한 고령화 문제에 직면하고 있으며, 이러한 사회변화에 따른 복지를 충족하기 위하여 장기요양보장제도가 탄생하였다. 즉, 나이가 들고 자연스러운 노화 등에 따라 신체적 거동이 불편한 노인에 대하여 신체활동이나 일상 가사활동을 지속해서 지원해 주는 문제가 사회적 이슈로 드러났으며, 경제 환경이나 여러 가지 이유로 부모를 돌보지 못하는 어려운 자식을 대신해 사회가 그 일을 맡아 해야 하기 때문이다. 특히 고령사회의 진입과 함께 핵가족화, 한가족화, 여성의 경제활동 참여가 갈수록 증가하면서 종전에 가족의 부담이었던 장기요양문제가 개인이나 가계의 부담으로만 머물지 않고 이에 대한 사회적·국가적 책무가 강조되고 나서야 할 때인 것이다.

4) 장애인복지실천 현장

장애인복지실천 현장은 다른 실천 분야와는 구별되는 특성을 지니고 있으며, 실천 현장에서 많은 프로그램이 요구되는 대상이기도 하다. 무엇보다 장애인복지실천을 위해서는 현장에 대한 이해가 매우 중요하며 장애인에 대한 관점의 사고가 필요하다. 또한 장애인복지법이 제정된 1981년 5개 장애범주(지체장애, 정신지체장애, 시각장애, 청각장애, 언어장애)에서 시작하여 현재는 15개 범주로 확대되었다. 이는 그만큼 다양한 분야에서 대상자를 위한 복잡다양한 활동과 원조를 해야 함을 의미한다. 이제는 장애의 개념이 신체적·정신적 손상을 중심으로 이해하는 의료적 모델에서 사회생활에 부정적인 영향을 받는 것까지를 포함하는 넓은 의미로 점차 확대되어 가고 있음을 알 수 있다.

5) 의료사회복지실천 현장

의료사회복지는 질병의 원인이 되거나 치료에 장애가 되는 심리적·사회적·경제적 모든 요인을 제거하고, 질병에서의 회복과 신체적·정신적 재활을 도와 클라이언트가 건강하게 사회로 돌아가 인간다운 삶을 영위하도록 하는 데 그 목적이 있다. 따라서 충분한 임상경험과 의료에 관련된 많은 경험을 가진 자가 의료사회복지사로 업무를 수행해야 한다. 의료사회복지사는 병원이나 요양원 등 각 의료현장에서 의료목적과 사회복지의 목적을 달성하기 위하여 의료팀과 한마음 한 직원이 되어 질병 및 치료과정에 관한 정보와 지식을 끊임없이 습득해야 한다.

사회가 발전하고 변화하면서 의료사회복지실천의 개입은 점차 그 영역이 확대되어 가고 있다. 특히 현대사회에서는 만성적 중증질환이 해마다 증가하고, 각종 새로운 사회적 질병이 발발하면서 의료서비스와 의료복지의 정신적 · 사회적 · 경제적 측면의 중요성이 더욱 커지고 있다. 또한 의료서비스에 대한 클라이언트의 욕구 변화와 의료의 질에 대한 관심이 높고, 각 질병에 대한 지식이 증가하면서 의료사회복지사의 역할은 상담자 역할과 함께 더욱 다양화되고 전문화되고 있다.

6) 학교사회복지실천 현장

학교사회복지는 학교교육의 목적을 달성할 수 있도록 지원하는 것이다. 즉, 학생 개인 문제, 학부모 가족 또는 동료학우, 선후배, 사제 간의 대인관계 문제, 학교 적응과 부적응 등 관련된 문제가 있는 학생을 위해 복지상담을 제공하고, 가정과 학교, 지역사회와의 연계를 지속적으로 강화하여 학생에게 최적의 교육환경과 분위기를 제공하는 데 목적을 두고 있다.

학교사회복지는 1990년대에 지역사회복지관과 학교가 연계하여 청소년 관련 프로그램이나 자기성장을 위한 집단상담 등을 시행하는 형태로 시작하였고, 지금에는 교육복지 증진 및 학교폭력 예방을 위한 사회복지사 활용 연구학교사업 등(2004)으로 계속 발전해 오고 있다.

7) 지역사회복지실천 현장

지역사회복지란 주민의 복지 증진과 삶의 질 향상을 위하여 지역사회 차원에서 전개하는 사회복지를 말하며(사회복지사업법 제2조), 지역사회 내 다양한 직접서비스 기관, 협의체, 공공기관 등의 협력체계 속에서 진행된다.

사회복지관이란 지역사회를 기반으로 일정한 시설과 전문인력을 갖추고, 지역주민의 참여와 협력을 통해 지역사회 복지문제를 예방하고, 해결하기 위하여 종합적인 복지서비스를 제공하는 시설을 말한다. 사회복지관은 저소득 주민, 취약계층 주민, 보호 및 교육이 필요한 주민, 긴급지원이 필요한 주민을 비롯하여 복지서비스 욕구가 있는 모든 지역사회 주민을 대상으로 보호서비스, 재가복지서비스, 자립능력 배양을 위한 교육훈련 등 그들이 필요로 하는 복지서비스를 제공한다. 또한, 가족기능 강화, 지역사회 문제의 예방·치료를 위한 가족복지사업, 지역사회보호사업, 지역사회조직사업, 교육·문화사업, 자활사업 등을 수행하고 있다.

02

PART

사회복지실천 모델과 개입기술

CHAPTER 03 정신역동 모델

CHAPTER 04 심리사회 모델

CHAPTER 05 인지행동 모델

CHAPTER 06 과제중심 모델

CHAPTER 07 위기개입 모델

CHAPTER 08 해결중심모델, 클라이언트중심모델, 동기강화모델

03 CHAPTER

정신역동 모델

정신역동 모델은 사회복지실천의 이론적 틀을 제공한 대표적인 이론이다. 정신역동 모델은 영유아기 시절인 어렸을 때의 경험에 의해 인간의 행동이 결정된다는 결정론적 관점과 개인에게 일어나는 행동이나 감정, 생각 등이 우연히 일어나는 것이 아니라 무의식적인 성적 본능, 공격적인 충동에 의해 일어난다고 강조하는 무의식, 이 두 가지 개념이 대표적인 기본 가정으로 구성되어 있다. 따라서 클라이언트 자신에 대한 통찰을 도우며 현재 당면하고 있는 문제를 잘 인식하고 이해할 수 있도록 하는 데 그 초점을 두고 있는 대표적인 이론이다.

정신역동이론은 정신분석심리학, 무의식을 강조한 이론이라 무의식의 심리학이라고도 불린다. 심리학의 아버지라고 일컬어지는 프로이트(S. Freud)와 그의 동료, A. 아들러 등 제자들의 학문적 업적에 기반을 두고 있다. 20세기 초에 등장하여 1세대 심리학으로서의 심오한 연구를 바탕으로 심리치료에 새로운 지평을 제공한 프로이트의 정신분석이론은 성격발달에 대한 모태인 동시에 인간본성에 대한 철학이며 정신심리치료의 한 획을 그은 큰 이론이다.

프로이트는 인간의 행동을 동기화하는 요소를 정신역동적 힘이라고 보았다. 그 정신역동적 힘의 근원으로 무의식의 역할에 그 비중을 크게 생각했다. 무의식의 갈등이 현재 갈등과 부적응의 원인이 된다고 보았으며, 신경증 같은 정신장애의 근원이 된다고 보았다.

정신역동이론은 현대 심리학과 정신의학의 여러 가지 이론의 기본 개념을 형성시키거나 관련 심리학을 발달시키는 데 큰 기초가 되었다. 이러한 프로이트의 이론은 정신의학이나 심리학에 그치지 않고 교육학, 사회학, 정치학, 사회복지, 예술, 미술, 문학, 영화 등 그 어느 분야에도 영향을 미치지 않은 곳이 없다. 정신분석이론은 20세기에 들어서 인류에 가장 큰 영향을 미친 위대한 업적으로 인정받고 있으며, 실제로 인간의 정신생활을 이해하는 데 크게 이바지하였으며 미국에서 활발히 연구되어 온 행동주의이론이 2세대 심리학으로 자리매김하는 데 크게 이바지하게 된다.

참고 **프로이트(Freud)의 생애/심리학자(1856.5.6.~1939.9.23.)**

현재는 체코슬로바키아의 영토가 된 모라비아의 프라이부르크(Freiburg)에서 8남매 중 맏아들로 출생하여 생애의 대부분을 빈에서 보냈다. 그는 빈민가에서 자라면서 자신이 학대받는 소수민족인 유대인임을 항상 의식하였고, 유대인은 의학이나 법학을 전공하지 않고는 마땅한 직업을 갖기 어렵다는 생각으로 의학을 전공하였으며, 신경증적인 증상(손의 마비, 시야의 흐려짐, 왜곡되어 보는 것 등)을 보이는 환자를 치료하는 과정에서 감정, 충동, 환상 등 내적인 세계에 관심을 갖게 되었다.

프로이트의 가족배경은 그의 정신분석이론을 이해하는 데 자주 거론될 만큼 그의 이론형성에 영향을 미쳤다. 프로이트 아버지는 권위적인 사람이었으며, 어머니는 매력적이고 정이 깊었으며 사려 깊게 보살펴주는 사람이었다. 프로이트는 아버지가 세상을 떠났을 때 자신이 느낀 혼란스러운 감정으로 인해서 자신의 꿈을 얻었고, 오이디푸스 콤플렉스를 발견했다고 말했다. 즉, 꿈의 의미를 탐색하면서 성격발달의 역동성에 대한 통찰력을 얻었으며, 아동기 기억을 검토하면서 아버지에 대해 느꼈던 강한 적대감과 어머니에 대한 성적 감정을 깨달은 것이다. 몹시 질투했던 동생이 갓난아기 때 죽은 후 일생 동안 느껴야 했던 죄책감, 어린 시절에 목격한 어머니의 나체에 대한 강한 성적 흥분, 가부장적이던 아버지에 대한 증오와 반발 등 가족 내에서의 경험들이 프로이트로 하여금 인간의 심층 심리에 관심을 갖게 했으며, 무의식을 인간행동과 성격의 결정요인으로 중시하게 하였다.

그는 매우 창조적이고 생산적이었으며, 하루에 18시간이나 연구를 하는 경우도 자주 있었는데, 턱에 암이 걸렸던 생애 후반까지도 연구를 계속하여 그의 전집은 총 24권이나 되었다. 생애의 마지막 20년 동안 33번씩이나 수술을 받았으며, 끊임없는 고통 속에서 살다가 나치를 피해 1938년 영국으로 이주한 다음해인 1939년 9월 23일 런던에서 숨을 거두었다.

1. 철학과 기본 개념

1) 정신역동 모델의 철학

인간에 대한 정신분석학의 관점은 인간이 행동하거나 생각하거나 느끼는 모든 것에는 의미와 목적이 있고, 결정되어 있다는 것이다. 즉, 어떠한 환경에서 종종 일어나는 말의 실수, 행동에 대한 실수, 개인의 몸짓 등이 개인의 어릴 적 경험에 근거를 둔 특별한 의미가 있다는 것이다. 또한 프로이트는 인간의 행동이 비합리적이고 무의식적 힘, 생물학적 욕구나 충동 등이 생후 초기 5~6년 동안의 생활경험에 의해 결정된다고 하였다.

프로이트(S. Freud)는 신경생리학과 신경병리학에도 이바지하였는데 중추신경계의 진화, 실어증, 뇌성마비 등에 대한 연구와 코카인에 관한 연구, 뉴런(neuron) 이론 정립에 기여하기도 했으며, 정신분석치료는 무엇보다 19세기에 수수께끼처럼 유행하던 히스테리를 치료하고 그 원인을 규명하려는 노력과정에서 발전되었다.

프로이트는 여기서 무의식의 존재와 의미를 밝히고, 자유연상기법을 구축, 아동에 있어서의 성의 의미를 논의했다.

고전적 정신분석에서는 치료과정으로서, 치료자가 '빈 화면(blank screens)'이 될 것을 요구한다. 즉, 환자들이 자신의 상상이나 기억, 그리고 갈등을 가지고 있는 대상을 투사할 수 있는 빈 화면이 되는 것이다(클라이언트가 자신의 과거나 기억에 대해 자유롭게 이야기하는 동안 치료자는 일반적으로 환자의 뒤에 앉아 자신의 개인적인 견해는 제시하지 않고, 중립적이며 비관여적인 자세로 듣도록 노력한다. 치료자 자신을 되도록 드러내지 않는다). 프로이트는 환자들이 종종 자신의 삶에서 중요한 사람들(보통 부모나 배우자)에 대한 감정을 치료자에게 전이시킨다고 지적한다. 예를 들어, 전이(transference)는 환자가 치료자를 마치 자신의 부모처럼 여겨 환자가 부모에 대한 무의식적 감정을 치료자에게 투사시킬 때 발생한다. 이런 경우 환자는 마치 어린아이처럼 행동하고 치료자는 환자와 갈등을 겪었던 대상인 바로 그 아버지의 역할을 하게 된다. 전이를 통해 부모와의 초기 관계형성의 어려움으로부터 발생하여 현재의 어려움의 원인이 되는 갈등이 드러나게 된다. 이처럼 전이는 환자가 어린 시절에 겪었던 갈등의 대상을 치료자에게 옮겨서 그 갈등을 재 경험하는 것이다. 전이는 무의식적 생각을 드러내는 한 방법으로 치료의 핵심이 된다. 치료자는 환자가 전이한 사람에 대한 환자의 무의식적 사고나 감정을 인식하고 현재의 어려움의 기원에 대해 환자에게 해석해 준다. 억압된 감정이 드러나고 어려움의 기원에 대해 통찰력을 얻게 되면서 환자의 갈등적 감정이 자아에 의해 대응되고 통제될 수 있게 된다. 이러한 개념이 사회사업에도 적용되었는데, 개인의 현재 행동은 특히 관계형성 면에서 과거의 관계형성과 경험에 의해 영향을 받는다는 가설을 태동시켰다.

역전이(counter-transference)는 치료자들이 관계형성에 대한 과거 경험을 털어놓는 클라이언트에게 비합리적으로 대응할 때 발생한다. 감정적 객관성을 유지하지 못할 때 역전이가 일어나는데, 예로 클라이언트를 과도하게 보호하려 하거나 너무 이로운 측면만을 강조하거나, 클라이언트의 욕구가 너무 많다고 판단하여 거부하거나 클라이언트를 너무 승인 · 보상하려 하거나, 클라이언트와 애정관계를 발전시키거나 클라이언트에게 강요적인 충고를 하려 할 때 발생한다고 할 수 있다.

대부분의 정신분석기법은 숨겨진 생각과 감정을 드러내는 데 주로 초점을 둔다. 억압된 갈등이 원인이 되어 다양한 형태로 표현되는 바람직하지 못한 행동을 해결하기 위해서는 그 뿌리를 찾아 해결하려는 노력이 필수적이라고 가정된다. 그 갈등이 노출되고 적절히 이해된다면 그 갈등은 더 이상 행동장애를 일으키는 원인이 되지 못한다. 이렇게 정신분석 치료는 개인들에게 그들의 억압된 감정에 대한 통찰력(insight)을 주는 데 주목적이 있다.

정신역동적 치료에 대한 비판론자들은 이러한 치료는 과학적으로 정당화될 수 없다고 주장하며, 엘리트주의적이고 비용이 많이 드는 치료기법이라고 평가절하한다. 지지자들은 정신역동 치료가 통찰을 통해 자기발견으로 이끌 수 있다고 반론을 편다.

사회복지실천현장에서는 가장 현대적 형태의 정신분석이론을 사용하고 있다. 사회복지이론은 정신분석이론에 강한 영향을 받아 왔다. 실제적으로 정신분석적 접근방법이 거의 모든 사회복지실천의 기저에 어느 정도는 깔려 있다고 봐야 할 것이다. 예를 들어 무의식, 통찰, 갈등, 불안, 전이 같은 용어 들은 흔히 사회복지실천 현장에서 많이 활용되고 있고, 개방적이고 수용적이며 잘 들어주는 관계형성에 대한 강조 같은 것도 정신분석적 치료이론의 영향이라고 볼 수 있다. 특히 해밀턴(Hamilton)과 홀리스(Hollis)의 심리사회적 치료, 콜드스타인(Coldstein)의 자아심리학(자아중심적 케이스워크), 에릭 번(Eric Berne)의 교류분석은 정신분석이론의 영향을 강하게 받은 이론이라 할 수 있다. 또한 정신분석이론은 위기개입에 많은 영향을 주었다. 펄만(Perlman)의 문제해결이론도 자아심리학에 그 근원을 두고 있으므로 어느 정도 정신분석이론의 영향을 받았다고 할 수 있다.

2) 기본 개념

정신분석에서는 인간의 성격이 이드(id), 자아(ego), 초자아(superego)로 구성되어 있다. 이드는 심리적 에너지의 원천이자 본능이 자리 잡고 있는 곳이며, 쾌락의 원천지이며 본능적 욕구를 충족시키는 곳이다. 이드는 욕망실현을 위한 사고능력은 없으며 비논리적이고 맹목적으로 작용한다. 이러한 과정은 무의식 속에 이루어지고 있다. 자아는 이드의 본능과 외부 현실세계를 중재하고 통제하는 역할을 한다. 자아는 현실의 원칙에 따라 현실적이고 논리적인 사고를 하며 현실 환경에 적응한다. 이드가 아무 생각 없이 본능적인 충동이나 쾌락을 추구하였다면, 자아는 본인의 욕구와 바깥 외부세계의 현실을 인정하고 받아들일 줄 아는 현실에 대한 명확한 입장을 견지하고 있다. 초자아는 자아를 심판하고 도덕이나 완전함을 주장한다. 현실의 세상보다는 이상을 추구하며 쾌락에 끌려가는 자아를 통제하거나 양심을 내세워 조정하기도 한다. 따라서 초자아는 살아온 생활환경이나 부모로부터 물려받은 집안의 가치관, 가훈 등과 사회가 추구하는 도덕, 이상 등이다.

(1) 정신결정론

프로이트는 초기의 경험이 이후의 경험이나 사건을 결정한다는 정신결정론 관점을 정신분석이론의 기본적 원리로 얘기한다. 이는 나하고는 관계가 전혀 없고 우연히 일어난 것처럼 보이는 사건이라 하더라도 단지 그렇게 보이는 것일 뿐이지 실제로는 반드시 과거의 일과 연결되어 발생되었다는 것이다. 예를 들어, 가지고 있는 폰을 분실하였을 때 어쩌다 부주의로 일어난 것이라고 보지만, 사실은 그 물건에 대한 본인의 소망이나 의도에 따른 것이라고 본다.

(2) 경제적 모델

프로이트는 모든 인간행동은 본능의 지배를 받고 정신에너지를 발산하는 데 그 목적이 있다고 하였다. 본능은 원천, 목표, 대상, 추동(趨動)(drive)[1] 이 4가지 요소로 구성되어 있으며, 본능의 원천은 신체 내의 긴장상태(예: 허기짐)라고 할 수 있다. 목표는 신체적 긴장상태의 해소를 통한 쾌락의 획득(예: 포만감)이며, 대상은 목표섭취에 활동하는 수단(예: 음식물, 자극물)이고, 추동은 본능이 가지는 에너지의 양이다. 예를 들어, 음식물을 섭취하려는 소망의 강도를 말한다. 하지만 삶의 본능(Eros)과 죽음의 본능(Thanatos)은 서로 간의 융합에 영향을 미치기도 한다. 음식물을 섭취하는 것은 생명을 유지하는 데 걸림돌이나 위협감의 대상인 배고픔을 해결하고자 하는 삶의 본능 표현이지만 음식물을 파괴하여 섭취한다는 점에서는 죽음의 본능이다(이인정 · 최해경, 2004). 그리고 삶의 본능과 죽음의 본능이 병적으로 혼합되었을 때 인간은 강간, 가학 또는 피학적 성행위, 수간(獸姦)[2] 등과 같은 행동을 하게 된다(이나미, 1995; 박주현, 2010).

(3) 지형학적 모델

지형학적 모델을 따르면 인간의 정신은 의식, 전의식, 그리고 무의식으로 구성되어 있다. 프로이트는 성격을 빙산에 비유하여 물 위에 떠 있는 작은 부분이 의식이고, 물속에 잠겨져 있는 훨씬 더 큰 부분이 무의식이며, 파도에 의해 물 표면으로 나타나기도 하고, 잠기기도 하는 부분이 전의식이라고 하였다.

---

1) 충동(衝動)이라고도 하는데, 대게 생리적인 긴장, 결핍, 또는 불균형 상태(예: 허기와 갈증)에 뿌리를 둔다. 충족되어야 할 절박한 기본 욕구로 유기체에 대해 행동을 강요한다. 결핍된 상태를 욕구, 그 욕구의 심리적 표현을 추동(예: 긴장이나 끊임없는 목표지향적 활동)이라고 구별하는 학자들이 있기는 하지만, 욕구와 추동을 같은 의미로 사용하는 학자들도 있다. 심리학자들은 또한 선천적이며 기본적인 생리적 욕구와 직접적으로 관련된 추동(예: 음식 · 공기 · 물)과 학습된 추동(예: 약물중독)을 구별한다. 그밖에 추동 또는 욕구라고 하는 것에는 성취, 활동, 애정, 친화, 호기심, 배설, 탐구, 조작, 모성애, 고통회피, 성애, 수명 등이 있다.

2) 성도착증(性倒錯症)의 한 형태인 이 용어는 역사 · 문학 · 법률에서 몇 가지 다른 의미로 정의되고 있다. 성경전서 창세기 18장 19절 소돔편에 암시된 모든 남성 간 형태의 동성 간 성교, 항문성교, 동물성교나 동물애, 성기 이외의 성적 접촉에서부터 입과 음부의 접촉과 구강성교 등 여러 가지 의미로 정의되고 있다(의학적으로는 수간을 사람과 동물과의 성기 접촉 및 항문성교에 한정하고 있음). 항문성교는 민꼬리원숭이(침팬지나 고릴라 등)에서도 관찰되며, 일부 문맹사회에서는 성인과 소년 사이의 일반적인 행위로 받아들여지고 있다. 현대사회에서는 남성 간의 동성애에서 일어나며 남녀 간의 성행위에서도 행해진다.

① 의식

의식은 자신이 주의를 기울이는 순간에 곧 알아차릴 수 있는 정신작용의 부분이다. 의식은 한 개인이 현재 느끼거나 알 수 있는 감각, 지각, 기억, 경험 등의 모든 것을 의미하며, 관심에서 벗어나면 이 영역의 자료는 전의식이나 무의식의 한 부분이 되어 더 이상 의식되지 않는다.

② 전의식

전의식은 주의를 집중하고 노력하면 의식이 될 수 있는 정신작용의 부분이며, 의식 속의 자료들이 저장되는 영역이다. 예를 들어, 어제저녁에 맛있게 먹었던 저녁식사의 음식, 예전 첫사랑 선생님과의 추억 등의 내용은 관심이 사라지면서 전의식의 자료가 된다.

③ 무의식

무의식은 자신이 전혀 의식하지 못하는 정신작용의 한 부분이다. 프로이트는 빙산의 대부분이 물속에서 잠겨 있듯이 성격의 대부분은 의식 수준 아래에 존재한다고 믿고 있다.

프로이트가 가장 심도 있게 다루고 있는 영역인 무의식은 욕구나 본능이 깊게 자리를 잡고 있으나, 인식할 수도 없고 직접 확인할 수도 없는 영역에 해당한다. 예를 들어, 아주 잘 아는 사람의 이름, 생활상의 경험 등을 잊어버림 현상, 소유물을 잃어버리는 경향, 불안에서 오는 말의 실수, 글자를 잘못 읽는 것, 행동상의 자연스러운 실수 등을 들고 있다. 또한 꿈을 '무의식적인 어떤 것을 왜곡하여 대피한 것'으로 간주하고, 무의식을 파악하기 위해서는 꿈을 해석해야 한다고 보았다.

(4) 구조적 모델

프로이트의 구조적 모델을 따르면, 성격은 원초아(id), 자아(ego), 그리고 초자아(superego)라는 세 부분으로 구성되어 있다. 이들 부분이 상호작용하여 전체 성격체계를 구성하고, 이들의 하위체계는 개인의 행동에 각기 다른 영향을 미친다.

① 원초아

원초아는 성격의 가장 원초적인 부분으로서 생물학적인 본능으로 구성되어 있는데, 이 본능은 주로 성적이고 공격적인 것이다. 또한 원초아는 타고나는 것으로서 성격의 가장 원초적인 부분이며, 원초아 안에는 인간이 긴장을 느꼈을 때 그 긴장 해소를 위해 뭔가를 행동하게 하는 추동(趨動)이 저장되어 있다. 이 부분은 외부 세계와 전혀 상관이 없고 논리와 법칙이 통하지 않기 때문에 매우 충동적이며 동물적이다. 조직적이고 합리적이지 못하며 시간이 지나고 경험을 충분히 쌓아도 변화되지 않는다. 원초아는 전적으로 무의식 세계에 존재하며, 현실 세계와는 접촉이 전혀 없으며, 원초아의 지배를 많이 받는 성인은 충동적이며, 비합리적인 행동을 보이게 된다(Greene & Ephross, 1991).

원초아는 두 가지 특성이 있다. 첫째는 일차적 사고과정이 일어나고, 둘째는 쾌락원칙(pleasure principle)에 의해 지배된다는 것이다(Lowenstein, 1985). 이 원리는 쾌를 최대로 하고 고통을 최소로 하는데, 여기에서 쾌(快)란 긴장감소를 말한다. 일차적 사고과정이란 신체적 긴장을 경감시키는 데 필요한 대상의 기억 표상을 만들어내는 과정을 말한다. 심한 갈증을 느낀 사람이 사막에서 오아시스(oasis)를 보는 신기루(蜃氣樓) 현상을 말한다. 여기서 신기루 현상이란 바다 위나 사막에서, 대기의 밀도가 층층이 달라졌을 때 빛이 굴절하기 때문에 엉뚱한 곳에 물상(物像)이 있는 것처럼 보이는 현상을 의미한다. 그러나 이러한 일차적 사고과정은 일시적인 만족은 줄 수 있겠지만, 근본적인 긴장은 감소시킬 수 없으므로 자아의 이차적 사고과정이 필요해진다.

그러나 우리는 자신의 충동만을 따라서 살 수 없으므로 현실을 다루는 법을 배워야 한다. 이와 같이 즉흥적인 충동을 억제케 하고 현실을 고려하도록 하는 것이 바로 자아이며 자아는 현실의 원칙을 따른다.

② 자아

자아는 원초아에게 충동을 지연시키고 현실을 직시하는 역할을 한다. 즉, 목이 마를 때에는 현실적으로 물을 먹는 방법을 찾기 위해 객관적인 세계와 타협하는 것이다. 자아는 외적인 현실을 고려하고 원초아를 지배하고 통제하는 집행부의 구실을 한다.

자아는 두 가지 특성이 있다. 첫째는 이차적 사고과정이 일어난다는 것이고, 둘째는 현실원칙에 의해 지배된다는 것이다. 이차적 사고과정이란 현실적인 계획을 세울 때 만족을 지연하는 사고과정을 의미한다. 예를 들어, 목이 마르더라도 현실적으로 물을 구할 수 있을 때까지 기다린다는 것이다. 이차적 사고과정은 현실검증을 분별하는 것으로, 이는 외부 세계에서 일어나는 자극, 지각 등을 분별하고, 원초아의 소망, 충동에서 일어나는 자극, 지각 등을 분별하는 자아의 능력을 의미한다. 현실원칙이란 적절한 시기까지 긴장의 방출을 지연시켜 궁극적으로 사회가 수용 가능한 형태로 만족을 얻는 능력을 의미한다.

③ 초자아

옳고 그름에 대한 판단역할을 하는 것이 초자아이고, 초자아는 우리가 흔히 양심이라고 부르는 것과 자아이상으로 구성된다. 자신의 잘못된 행동에 대해 죄책감을 느끼는 것이 양심이고, 자신의 잘한 행동에 대해 자부심을 느끼는 것이 자아이상이라 할 수 있다. 자아와 초자아는 의식세계와 무의식세계에 걸쳐 존재한다.

초자아는 3가지 구조 중에 가장 마지막에 발달하는 부분으로, 아이가 부모의 사회적 가치와 이상을 동일시함으로써 발달한다. 특히 오이디푸스 콤플렉스(Oedipus complex)를 해결하는 과정에서 초자아가 발달하지만, 성장하면서 위인이나 지도자의 위대한 삶을 동일시하면서 초자아는 계속 발달하게 된다. 초자아는 자아이상(ego ideal)과 양심이라는 두 개의 하위체계로 구성된다. 초자아는 성격의 도덕적 판단을 담당하는데, 이러한 판단은 부모가 주는 상과 벌에 따라 형성된다. 부모의 상으로부터 발달하는 자아이상은 도덕적으로 좋은 것에 대한 판단을 하게 된다. 그러나 부모에게서 받은 벌은 양심을 형성하여 도덕적으로 나쁜 것에 대한 판단을 하게 되며, 이를 통해 인간은 죄의식을 경험하게 된다. 따라서 인간이 원초아에 따라 행동하고 표현하려고 하면, 초자아는 자아로 하여금 불안을 느끼게 한다. 일반적으로 원초아와 초자아는 서로 상반된 목적을 추구하기 때문에 본능적 원초아와 이를 억제하려는 초자아 간에 긴장이 발생한다. 이때 자아의 중재역할이 제대로 발휘되지 못하면 갈등이 일어나는데 이것이 불안이다. 이러한 불안은 매우 고통스럽기 때문에 그것을 방어하는 기술을 발달시키게 되는데 이것이 방어기제이다.

(5) 자아방어기제

자아방어기제는 프로이트의 막내딸 안나 프로이트에 의해 체계화되었으며 적응기제라고도 불린다. 방어기제는 자아의 가장 중요한 기능 중의 하나이다. 즉, 불안하거나 위기에 처한 자아를 보호하기 위해 인간이 무의식적으로 사용하는 사고 및 행동수단으로서 편안한 상태를 유지하기 위한 보호수단으로 사용되고 있다. 자아방어기제란 자아가 원초아와 초자아의 요구, 과거의 기억과 외부 세계의 요구 등으로부터 자신을 보호하기 위해 무의식적으로 작동하는 심리기제로 갈등의 원천을 왜곡, 대체, 차단한다. 이러한 자아방어기제는 불안을 감소시킬 뿐만 아니라 긍정적인 사회적 결과를 가져오기도 한다. 자아방어기제의 사용이 사회적응을 도모하고 정신건강을 향상시키기도 한다(박주현, 2010).

하지만 불안을 해결하기 위해 사용되는 자아방어기제는 정신병리적 기능도 내포되어 있기 때문에 과다하게 사용하면 심각한 정신병리를 일으키게 된다(Zastrow, 1995). 안나 프로이트(1965)는 자아방어기제가 정상적인지 또는 병리적인지는 한 가지 방어기제를 사용하는지 혹은 여러 가지 방어기제를 사용하는지와 관련된 균형, 방어의 강도, 사용한 방어기제의 적합성, 그리고 위험이 사라졌을 때 사용한 방어기제를 철회할 수 있는 가능성이라는 네 가지 요소를 근거로 판단해야 한다고 했다.

① 내면화(introjection): 미성숙

애증과 같은 감정을 직접적으로 표현하는 것을 피하기 위하여 외부의 대상을 자기 내면의 자아체계로 받아들이는 기제이다. 예를 들어 어머니를 미워하는 감정을 도저히 수용할 수 없기 때문에 자기 자신을 미워하는 것으로 대치하는 경우를 말한다.

② 대치(substitution): 미성숙

정서적으로는 아주 중요하지만 심리적으로 수용할 수 없는 대상을 수용 가능한 비슷한 다른 대상으로 대치하는 기제이다. 오빠에게 매력을 느끼는 여동생이 오빠와 비슷한 사람과 사귀는 경우가 해당된다.

③ 동일시(identification): 미성숙

용납할 수 없는 충동 그 자체는 부정하지만 그 충동을 갖고 있는 사람이나 그 사람의 행동과 동일화하여 받아들이는 과정을 말한다. 아버지를 무서워하는 아들이 아버지를 닮아 가는 경우와 시어머니에게 학대받은 며느리가 본인이 그 자리에 왔을 때 똑같이 하는 경우를 말한다.

④ 보상(compensation): 미성숙

심리적으로 약점이나 제한점이 있는 사람이 이를 보상받기 위하여 다른 어떤 것에 몰두하는 기제이며, 친부모에게 효도를 다하지 못한 사람이 이웃의 홀로 된 노인을 극진히 부양하는 경우를 말한다.

⑤ 부정(denial): 미성숙

무의식적으로 현실을 거부함으로써 현실과 관련된 정신적 고통을 피해보려고 하는 기제이다. 사랑하는 사람의 장례식을 마치고 집으로 돌아와서 그가 죽었다는 사실을 인정하지 않고 밥을 함께 차리는 경우를 말한다. 고통스럽거나 위협적인 실제 양상을 인식하지 않고 회피하는 것이다.

약물중독 문제를 가지고 있는 사람들은 문제가 존재한다는 것을 부정한다. 몸에 종양이 자라고 있는데 불안을 피하기 위해 종양의 존재를 부정할 수도 있다. 남편이 바람을 피우고 있다는 증거가 있어도 남편은 그런 사람이 아니라고 부정한다.

⑥ 상징화(symbolization): 미성숙

어떤 사물이나 사람에 부착된 감정적 가치를 어떤 상징적 표현으로 전치시키는 기제이며, 아이를 낳고 싶은 강렬한 소망을 지닌 여인이 꿈에서 달걀을 보는 경우를 말한다.

⑦ 원상복귀(undoing): 미성숙

무의식에서 어떤 대상을 향해 품고 있는 자기의 성적인 또는 적대적인 욕구로 인해 상대방이 당할 것이라고 생각되는 피해를 원래 상태로 되돌려 놓는 기제이다. 굿과 같은 의식 등을 말한다.

⑧ 저항(resistance): 미성숙

억압된 감정이 의식화되면 매우 고통스럽기 때문에 억압된 재료들이 의식화되는 것을 방해하는 과정이며, 자유연상에서 나타나는 연상의 단절, 당혹, 침묵, 불안 등을 말한다.

⑨ 전환(conversion): 미성숙

심리적 갈등이 신체기관과 수의근 계통의 증상으로 표출되는 기제이며, 일례로 군에 입대하기 싫어하는 사람이 입영영장을 받고는 시각장애를 일으키는 경우가 대표적이다.

⑩ 투사(projection): 미성숙

용납할 수 없는 자기 내부의 문제나 결점을 자기보다는 다른 사람이나 외부의 탓으로 돌리는 기제이다. 잘되면 내 탓, 잘못되면 조상 탓이다, 시험을 망치고는 교수가 출제방식이 잘못되었다고 하는 경우를 말한다.

투사는 자신의 불안을 일으키는 생각이나 감정을 누군가에게 전가하는 것이다. 아내가 이혼의 책임을 남편에게 돌리며 비난하는 것을 예로 들 수 있다, 바람난 아내가 "당신이 날 사랑해 주지 않아서 나를 사랑해 주는 다른 남자를 찾은 것"이라며 비난의 화살을 남편에게 돌리는 것도 투사이다. 투사는 망상형 정신분열증 환자가 많이 사용하는 방어기제이기도 하다.

보웬(Bowen, 1985)에 따르면, 가족투사과정(family projection process)도 있는데, 예를 들어 무기력함을 느끼는 어머니가 이를 아동에게 투사한다. 그리고 어머니는 아동이 무기력하다고 인지하면서 과보호하여 아동이 무기력하게 느끼고 행동하도록 만든다. 어머니는 약한 아동을 보호하는 것을 통해 스스로가 강한 사람이라고 느낀다. 이러한 과정이 만성화되면 아동은 자율성을 잃고 분화가 일어나지 않게 되어 문제를 갖게 된다.

⑪ 퇴행(regression): 미성숙

불안이나 공포 상황에 대한 해결책으로 초기의 발달단계나 행동양식으로 후퇴하는 기제이다. 동생이 태어나자 갑자기 소변을 가리지 못하는 경우, 걸어 다니다가 갑자기 기어다니는 경우 등 예전 행동으로 돌아가는 상태를 말한다.

⑫ 해리(dissociation): 미성숙

마음을 편치 않게 하는 근원인 성격의 일부가 그 사람의 의식적 지배를 벗어나 마치 하나의 다른 독립된 성격인 것처럼 행동하는 기제이며, 이중인격자, 몽유병, 잠꼬대, 건망증 등을 말한다.

⑬ 행동화(acting out): 미성숙

행동화란 불안한 감정이나 그와 관련된 관념을 피하기 위한 무의식적 소망이나 충동의 직접적 표현이다. 자신에게 위협적이고 긴장을 초래하는 상황을 참을 수 없어 먼저 행동으로 옮김으로써 자신의 불안감을 감소시키며 안도감을 얻게 되는 것이다. 즉, 행위를 통해 개인은 심리적 긴장과 갈등으로부터 안도감을 얻는다. 이런 방어기제를 활용함으로써 어떤 개인들은 충동적으로 비행적 행동을 하고 공격적으로 울분을 터뜨린다. 10대들의 비행적 행동이 행동화의 한 유형이다. 청소년이 가출하여 거리를 배회하는 행동은 근친상간과 관련된 긴장감을 회피하기 위한 행동화의 한 예가 될 수 있다.

⑭ 수동공격성(passive aggression): 미성숙

개인은 자신의 공격성을 수동성으로 변장하여 숨김으로써 자신의 행동의 공격적 성격을 인식하지 못하게 한다. 예를 들어, 저항이나 반항이 과제를 지연하는 것으로 위장된다. 청소년이 겉으로는 순응하는 것으로 대답하지만 변명을 하고 과제를 수행하지 않는다. 숙제를 제 시간에 내겠다고 말해 놓고는 타이핑을 하다 컴퓨터가 다운되어 데이터가 다 날아갔다고 말한다.

수동공격성의 한 형태로 자기로의 전향(turning against the self)이 있다. 공격성을 자신에게 돌려 자해를 하거나 자살을 시도하기도 한다.

⑮ 분리, 격리(isolation): 타협

고통스러운 생각이나 기억을 그에 수반된 감정 상태와 분리시키는 기제이다. 아버지가 죽었을 때 슬픔을 느끼지 못했던 아들이 아버지를 연상시키는 권위적 남자 주인공이 죽는 영화를 볼 때는 비통하게 우는 경우를 말한다. 어떤 생각이나 사건과 연관된 감정을 부인하는 것이다. 그 생각이나 사건에 관련하여 의식 속에 남아 있는 것은 그 사건이 중요하지 않으며 아무것도 아니라는 관념적인 내용뿐이다.

⑯ 억압(repression): 타협

억압은 불안을 일으키는 생각이나 기억, 충동을 무의식으로 가라앉히는 것이다. 정서적으로 고통스러운 경험을 기억하지 못할 수도 있다. 의식하기에는 현실이 너무 고통스러워서 무의식 속으로 억눌러 버리는 것을 말한다.

의식적으로 눌러 버리는 것은 억제(suppression)라고 한다.

자아가 고통스럽고 위협적인 충동, 감정, 소원, 환상, 기억 등을 무의식 속으로 밀어내는 기제(예: 야구에서 타자를 다치게 한 투수가 그 사고를 기억하지 않으려는 경우, 귀찮은 과제를 하지 않고 '깜박 잊었다.'고 말하는 경우)를 말한다.

⑰ 전치(displacement): 타협

실제로 존재하고 있는 어떤 대상에게 향했던 감정 그대로를 다른 대상에 표현하거나 옮겨가는 기제를 말한다. 무의식중에 어머니를 향해 화를 품는 사람이 다른 여자에게 적대감정을 가지는 경우, 종로에서 뺨 맞고 한강에서 화풀이하는 경우 등을 말한다. 노여움의 감정이 실제 대상보다 좀 더 안전한 대상으로 옮겨지는 것이다. 예를 들어, 직장인은 사장보다는 자신의 아내가 화내기에 더 안전하므로 아내에게 화를 낸다.

⑱ 합리화(rationalization): 타협

받아들일 수 없는 행동이나 생각 등을 정당화하기 위한 설명이나 변명을 하는 것이다. 정당하지 못한 행동에 대해 지적으로 그럴듯한 이유나 설명을 하는 기제이다. 친구와의 경쟁에서 이기고 싶은 충동에서 친구의 잘못을 선생님에게 고자질하고는 그것이 자신의 의무라고 주장하는 경우, 부모가 아이를 때린 것은 사랑의 매라고 하면서 다. 이것이 사랑하기 때문이라고 말하는 경우를 말한다.

⑲ 반동형성(reaction formation): 타협

바람직하지 못한 감정이나 충동을 정반대의 감정이나 행동으로 대체시켜 표현하는 기제이다. "미운 놈에게 떡 하나 더 준다"든지, 집안에서는 남편에게 힘을 못 쓰는 부인이 바깥활동에서는 여성상위주의를 강하게 부르짖는 경우가 그러하다. 반동형성은 불안을 일으키는 행동의 정반대로 행동하는 것이다. 미운 사람에게 칭찬을 해주는 것이 그 예이다.

⑳ 승화(sublimation): 성숙

원초적이고 용납되지 않는 충동을 억압할 수 없을 때 사회적으로 용납되는 다른 형태로 전환하여 표출하는 기제이다. 예술은 성적 욕망, 성적 욕망은 격렬한 운동, 종교는 강한 아버지를 찾고자 하는 의존심을 승화시킨 것을 말한다. 승화는 성적, 공격적 감정이나 충동을 사회가 수용할 만하고 건설적인 행동으로 전환하는 것이다. 프로이트는 승화란 리비도가 성적 관심에서 벗어나 예술적 표현이나 지적인 활동 등의 행위로 전환되는 과정이라고 하였다. 성숙한 방어기제에 해당된다.

㉑ 유머(humor): 성숙

유머는 상황의 심각성을 감소시키면서 사람들로 하여금 스트레스와 갈등을 살 나무도록 도울 수 있다. 프로이트는 유머를 방어기제 중 최상의 것으로 간주했다.

3) 심리성적 발달단계

프로이트는 성(性)이 가장 중요한 본능이라고 생각했다. 왜냐하면 자기 환자들의 정신장애가 종종 그들이 억압한 아동기의 성적 갈등 주위를 맴돌기 때문이다. 그러나 어린 아동들이 정말 성적인 존재일까? 프로이트는 그렇다고 말한다. 성에 대한 프로이트의 관점은 엄지손가락 빨기, 소변보기와 같은 활동을 포함할 정도로 매우 광범위하다. 성 본능이 성숙함에 따라 성 초점이 신체의 한 부위에서 다른 부위로 옮겨가며, 이러한 각각의 이동이 새로운 심리성적 발달단계를 가져온다고 믿었다. 프로이트의 심리성적 발달단계를 자세히 알아보면 다음과 같다.

(1) 구강기(oral stage)

구강기는 출생에서 약 18개월의 기간을 말한다. 출생 후 1세경의 젖을 빠는 행동과 관계되는 것으로, 이때 성적 쾌감은 주로 입과 관련이 되어 나타난다. 성욕이란 유아에 있어서 음식물의 섭취와 관련된 흥분상태로 젖을 빠는 것과 음식물을 삼키는 것은 나중에 성적 만족의 원형(prototype)이 된다. 따라서 젖을 빨지 않은 어린이나 젖을 무리하게 떼는 경우에는 성적 불만족으로 엄지손가락을 빤다든가, 손톱을 물어뜯는다든가 등의 행동을 하여 성격이나 행동의 이상으로 발전하게 된다. 이와 같은 성적 행동을 하게 되는 근원적인 힘을 리비도(libido)라고 하며 구강은 일생을 통해서 중요한 성감대로 존재한다고 하였다. 빨기 반사를 시작으로 빠는 행동 그 자체에서 쾌락을 추구한다. 어머니나 보호자로부터의 영양 공급과 보호가 중요한 관계형성을 시작한다.

(2) 항문기(anal stage)

18개월부터 약 3세까지 지속된다. 장운동과 배설로부터 쾌락을 얻는 데 관심을 갖는다. 배변훈련이 시작되는 시기이다. 배변훈련이 너무 강력하게 이루어져 아동이 심한 어려움을 겪는다면 성격사의 문제(강박증)를 갖게 된다. 배설을 통해서 긴장의 근원이 제거됨으로써 인간은 유쾌한 긴장의 완화를 체험하게 되는데, 이 배설은 정서적 폭발, 기타의 원시적 발산반응에 대한 원형이라고 할 수 있다. 이러한 배설은 배변훈련이라는 생후 최초의 엄격한 훈련의 대상이 되고 원초아의 욕구와 부모에 의해서 부가되는 사회적 제지를 분간하는 것을 배우게 된다.

(3) 남근기(phallic stage)

이 단계는 3세부터 6세까지 지속된다. 남근이 관심의 대상이 된다. 남자아동은 자신의 어머니를 첫사랑의 대상으로 삼고 아버지를 경쟁자로 생각하게 된다(오이디푸스 콤플렉스). 아동은 이때 거세불안(castration)을 느끼게 되어 아버지를 닮으려 노력한다(동일시). 오이디푸스 콤플렉스를 극복하기 시작하면서 초자아가 출현하기 시작한다. 여아도 이와 비슷한 엘렉트라 콤플렉스를 경험한다. 아버지에 대한 애착을 발달시키고 남근선망(penis envy)의 심리를 갖게 된다. 남근을 가질 수 없다는 것을 인식하면서 어머니를 동일시하게 된다. 남근기에 고착된 성인 남자는 경솔하고 과장되고 야심적이다. 프로이트는 여성이 남근기에 고착된 경우 성관계에 있어서는 순진하고 결백해 보이지만 유혹적이며 경박한 기질을 갖는다고 언급했다(Hjelle & Ziegler, 1976).

(4) 잠재기(latency stage)

학교에 다니기 시작하는 시기로, 이때는 아이들이 문화적으로 가치 있는 기술과 사회 속에서 자기의 역할을 배우고 운동능력을 배양하고 논리적으로 사고하는 것을 배우며 다른 사람의 관점도 알게 되는 활동적인 시기이다. 이 시기(6세에서 사춘기 이전)에는 아동의 자아에 기반을 둔 방어기제가 많이 발달해 왔기에 본능과 관계된 공격적이고 성적인 충동은 잠복하게 된다. 원초아의 충동으로부터 일시적으로 자유로워지면서 자신의 에너지를 스포츠, 학교, 놀이 등으로 돌린다. 학습의 시간이라 할 수 있다. 가족을 벗어나 외부세계, 주로 동성 친구에 관심을 갖는다.

(5) 생식기(genital stage)

이 시기는 사춘기와 함께 시작되어 성인기까지 이르는 시기이다. 여아는 보통 11세, 남아는 13세 정도에 사춘기가 시작된다. 청소년은 다시 나타난 오이디푸스와 엘렉트라적 충동을 잘 다루어야 한다. 이 문제는 이성 배우자를 선택하고 결혼하여 부모로부터 분리되면서 해결된다. 이 시기에 이성에 대한 성숙한 행동 유형을 배우게 된다. 청소년들은 자신의 쾌락적 욕구의 충족뿐만 아니라, 타인의 쾌락적 욕구도 인식하게 된다. 사춘기에 접어들면서 호르몬과 생리적 요인들로 인해 그동안 억압되었던 성적 욕구들이 다시 일어나게 된다. 구강, 항문, 성기 등 자기 신체의 자극을 통해 얻던 단순한 쾌감을 실제적인 사랑의 대상을 찾아 만족을 얻고자 하는 시기이다. 또한 정서적으로 이성의 부모에게 지나친 애착을 갖는 것이 불가능하다는 것을 알게 되면서 부모로부터 독립하려는 의지가 생기고 사랑의 대상자로 이성을 찾는 일이 나타난다.

프로이트는 각 심리성적 발달단계에서 부모가 자신의 자녀와 함께 좋은 길을 가야만 한다고 믿었다. 성적 욕구가 너무 많이 충족되거나 혹은 너무 많이 결핍되면, 그 활동이 무엇이든지 강하게 격려되거나 낙심하게 되는 활동에 아동이 집착하도록 만든다. 그러면 그 아동은 그 활동에 고착(fixation), 즉 저해된 발달을 보이게 되고 전 생애에 걸쳐서 그 활동의 일부 측면을 보유하게 된다. 예를 들면 엄지손가락을 빠는 것에 대해 강하게 처벌을 받고, 그것에 갈등을 가지는 아이는 성인이 되어 과다한 흡연이나, 폭음, 구강성 행위와 같은 활동을 자주 함으로써 구강기 고착상태의 부작용이 나타남을 알 수 있다.

2. 개입목표와 과정

1) 개입목표

정신분석적 상담의 목표는 내담자의 무의식 속에 잠재된 갈등과 불안을 의식의 세계로 끌어내고 나서, 이 갈등과 불안이 무엇인지 상담자의 해석을 통하여 알게 한 후에 다양한 치료방법과 과정을 통해 심리적 문제를 해결하는 데 있다.

프로이트의 심리상담은 단순히 겉으로 드러난 심리적 증상 자체만을 완화하는 것이 아니다. 이 상담방법은 심리적 증상의 원인에 해당하는 무의식적 충동이나 갈등 또는 불안이 무엇인지 추적하여 찾아내고, 그리고 찾아낸 이것의 해석과 치료를 통하여 증상까지도 해결하는 심층적인 치료방법이기 때문에 '뿌리치료'라고도 한다. 심리적 증상의 원인을 무의식에서 찾아내는 방법은 간단하지가 않고 특별하다. 이 특별한 방법이 정신분석 상담방법의 핵심을 이루는데, 자유연상, 꿈의 분석, 해석, 전이와 역전이 등이 있다.

2) 상담과정

전통적인 방법에 따른 정신분석적 상담과정은 장기간 동안 진행되는 힘들고 복잡한 과정이다. 상담의 외형적인 틀은 다른 상담방법과 마찬가지로 초기단계, 중기단계, 그리고 종결단계로 나눈다.

(1) 초기단계

초기단계에서는 상담자와 내담자가 상호 의존적이며 서로 신뢰하는 인간관계를 맺는다. 상담의 시작단계인 초기단계를 치료동맹을 맺는 단계라고도 표현하는데, 상담자는 내담자가 분석적 상담과정에 적응할 수 있는지를 평가하여 치료계약을 맺고 전이관계를 형성하기 전까지의 단계를 말한다. 이미 언급했듯이 정신분석적 상담은 힘들고 복잡한 과정이기 때문에 내담자가 이 과정에 적응할 수 있는 사람인가를 평가하는 일이 중요하다.

니콜라이(Nicholai)가 제안한 내담자의 다섯 가지 적응 능력은 다음과 같다(노안영, 2006 재인용). 첫째, 치료동맹을 맺을 수 있는 능력이 있어야 한다. 둘째, 치료 작업을 위한 충분한 시간과 경제능력이 있어야 한다. 셋째, 치료에 있어서 일시적인 퇴행을 견딜 수 있는 능력과 이러한 퇴행으로 인한 불안을 극복할 능력이 있어야 한다. 넷째, 전이관계를 형성할 수 있는 사람이어야 한다. 다섯째, 환상과 현실을 구별할 능력이 있어야 한다.

(2) 중기단계

중기단계에서는 상담자와 내담자가 상호신뢰를 바탕으로 본격적인 문제 해결을 하는 단계이다. 훈습(working through)이라고도 하는 장기간의 이 단계는 내담자가 상담자의 도움으로 자신의 과거와 무의식에 대한 통찰을 경험하는 한편, 통찰을 방해하는 저항을 경험하기도 한다. 상담이 진행되어 가는 과정에서 내담자는 상담자와 전이관계가 형성되며, 전이관계의 의미를 깨달으면서 대인관계에서의 갈등내용이 해결되는 것을 경험한다(이장호, 1998; 노안영, 2006). 문제원인의 분석과 해결을 위해 자유연상, 꿈의 분석, 해석 등의 상담기법이 사용된다.

(3) 종결단계

상담목표에 도달했다고 판단될 때 상담의 종결이 이루어지는데, 전이의 해결에 있어서 성공의 여부가 종결의 판단기준이 된다. 즉, 내담자가 전이를 이해하고 자신의 문제에 대한 통찰력을 얻게 되어 결과적으로 자신의 과거 경험과 현재의 대인관계의 문제를 이해하게 되었을 때이다.

3. 개입기법

정신분석 모델의 개입기법에는 자유연상, 꿈의 분석, 해석, 직면, 전이와 역전이, 그리고 훈습 등이 있다. 이들 기법에 공통적으로 적용되는 기본적인 기법은 무의식적 갈등, 불안, 직면, 훈습, 그리고 동기 등에 대한 해석이다.

1) 자유연상

자유연상은 프로이트가 당시에 유행하던 최면(催眠)의 문제점을 알고, 이를 극복하기 위해 생각해 낸 상담의 주요기법이다. 이 기법은 상담자가 내담자의 무의식 속에 억압된 수많은 자료, 즉 내담자의 과거 경험, 잠재된 갈등, 그리고 불안 등을 의식세계로 끌어오는 기능이 있다.

자유연상은 보통 상담자가 내담자에게 내담자 스스로 자신이 집중하기에 좋은 편안한 상담 분위기를 연출함으로써 시작된다. 내담자는 편안한 소파에 눕거나 기대거나 앉아서 자신에게 집중하여 과거를 회상하며 마음에 떠오르는 생각, 감정, 그리고 기억을 가감(加減) 없이 모두 말하도록 한다. 내담자 자신이 해석하거나 나름대로 내용을 구성하는 일은 허락되지 않는다. 이렇게 자유연상을 하는 과정에서 내담자의 심리적 증상과 관련된 과거의 경험이나 기억들이 차츰 의식세계로 나타나게 되며, 상담자는 이 자료들의 의미를 해석해 주고, 상담자의 해석을 통해 내담자는 자신의 문제를 이해하게 된다.

2) 꿈의 분석

프로이트는 자유연상을 통해서 무의식에 잠재된 내담자의 수많은 자료를 얻어냈으며, 꿈의 분석을 통해서도 내담자의 내면세계를 추적하였다. 사람은 잠을 자는 동안 상당한 시간 동안 꿈을 꾼다. 낮에 의식을 가지고 활동할 때와는 달리, 잠을 자는 동안 사람은 무의식에 대한 자아의 방어가 약해지므로 무의식 속에서 억압된 욕망과 감정들이 의식의 표면에 떠오르게 된다. 의식의 표면에 떠오른 억압된 감정과 욕망은 꿈을 통해 표현되므로 내담자가 꾼 꿈은 깨어 있을 때보다 훨씬 더 많은 무의식적 자료를 포함한다. 꿈에 포함된 이 자료는 흔히 다양한 상징들로 나타나는데, 상담자는 이 꿈의 내용과 상징물들의 의미를 분석하고 해석함으로써 내담자의 문제를 이해하고자 한다.

3) 해석

해석이란 상담을 통해 얻은 자료를 분석하고 그 의미를 이해하며 설명하는 과정을 말하는 것으로, 정신분석의 상담기법 중 기본에 속하며 중요한 부분을 차지한다. 상담자는 치료 혹은 상담 진행과정에서 접하게 되는 자유연상, 꿈, 전이와 역전이, 저항, 그리고 방어기제 등을 분석하고 나서 그 속에 담겨있는 의미를 내담자에게 해석하여 주는 과정을 거치게 된다. 이 모든 과정을 해석이라고 하는데, 이 해석이라는 과정을 통해서 내담자는 그동안 자신이 이해하지 못했던 자신의 문제들을 이해할 수 있게 된다.

해석은 상담자가 자신의 임의적인 방법이 아니라 객관적으로 인정된 원칙에 따라 이루어진다. 해석은 명료화 해석, 비교 해석, 그리고 소망-방어 해석의 세 범주로 나눌 수 있으며, 해석의 원칙은 다음과 같다(이장호, 1998). 첫째, 해석을 시도하는 시기의 적절성이다. 둘째, 내담자가 소화해 낼 수 있는 정도의 깊이까지만 해석한다. 셋째, 저항이나 방어의 저변에 깔린 무의식적 감정과 갈등의 의미를 해석하기 전에 그 저항과 방어가 어떻게 나타나는지 먼저 지적을 해 준다.

4) 직면

직면은 클라이언트가 문제해결 과정에 있어 저항과 비순응적 태도를 보이거나 클라이언트의 말과 행동 사이의 불일치나 모순이 있을 때, 그것을 직접적으로 지적하는 것으로부터 클라이언트의 행농이 역기능적이 되거나 언어적 메시지와 비언어적 메시지가 일치하지 않을 때 사용한다. 이는 클라이언트가 특정 현상에 대해 주의를 기울이고 무엇을 회피하려 했는지를 인식하도록 하는 것을 의미한다.

5) 전이와 역전이

상담과정에서 내담자가 무의식 속에 묻어 두었던 과거의 중요한 사람에 대한 생각이나 감정을 상담자를 통해 드러내 보이는 것을 전이라고 하는데, 상담자가 전이의 대상이 되기 때문에 상담자가 과거의 중요한 사람과 동일시되는 경우가 많다. 전이과정은 내담자가 과거의 대인관계에 있어서 자신에게 중요한 사람에게 가졌던 생각이나 감정을 상담자에게 무의식적으로 표현하는 것으로, 주로 과거의 어린 시절 부모와 자녀 간의 정서적 관계를 재현하게 된다. 전이는 내담자로 하여금 과거의 중요한 사람에게 가졌던 생각이나 감정을 표현할 수 있도록 하기 때문에 정신분석에 많은 도움이 된다. 한편, 역전이는 전이와 반대되는 개념으로 상담자가 상담과정 중에 내담자에게서 느끼는 개인적인 정서적 반응을 말한다. 즉, 상담자의 무의식적인 불안과 특정 갈등에 기초한 내담자에 대한 전문가의 반응을 뜻한다. 역전이는 전문가의 자기자각 부족을 통해 실천개입에 영향을 미친다. 역전이

(counter-transference)는 치료자들이 관계형성에 대한 과거 경험을 털어놓는 클라이언트에게 비합리적으로 대응할 때 발생한다. 감정적 객관성을 유지하지 못할 때 역전이가 일어나는데, 예로 클라이언트를 과도하게 보호하려 하거나 너무 이로운 측면만을 강조하거나, 클라이언트의 욕구가 너무 많다고 판단하여 거부하거나 클라이언트를 너무 승인, 보상하려 하거나, 클라이언트와 애정관계를 발전시키거나 클라이언트에게 강요적인 충고를 하려 할 때 발생한다고 할 수 있다.

6) 훈습

끊임없이 전이와 저항에 대한 분석과 해석을 하여 클라이언트 자신에 대한 이해를 확대하고 반복함으로써 이해의 통합을 가져오게 하는 것이다. 한 번의 깨달음만으로는 변화가 오지 않기 때문에 클라이언트 스스로 통찰할 수 있을 때까지 계속되어야 한다. 훈습을 통해 클라이언트의 불안은 최소화되고 적합한 방법으로 자신의 문제를 이해할 수 있는 능력을 기르게 된다.

CHAPTER

04 심리사회 모델

에릭슨(Erickson)의 이론을 심리사회적 이론이라 한다. 에릭슨은 독일의 프랑크푸르트에서 1902년에 출생한 유대인이다. 그는 프로이트(Freud)의 딸인 안나 프로이트(Anna Freud) 밑에서 수학하였다. 그의 심리사회적 이론은 정신분석이론과 두 가지 측면에서 다르다. 첫째, 심리사회적 이론은 원초아(id)가 아닌 자아(ego)에 초점을 둔다. 의식과 자아의 역할이 강조된다. 둘째, 인생 전반에 걸친 발달단계를 제시하였고 각 단계마다 심리적, 사회적, 문화적 경험의 상호작용을 강조하였다. 자아는 일생에 걸쳐 발달한다는 것이다. 에릭슨은 심리성적 성숙보다는 심리사회적 성숙 단계를 중요시 여겼다. 결론적으로 그는 의식, 자아, 내적 및 외적 요인의 상호작용을 강조하였다. 에릭슨(1965)은 각 단계마다 '이성적 정신'이 우리의 생활환경 속의 성장위기를 운용해 나간다고 제시하였고, 내적 충동보다는 문화적·사회적 압력을 강조하였다. 에릭슨이 주장한 인간의 자아기능에 대한 견해는 사회복지실천에 중요한 영향을 미쳤다. 개인의 자아를 강화하고 클라이언트를 둘러싼 환경적 조건을 향상시킴으로써 문제해결이 가능하다는 관점은 사회복지사업 전문직의 핵심적 시각과 일치한다. 에릭슨의 이론은 사회복지실천의 심리사회적 접근방법의 지식기반을 제공한 것으로 평가받고 있다(Newman & Newman, 1991, 인정 외, 2000).

심리사회 모델은 전통적인 일반 사회복지실천의 이론과 기술을 기반으로 하여 프로이트(S. Freud)의 정신분석이론에서 파생된 자아심리학, 인접 사회과학 학문인 문화인류학 등 다양한 이론에서 이루어졌다. 다시 말해, 심리사회 모델은 사회복지실천활동이 체계를 갖추는 과정에서 여러 이론 모델이 절충되어 만들어진 실천 모델이다. 심리사회 모델은 사회복지실천 분야의 진단주의와 기능주의 간의 논쟁에서 진단주의의 실천양식에 뿌리를 둔 모델이다. 따라서 이 모델에서는 가족, 개인과 가족의 최근접환경, 상황 속의 인간 등을 철저히 조사하는 사정(assessment) 혹은 진단(diagnosis)이 강조된다.

따라서 이 모델은 생태체계이론, 역할이론, 정신분석학, 자아심리학 등 다양한 사회과학적 지식과 더불어 리치먼드(M. Richmond)에서 그 기원을 찾을 수 있다. 리치먼드는 자선조직협회에서 경험한 사실을 체계적으로 정리하여 자선사회사업 활동을 전문 사회복지실천활동으로 승화시키는 데 결정적 역할을 했으며, 그녀의 주요 저서와 주장은 심리사회 모델의 기본 토대가 되었다. 1930년대 후반부터 진단주의의 옹호자였던 해밀턴(G. Hamilton)에 의해서 '심리사회이론'이라고 명명하면서 '상황 속의 인간'이라는 개념도 함께 설명하였다. 그 후 1960년대에 홀리스(F. Hollis)에 의해서 사회복지의 실천이론과 접근방법으로 구체화하였다.

1. 에릭슨의 8단계 이론

에릭슨(Erikson)의 8단계 이론은 인간발달을 이해하는 데 매우 커다란 영향을 미친 이론이며 인간행동과 사회환경 교과목에서 가장 자주 인용되는 모델이다. 에릭슨의 접근으로부터 다양한 대안적 모델이 파생되었다고 해도 과언이 아니다. 에릭슨의 모델은 개인이 각 단계를 성장해 가도록 사회환경이 적절한 시기에 인간발달에 필요한 자원을 제공하며 또한 도전을 제시한다고 가정한다. 이러한 일련의 발달단계는 점성원리[3]를 따른다. 각 단계는 개인이 그 단계에 필요한 것들을 하도록 준비시키는 내적 및 외적 조건이 존재할 때(생물학적 성숙 및 환경적 요구) 새롭게 출현하게 된다. 이러한 준비가 된 시점을 에릭슨은 '우세(ascendancy)'라고 명명하였다. 발달단계는 개인이 발

3) 점성원칙이란 성장하는 모든 것은 기초안을 가지며, 이 기초안으로부터 부분이 발생하고, 각 부분이 특별히 우세해지는 시기가 있으며, 이 모든 부분이 발생하여 기능하는 전체를 이루게 된다는 것이다(이인정 외, 2000). 점성원칙은 유기체는 미분화된 일련의 수정란으로부터 일련의 고정된 단계를 거쳐 성숙한 상태로 발달한다는 개념이다. 그러한 단계의 어느 것도 건너뛸 수 없는 것이며, 한 단계에서의 어려움은 다음 단계에서의 역경적 결과를 가져오는 경향이 있다.

달적 위기를 해결하기 위해 노력하는 중요한 기간을 말하는데, 각 위기의 해결을 통해 개인은 다음 단계로 진행해 나간다. 여기서 말하는 발달적 위기 또는 심리사회적 위기는 개인과 환경 사이에서 발생하는 긴장상태를 지칭하는 것이다. 긴장상태가 발생하는 과정은 다음과 같다. 각 단계마다 개인은 일련의 내적 욕구를 경험하게 된다. 이 욕구는 생물학적으로 성숙하면서 발생하는 욕구이다. 동시에 이러한 욕구를 극복하고 만족시키기 위한 어떤 능력과 경험을 갖게 된다. 외적으로는 이에 상응하는 대인관계 및 사회적 기대도 출현하는데, 이러한 기대는 개인이 현재 소유하고 있는 능력이나 경험을 넘어서기도 한다.

이러한 불일치가 심리사회적 위기를 창출한다.

그러나 발달적 위기(developmental crisis)란 부정적 의미만은 아니다 취약성이 높아지는 동시에 잠재력도 올라가는 중요한 시기로서의 전환점을 의미한다. 각 단계마다의 발달적 위기를 해결함에 따라 개인이 소유하는 성격(자아)적 특성은 두 가지 상반되는 발달적 능력 사이의 어딘가(예를 들어, Erickson의 8가지 발달단계 중 2단계에서는 '자율성' 대 '수치와 의심'이라는 두 개의 상반되는 극단이 있다.)에 머무르게 된다. 지금까지의 설명에 대해 간략히 예를 들어보자. 아동이 에릭슨의 발달단계 중 2단계에 접어든 경우를 보자. 이 단계의 아동은 초기 자아감을 갖게 되고 자신의 자유로운 신체적 활동에 대해 기쁨을 얻는다. 또한 동시에 상당한 배변훈련을 수용해야 할 만큼 신체적으로 성숙한 수준이기도 하다. 아동의 부모는 아동에게 배변훈련을 어떻게 시킬지 고심한다. 여기서 아동의 내적 욕구와 외부의 사회적 요구 간에 갈등이 있게 된다. 배변훈련 동안에 아동과 부모 모두 어려움을 겪을 수 있는데, 그 위기가 어떻게 해결되는가에 따라 서로 다른 결과를 가져오게 된다. 즉, 아동에게 있어서 자율성과 수치 또는 의심의 어딘가에서 아동의 성격이 결정되게 된다. 그러나 에릭슨의 이론은 특정 시대에 태어난 사람들만이 겪는 역사적 사건의 영향을 반영하지 못했다는 비판을 받았다(Norlin et al., 2003).

8단계의 특성을 간략히 요약하면 다음과 같다(Maguire, 2002).

1) 신뢰 대 불신(유아기)

가족은 기본적인 사회조직이다. 가족은 많은 기능을 하지만 아동의 보호가 가장 중요한 기능이다. 가족은 기본적인 신뢰감과 불신의 위기가 펼쳐지는 사회환경을 제공한다. 이 단계의 유아는 스스로 아무것도 할 수 없기에 다른 사람의 보호가 없다면 소멸되고 만다. 그러나 유아는 다른 동물들과 달리 사회적이고 인지적인 능력을 발전시킬 잠재력을 가지고 있다. 이러한 능력에 대한 매개체는 관계형성이다. 가장 기본적인 관계형성은 주요 보호자(어머니 역할을 하는 사람)와의 관계이다. 첫 번째 관계형성이 미래의 관계형성에 표본이 된다.

아기는 엄마가 자신을 보호하기 위해 곁에 있다는 신뢰를 배워야 한다. 그러한 기본 욕구가 충족되지 못한다면 아기는 다른 사람을 믿지 못하는 사람으로 성장하게 되며 결과적으로 친밀한 애착관계 형성에 심각한 어려움을 겪게 된다.

2) 자율성 대 수치와 의심(초기 아동기)

배변훈련은 유아 발달에 있어서 첫 번째 숙련을 요하는 과업이다. 이는 '확신감'을 얻기 위한 중요한 과업이다. 유아기에 이 과정에서 지지와 격려를 받고 칭찬을 받는다면 유아는 잠재적으로 확신에 차고 독립적인 인간으로 성장하게 된다. 그러나 부모가 너무 요구적이어서 과도한 비난이나 실패의 경험이 많게 된다면 자율성에 대한 능력이 줄어들고 부끄러움이 많게 된다. 이 시기에는 신체운동 측면의 발달이 급속히 이루어진다. 그리하여 물건을 잡아보고, 던져 보고 또 걸상 위에 기어 올라가 떨어뜨려 보기도 한다. 즉, 무엇이든지 자율적으로 해보려는 행동 경향이 나타나고 자신의 새로운 능력에 대해서 자신감이 생겨난다. 그러나 이러한 아동의 시도와 노력을 부모가 말리거나 과잉보호하여 대신해 주거나 거들어 주면 결국 자기의 능력에 대한 의심이 생겨나게 된다(윤진, 1985).

3) 주도성 대 죄책감(학령전기, 유희기)

프로이트뿐만 아니라 에릭슨도 어린 아동은 자신의 동성 부모에 대한 분노를 해결하고 이성 부모에 대한 이성적 환상을 깨야 한다는 가설을 세웠다. 아동은 자신의 동성 부모에 대한 경쟁심을 성공적으로 해결하고 자신의 에너지를 그 외의 다른 활동에 사용해야 하며 다른 또래 아동들과 놀이를 통해 주도성과 능력을 개발해야 한다. 그러한 해결 없이는 이성 부모에 대해 환상을 갖게 된 것에 대한 죄책감을 갖게 되고, 적극적으로 관계형성을 개발할 능력이 감소하게 된다. 이 시기는 또래 아이들과의 놀이에서 주도권을 갖고자 노력하며, 언어능력도 많이 향상되어 위험한 장난, 환상적인 놀이, 대답해 주기 어려운 질문 등을 많이 하는 시기이다. 따라서 사실상 일을 많이 저지르고 어른들을 귀찮게 만드는 시기이다. 그러나 이때 아이들의 행동이 나쁘고 성가시다고 물리치거나 심하게 나무라는 경우, 아동은 자기가 주도권을 갖고 스스로 시작한 일에 죄의식과 수치심을 느끼게 된다(윤진, 1985).

4) 근면성 대 열등감(학령기)

학령기에는 인지적 및 사회적 기술이 필요한데, 이러한 기술 확보 및 의미 있는 활동을 수행하는 데 열심히 하는 것이 중심 과업이 된다. 이러한 기술을 개발한 아동은 근면성이 증대되고 그렇지 않게 되면 부적합성과 열등감을 느끼게 된다. 이 단계에서는 학습과 과제를 해내는 능력이 중요하고 또한 이웃이나 학교의 또래들과 성공적으로 협력하는 것이 아동 자신의 사회적 환경을 확장하는 데 있어 중심 과업이 된다. 이 단계의 위기를 잘 극복하면 능력감을 갖게 되고, 그렇지 못하면 사고와 행동에 타성이 붙고 생산적인 작업을 하지 못하게 된다.

5) 정체감 대 역할 혼미(청소년기)

에릭슨은 이 단계를 성인기의 토대를 세우는 데 있어 극도로 중요하다고 보았다. 청소년들은 자신이 누구라고 스스로 느끼는 것과 비교해서 다른 사람들이 자신을 어떻게 평가하는가에 관심이 많은데, 자신이 자신에 대해 느끼는 것처럼 다른 사람들도 자신을 그렇게 보고 있다는 어떤 확신감을 가질 필요가 있다. 이 단계에서 청소년들은 삶의 의미와 목적에 새롭게 직면하게 되고, 미래의 목적을 독립적으로 설정하기 시작한다. 이들은 자신이 누구이고 무엇을 할 예정인지에 대한 책임감을 독립적으로 수용할 필요가 있다는 것을 인식하기 시작한다. 이러한 과정 없이는 긍정적인 자아정체감의 형성이 어렵게 되고 성인기에도 책임감 있는 의사결정을 하는 데 어려움을 갖게 된다.

6) 친밀감 대 고립감(성인초기)

이 단계에서는 성인기에 접어든 사람들이 다른 사람들과 함께 일하고 친밀한 애착을 형성하는 것을 배우게 된다. 어떤 성인들은 친밀한 관계형성을 주도하여 관계를 잘 맺는다. 그러나 협력적이고 친밀한 상호작용을 하지 못한다면 고립감을 초래하게 될 수 있다.

7) 생산성 대 침체성(장년기)

자기 자신에 대한 책임을 넘어 다른 사람을 돕는 책임을 맡게 되는 단계이다. 다른 사람의 성장과 개발을 도우며 자신을 지속적으로 성숙시킨다. 이러한 책임감을 발달시키지 못하는 개인은 침체되고, 다른 사람의 성장에 기여하면서 얻게 되는 활력 넘치는 감정을 놓치게 된다. 여기서 침체된다는 것은 자기 자신에게만 관심을 갖는 이기주의를 말한다.

8) 통합성 대 절망감(노년기)

이 단계에서의 이슈는 노년기에 접어들면서 죽음에 직면할 때까지 어떻게 통합감을 유지하면서 살아갈 것인가 하는 것이다. 통합감이란 자신의 삶이 생산적이었다고 느끼고, 후회가 많지 않은 개인들이 갖게 되는 감정이다. 지혜가 이 단계를 성공적으로 해결해 온 사람들의 덕목이다.

절망감은 자신의 생의 목적을 성취하지 못하고, 자신의 인생에서 의미를 찾을 수 없고, 다시 한번 기회가 왔으면 하고 후회하는 사람들이 주로 갖는 감정이다. 이들은 가치 있는 어떤 것에도 기여하지 못했다고 느끼고 나머지 삶에서도 의미를 찾지 못하는 데 대한 두려움을 가지고 있다.

표 4-1 에릭슨의 심리사회적 위기

단계	심리사회적 위기	기본 강점	핵심 병리
유아기(0~2세)	신뢰 대 불신	희망	고립
아동전기(2~4세)	자율 대 수치	의지	강박증
유희기(4~6세)	솔선 대 죄의식	목적	생각이나 표현의 억제
학령기(6~12세)	근면 대 열등감	능력	불활동, 타성(inertia)
청소년기(12~22세)	정체감 대 정체감 혼미	성실	거절(새로운 역할/가치 거절)
성인초기(22~34세)	친밀 대 고립	사랑	배타성
성인기(35~60세)	생산성 대 침체	배려	이기주의
노년기(60+)	통합 대 절망	지혜	모욕감(경멸감)

출처: Ashford et al.(2001).

2. 에릭슨의 치료기법

에릭슨이 기여한 중요 기법은 클라이언트의 발달상의 왜곡에 대한 해석이다. 클라이언트가 속한 발달단계에 대한 이해, 즉 통찰이 에릭슨의 주요 치료 목적이다. 에릭슨은 클라이언트가 발달단계상에서 초래된 긴장과 갈등을 극복하지 못할 때 치료가 필요하다고 믿었다.

에릭슨은 자아분석에 의한 자기인식을 통해 환경과 긍정적으로 상호작용할 수 있고, 자아기능을 회복하며, 왜곡이나 망상, 방어기제, 행동화 문제로부터 자유로울 수 있다고 믿었다.

에릭슨의 이론에 따른 상담사의 주요 가이드라인을 요약하면 다음과 같다(Green, 1991).

- 클라이언트 자신이 일생에 걸친 성격발달에 깊이 관여되어 있음을 이해하도록 한다.
- 클라이언트로 하여금 자신의 발달상의 역사를 되돌아보게 하는 자기분석을 하도록 한다.
- 클라이언트가 심리사회적 위기를 해결하는 데 있어 상대적으로 어느 것이 더 성공적이었고 더 어려웠는지를 구분하도록 한다.
- 현실에 대한 왜곡과 자아기능을 축소시키도록 이끈 발달영역을 파악하도록 한다.
- 클라이언트의 발달상의 왜곡이나 문제를 해석하고 치료자의 해석이 맞

는지를 물어본다.

- 클라이언트로 하여금 해결 안 된 위기와 그것이 현재에 미치는 함의에 대한 통찰과 이해를 개발하도록 한다.
- 클라이언트가 자신의 환경을 효과적으로 다루어 나갈 수 있도록 자아의 강점을 활용할 수 있는 방법을 모색한다.
- 다양한 사회제도가 클라이언트의 심리사회적 안녕에 어떻게 영향을 주고 있는지를 분명히 한다.
- 클라이언트의 사회적 지지를 향상시키는 수단을 찾는다.
- 클라이언트가 자신의 환경 속에서의 자신의 위치에 대한 새로운 인식을 하도록 도와준다.

3. 철학과 기본 개념

전통적으로 사회복지실천의 내용은 개인 내적 요소와 사회적 요소를 모두 중시하는 심리사회적인 것이었으며, 이 전통을 계승하고 집약한 것이 심리사회 모델인 것이다. 심리사회 모델의 주요 이론적 배경은 정신역동이며, '상황 속의 인간'의 시각을 강조하지만 개입의 초점은 클라이언트 개인의 심리적 상태, 개인을 둘러싼 사회환경, 그리고 개인과 환경과의 상호작용 양상이 동시에 주어진다(엄명용 외, 2008). 즉, 심리사회적 모델에서는 클라이언트가 자신의 행동과 감정에 대해 이해하고 통찰함으로써, 자신의 문제를 해결하기 위한 능력을 고취하도록 원조하는 것을 강조한다(김혜란 외, 2006).

우즈와 홀리스(Woods & Hollis, 2000)는 심리사회 모델의 이론적 배경으로 생태체계이론, 정신역동이론, 역할이론, 의사소통이론 등을 제시하였다. 하지만 심리사회 모델의 가장 주요한 이론은 정신역동이며, 이 가운데 정신분석이론과 대상관계이론은 심리사회 모델의 이론에 큰 영향을 미치고 있다. 심리사회 모델은 19세기 우애방문단과 자선조직협회의 활동, 리치먼드의 실천 모델을 전승하며, 이후 프로이트의 정신분석이론에서 파생된 자아심리학의 영향을 받았을 뿐만 아니라 생태체계이론, 문화인류학 등 인접사회과학에 이르기까지 어떤 특정이론에 근거하여 발달하였다기보다는 사회복지실천의 과정에서 여러 요소가 절충되어 이루어졌다고 할 수 있다.

심리사회적 접근은 클라이언트 상황에서의 정신 내부적, 대인관계적, 그리고 환경적 측면들을 완전하게 이해하기 위해 새로운 이론과 다양한 지식을 받아들이는 개방체계로서의 성격을 가지면서 절충주의를 취하고 있다. 어떠한 우수한 생각이나 실천기술이라도 그 하나만으로는 클라이언트의 복잡하고 광범위한 문제를 모두 포괄할 수는 없다. 그러한 점에서 심리사회 모델은 사회복지 영역뿐만 아니라 정신의학, 심리학, 사회학, 인류학 등을 포함하는 다양한 지식체계로부터 클라이언트 상황에 대한 더 나은 이해를 도모한다. 또한 다양한 수준—개인, 소집단, 가족, 중요한 다른 사람, 다른 영역의 전문가, 그리고 클라이언트 생활 내 여타 체계—에서의 원조 제공을 강조함으로써 복잡하고 복합적인 사안에 효과적으로 대처하고자 하는 경향을 보이고 있다.

정신분석이론은 문제의 원인을 인간의 본능적 충동과 과거의 경험으로 보는 단선적인 관점이지만, 심리사회적 이론은 문제를 사회적 환경과의 상호작용에서 파악하려고 하는 복선적인 관점을 가진다. 개인의 심리적 특성뿐 아니라, 신체 생리적인 현상과 사회적인 환경까지도 모두 고려하는 상황 속의 인간이란 관점을 제시한다. 인간의 수용과 자기 결정권의 가치를 존중하며, 사회적 자원의 결핍이 개인의 문제에 미치는 영향력을 중시한다.

우즈와 홀리스는 상황 속의 행위를 분석하기 위해 생태체계이론을 활용하였고, 사람들이 영향을 받고 있는 스트레스에 대한 분석을 위해 정신역동이론(정신분석이론, 대상관계이론 등)을 제시하였다. 특히 심리사회 모델은 정신역동이론의 영향을 받아 개인 내적인 측면의 해석을 중요하게 여기지만, 과거의 경험과 무의식이 행동을 결정짓는 유일한 요소는 아니라고 본다. 더불어 개인의 내적 상태와 외부 환경 사이의 상호작용을 강조하는 자아심리이론의 영향으로 개인의 적응능력에 영향을 미치는 환경적 요인에 관심을 둔다.

따라서 이 모델에서의 인간관은 다음과 같다(Woods & Robinson, 1996): ① 모든 인간은 생리적 가치 혹은 존엄성을 갖고 있다. 그러므로 사회복지사는 서비스 이용자의 존엄성을 존중하기 위해 그를 현재 상황에서 있는 그대로 받아들여야 한다. ② 모든 인간은 나이에 상관없이 성장 능력, 학습 능력, 적응력, 사회적 혹은 물리적 환경을 변화시킬 수 있는 능력을 가졌다. ③ 인간의 주요 감정과 생각은 의식 밖에 존재하며, 성격은 인간행동에 영향을 주는 유동적이고 역동적인 체계이다. 또한 인간의 방어기제는 긍정적이든 부정적이든 모두 사용될 수 있으며, 신경증은 개인의 인간관계 경험에 뿌리를 두고 있는 것으로 그 기원이 사회적이다. ④ 인간의 심리체계는 독립적으로 존재하는 것이 아니라 생물학적 체계, 사회적 체계와 끊임없이 상호작용한다. 그러므로 사회복지사는 서비스 이용자의 현재 상황에 영향을 주는 모든 관련 체계에 개입해야 한다.

1) 자아심리학이론

안나 프로이트(Anna Freud)의 연구는 자아심리학의 또 한 명의 과도기적 인물인 하트먼(H. Hartmann)에게 이어져 정신분석학의 획기적인 확장을 이룬다. 하트먼의 가장 중심적인 개념은 유기체가 환경에 고도로 적응할 수 있도록 설계되었다는 생물학적 사실을 심리발달에 적용한 것이다. 하트먼은 자아가 원본능과 초자아와는 전혀 다른 자신만의 구별된 동기를 갖고 있다고 말한다. 즉, 자아는 원본능으로부터 파생된 구조물이라는 관점으로 전환함으로써 자아의 중요성을 강조한다. 그리고 욕구와 현실 사이의 갈등에서 발생되지 않은 자율적 자아 기능을 일차적 자아 에너지라 부른다.

자아심리학이론은 개인의 내적 상태와 외부 환경 사이의 상호작용을 강조한다. 개인은 자신의 존재 가치, 안정감, 만족을 느낄 수 있도록 외부의 압력에 대처할 수 있는 능력을 개발하는 것이 강조된다. 자아심리학이론은 개인의 적응능력에 영향을 미치는 환경적 요인에 관심을 두는데, 이러한 부분이 심리사회 모델에 영향을 미쳤다.

정리를 하면 다음과 같다.

- 안나 프로이트(A. Freud)가 기초를 마련하고 하트만(H. Hartmann), 크리스(E. Kris), 에릭슨(E. Erikson), 등이 체계화하였음
- 개인의 내적 상태와 외부 환경 사이의 상호작용을 강조함
- 개인은 자신의 존재가치, 안정감, 만족을 느낄 수 있도록 외부의 압력에 대처할 수 있는 능력을 개발하는 것이 강조됨
- 개인의 적응능력에 영향을 미치는 환경적 요인에 관심을 두며, 이러한 부분인 심리사회 모델에 영향을 미침

2) 대상관계이론

인간은 사회적인 동물이다. 즉, 인간은 선천적으로 '관계에의 욕구'를 가지고 태어나며 삶을 통해 끊임없이 그 욕구를 실현해 나간다. 심리학, 사회학, 가족학 등 인간을 탐구하는 여러 학문 분야의 수많은 학자도 바로 이러한 관계적 차원에서의 인간 이해에 대한 공통분모로부터 출발하고 있다. 대상관계이론은 프로이트의 정신분석이론 이후에 등장한 정신역동이론 중 하나로 클라인(M. Klein), 위니캇(D. W. Winnicott) 등에 의해 발전되었다.

정신분석학 내에서도 1950년 이후 프로이트의 정신분석과는 달리 관계를 향한 기본적인 욕구를 가지고 있는 인간으로서의 새로운 인간 이해에 대한 가정이 등장하게 되었다. 즉, 인간은 태어나면서부터 다른 인간과의 여러 가지 경험을 토대로 자신과 다른 사람에 대하여 배우게 되는데, 이처럼 인간은 과거의 초기 경험에 의하여 형성된 개인의 이미지를 토대로 현재 인간관계를 맺어나간다는 것이다.

대상관계이론의 주 요지는 다음과 같다.

- 클라인(M. Klein), 위니캇(D. W. Winnicott) 등에 의해 발전
- 인간은 과거의 초기 경험에 의하여 형성된 개인의 이미지를 토대로 현재 인간관계를 맺어 나간다는 것
- 생애초기에 형성되는 양육자와의 관계의 중요성을 강조함

4. 개입목표와 과정

1) 개입목표

심리사회 모델은 상황 속의 인간이란 관점을 중시하기 때문에, 사회복지실천의 목적도 클라이언트와 사회환경 간 혹은 클라이언트와 다른 사람의 상호작용에서 나타나는 사회적 역기능을 해결하는 것으로 정의한다(윤현숙 외, 2001). 심리사회 모델에서는 클라이언트의 과거 경험이 현재의 심리적, 사회적 기능에 영향을 미친다고 본다. 따라서 클라이언트의 과거와 현재의 경험과 관련한 내적 갈등을 이해하고 통찰함으로써 클라이언트가 성장하도록

할 수 있다고 본다(김혜란 외, 2006). 사회복지사는 클라이언트 주변의 변화를 직접 행하기보다는 클라이언트 스스로 주변을 변화시키는 노력을 하는 과정에 최대한 도움을 제공하도록 하고, 모든 변화가 가능한 것이 아니므로 변화가 가능한 선까지 변화가 있을 수 있도록 현실적 지원 제공을 해 주는 것을 목표로 한다(엄명용 외, 2008).

2) 개입방법과 개입과정

초기의 심리사회 모델은 구체적으로 개입과정을 체계화하지는 않았다. 1980년대에 체계이론을 받아들여 개입과정이 좀 더 명료화되었다. 문제해결 모델이나 과제중심 모델처럼 개입과정이 단계적으로 구체적이지는 않으나, 일반적인 개입방법과 개입과정은 다음과 같다(사회복지사 수험연구소, 2010).

(1) 개입방법

① 심리사회 모델에서는 클라이언트 자체에 상당한 비중을 두지만, 필요한 경우 클라이언트의 환경에 개입한다.

② 클라이언트의 심리적인 변화와 사회환경적인 변화를 모두 추구하는 이중적인 개입방법을 활용한다.

③ 사회복지사는 클라이언트에게 문제를 일으킨 사회환경을 변화시켜야 함은 물론, 이러한 변화를 통해 클라이언트의 성격과 행동도 변화시켜야 한다.

④ 사회복지사는 클라이언트와 다른 사람과의 관계를 중재하고 클라이언트를 옹호하는 역할 등을 수행한다.

⑤ 심리사회 모델의 환경적 개입은 오늘날 직접개입과 간접개입의 효시가 되었다.

(2) 개입과정

① 초기단계

초기단계(심리사회적 조사단계)에서는 클라이언트와 클라이언트의 상황에 대한 사실을 관찰 및 조사하여 논리적으로 정리하는 과정인 심리사회적 조사가 강조된다. 심리사회적 조사에서는 클라이언트의 문제상황, 그리고 그 문제상황에 직접적으로 관여되어 있다고 생각되는 요소와 관련된 사실과 초기의 발달과정에 대한 정보, 원가족과 관련된 정보 등을 수집하는 과정으로서, 언어적 정보 이외에 비언어적 표현으로 이루어진 정보도 수집해야 한다. 클라이언트는 초기단계에서 자신의 문제를 인식하게 되고 다시 생각해 보는 기회를 갖게 된다. 홀리스(1970)는 초기단계에서의 기본적 과제를 다음과 같이 제시했다. 첫째, 클라이언트가 사회복지사와 왜 만나야 하는지를 이해하도록 돕는다. 둘째, 클라이언트가 사회복지사의 원조를 활용할 수 있도록 전문적 관계를 확립한다. 셋째, 클라이언트를 원조과정에 참여시킨다. 넷째, 환기(ventilation)와 지지를 제공하고 치료적 개입을 시작한다. 다섯째, 심리사회적 진단과 치료에 필요한 정보를 수집한다.

② 심리사회적 사정단계

심리사회적 사정은 심리사회적 조사단계에서 수집된 정보에 대해 비판적으로 검토하는 것으로서 수집된 사실로부터 추론을 전개하는 과정이다. 따라서 심리사회적 사정(assessment)단계에서는 상황 속의 클라이언트에 대한 사정평가를 한다. 즉, 클라이언트는 무엇을 알고 있는가? 클라이언트는 어떠한 곤란을 느끼고 있는가? 곤란한 이유는 무엇인가? 어떠한 변화가 그의 곤란을 경감 내지 해소시킬 수 있는가? 등을 이해하고 어떤 개입을 하는 것이 적합한지를 결정하기 위해 문제의 배경을 알고 적절한 자료수집을 통해서 추론하는 노력단계이다. 또한, 이러한 사정과정을 통해 사회복지사는 개인과 개인을 둘러싼 환경을 통합한 전체 틀 속에서 여러 체계가 어떻게 상호작용하여 문제를 발생시켰는지 알아내야 한다.

초기의 심리사회 모델을 진단주의라고 하는데, 이는 개별사회사업의 수행을 위해서는 진단이 기본이라고 보았기 때문이다(Hollis, 1970). 진단은 문제의 성격을 상세하고 엄밀하게 이해하기 위해 클라이언트와 상황의 복합체와 도움이 요청되는 문제에 대해서 비판적으로 검토하는 것이다. 클라이언트와 상황의 복합체는 클라이언트와 다른 사람의 행동, 사회의 일반적 규범 등에 맞추어서 반복적으로 검토되어야 한다. 진단에는 세 가지의 유형이 있는데, 첫째는 역동적 진단으로서, 클라이언트가 충분히 기능하기 위해서는 클라이언트 성격의 제 측면이 어떻게 상호작용하는가를 검토하는 것이다.

둘째는 원인론적 진단으로서, 문제요인이 현재의 상호작용 내에 있는지, 현재까지 영향을 미치는 과거의 사건에 있는지, 클라이언트가 딜레마의 원인 속에 있는지를 찾아내는 것이다. 셋째는 임상론적 진단으로서, 클라이언트의 여러 가지 기능적 측면을 분류하는 노력을 하는 것이다.

진단적 사정은 문제가 무엇인가, 문제의 유발요인은 무엇인가, 그리고 변화되고 수정될 수 있는 것은 무엇인가? 등의 의문에 대하여 '인간-상황'에 대해 알고 있는 것을 모두 종합하여 충분히 답을 찾으려고 계속적으로 노력해야 한다. 심리사회 모델의 사정에서 다루어야 할 내용을 살펴보면 다음과 같다(Cooper & Lesser, 2008).

- 신상정보: 클라이언트의 연령, 성별, 종교, 결혼상태, 고용, 가족, 친구, 재정 상태, 주거 상태, 클라이언트의 외모, 의복상태, 지능, 언어구사능력, 면접에 대한 태도 등을 파악한다.
- 의뢰의 경위: 누구에 의해 의뢰되었는가? 의뢰처에서 말하는 클라이언트의 문제는 무엇인가? 자발적 혹은 비자발적 클라이언트인가? 클라이언트는 의뢰의 이유를 이해하고 있는가?
- 제시된 문제: 클라이언트가 지금 사회복지사와 만나게 된 이유는 무엇인가? 현재 그가 지닌 문제는 무엇인가? 이러한 질문에 대한 답을 구하면서 클라이언트가 자신의 문제를 설명하면서 사용하는 정확한 단어 혹은 어휘에 주목할 필요가 있다. 특히 클라이언트가 바라보는 자신의 문제가 의뢰처가 해석하는 클라이언트 문제와 다를 경우 더욱 그러하다.
- 문제의 역사: 이 부분은 문제가 발전되어 온 경우에 관한 것이다. 현재 문제 상황이 본질적으로 급성적인가? 혹은 만성적인가? 촉진적 사건이 있다면 이는 무엇인가? 증상의 진행과정은 어떠했는가? 문제를 해결하기 위해 이전에 어떠한 노력을 시도했는가? 이전에 치료를 받은 적이 있다면 당시 치료기관과의 빈도와 결과는 어떠했는가?
- 이전의 상담경험: 이전에 클라이언트가 받은 상담이 있었는가? 있었다면 그 결과는 어떠했는가?
- 가족배경: 가족의 사회경제적, 교육적, 직업적 배경을 설명하면서 가족구성원의 상호작용에 대한 내용 또한 포함시켜야 한다. 클라이언트는 가족에 대해 어떻게 생각하고, 가족은 클라이언트를 어떻게 바라보는가?
- 개인력: 클라이언트의 발달 과정상의 역사를 설명하는 부분으로서, 출생

과 각 발달단계에서 이루어야 했던 발달과업의 완수 등에 대한 내용을 포함한다. 이와 함께 과거의 약물복용이나 물질남용, 신체적, 성적, 정서적 외상경험 등에 대한 정보도 다루어야 할 것이다.

③ 개입단계

개입단계에서는 개입의 목표와 계획을 수립한다. 개입의 목표는 클라이언트가 스스로 이해하며 변화되기를 바라는 것과 사회복지사가 가능하면 도움이 된다고 생각하는 것, 사회복지사가 클라이언트를 위해서 활동할 수 있는 시간, 기관의 기능, 사회복지사의 능력 등으로부터 성립된다. 또한 사회복지사가 문제의 원인, 클라이언트가 가진 문제의 역동성, 수정 가능하다고 생각되는 사람과 상황의 상태 등 제 측면을 이해하는 방법에 따라 구체화되며, 유동적인 것으로 생활의 과정이 변하거나 새로운 방법이 출현할 때에는 상황에 따라 변화하는 것이다.

개입의 과정에서는 사회복지사가 클라이언트의 심리 내적 변화를 추구하는 직접적 개입을 할 것인지, 클라이언트의 환경에 관련된 대인관계에 개입하거나 클라이언트와 사회환경의 변화를 추구하는 간접적 개입을 할 것인지, 아니면 통합적으로 개입을 할 것인지를 선택하여야 한다. 클라이언트의 정서적 문제나 가족관계, 대인관계에서의 문제 등 직접적 개입이 필요할 때에는 개별면접, 집단면접, 합동면접 등의 개입방법을 선택할 수 있고, 클라이언트의 사회환경에 개입해야 하는 간접적 개입이 필요할 때에는 사회복지사가 자원동원자, 자원개발자, 조정자, 옹호자 등의 다양한 역할을 할 수 있다.

④ 종결단계

개입의 종료는 클라이언트의 문제상황이 개선되어 개인과 가족의 안녕상태가 회복되고, 개인이나 가족의 사회적 기능이 회복되었으며, 대인관계가 향상되었거나 개입의 목표가 어느 정도 달성되었다고 사회복지사와 클라이언트가 동의할 때이다. 종결단계에서는 지금까지 클라이언트와 사회복지사 사이에 형성된 관계의 단절로 발생할 수도 있는 정서적 충격, 즉 일종의 분리불안을 최소화할 수 있도록 지금까지 형성된 관계와 감정을 다루어 주고 정리할 수 있도록 도와주는 등 모든 노력을 기울여야 한다. 또한 사회복지사 자신의 지식과 기술에 대한 자기성찰 등이 필요하다. 종결 후에 일정기간 동안 사후관리를 통해 클라이언트의 적응상태를 점검하는 것도 좋은 방법이다.

5. 개입기법

1) 주요 개념

인간의 문제를 심리적(정서적), 사회적(환경적) 문제로 이해한다. 또한 개인의 심리적 특성뿐만 아니라 신체 생리적인 현상과 사회적인 환경까지도 모두 고려하는 상황 속의 인간을 강조한다. 그리고 클라이언트와 사회복지사와의 관계에 주목하는 특징을 가진다.

(1) 클라이언트와 사회복지사의 관계

클라이언트와 사회복지사의 관계를 형성하기 위해 사회복지사는 클라이언트를 수용하고 개별화한다. 또한 클라이언트가 있는 곳에서, '현재 상황에서 출발'하는 등의 실천원칙을 강조한다. 이와 함께 클라이언트가 자신의 행동과 감정에 대해 이해하고 통찰함으로써 자신의 문제를 해결하기 위한 역량을 강화할 수 있도록 원조한다.

(2) 개별성

개별성은 공통적인 상황은 경험하더라도 개개인은 서로 다르게 반응한다는 개념으로 '지금-여기(here and now)'의 상황에서 클라이언트가 문제를 인지하는 방법과 이에 대처하는 행동을 파악하는 것이 중요하다는 개념이다. 클라이언트의 인지체계는 물론 사상, 가치관, 사회적 역할, 종교관 등을 사정하여 클라이언트의 독특한 반응형태를 파악한다.

(3) 다원성

다원성은 인간의 성격이나 문제가 생활상의 다양한 요인에 의해서 형성된다는 개념으로, 클라이언트의 성격에 영향을 미치는 다양한 요인을 의미한다. 클라이언트의 다양한 생활사를 다각적으로 사정하는 것을 중요시하는 개념이다.

(4) 이중적 개입

클라이언트의 심리적인 변화와 사회환경적인 변화를 모두 추구하는 이중적인 개입방법을 활용한다는 개념이다. 클라이언트에게 문제를 일으키는 사회환경의 변화(간접개입)와 클라이언트의 성격과 행동 변화(직접개입)의 이중적인 개입을 함으로써, 사회복지실천을 다른 전문직과 차별화시키는 근거가 된다고 볼 수 있다.

2) 개입기법

심리사회 모델 개입기법은 크게 직접적 기술과 간접적 기술로 나누어 설명할 수 있다. 직접적 기술은 지지하기, 직접적 영향주기, 탐색-기술-환기, 인간-상황에 대한 고찰, 유형-역동에 대한 고찰, 그리고 발달적 고찰 등이 있다. 간접적 기술은 클라이언트에 대한 탐색, 환경에 대한 개입, 그리고 사회복지사의 역할 등이 있다.

(1) 직접적 개입

① 지지하기

지지하기는 심리사회 모델에 따른 사회복지사의 활동 가운데 가장 기본적이고 핵심적이다. 지지과정이란 사회복지사가 클라이언트를 수용하고 클라이언트를 원조하려는 의사와 클라이언트의 문제해결 능력에 대한 확신감을 표현함으로써 클라이언트의 불안을 줄이고 자기존중감을 증진하기 위한 과정이다. 특히 클라이언트가 죄책감과 수치감을 느끼거나 두려워하거나 분노를 느낄 때, 사회복지사는 지지기법을 적극 사용함으로써 클라이언트에게 자신을 이해하고 있음을 보여주어야 한다. 지지과정은 언어적 의사소통뿐 아니라 따뜻한 표정, 어깨를 두드리는 등의 비언어적 방법을 포함한다. 클라이언트의 당면한 문제에 대해 실질적인 도움을 제공함으로써, 사회복지사가 클라이언트를 수용하고 지지함을 나타낼 수 있다.

예 좀 더 말해 보세요. 그것은 자연스러운 감성이에요. 지난 6개월간 당신의 업무수행도를 근거로 볼 때, 나는 당신이 책임을 질 수 있다고 생각합니다.

② 직접적 영향주기

직접적 영향주기란 클라이언트의 행동을 향상하기 위한 조언이나 제안 등을 통해 사회복지사의 의사를 관철하기 위한 과정이다. 클라이언트가 자신의 의사에 따라 문제해결을 위한 결정에 도달하는 것이 바람직하지만, 때로는 사회복지사가 결정에 직접적으로 영향을 미칠 수 있다. 사회복지사의 영향은 다양한 방법으로 이루어지는데, 의견을 제시하는 것부터 제안, 클라이언트가 이미 하고 있는 생각의 강조, 강력한 주장, 직접적 개입 등의 방법을 포함한다. 직접적 영향이 효과적이기 위해서는 지지과정을 통해 관계를 형성하는 것이 무엇보다도 중요하다. 또한 사회복지사 자신이 조언하고 싶은 욕구에 의해 조언하는 것이 아니라 클라이언트의 욕구에 따라 조언해야 하며, 조언하기 전에 충분히 경청해야 하고, 클라이언트의 현재 상황에서 출발해야 한다.

예 그것을 하는 것이 도움이 될까요? 이렇게 하는 것이 더 좋을 것 같네요.

③ 탐색-기술-환기

탐색과 기술은 클라이언트의 문제와 관련하여 클라이언트, 클라이언트의 환경 혹은 클라이언트와 환경과의 상호작용에 관한 사실을 진술하고 설명하도록 원조하는 것이다. 환기는 사실과 관련된 감정을 끄집어냄으로써 카타르시스(catharsis)[4]를 경험하도록 원조하는 것이다. 탐색, 기술, 환기는 연

4) 이 은유는 의학 용어인 '카타르시스'에서 유래했다. 아리스토텔레스의 말에 따르면, 비극의 목격은 '공포와 연민'을 불러일으키고, 나아가 이런 감정들을 정화하는 것이다. 그의 말이 정확히 무엇을 의미하는지는 수백 년 동안 비평가들 사이에서 논란의 대상이 되어 왔다. 독일의 극작가이자 문학비평가인 고트홀트 레싱(1729~1781)은 카타르시스가 지나친 감정을 고결한 기질로 바꾸어 준다고 주장했다. 또 다른 비평가들은 비극을 도

관되어 있는데, 사실을 진술하거나 설명하는 과정에서 자연히 감정이 표현되기 때문이다. 심리사회 모델에서는 특히 분노, 상실에 대한 애도반응, 죄책감, 불안 등의 감정에 주의를 기울인다. 이러한 감정은 말로 표현되었을 때 강도가 현격히 줄어들 수 있는데, 무엇보다 타이밍이 중요하다. 즉, 방어하지 않고 편안하게 자신의 감정을 표현할 수 있는 준비가 되었을 때에야 비로소 클라이언트는 환기를 경험할 수 있다. 때로는 환기를 경험하는 것 자체로 문제가 해결되는 경우도 있다.

> 예 현재의 문제에 대하여 조금만 더 이야기를 해 주시겠어요? 그때 어떻게 느끼셨어요? 당신과 가족이 함께 있을 때 어떤 일이 발생하나요?

④ 인간–상황에 대한 고찰

인간–상황에 대한 고찰은 현재 혹은 최근 사건에 대한 고찰로서 다음의 여섯 가지를 포함한다. ㉠과 ㉡는 클라이언트의 외부환경과 관련되고, ㉢, ㉣, ㉤은 클라이언트의 주관적인 내부 상황과 관련되며, ㉥은 원조상황과 관련된다.

㉠ 다른 사람의 건강, 상황에 대한 클라이언트의 생각

인간은 정보의 부족이나 편견, 두려움 등에 의해 자신이 처한 상황과 가족이나 친구들, 동료들, 이웃 사람들의 감정과 행동을 정확히 이해하지 못하는 경우가 있다. 사회복지사는 클라이언트의 상황에 대해 직접 설명하기도 하지만, 질문이나 언급을 통해 클라이언트가 스스로 깨닫도록 도와준다.

㉡ 의사결정과 행동, 대안이 다른 사람에게 미치는 영향

사회복지사는 클라이언트가 미처 깨닫지 못했거나 간과한 결과에 대해 주의를 기울인다. 예를 들어 친구들이 보는 앞에서 청소년 자녀를

덕적 교훈으로 간주하고, 비극 주인공의 운명이 불러일으킨 공포와 연민은 관객들에게 비극의 주인공처럼 신의 뜻을 거역하지 말라고 경고한다고 주장했다. 가장 널리 받아들여지고 있는 해석은 관객이 통제된 상황에서 주인공과 똑같은 공포를 경험하고 있다고 느낌으로써 자신의 불안을 외부로 발산하고, 비극의 주인공과 자신을 동일시해 공감함으로써 통찰력과 시야를 넓힌다는 것이다. 따라서 비극은 관객이나 독자에게 건전하고 교훈적인 영향을 미친다. 정신 분석에서, 카타르시스란 마음속에 억압된 감정의 응어리나 상처를 언어나 행동을 통해 외부로 드러냄으로써 강박 관념을 없애고 정신의 안정을 찾는 일을 뜻한다.

때린 아버지는 자녀가 친구들의 인정을 받기 위해서는 아버지와 대항해야만 하는 결과를 가져오게 된 상황을 이해할 필요가 있다. 이 역시 클라이언트의 행동과 결과의 관계를 사회복지사가 설명하기보다는 질문이나 언급을 통해 클라이언트가 인과관계를 직접 깨닫도록 인도한다.

㉢ 클라이언트의 내면 인식

클라이언트가 자신의 숨겨진 반응, 사고, 감정의 성격에 대해 내부지향적인 이해를 하도록 원조한다. 예를 들어, 어머니가 자녀에 대해 분노의 감정을 가지고 있지만, 인지하지 못할 때 혹은 인지는 하지만 부인하는 경우가 있을 수 있다. 사회복지사는 클라이언트가 자신의 감정에 대해 스스로 통찰할 수 있도록 원조한다.

㉣ 행동을 유발하는 원인과 자극에 대한 이해

클라이언트가 다른 사람들과의 상호작용이나 상황적 자극에 대해 나타낸 반응 행동의 원인을 이해하도록 원조한다. 예를 들어 아내의 취업을 반대하는 남편은 아내가 가정을 돌보는 것을 자신에 대한 사랑의 상징으로 생각해 왔으며, 아내가 취업을 한다는 것은 자신을 더 이상 사랑하지 않는다는 의미로 생각하기 때문일 수 있다.

㉤ 자기평가

클라이언트의 도덕과 양심, 자기 이미지, 가치 등에 관한 자기평가를 원조한다. 예를 들어, 사회복지사는 클라이언트가 현재 가지고 있는 자기 이미지가 현실에 근거하고 있는지 질문하거나 클라이언트가 가지고 있는 가치를 명확히 하기 위한 언급을 할 수 있다.

㉥ 사회복지사와 원조과정에 대한 반응

사회복지사, 치료, 기관의 규칙 등에 대한 클라이언트의 반응과 이해 정도를 탐색하여 원조과정의 효과를 최대화한다. 클라이언트는 과거 인생경험에 의해 치료에 대한 적대감, 두려움 혹은 의존욕구를 가지고 있을 수 있다. 때로 사회복지사에 대한 클라이언트의 반응은 클라이언트의 대인관계 유형을 이해하기 위한 주요 자료가 될 수 있다.

⑤ 유형-역동에 대한 고찰

사회복지사는 클라이언트의 성격 혹은 행동의 유형과 원초아(id), 자아(ego), 초자아(superego)의 심리내적 역동에 대해 고찰한다. 또한 클라이언트가 사용하는 방어기제를 분석하고 클라이언트가 가지고 있는 내부대상에 대해 고찰하며, 분리와 개별화 정도 등에 대해 고찰한다.

> 예 당신이 때로 남편에게 화가 날 때 당신의 아들과 사는 것 같지 않나요?

⑥ 발달적 고찰

인간-상황에 대한 고찰과는 달리 발달적 고찰은 성인기 이전의 생애경험과 이런 경험이 현재 기능에 미치는 영향에 대해 고찰하는 것을 의미한다. 예를 들어, 남편의 무관심에 대해 지나치게 분노하는 아내가 어린 시절 자신에게 관심을 별로 주지 않았던 아버지에 대한 감정과 남편에 대한 감정에서 유사점을 깨닫도록 원조할 수 있다.

> 예 당신은 이전에 이와 같은 감정을 가진 적이 있습니까? 당신의 청소년기와 현재의 문제와는 어떤 관계가 있다고 생각하나요? 당신이 현재 배우자에게 느끼는 것과 같은 감정을 이전에도 느꼈던 적이 있으신가요?

(2) 간접적 개입

① 클라이언트에 대한 탐색

사회복지사는 클라이언트를 둘러싸고 있는 인적 · 물적 환경에 관계된 문제를 해결하는 것을 목표로 한다. 이는 클라이언트의 경제적 자원 문제뿐만 아니라 주변에 존재하는 인적 환경에 대한 탐색과 그 때문에 발견된 자원의 활용까지 포함할 수 있는 개념이다.

② 환경에 대한 개입

환경에 관련된 사람과의 관계에 개입 또는 사회환경적인 변화를 추구하는 활동이다. 위에서 언급한 바와 같이 클라이언트 본인뿐만 아니라 주변에서 다양한 영향을 주고받는 사람들 전반에 대한 개입 활동이 간접적인 개입기술의 하나라고 볼 수 있다.

③ 사회복지사의 역할

클라이언트에 대한 개입을 함에 있어서 사회복지사의 역할은 다양하지만, 크게 다음의 세 가지로 구분 지어 설명할 수 있다.

㉠ 클라이언트가 필요로 하는 자원을 발굴하여 제공한다.
㉡ 클라이언트에 대한 옹호와 중재활동을 한다.
㉢ 클라이언트 스스로 주변을 변화시킬 수 있도록 원조한다.

표 4-2 심리사회 모델의 주요 기술

치료기술	설명
간접적 치료	클라이언트의 환경에 개입하는 과정으로서, 클라이언트를 지지하고 영향을 미칠 수 있는 가용한 자원을 연계하고 배치시키는 것
직접적 치료	사회복지사와 클라이언트 간의 신뢰관계를 바탕으로 클라이언트에게 제안과 설득을 제공함
수용	클라이언트에게 온정과 친절함을 유지하는 태도로서, 다른 사람의 감정이나 주관적인 상태에 참여하고 받아들이는 감정이입이 중요한 요소가 됨
지지	클라이언트에게 언어적 혹은 비언어적 의사소통을 통해 관심, 수용, 감정이입적 이해, 재확신, 격려 등을 제공함
직접적 영향	클라이언트에게 주의 깊게 제안과 충고를 제공함
탐색 · 기술 · 환기	클라이언트의 상황에 관한 사실을 드러내고 다른 감정을 표현하게 함으로써 감정의 전환을 제공함
인간과 환경 간의 구성을 성찰	현재의 상황과 다른 사람과의 상호작용에 관한 클라이언트의 인지, 사고, 감정을 인식하도록 도움
유형의 역동 성찰	클라이언트의 행동, 사고, 감정의 경향을 명확히 하도록 도움
발달적 성찰	현재의 클라이언트 성격이나 기능에 영향을 미친 가족의 기원이나 초기 경험을 고찰하도록 함

출처: Woods & Robinson(1996), 임상록 외(2010), 사회복지실천기술론, p.67 재인용.

05 CHAPTER

인지행동 모델

인지행동 모델은 인간이 생각하고 느끼고 행동하는 것이 상호 관련된다는 전제 아래, 정보처리과정에 주목하는 인지이론과 사회학습을 근간으로 하는 행동이론의 절충적 접근이다.

인지발달이론가 중에서 가장 유명하고 존경받는 학자는 장 피아제(Jean Piaget)이다. 피아제(1896~1980)는 스위스의 생물학자이고 자연주의자로서 그의 아동기 발달에 대한 관심은 아버지가 되면서부터 시작되었다. 인지발달에 대한 그의 초기 이론은 정상아동에 대한 관찰에 기반을 두고 있다.

인지능력은 일련의 고정된 단계를 통해 발달한다고 가정되고 있다. 그렇지만 피아제는 이런 단계들이 유전적으로 결정되는 것은 아니라고 보았다. 인지구조는 개인과 환경과의 상호작용을 통해 발달하고 수정된다고 가정된다. 피아제는 인지발달은 본질적으로 아동의 자신의 경험을 통해 인지적 구조를 만들어 가는 자발적인 과정(spontaneous process)이라고 주장하고 있다. 아동은 왕성하게 환경을 탐색해 나가면서 지속적으로 새로운 인지구조를 만들어 가게 된다. 환경을 이해하고 대처해 나가면서 이전 인지구조를 더욱 발전시킨다.

인지행동 모델의 개념과 적용을 학습하기 위해서는 인지이론과 행동이론에 대한 이해가 우선되어야 한다. 정보화시대를 맞이하여 현 시대에서는 개인의 내면에 대한 갈등이 심화되어 그 영향으로 우울증, 알코올 중독, 공황장애, 사회공포증, 조현병 등과 같은 심리장애가 사회적으로 많은 문제의 원인이 되고 있다. 이러한 심리장애를 치료하기 위한 인지행동치료 프로그램이 지속적으로 개발되어 치료에 다양하게 사용되고 있으며, 특히 청소년 주의력결핍 과잉행동장애, 인터넷중독, 약물중독, 흡연 등에 인지행동치료

프로그램이 다양하게 개발되고 있다.

인지행동이론은 행동주의이론가인 반두라(Bandura)의 사회인지이론에서 인지과정의 중요성을 강조한 것에 기초하여 벡(Beck)의 인지치료(Cognitive Therapy: CT)와 엘리스(Ellis)의 합리정서치료(Rational-Emotive Therapy: RET)이론으로 발전하였다. 여기에 대한 내용은 다음 항목에서 구체적으로 다루기로 한다.

인지행동 모델은 행동과 사고와 정서 간의 상호작용을 중시하며 특히 개인의 심리사회적 문제는 자신과 주변에 대해 갖고 있는 비합리적인 믿음이나 왜곡된 신념체계 때문에 일어난다고 본다. 1950~60년대에 와서 인간 문제의 해결과정에서 환경적 요인에 대한 무관심 탓에 정신역동적 접근방법이 공격을 받았을 때, 인지행동 모델을 사회복지실천기술에 도입하여 받아들였다.

이 모델은 클라이언트가 생각하는 방식과 행동의 변화를 초점으로 하는 것으로 핵심 특성은 다음과 같다(Goldstein & Noonam, 1999, 이선혜 외 역, 2005; Cooper & Lesser, 2008).

① 현재 문제와 관련된 클라이언트의 생각과 행동, 문제를 촉발하는 환경적 요인에 대한 체계적인 사정이 이루어진다.
② 문제를 명확히 하고 목표를 설정하는 데 초점을 둔다.
③ 왜곡된 사고와 자기파괴적 행동을 수정하고, 자신과 다른 사람에 대한 새로운 신념체계와 행동의 습득을 위한 명료한 개입방법을 갖는다.
④ 개입의 성과에 대해 객관적 측정방법을 갖는다.

인지행동이론에서 제공하는 실천기술은 사회복지실천기술 가운데 가장 많이 활용되고 있다. 인지행동이론에 입각한 개입기술은 문제를 일으키는 잘못된 가정과 사고의 유형을 확인·점검하고 재평가하여 수정하도록 격려하고 원조한다. 사회복지사는 인지행동적 접근을 통해 개입의 효과를 금방 알 수 있고, 객관적 평가가 가능하다. 따라서 인지행동 모델은 최근 사회복지사들에게 중요한 개념으로 부각되고 있는 증거기반(evidence-based) 접근의 하나로서 유용하게 사용된다(Cooper & Leser, 2008).

1. 철학과 기본 개념

1) 철학적 전제

인지행동전문가는 행동주의의 영향을 받아 각 사람은 행동적이며 인지적인 습관과 성향이 얽혀진 존재라고 정의한다. 인지행동치료에는 다양한 현상을 기본적인 하나의 원리나 요인으로 설명하려는 경향인 환원주의가 전제되어 있으며, 모든 사건을 도구적 조건화 학습으로 환원시키는 대신 인간이라는 현상을 예기(expectancies)와 자기진술(내현적 행동) 등과 같은 용어로 이해하려고 하므로 인간에 대한 전인적인 관점은 없다고 할 수 있다. 인지행동치료는 생각 패턴이 행동의 강력한 결정요인이 된다는 관점을 가진 동시에 생각은 자연주의적 과정의 결과라고 생각한다. 그리고 비물질적 정신이나 영혼을 믿는 심리주의를 받아들이지 않는다는 점에서는 유물론적이지만, 생각은 단순히 강화작용의 결과가 아니라 복합적이면서도 인과성이 있는 현상이라고 믿는다.

반두라(1978)는 인간이 환경에 의해 결정되고, 제한된 범위 내에서 환경을 결정하는 존재라는 상호적 결정론 개념과 '인간-환경'의 상호작용주의라는 관련된 개념을 사용하였다. 예를 들면, 학과나 교내동아리에서 학우들이 우리를 대하는 행동에 영향을 받을 수 있지만, 우리가 어떤 학과, 동아리를 선택할 것인지를 제한된 범위 내에서 선택할 수 있다. 그리고 우리가 다른 사람을 대하는 태도에 따라 다른 사람이 우리를 대하는 태도를 결정짓는 데 부분적인 역할을 할 수 있다. 그런 점에서 우리는 상호적으로 결정하며 우리의 환경에 의해 결정된다고 볼 수 있다(Stanton & Richard, 이관직 역, 2009). 즉, 인간은 외부자극에 수동적으로 반응하는 존재도 아니고, 심리적 힘에 의해서 결정되는 존재도 아니며, 인간의 행동은 개인과 환경 간의 상호작용 결과로, 환경이 제공하는 정보와 개인의 인지적 과정의 상호작용 결과로 이루어진다고 본다. 환경은 끊임없이 인간에게 경험과 정보를 제공하고 이러한 환경의 영향은 관심, 기대, 자극변형, 반응 등과 같은 개인의 인지적 과정에 의해 중재된다고 본다(설진화, 2008).

2) 기본 개념

인지란 용어는 '알다'라는 의미의 라틴어 'cognoso'에서 파생하여 비교적 넓은 의미로 사용되고 있다. cognoso는 귀인, 태도, 기대 등의 인지적 활동과 지각체계를 모두 포함하는 용어이며, 이 모델은 하나의 독립된 실천 모델이 아니라 여러 모델을 연합하여 탄생한 모델이다. 이는 1960년대 이후 정신역동 모델의 치료에 대한 거부감과 그 효과성에 대한 의문을 갖게 되면서, 다양한 클라이언트와 복잡한 문제에 모두 적용될 수 있는 통합이론의 필요성이 제기되었다. 또한 클라이언트와 환경 간의 상호작용에 대해 좀 더 포괄적으로 이해할 수 있는 이론과 모델에 대한 필요성도 제기되어 다양한 인지행동 모델이 등장하였다. 따라서 인지행동 모델의 연구자에 따라 정신분석적 배경을 가지고 있거나 행동주의 배경을 주로 가지기도 한다. 인지행동 치료 모델로는 합리적 정서치료, 행동치료, 인지치료, 현실치료, 인지행동치료, 문제해결치료 등이 있다. 그중에서 가장 활발한 활동을 한 사회인지 모델, 인지 모델, 합리정서행동 모델, 인지행동 모델 등에 대해 살펴본다 (Gilliland & James, 1997, 양옥경 외, 2011 재인용).

첫 출판년도	치료명칭	저자
1962	합리정서행동치료 (Rational Emotive Behavior Therapy)	엘리스 (Ellis)
1963	인지치료 (Cognitive Therapy)	벡 (Beck)
1971	자기지시훈련 (Self-Instructional Training)	마이켄바움 (Meichenbaum)
1971	불안관리훈련 (Anxiety-Management Training)	수인 & 리차드슨 (Suinn & Richardson)
1971	문제해결치료 (Problem-Solving Therapy	즈릴라 & 골드프라이드 (D'Zurilla & Goldfried)
1971	문제해결치료 (Problem-Solving Therapy)	스파이백 & 셔 (Spivack & Shure)
1973	스트레스면역훈련 (Stress inoculation Training)	마이켄바움 (Meichenbaum)
1974	체계적인 합리적 재구조화 (Systematic Rational Restructuring)	골드프라이드 (Goldfried)

1974	개인과학 (Personal Science)	마호니 (Mahoney)
1975	합리적 행동치료 (Rational Behavior Therapy)	몰츠비 (maultsby)
1977	자기통제치료 (Self-Control Therapy)	렘 (Rehm)
1983	구조적 심리치료 (Structural Psycho Therapy)	구이다노 & 리오티 (Guidano & Liotti)

출처: Dobson & Block(1988), 김혜란 외(2006), 사회복지실천기술론(개정2판), p.83 재인용.

(1) 사회인지 모델의 기본 개념

사회인지 모델(Social Cognitive Model: SCM)은 행동에 영향을 주는 심리·사회적 측면과 행동의 변화를 촉진시키는 방법에 역점을 두며, 개인의 인식과 행동이 미래의 행동에 영향을 주는 점을 강조한다.

특히 반두라는 인지행동치료에 기여하는 중요한 많은 개념을 제시하였다. 그는 직접적인 경험은 물론, 다른 사람의 행동을 지켜보거나 생각을 들음으로써 배울 수 있는 인간의 능력에 관심을 두었는데 이것을 모델링 현상이라고 한다. 이 모델링 개념은 인지행동치료 과정에 중요한 요소가 되었다.

인간은 대리학습할 수 있는 능력을 가지고 있다. 즉, 모델 역할을 하는 사람을 관찰함으로써 일련의 복잡한 행동을 마음속에 그릴 수 있고, 그 행동을 생각할 수 있으며, 모방할 수 있다. 예를 들어, 아이들은 부모나 동료, 또는 텔레비전을 보면서 친사회적 또는 반사회적 행동을 배울 수 있는 것이다. 고전적·조작적 조건형성의 학습이론은 심리적이고 인지적인 과정을 고려하지 않고 있다. 이 이론들은 보상을 추구하는 어떤 기본적이고 실리적 욕구를 넘어서는 심리적 중재기능이나, 인지, 동기, 태도 등을 가정하지 않고 있는 것이다.

사회인지 모델 치료자는 행동수정을 위해 보상을 창출해낼 뿐만 아니라, 두려워하는 내담자가 용기 있게 행동하도록 하거나 외롭고 우울한 사람이 새롭게 사람들과 어울리게 하도록 한다. 이를 위해 내담자가 스스로 자기효능감을 가질 수 있도록 도와야 한다(Stanton & Richard, 이관식 역, 2009). 사회인지 모델의 기본 틀을 설명하기 위한 사회인지 모델의 주요 개념은 다음과 같다(원요한, 2007).

① 환경(environment): 개인의 물리적인 외부요소로서 기회와 사회적 지지를 제공하는 자원으로서의 환경을 의미한다.

② 상황지각(situation): 환경에 대한 인간의 지각으로서 잘못된 지각을 고치고 건전한 규범 증진을 내포한다.

③ 행동능력(behavioral capability): 특정한 행동을 수행하는 데 필요한 지식과 기술로서 기술훈련을 통해 전문적 학습능력의 증진을 의미한다.

④ 기대결과(expectation): 행동의 기대된 결과로서 건강한 행동에 대한 모델이 되며 긍정적인 결과를 의미한다.

⑤ 기대가치(expectancies): 인간의 특정한 결과와 대가 가치로서 기능적 의미를 가진 변화의 현재 결과들을 의미한다.

⑥ 자기조절(self-control): 목표에 부여하는 지향적인 행동에 대한 개인적인 규제로서 스스로 모니터링하는 것, 목표를 설정하는 것 문제를 해결하는 것, 자신에 대한 보상의 기회를 제공하는 것을 의미한다.

⑦ 관찰학습(observational learning): 다른 사람의 행동결과와 활동을 관찰함으로써 따라오는 행동의 습득으로 목표된 행동의 신뢰할 만한 역할모델을 포함하는 것을 의미한다.

⑧ 강화물(reinforcements): 행동의 재현 가능성을 증가시키거나 감소시키는 반응으로서 자율적으로 시작하도록 촉진하는 동기와 보상을 의미한다.

⑨ 자기효능감(self-efficacy): 특정한 행동을 수행하는 개인의 자신감으로서 성공을 확신하는 작은 단계 안에서 행동의 변화를 접근하는 것, 추구했던 변화를 명확히 하는 것을 의미한다.

⑩ 감정적 대처반응(emotional coping responses): 감정적 자극을 다루기 위해 사용되는 전략으로서 문제해결과 스트레스 관리를 위한 훈련을 제공, 감정적으로 흥분한 상황에서의 대처기술을 연습하는 기회를 제공하는 것을 의미한다.

⑪ 상호적 결정론(reciprocal determinism): 행동을 일으키는 환경, 인간, 행동의 역동적인 상호작용으로서 환경적인 변화, 기술의 변화, 그리고 개인의 변화를 포함하는 행동의 변화를 위한 다양한 방법을 고려하는 것을 의미한다.

(2) 인지 모델의 기본 개념

정신분석학적 연구과정으로 수련을 받은 벡(Beck)의 인지 모델은 우울증을 치료하기 위하여 시작되었다. 1976년에 아론 벡(Aron Beck)은 "인지 치료와 정서장애"라는 책을 출판하고 새로운 치료적 접근을 소개하였다. 벡은 정신분석학자로서 그의 치료적 접근은 켈리(Kelly, 1955)와 피아제(1950)의 과업에 기반을 두고 있다. 정서와 동기 그리고 행동의 주 원인은 바로 우리의 "의식적 사고"라는 것이다. 즉, 치료적 개입은 직접적으로 역기능적인 사고와 해석, 신념을 겨냥하여 이들 변화시키고 사고가 변화되면 이는 결과적으로 행동을 변화시키게 된다. 치료자는 클라이언트의 인식과 생각이 현실적이 될 때까지 이를 수정한다.

인지 모델은 인간이 모든 감각으로부터 입수한 정보를 어떤 인지적 명제나 사고 유형으로 조직화하는 인지구조가 있다고 보는데, 그 산물이 바로 도식(schema)이다. 예를 들어, 어떤 대상에 대한 직접 경험(아버지로부터의 학대)이나 관찰(아버지가 엄마를 구타함) 또는 다른 사람으로부터의 대화(아버지가 어린 시절에 많이 맞고 자랐다고 할머니로부터 이야기를 들음)를 통해 어떤 도식(폭력으로 어떤 권한을 획득할 수 있다)이 형성될 수 있다. 도식은 어린 시절부터 형성되고 후에 인생관이라 행동을 지배하는 규범이나 신념의 기초가 된다. 이러한 도식은 모든 자극이나 투입을 선별하고 분류하고 평가하는 기초를 형성한다. 이러한 도식은 개인이 자신과 세상을 보는 필터 역할을 한다(Beck, 1996).

인지 치료는 기저에 깔려 있는 왜곡된 도식의 변화를 목표로 하는데, 역기능적 사고, 또는 비합리적 신념이 바로 왜곡된 도식이라 말할 수 있다. 결국 인지 치료는 부정확하고 역기능적인 도식을 목표로 하여 이를 건설적으로 변화시키도록 돕는다.

인지적 재구조화(cognitive restructuring)는 벡의 인지 모델의 주요 방법이다. 클라이언트의 인지적 실수에 관심의 초점을 맞추고 이를 수정하는 데 노력을 기울인다. 정서적 및 행동적 어려움을 발생시키는 세 가지 인지 수준은 다음과 같다: ① 자동적 사고, ② 도식(기저에 깔려 있는 가정이나 신념), ③ 인지적 왜곡(정보처리의 오류)이다. 이러한 세 가지 인지 수준에서의 변화를 추구하는 것이 바로 인지적 재구조화이다. 자동적 사고 밑에는 도식이 깔려 있다. 예를 들어, 맞선을 보는 상황 속에서 어느 여성이 '나는 사랑스럽지 못하다'라는 도식을 가지고 있다면, 그녀는 '그 남자가 날 차버릴 것이다'라는 자동적 사고를 하게 된다. 개인이 어떤 도식을 가지고 있는가에 따라 자신이나 타인이나 환경에 대한 정보처리과정에서 왜곡된 자동적 사고를 하게 되는지 안 되는지 여부가 결정된다고 보면 된다. 예를 들어, 클라이언트가 열등하고 버림받았다는 도식을 가지고 있다면, 그는 실패나 고립, 거절감과 관련된 정보에만 선택적 관심을 두게 된다. 성공이나 합의, 수용 같은 정보는 멀리하거나 간과하게 된다. 이는 정보처리과정에서 선택적 추상화(또는 부정적 필터링)라는 인지적 왜곡이 발생하게 된 것이다.

인지 모델에서는 인간의 행동이 정신분석이론에서와 같은 결정론적인 힘에 의한 것이 아닌, 인간의 의지로 변화할 수 있다는 입장을 취한다는 점에서 정신분석이론과는 대조를 이루고 있다. 벡은 다른 치료기법을 활용함에 있어서 개방적이었으며, 자료의 효과성을 과학적으로 평가할 필요성을 강조하였다. 그는 이론보다는 임상적으로 실제적인 것에 더 관심을 두었다. 그리고 내담자의 호소 문제를 중점적으로 다루며 직접적으로 접근하는 치료를 강조하였다.

인지 모델은 인간의 감정, 동기, 행동 등이 의식적인 사고과정의 결과이며 인간의 행동은 무의식적인 힘, 혹은 충동에 의한 것이 아니라 인간의 의지에 의해 결정되는 것임을 밝히고, 부적응적인 행동은 곧 역기능적인 사고 혹은 인지적 왜곡에 의해 발생한다고 주장한다. 또 인지이론에서는 인지가 정서와 행동의 역기능을 중재한다고 간주한다(Thyer & Myers, 1997; 엄명용 외, 2011 재인용). 따라서 인지이론에 기반을 둔 치료과정에서는 부적응적인 사고 유형을 파악하고, 이를 직면하여 변화할 수 있도록 돕는다. 인지이론이 제시하는 몇 가지 기본가정은 다음과 같다.

- 인간의 행동은 인간의 의지에 의해 결정되는 것이지 무의식의 힘이 아니다.
- 인간의 행동은 사고에 의해 결정되며, 부정확한 지각과 생각이 부적응적인 행동을 초래한다.
- 왜곡된 생각, 잘못된 인지, 비합리적인 신념은 개인의 의식수준 밖에서 일어난다. 특히 잘못된 생각과 오류를 학습하고 이를 지속적으로 사용하면서 인지적 신념들이 자동적으로 사고하게 되어 역기능적인 정서가 형성된다.
- 인간의 감정은 자기 자신과 사회적 상황에 대해 생각하고, 말하고, 가정

하고 믿는 것으로부터 시작된다. 인간이 가지는 감정의 대부분은 사람들의 생각, 자기 스스로에게 하는 말, 그리고 자신이나 자신의 환경에 대해서 믿거나 가정하는 바에서 직접적으로 파생되는 결과이다.

- 인간은 창조적이고 성장의 욕구를 가지고 자신의 능력을 최대한 개발하고 목표달성을 추구하는 기본적인 성향을 가지고 있다.

(3) 합리정서행동 모델의 기본 개념

엘리스(A. Ellis)에 의해 창시 발전된 이론으로서 인간은 내면에서의 신념이나 생각 등 인지적인 면들이 정서와 행동에 크게 영향을 미치기 때문에 만약, 내담자의 감정에 강력하게 작용하지 않거나 새로운 행동을 끊임없이 실천하지 않으면 기본적인 인지적 변화를 가져오기 어렵다고 본 것이다. 즉 내담자의 비합리적 생각을 합리적 생각으로 대치시키거나 최소화시켜서 내담자가 보다 합리적이고 융통성 있는 인생관을 갖도록 하는 데 있다.

엘리스는 1980년대 중반에 45권의 저서와 500여 편의 논문을 발표하고, 개인 연구소에서 왕성한 연구와 실험을 실천한 임상심리학자이자, 상담심리학자이다. 1950년대 초까지 그는 고전적 정신분석을 시행하였으나, 1955년 정신분석이 피상적이고 비합리적이며 효과도 적다는 결론에 이르게 되어 다른 여러 접근법을 실행하고 실험하였다.

엘리스는 장애를 만드는 생각과 대결하는 데 이성을 사용하는 것을 강조하기 위해서 REBT를 초기에는'합리적치료(RT)'라고 하였다. 그러나 이 명칭은 마치 엘리스가 정서적 탐색을 사소하게 여기거나 전혀 중요하지 않게 여기는 듯한 잘못된 인상을 주었다. 이러한 견해에 맞서서 그는 1961년에 '합리적정서치료(RET)로 명칭을 바꾸었고, 1993년에 합리정서행동치료(REBT)로 다시 바꾸었다.

엘리스의 합리적-정서 치료(Rational-emotive therapy)는 어떤 정서적 어려움이나 문제행동이 단순히 외부적 사건의 결과가 아니라, 그 사건에 대한 비합리적인 자기독백(비합리적 신념에 기반을 둔 자기독백)의 결과라고 본다. 다시 말해, 사건이나 상황에 대한 해석방식, 즉 상황에 대해 스스로 평가하는 자기독백(self-talk)에 따라 감정과 행동이 달라진다고 본다. 자기독백은 개인의 신념에 기반을 두고 나오고, 또한 지속적이고 반복되는 자기독백은 결국 개인의 가치, 태도, 신념이 된다.

합리정서행동 모델에서 역기능적 행동과 정서는 비합리적 신념에서 비롯되며 행동 혹은 정서적 결과는 실제적 사건이 아니라 상황을 바라보는 신념체계에 따라 영향을 받는다고 본다. 예를 들어, 우리가 어떤 일에 관심을 가지는 것은 적절하지만 안달하는 것은 적절하지 않으며, 슬퍼하는 것은 적절하지만 우울증에 빠지는 것은 적절하지 않다. 그리고 실망할 수는 있으나 수치감을 느끼는 것은 적절하지 않고, 괴로울 수는 있으나 분노하는 것은 적절하지 않은데, 이런 후자의 감정이 부정적 감정이며 부정적 감정은 비합리적 신념에서 비롯된다는 것이다. 따라서 합리정서행동치료(Rational Emotive Behavior Therapy: REBT)에서는 부정적 감정이 아닌 비합리적 신념에 개입의 초점을 둔다.

아이가 꽃병을 깼을 때 엄마가 그 사건에 대해 '말썽쟁이, 자기 아버지 닮아서 또 말썽이다.'라고 자기독백을 했다면 엄마는 화가 나고 아이를 몽둥이로 때리는 행동을 하게 된다. 그러나 엄마가 '저런, 내가 꽃병을 너무 위험한 곳에 두었네.'라고 자기독백을 한다면, 엄마는 걱정하고 두려워하면서 아이가 어디 다치지는 않았는지 보살피는 행동을 하게 된다.

개인의 감정과 행동이 자기독백에 의해 결정되고, 그 자기독백은 신념체계에 기반을 두므로, 엘리스의 치료기법은 어떤 사건이나 상황에 대한 클라이언트의 비합리적 자기독백 또는 비합리적 신념을 파악하고 교정하여 주는 데 목적을 둔다.

합리적-정서 치료과정은 ABCDE 모델로 설명될 수 있다. A는 선행사건(activating event)으로서 개인에게 어려움을 주고 있는 사건이다. B는 신념체계(belief system)로서 어떤 사건이나 자극에 대한 개인의 해석이나 태도이다. 이러한 신념은 합리적 신념(rational belief: RB)과 비합리적 신념(irrational belief: IB)으로 나누어진다. C는 결과(consequences)로서 신념을 통해 나타난 정서적 결과이다. D는 논박(dispute)으로서 비합리적 신념에 대해 도전하고 교정하는 것이다. E는 효과(effect)로서 논박의 결과로 느끼게 되는 긍정적인 감정이나 행동을 말한다(홍경자, 1995).

치료의 목표는 부정적 감정의 뿌리가 되는 비합리적 신념을 규명하고 도전함으로써 이를 재구조화하는 것이다(김혜란 외, 2006). 합리정서행동이론은 인간의 생물학적 경향을 강조하며, 동시에 비합리적 사고를 수정할 수 있는 인간의 능동적 성향도 인정하고 있다. 정서는 합리적 정서와 비합리적 정서로 나뉘며 전자는 합리적 사고와 연결된다. 합리정서치료는 치료자의 설득과 논박을 통해서 내담자가 자신의 비합리적인 신념(표 5-2 참조)에 도전하도록 하므로 부정적인 사고를 긍정적인 사고로 변화시킨다.

표 5-1 비합리적 신념의 예

비합리적	합리적
모든 사람이 내가 하는 것을 인정해야 한다.	나는 모든 사람을 기쁘게 할 수 없다. 나는 내가 최선이라고 생각하는 것을 하겠다.
훌륭한 사람이 되기 위해 나는 완벽해야 한다.	완벽하기는 불가능하다. 그리고 완벽을 추구하는 것은 건강하지 못한 것이다. 나는 때로는 실패할 것이다.
나는 완벽한 삶을 살 가치가 있다.	삶은 불완전한 것이다. 세상이 내 위주로 돌아가지 않는다.
나는 내가 원하는 것은 가져야만 한다.	나는 늘 내가 원하는 것을 가질 수는 없다. 그러나 일반적으로 내가 필요로 하는 것을 갖고 있다.
나와 다른 사람들은 좀 이상하다.	많은 사람들이 나와 다르지만 지극히 정상이다.
그 사람의 어떤 행동만 고친다면 난 행복할 것이다.	그것은 그 사람의 문제이고 나도 내 문제를 가지고 있다. 그는 그 나름대로 자신의 삶을 살 권리가 있다.
난 이렇게 살아왔으니 그것에 대해서는 아무것도 할 수 없다.	물론 난 변할 수 있다. 내게는 미래가 있다.
내 행복은 다른 사람에게 달려 있다.	내가 내 행복에 책임이 있다. 나 자신, 나의 판단, 나의 능력이 중요하다.

표 5-2 합리적 사고와 비합리적 사고의 차이

합리적 사고	구분	비합리적 사고
논리적으로 모순이 없다.	논리성	논리적으로 모순이 많다.
경험적 현실과 일치한다.	현실성	경험적 현실과 일치하지 않는다.
삶의 목적달성에 도움이 된다.	실용성	삶의 목적달성에 방해가 된다.
융통성이 있다. 경직되어 있지 않다.	융통성	절대적/극단적/경직되어 있다.
적절한 정서와 적응적 행동에 영향을 준다.	파급효과	부적절한 정서와 부적응적 행동을 유도한다.

합리정서행동 모델의 기본 틀을 설명하기 위한 합리정서 모델의 주요 개념은 다음과 같다(원요한, 2007; 장수미 외, 2010).

- A(사실: Acting Events or Experiences)는 우리가 일상생활에서 경험하는 어떤 사실, 즉 자신의 행동 또는 그와 관련된 다른 사람의 행동 그 자체를 말한다.
- B(생각: Belief Systems or Thoughts)는 A에 대한 자신의 생각이다. 즉, A는 사실에 대해 내가 어떻게 생각하고 있는가 하는 것이다.
- C(결과: Consequences)는 사실, 즉 A에 대해 B와 같이 생각한 결과를 의미한다. B가 합리적이면 적절한 정서적·행동적 결과를 나타내고, B가 비합리적이면 부적절한 정서적·행동적 결과를 나타내게 되는 것이다.
- D(논박: Disputing)는 부적절한 정서와 부적절한 행동을 하지 않기 위해 비합리적 생각이 타당하지 못하다는 것을 밝히는 것이다. 논박의 인지적 기법은 철학적 설득이나 교훈적 제시, 대리경험, 그리고 소크라테스 식의 대화법을 통하여 내담자의 비합리적 생각을 변화시키기 위한 노력이다. 가장 많이 이용하는 기법 중의 하나가 질문기법이다. 논박의 정서적 기법은 합리적·정서적 심상법, 내담자의 무조건적 수용, 치료자의 자기개방, 유머러스한 기법의 활용, 열정적인 합리적 자기진술문의 사용 등이 있다. 논박의 행동적 기법에는 역할 연기, 합리적 역할 바꾸기, 여론조사기법, 실제 탈감법, 숙제활동, 강화와 벌, 기술훈련, 범람법과 점진적 탈감법, 수치심 공격하기 연습, 위험 무릎 쓰기 연습, 그곳에 머물러 있기, 활동 지연시키기에 반하는 연습, 집단 사회화 기법, 힘이 있는 자기대화 연습하기, 자기언어의 사용 등이 있다(강주희, 2005).
- E(효과: Effect)는 논박의 효과를 말한다. 논박을 하게 되면 먼저 비합리적 생각이 합리적 생각으로 바뀌는 인지적 효과가 나타난다. 그렇게 되면 비합리적 생각 때문에 일어난 부적절한 정서가 적절한 정서로 바뀌는 정서적 효과와 부적절한 행동이 적절한 행동으로 바뀌는 행동적 효과가 나타난다.

결론적으로 합리적-정서 치료의 핵심 개념은 상황에 대한 평가적 독백이 우리의 느낌과 행동을 결정하므로 우리의 독백을 변화시킴으로써 감정과 행동도 바꿀 수 있다는 것이다. 우리가 우리 자신에게 발생한 사건을 항상 통제할 수는 없지만, 사건에 대해 합리적으로 생각할 수 있는 힘을 가지고 있기에 우리가 원치 않는 감정이나 행동을 변화시킬 수 있다는 것이다.

이를 정리하면 다음과 같다.

*** A-B-C 이론**

A: 개인이 정서적 혼란을 가져오게 되는 활동(activity), 행동(action), 또는 사건(agent)이다.
B: A에서 일어나는 활동, 행동 또는 사건에 대한 개인의 신념(belief)이다.

이성적, 현실적, 합리적 신념(rational beliefs)/
비이성적, 비현실적, 비합리적 신념(irrational beliefs)
비합리적 믿음에 기반한 결론의 예 ==
: 상항을 실제보다 더 안 좋게 생각하기
: 불만/좌절에 대한 낮은 내성
: 자신, 타인, 세상을 절대적 형편없는 것으로 평가
: 전체성, 지나친 일반화

C: B에 대한 정서적, 인지적, 행동적 결과이거나 반응(consequence)이다.
이성적, 현실적, 합리적 결과(rational consequence)/
비이성적, 비현실적, 비합리적 결과
D: 비합리적 신념을 바꾸도록 돕는 과학적 방법을 적용하는 논박(dispute)
E: 논의 또는 논쟁하여 획득하는 효과(effect)
비합리적 신념을 변화시키는데 무엇보다 중요한 것은 논박이다. 합리적 신념과 비합리적 신념을 변별할 수 있도록 비합리적 신념을 적극적으로 반박하는 것이 비합리적 신념의 논박이라고 한다.

예시) 김 대리는 업무능력이 높고 남보다 승진이 빠르다. 그러나 사소한 실수를 했다. 상사나 다른 동료들은 아무렇지 않다고 말했지만, 김 대리는 아니었다. 김 대리는 '실수 하면 안 된다', '실수하면 회사생활은 끝이다'라는 생각을 했고, 심리적 혼란을 겪었다. 그래서 전직을 위해 상담자를 찾았다. 상담자는 REBT기법으로 김 대리를 상담하면 될 것 같아 그렇게 하기로 했다.

A (선행사건) – 김 대리는 사소한 실수를 저질렀다.
B (비합리적 신념체계) – "나는 실수를 저질렀어. 이건 용납할 수 없어. 나의 회사생활은 끝이야"
C (결과) – 행동적 상태: 회사 동료들과의 관계를 소홀히 함. 업무에 대한 의욕저하, 정서적 상태: 극심한 우울과 불안, 자괴감, 무가치감
D (논박) – 논리성: 사소한 실수로 회사생활이 끝났다고 생각하는 것이 과연 논리적으로 타당한가?
현실성: 사람은 누구나 실수를 저지르는데 나라고 실수를 저지르지 않겠는가?
실용성: 의기소침해 있는 것이 나의 관계나 직장생활에 어떤 도움이 되겠는가?
E (효과) – 사람은 누구나 실수를 한다. 내가 비록 실수를 저질렀지만 내가 무능력하진 않다. 상사와 동료들도 나를 미워하지 않을 것이며, 실수하지 않도록 노력하는 계기가 될 것이다.

엘리스와 벡의 이론은 핵심 개념에서 크게 차이가 나지 않는다. 벡의 인지 치료는 정서 및 행동 문제가 주로 비합리적인 부정적인 사고, 즉 자기비하, 생활 경험에 대한 부정적 견해, 미래에 대한 비관적 견해의 결과라고 본다. 이러한 도식들이 개인의 정보처리과정에서 오류와 왜곡을 촉진시킨다는 것이 핵심이 된다. 엘리스는 사건을 해석하는 데 있어 비합리적 신념에 기반을 둔 비합리적 자기독백이 문제의 핵심이라고 본다.

벡은 대화적 접근을 통해 부적절한 사고를 찾아내도록 질문을 던지는 데 비해, 엘리스는 다소 일방적·설교적 접근을 한다. 즉, 벡은 엘리스보다 적극적으로 클라이언트에게 그들의 신념이 옳다는 증거를 댈 것을 요구한다. 벡은 클라이언트가 스스로 자신의 사고방식에 대한 결론을 이끌어 내도록 하기 위해 자신의 역기능적인 인지와 자동적 사고를 모니터하도록 하는 반면, 엘리스는 클라이언트의 사고의 비합리성을 직접적으로 강력히 지적하고 대응한다.

(4) 인지행동 모델의 기본 개념

인지활동은 행동에 영향을 미치며, 관찰을 통하여 변경될 수 있고, 바람직한 행동변화는 인지변화를 통해 영향을 받는다는 기본적인 가정을 공유한다. 대부분의 인지행동 모델은 문제에 초점을 둔 시간제한적인 접근으로서 클라이언트가 자신의 사고와 행동을 통제하기 위한 대처기제를 학습하는 교육적 접근을 강조한다. 또한 인지변화는 감정의 변화로 쉽게 이어지는 반면, 인지변화가 자동적으로 행동변화를 수반하는 것은 아니므로 인지변화를 행동변화로 이끌기 위한 다양한 행동주의 기술과 기법을 적극 활용한다(김혜란 외, 2009). 인지행동 모델의 기본 개념을 간략하게 정리하면 다음과 같다.

① 스키마(schema): 기본적 신념과 가정을 포함하여 사건에 대한 개인의 지각과 반응을 형성하는 준거틀(framework)이다. 특정 대상에 관한 과거의 경험, 그 대상에 대해 다른 사람이 겪은 경험의 관찰, 그 대상에 관한 다른 사람과의 대화 등 대개 과거의 경험과 다양한 경로를 통해 형성된다. 스키마는 한 개인에게 적응적이고 기능적인 기능과 부정적 기능을 할 수 있다(설진화, 2008).

② 자동적 사고(automatic thinking): 순간순간 머리에 떠오르는 평가적 사고나 이미지로서 당사자에게는 타당하며 현실적인 것처럼 생각되기도

하지만 심사숙고하거나 합리적으로 판단한 결과가 아니다. 대부분 자동적 사고에 뒤따라 일어나는 감정의 변화를 인식하는 경우가 더 많아 결과적으로 자동적 사고를 사실인 것처럼 무비판적으로 받아들이기 쉬우며, "이건 너무 어려워!"와 같이 대부분 부정적 내용이며 역기능적으로 작용한다.

③ 핵심믿음(core belief): 자동적 사고는 지속적 인지 현상인 믿음으로부터 나온다. 어린 시절부터 사람들은 자신과 다른 사람들, 그리고 세상에 대해 믿음을 형성해 나간다. 이렇게 자신도 인지하지 못하면서 근원적으로 깊은 수준에서 형성된 믿음이 핵심믿음이다. "나는 너무 무능해!"와 같이 핵심믿음이 정확한 근거 없이 부정확하고 역기능적일지라도 그것만을 맹목적으로 믿게 되고 일반화하게 되어 반대되는 정보는 무시하거나 개의치 않게 된다.

④ 중간믿음(intermediate belief): 핵심믿음과 자동적 사고 사이에는 태도, 규칙, 가정들로 이루어진 중간믿음이 있어 어떤 상황을 보는 관점에 영향을 주어 그 사람이 어떻게 느끼고 행동하는지에 영향을 주고, 또다시 그 사람이 어떻게 생각하고 느끼고 행동하는지 영향을 주지만 자신은 잘 인식하지 못한다(2009 재인용).

⑤ 인지적 오류: 어떤 경험이나 사건을 해석하고 받아들이는 과정에서 생기는 추론 혹은 판단의 오류를 말한다. 정서적인 문제를 가지고 있는 사람은 논리적으로 오류가 있는 도식을 활용하여 정보를 처리하게 되고 결과적으로는 현실을 부정적으로 왜곡한다. 스트레스성 생활사건이나 환경적 자극의 의미를 해석하는 정보처리과정에서 범하는 체계적 잘못을 인지적 오류라고 하며, 그 종류는 다음과 같다(설진화, 2008).

- 이분법적 사고: 어떤 사건이든지 간에 흑 아니면 백으로 보는 극단적 사고경향을 말한다.
- 임의적 추론(자의적 유추): 자신들이 경험한 한두 번의 사건만 가지고 확실한 증거 없이 부정적 결론을 내는 것을 말한다. 취업을 위한 면접에서 질문에 제대로 답변을 못 한 뒤 '이제 다 끝났어.', '다 틀렸어.'라고 결론을 내리는 것처럼 충분한 근거도 없이 최종적인 결론을 성급하게 내려버리는 경우를 말한다.
- 선택적 요약(추론): 주된 내용은 무시하고 특정한 일부의 정보에만 주

의를 기울여 전체 의미를 해석하는 오류이며 전체적 상황이나 맥락을 무시한다.

- 과잉 일반화: 일부 한두 건의 사건에 근거, 일반적 법칙이나 결론을 내리고 무관한 상황에까지 그 결론을 적용시키는 오류를 말한다. 연관되지 않은 사건에 대한 결론이나 법칙을 끌어내서 관련되는 상황에 광범위하게 적용하는 것이다.
- 확대와 축소: 어떤 사건의 중요성이나 크기를 평가할 때 지나치게 과장하거나 축소하는 것으로 사건의 의미나 크기를 왜곡하는 것이다.
- 개인화: 자신과 무관한 사건을 자신과 관련된 것으로 잘못 해석하는 오류를 말한다.
- 독심술: 충분한 근거 없이 다른 사람의 마음을 마음대로 추측하고 단정하는 것을 말한다.
- 예언자적 오류: 충분한 근거 없이 미래에 일어날 일을 단정하고 확신하는 오류이다.

(5) 인지행동 모델의 특징

인지행동 모델의 특징은 다음과 같다(엄명용 외, 2008; 이영호, 2008).

① 주관적 경험의 독특성: 각 개인이 갖는 삶의 사건과 정서반응의 독특한 의미, 현실을 조직하는 데 작용하는 정보전달 과정, 신념, 신념구조와 같은 주관적 경험의 독특성을 존중하고 이해해야 한다.

② 협력적 노력: 클라이언트의 문제해결은 클라이언트와 사회복지사의 협력적 노력에 의해 이루어진다고 가정하고 있기 때문에 클라이언트의 협력적 노력과 상호신뢰를 기반으로 하는 특징이 있다.

③ 자신과 다른 사람을 위한 무조건적 관심: 인지행동 모델에서 사회복지사는 모든 인간은 가치가 있다는 견해를 가지며 인간은 누구나 강점과 제한점, 기술과 재능, 지식과 무지, 예외적 특성과 흐름을 가지고 있다는 자기수용을 기반으로 하고 있다.

④ 구조화되고 직접적인 접근: 사회복지사는 일정한 절차가 있는 개입과정을 유지하고 비협조, 힘의 갈등, 종결 등과 같은 이슈를 관리하고 표적이 되는 문제에 전략적 초점을 유지한다. 사회복지사와 클라이언트 간의 협력이 중요하지만 궁극적 책임은 사회복지사에게 있다.

⑤ 적극적 참여: 클라이언트는 적극적 역할을 수행하도록 기대되며, 협력을 통해 변화를 위한 전략이 세워지면 클라이언트는 사회복지사와 함께 변화노력을 기울이며 성취에 필요한 자료를 모으고 스스로가 능동적으로 문제해결에 참여해야 하며 성취된 것이 유지되도록 노력해야 한다.

⑥ 교육적 모델: 효과적 개입에서 중요한 것은 클라이언트 문제에 대해서 파악하고, 인지행동 모델의 개념을 이해하는 것이며 이를 위해서 개입의 조기에는 인지행동 모델에 관한 교육이 필요하다. 독서요법, 쓰기과제, 문서, 오디오와 비디오테이프 사용, 강의와 세미나 참여 등 직접적 교육을 포함한다.

⑦ 소크라테스식 방법: 소크라테스식 질문 및 접근방법은 클라이언트의 문제를 논박함으로써 인지적 왜곡이나 오류가 있음을 밝혀내고 질문을 통해 자기발견과 타당화의 과정을 거치게 되어 사건이나 행동의 의미를 재발견하는 것이다.

⑧ 문제에 초점을 두며 목표 지향적이고 문제 중심적이다.

⑨ '지금-여기'를 강조한다.

⑩ 사고, 감정, 행동을 변화시키기 위해 다양한 치료기술을 사용한다.

2. 개입목표와 과정

1) 인지 모델의 개입목표와 과정

인지행동이론에서는 클라이언트의 역기능적인 인지왜곡이나 잘못된 사고, 감정, 행동을 파악하고 이에 대한 인지 및 행동의 변화를 유발할 기술을 활용하게 된다. 개입기술은 인지이론의 종전의 것과 비교해 별로 새로울 것은 없으며, 익히 알고 있는 다양한 절차를 결합한 것이다.

인지 모델에서는 클라이언트의 학습경험을 강조한다. 클라이언트는 첫째, 자신의 부정적 자동 사고를 모니터링하고, 둘째, 인지와 정서, 행동의 연관성을 인식하며, 셋째, 자신의 왜곡된 자동 사고를 뒷받침하거나 반박하는 근거를 점검해 보고, 넷째, 왜곡된 인지를 보다 현실 지향적으로 해석하고 대체하며, 마지막으로, 왜곡된 인지유형으로 기울어지게 된 저변의 가정과 믿음을 규명하고 변경할 수 있도록 학습한다(Beck et al., 1979).

다른 인지행동 모델과는 달리 인지치료에서는 클라이언트들의 의미체계가 서로 다르다는 것을 강조한다. 따라서 사회복지사는 클라이언트가 왜 그렇게 반응했는지에 대해 추측할 것이 아니라 클라이언트의 생각이나 이미지에 대해 물어보아야 한다. 이를 통해 클라이언트의 생각이나 이미지가 어떤 의미인지 확인하고, 개별 클라이언트의 의미체계를 이해하며 이들이 더 현실적으로 변화하도록 교육한다. 치료가 진행됨에 따라 클라이언트는 더욱 많은 책임을 지게 되고 사회복지사는 치료자가 아닌 자문의 역할을 수행한다.

2) 합리정서행동 모델의 개입목표와 과정

합리정서행동 모델의 개입목표는 교육적 환경에서 클라이언트의 비합리적 신념을 합리적 신념으로 바꾸도록 원조하는 것이다.

먼저 클라이언트가 자신의 부정적 감정 혹은 행동과 연관된 비합리적 신념을 찾아내고 비합리적 신념이 옳은지 그른지에 대해 사회복지사와 토론함으로써 비합리적 신념과 합리적 신념을 구분해 내도록 교육한다. 토론과정에서 사회복지사는 클라이언트에게 일방적으로 설명하는 것이 아니라 소크라테스 산문법(dialogic method)을 주로 사용한다. 즉, 클라이언트의 비합리적인 신념에 대해 질문하고 이에 대한 클라이언트의 답변에 대해 반복적으로 질문함으로써 결국 클라이언트가 자신의 논리를 비판적으로 검토하도록 원조한다. 예를 들어, "당신이 이것을 반드시 해야 하는 근거가 있습니까?", "당신이 이것을 원하면 반드시 이것을 해야 한다고 어떻게 생각할 수 있습니까?" 등의 질문을 사용한다.

합리정서행동치료에서 사회복지사는 일정양식을 작성하는 숙제를 부여하기도 한다. 이 양식은 ① 부정적 감정 혹은 행동에 선행하는 사건, ② 부정적 감정 혹은 행동, ③ 부정적 감정 혹은 행동으로 이끈 비합리적 신념에(예: 나는 내가 의미를 부여하는 사람들에게 인정받아야만 한다.), ④ 비합리적 신념에 대한 반박(예: 왜 내가 인정받아야만 하는가?), ⑤ 효과적인 합리적 신념(예: 인정받고는 싶지만 반드시 인정받아야만 하는 이유는 없다.), 그리고 ⑥ 합리적 신념에 따르는 감정과 행동의 내용으로 구성되어 있다(Dryden & Ellis, 1969, 김해란 외, 2006 재인용).

3) 인지행동 모델의 개입목표와 과정

인지행동 모델의 개입목표는 행동과 감정에 대한 생각, 즉 인지의 영향을 이해하는 방법과 그 영향의 본질을 변화시키는 방법을 개발하는 것이었다. 효과적인 변화를 위해서는 다음과 같은 세 단계의 과정이 필요하다.

첫 단계는 내담자는 호소문제와 관련성이 있는 생각을 점점 인식하는 것이며, 둘째는 치료사와 내담자는 내담자에게 고통을 불러일으키는 생각을 대체할 대안적인 생각, 즉 대안적인 자기 진술을 결정한다. 마지막으로 치료사는 내담자가 변화된 생각을 계속 실행하며 비파괴적인 인지의 유익을 경험하도록 한다.

인지행동 모델의 구체적인 개입과정은 다음과 같다.

① 내담자가 호소하는 심리적 문제를 정서적·행동적·신체적 문제별로 나누어 내담자와의 합의하에 치료 목표를 정한다.
② 심리적 문제가 인지적 요인과 관련되어 있음을 내담자가 납득할 수 있도록 인지치료의 기본원리를 이해시킨다.
③ 내담자의 심리적 증상을 야기하는 부적응적인 자동적 사고를 내담자와 함께 탐색한다.
④ 확인된 자동적 사고의 현실적 타당성을 내담자와 함께 살펴본다.
⑤ 부적응적 사고에 대해서 보다 현실적이고 적응적인 대안적 사고를 탐색하고 이러한 사고로 대체한다.
⑥ 과거의 습관화된 부정적 사고패턴이 생활 속에서 나타날 때마다 보다 적응적 사고로 대체하는 작업을 꾸준히 계속하도록 격려한다.

3. 치료과정과 개입기법

1) 치료의 과정

(1) 상담의 과정

REBT의 상담과정은 내담자가 가지고 있는 비합리적 생각과 그 생각에 근거한 자기언어를 찾아서 이에 대한 비합리성을 확인하고 논박(D: disputing)

하여, 합리적 생각과 자기언어로 바꾸고 이를 토대로 적절한 정서를 가지며, 바람직한 행동을 할 수 있도록 하는 것이다.

① 상담관계 수립: 내담자가 자유스럽게 이야기할 수 있는 분위기 마련한다.
② 부적절한 정서 및 행동 확인: 내담자의 문제를 분명히 밝힌다(문제와 관련하여 내담자가 현재 경험하고 있는 정서와 구체적인 행동).
③ ABC이론 확인: 성격의 ABC이론을 내담자가 분명히 알 수 있도록 한다.
④ 비합리적인 생각 확인: 내담자의 비합리적인 생각과 그 생각에 근거한 자기언어를 찾도록 한다.
⑤ 비합리적 생각 논박: 부적절한 정서와 관련된 생각이 아무런 합리적 근거가 없음을 밝히는 것을 말한다.
⑥ 합리적 생각 확인: 내담자에게 비합리적 생각과 대치되는 합리적 생각을 하게 하고, 그 생각을 자기언어로 진술해 보도록 한다.
⑦ 합리적 생각 적용: 자기언어로 진술된 합리적 생각이 실제 행동에 적용되도록 한다.
⑧ 합리적 인생관 확립: 이상의 결과를 보다 일반화될 수 있도록 하여 내담자가 합리적인 사고와 자기언어에 근거해서 삶을 살아갈 수 있도록 한다.

(2) 상담자의 기능과 역할

① 내담자의 문제를 장애 행동에 동기가 되는 기본적인 몇 가지의 비합리적 사고에 고정시킨다.
② 내담자가 그런 자신의 신념들을 확인하도록 도전하게 한다.
③ 내담자에게 그의 사고가 비합리적인 본질을 지녔음을 보여준다.
④ 내담자의 비합리적 사고를 공격하기 위해 논리적인 분석을 한다.
⑤ 이런 신념들이 얼마나 비효율적이며 그의 미래에 어떻게 정서적·행동적인 장애를 가져다주는지를 설명한다.
⑥ 자기 파괴적인 감정과 행동으로 이끄는 현재나 장래의 비합리적·비논리적 신념에 대해 어떻게 과학적인 사고방식을 적용하는가를 내담자에게 가르친다.
⑦ 내담자가 자신의 감정에 대해 직접적으로 작업하고 장애에 대처해서 활동하도록 돕기 위해 여러 가지 정서적·행동적 방법들을 사용한다.

(3) 상담기법

① 인지적 기법

- 비합리적 신념에 대한 상담자의 논박: 상담자가 적극적으로 내담자의 비합리적인 신념을 논박하는 것
- 인지적 과제 부과: 내담자의 내면화된 자기-메시지의 일부인 추상적 "should나 must"를 제거시키려는 방법(RET에 관한 책을 읽거나 치료기간 중에 녹음한 것들을 듣도록 한다).
- 내담자 자신의 비합리적 신념에 대한 자기 논박: 매일 일정 시간 내담자는 자신의 비합리적인 신념이 약화될 때까지 대표적인 자신의 비합리적 신념을 논박하도록 하는 것이다.
- 새로운 진술문의 사용: 내담자는 절대적인 "해야 한다"를 절대적이 아닌 "하고 싶다"로 대치함으로써 보다 합리적인 사고로 자신을 진술하는 법을 배울 수 있다.

② 정서적 기법

- 합리적 정서적 이미지: 내담자로 하여금 습관적으로 부적절한 느낌이 드는 장면도 생생하게 상상하도록 한다. 그리고 그 장면에서의 부적절한 행동을 적절한 행동으로 바꾸도록 한다.
- 역할 놀이: 내담자는 문제행동과 관련된 장면에서 어떤 일이 일어나는지를 알기 위하여 그 장면에서의 행동을 시도해 본다.
- 부끄러움-공격 연습: 본인의 행동에 대해 주위 사람들이 어떻게 생각할지에 대한 두려움 때문에 하고 싶은 행동을 하지 못하는 것에 대해 실제로 행동을 해 보도록 하는 훈련이다.
- 무조건적 수용: 내담자의 어떤 말이나 행동을 무조건적으로 수용하는 기술이다.
- 시범: 내담자가 겪고 있는 정서적 혼란에 대해 그것과 다르게 생각하고 행동하는 사람들의 생각이나 행동을 상담자가 연출해 보여 주는 것이다.
- 유머: 내담자에게 혼란을 일으키는 어떤 생각을 줄이기 위해 상담자가 유머를 사용한다.

③ 행동적 기법

클라이언트에게 어떤 행동을 하게 하여 그의 비합리적인 신념 체계를 변화시키고, 변화된 신념체계를 통해 정서적 장애, 역기능적인 증상에서 벗어나 보다 생산적인 행동을 할 수 있도록 원조하는 기법이다. REBT에서 정신 병리는 원리가 학습되며 아동기의 중요한 타인으로부터 배운 잘못된 신념체계의 주입에 의해 더욱 악화된 것으로 본다.

2) 주요 개입기법의 과정

개입기법은 치료관계의 적극적 이용, 내적 의사소통의 명확화, 설명, 서면 과제물 할당, 역설적 의도, 시연, 정적 강화, 부적 강화, 소거, 체계적 둔감법, 주장훈련, 모델링 등 다양하다. 여기서는 이 중 몇 가지를 소개한다(설진화, 2008).

(1) 치료관계의 적극적 이용

인지치료에서 클라이언트와 사회복지사와의 관계는 잘못된 인지를 바꾸도록 원조하는 수단으로서 다음의 두 가지 방식으로 효과적인 사용을 할 수 있다(Lantz, 1996).

① 지지적 요인을 활용한 긍정적 배려 기법: 클라이언트의 성장, 능력 등에 관해 사회복지사가 가지는 의견 혹은 견해는 지지의 형태로 클라이언트에게 전달될 수 있고 이는 클라이언트의 자긍심 향상에 기여한다. 사회복지사가 치료과정 동안 존중과 지지, 격려를 제공함으로써 클라이언트가 가치 있는 중요한 존재임을 나타낼 수 있고 이때 비로소 왜곡된 인지과정은 차단될 수 있다.

② 클라이언트와 사회복지사 관계에서 일어나는 왜곡에 초점을 두면서 검토하는 기법을 통해 클라이언트는 자기 자신에 대한 잘못된 생각과 다른 사람으로부터 어떠한 대우를 스스로 기대했었는지를 깨닫게 된다.

(2) 내적 의사소통의 명확화

내적 의사소통의 명확화기법은 클라이언트 스스로 자신에 대해 독백하고 생각하는 것으로, 이에 대해 사회복지사가 피드백을 제공하는 장점 때문에 효과적이며 인지적 사회복지실천에서 흔히 사용되고 있다. 이를 통해 사회복지사는 클라이언트가 자기 자신과 다른 사람에게 한 말 속에 감추어져 있는 수많은 잘못된 생각과 비합리적 신념을 더 잘 이해하도록 돕는다.

(3) 설명

설명기법은 클라이언트가 잘못된 생각을 변화시키도록 돕는 기법으로, 엘리스(Ellis)의 ABC모델에서의 인지, 정서, 행동의 사이클을 이해시킴으로써 이 정서의 파급효과에 대한 것을 인식하도록 하는 것에 초점을 둔다. 즉, 촉발사건(accident)이 있은 후에 클라이언트는 자신의 신념, 사고 혹은 사건에 대해 스스로 이야기하며, 자기대화로부터 야기된 감정적 결과를 설명하는 것이다.

(4) 서면 과제물 할당

서면 과제물(숙제, written homework) 할당은 클라이언트가 읽고 쓰는 능력을 갖추었다면, 비합리적 자기대화 등을 확인하고 변화시키는 데 있어 유용한 도구가 될 수 있는 방법으로서 클라이언트의 적극적 참여와 협조를 기반으로 하고 있다. 클라이언트가 자신의 문제에 대한 인식을 향상시킬 수 있고 새로운 행동을 획득하거나 과거의 반응을 제거할 수 있도록 돕는다(Cormier & Cormier, 1991).

(5) 역설적 의도

역설적 의도(paradoxical intention)는 클라이언트가 어떤 불유쾌한 구체적 행동이 자꾸 발생하는 것을 불안해하는 나머지 그 행동을 오히려 더욱 발전시킬 경우에 가장 적절하게 사용될 수 있다. 그러나 이 기법은 많은 유용성에도 불구하고 주의를 요한다. 이 기법은 클라이언트의 불안에 대한 인지적 오류에 도전하고 두려워하는 행동을 하도록 지시하는 것으로 이중구속 메시지를 전달하는 것이다.

예를 들어, “계속 우울하게 지내세요.”라고 우울증상을 가진 클라이언트에게 지시하면 클라이언트는 우울한 것을 유지하기 위해 노력하게 되고, 이는 자신의 우울에 대한 통제력을 지속적으로 유지함으로써 자신감이 생기게 된다. 반대로 우울해지기를 거부하면 증상으로부터 벗어나는 긍정적 결과를 초래한다. 그러나 클라이언트의 우울이 신체적인 것이거나 공격적 성향이 있을 때나, 역설적 의도에 대한 충분한 이해가 없을 때에는 사용하기가 어려울 수 있다.

(6) 시연

시연(행동시연, rehearsal)이란 클라이언트가 습득한 새로운 행동기술을 현실에서 직접 실행하기 이전에 사회복지사 앞에서 반복적으로 연습하는 것을 말한다(Lantz, 1996). 특히 집단의 장면에서 많은 사람의 긍정적 피드백을 동시에 받을 수 있다면 더욱 효과적이다.

표 5-3 인지행동이론의 주요 기술

치료기술	내용
내적 의사소통의 명료화	클라이언트 스스로에게 피드백을 줌으로써 자신의 생각과 이야기 속에 숨겨진 인지적 오류와 비합리적 신념에 대한 통찰력을 발전시키고 이해할 수 있도록 도움
설명	클라이언트의 정서가 엘리스(Ellis)가 제시한 ABC모델(사건-인지-정서적 결과)에서 어떻게 작용하는가를 가르쳐 주는 일련의 치료기술
기록과제	클라이언트로 하여금 정서에 대한 엘리스의 ABC모델을 활용하는 방법에 대해 읽고 기록할 수 있도록 양식을 제공함
경험적 학습	클라이언트에게 자신의 인지적 오류에 부합하지 않는 특정한 행동을 하도록 함으로써 클라이언트가 자신의 인지적 오류를 발견하고 수정하도록 함
역설적 의도	특정 행동에 대한 클라이언트의 불안이 그 행동을 유발할 때 클라이언트가 두려워하는 행동을 하도록 지시함으로써 클라이언트의 인지적 오류에 도전하고 불안을 감소시킴
역동적·실존적 숙고 치료활동	객관적이고 물질적인 세계에 초점을 두고 실제적인 문제에 대한 답을 찾아가는 것에 강조를 두는 역동적 숙고와 삶에 대한 의미와 잠재적 의미에 대해 숙고하는 실존적 숙고를 통해 인지적 재구조화를 촉진시킴
인지재구조화	클라이언트의 역기능적 사고와 관념을 인식하고 이를 현실적인 사고와 관념으로 대치하여 순기능적일 수 있도록 돕는 것
모델링	관찰학습과정을 통해 클라이언트가 시행착오 학습을 거치지 않고 원하는 행동을 학습할 수 있도록 하는 것
시연	발달시키고자 하는 행동을 반복적으로 연습함으로써 행동으로 숙달되도록 하는 것
자기지시기법	목표선택, 목적행동 형성, 자기탐지, 계획의 실천 등의 과정을 통해 자신을 통제하거나 변화시키기를 원하는 구체적인 행동에 대한 지침과 계획들을 세우는 것

체계적 둔감화	클라이언트에게 가장 덜 위협적인 상황에서 가장 위협적인 상황까지 상황들을 순서대로 제시하면서 불안자극과 불안반응 간의 연결이 없어질 때까지 불안을 일으키는 자극들을 반복적으로 이완상태와 짝짓는 것
이완훈련	근육의 수축과 이완, 깊고 규칙적인 호흡, 즐거운 사고나 심상 등을 훈련함으로써 일상생활에서 유발되는 스트레스에 대처할 수 있도록 가르침

출처: 이영호(2008). 사회복지실천기술론, p.156.

클라이언트의 비합리적 신념을 합리적 신념으로 바꾸는 개입과정에서 해야 할 첫 단계는 클라이언트가 주로 사용하는 당위적 사고의 표현을 확인하는 것이다. '항상-결코 사고,' '끔찍할 것이라는 과장적 사고,' '견딜 수 없다는 사고' 등을 파악하고 스스로 그것을 인식하게 한다. 비합리적 신념을 합리적 신념으로 바꾸기 위해 사회복지사는 어떻게 해야 할까? 사회복지사는 자신의 핵심 활동인 논박을 할 때 하나의 사고에 대해 깊게, 집중적으로 충분히 논박하는 것이 필요하다.

사회복지사는 다음의 세 가지 질문, 즉 비합리적 사고가 과연 논리적인가? 현실적인 증거가 있는가? 자신의 삶에 실제적으로 어떤 도움을 주는가? 등의 측면을 고려하여 하나씩 점검해 나간다. 일단 사회복지사가 성공적으로 비합리적 신념을 논박하였다면, 다른 어떤 합리적 신념이 가능한지 클라이언트와 논의하여 **표 5-4**에서와 같이 비합리적 신념과 대치하도록 한다(장수미 외, 2010).

표 5-4 비합리적 신념에 대한 논박과 새롭게 대치된 합리적 신념

비합리적 신념	논박	새롭게 대치된 합리적 신념
숙제는 항상 완벽하게 잘 해야 해! 그렇지 않으면 나는 무능력하게 되고, 사람들에게 인정받지도 못할 거야!	나는 왜 항상 완벽해야 하는가? 내가 한 번 숙제를 제대로 하지 못했다고 해서 끝장난다는 증거가 어디 있는가? 완벽하게 해야 한다는 생각은 나의 행동과 정서에 어떤 영향을 미치는가?	어떤 사람도 모든 일을 항상 완벽하게 할 수는 없어. 숙제를 잘 해서 제때 제출하면 좋겠지만, 그렇지 못했다고 해서 인생이 끝장나는 것은 아니야. 숙제하는 과정에서 최선을 다하는 것이 더 중요해. 차분히 생각해 보자. 어떻게 하면 더 잘 할 수 있을까?
친구가 돈을 내지 않는 건 불공평한 일이야. 나는 항상 공평한 대우를 받아야 해. 그렇지 않으면 견딜 수가 없어.	왜 나는 손해 보면 안 되는가? 내가 항상 공평한 대우를 받아야 한다는 증거는 어디 있는가? 내가 돈을 냈다고 해서 그것이 그렇게 참을 수 없이 끔찍한 일인가?	손해 보지 않고 세상을 살면 좋겠지만 때론 손해 볼 수도 있는 거야. 친구가 나에게 부당하게 대우한다고 해서 그것이 참기 힘들 정도로 심한 일은 아니야. 친구가 불공평한 처사를 했다고 생각하는 것은 화만 돋을 뿐이지. 어떻게 하면 이 상황이 더 나아질 수 있을까?

출처: 장수미 외(2010). 사회복지실천기술론, p.130.

4. 인지이론에 대한 평가

인지이론이 태동되었을 때는 무의식적 사고의 영향을 강조하던 정신역동이론에 대한 반작용의 의미가 컸다. 많은 실천가들은 정신과정이 무의식에 의해 영향을 받더라도 무의식이 행동에 미치는 영향을 미미하다고 믿게 되었고, 의식적 사고가 대부분의 행동과 정서에 기반이 된다고 믿고 있다.

개인의 인지 형태가 우리의 목적을 성취하는 데 도움을 준다면 이는 건강한 것이다. 개인의 사고 유형이 왜곡되어 있다는 것은, 환경으로부터의 투입을 왜곡하여 심리적으로 어려움을 경험하도록 유도하는 사고습관을 갖고 있다는 뜻이다. 인지치료이론은 인간이 신념의 상당 부분이 비합리적이고 왜곡되어 있다고 가정하고 있으며, 동시에 인간은 그러한 신념을 교정할 잠재력이 충분히 있다고 가정한다. 사회사업실천 현장에서 사회사업가는 클라이언트의 사고 유형을 잘 파악하고 클라이언트가 자신의 목적달성을 촉진할 수 있는 인지 도식을 개발하도록 도와주어야 한다.

인지 치료는 효과적이라고 보고되고 있지만 환경 속에 실제로 존재하는 비합리적인 사건과 문제를 인정하지 않으려 한다는 비판과 함께 클라이언트의 사고를 바꾸는 것이 반드시 적절한 반응은 아니라는 비판을 받는다. 요즘은 행동 치료에 인지적 요소를 가미한 인지행동 치료(cognitive behavior therapy)를 많이 행한다.

상담에 기여한 점으로는 상담의 효과를 크게 높일 수 있음을 시사해 준 점이다. 인간의 생각, 신념, 자기언어와 같은 인지적인 면이 경험이나 느낌만큼 인간행동에 중요한 영향을 미칠 수 있다고 보았다. 또한 통찰된 것을 행동으로 옮겨야 함을 강조하였고 포괄적이고 절충적인 상담과정에 강조점을 두었다.

정서적 장애와 문제행동의 원인 및 이의 해결방법을 아주 명확하게 제시하였고, 인간은 과거 불행한 사건의 무기력한 희생자가 아니라는 반 결정론적 관점을 가지고 있다. 한편으로는 사회복지사나 상담자의 직접적인 중재전략 없이 자신의 치료법을 이행할 수 있는 방법을 내담자에게 가르칠 수 있다는 것이다.

CHAPTER

06 과제중심 모델

과제중심 모델은 1970년대 초 시카고 대학의 레이드(Reid)와 엡스타인(Epstein)에 의해서 개발되었다. 이는 특정 심리사회적 문제를 가진 개인이나 가족을 도우려고 계획된 단기형태 혹은 시간제한적 형태를 가지고 있다. 즉, 문제해결에 대한 단기적 시간제한적 치료접근이라 할 수 있다. 사회복지사는 개인과 환경의 상호작용에서 발생하는 문제를 주요 표적문제로 규정하고 표적문제를 해결하기 위한 행동, 즉 과제(task)의 수행을 중심으로 진행된다. 즉, 기존의 장기적 치료가 비용의 문제, 중도포기의 문제, 사회복지사의 업무부담 등으로 인하여 단기치료에 대한 관심이 고조되면서 보다 집중적인 구조화된 개입형태를 바라는 경향에서 나온 결과이다. 특히 과제중심 모델은 정해진 시간 내에 수행해야 할 특정한 과업을 선택한다는 점을 강조하며, 문제해결을 위한 시간제한을 두는 것이 특징이다. 일반적으로 서비스는 2~3개월의 기간 내에서 8~12회 정도까지 제공된다. 이렇게 시간제한을 둠으로써 클라이언트는 자신의 관심과 에너지를 문제해결에 집중하게 되고 문제해결을 위한 과제를 신속히 채택할 수 있게 된다. 과제중심 모델은 모델의 간결성과 단기접근법으로 인하여 그동안 사회복지의 다양한 실천현장에서 다양한 사람에게 적용되어 왔으며 미국뿐만 아니라 영국, 네덜란드 등에서 실시한 경험적 연구를 통해 이 모델의 효과성과 효율성이 인정되었다(임은희, 2004).

1. 철학과 기본 개념

과제중심 모델은 클라이언트의 자기결정권을 존중하며, 사회복지사는 클라이언트가 자기 문제라고 인정하고 함께 해결하고자 지적한 문제에 제한하여 접근하는 것이다. 과제중심 모델은 장기치료와는 달리 단기 심리사회적 접근의 방법을 이용하여 실천전문가나 다른 임상전문가의 진단에 의해서가 아닌 클라이언트가 표현하고 도움을 요청한 문제를 우선시하며, 클라이언트가 자신의 문제를 완화하기 위한 과제나 활동을 고안하고 수행치료과정을 통해 이를 조율해 나가는 방식을 취한다.

1) 기본 개념

(1) 표적문제

과제중심 모델에서 다룰 수 있는 문제는 심리적·사회적 문제를 포괄하는 넓은 대상이 되는데, 주로 대인관계에서의 갈등, 사회적 관계에서의 불만, 조직과의 문제, 역할수행상의 어려움, 결정문제, 정서적 스트레스, 자원부족 그리고 심리적·행동적 문제이다. 초기면접에서 문제에 대한 정보를 얻고 클라이언트의 협조하에 표적문제를 잠정적으로 결정하며, 클라이언트의 강조점을 근거로 우선순위를 매겨 지속적인 상담을 통해서 표적문제를 해결한다.

(2) 일반적 과제

일반적 과제란 클라이언트가 자신의 문제를 감소시키기 위하여 어떤 일을 수행하는 것을 말한다. 선정된 과제는 구조화되어야만 달성할 수 있는 기회가 부분적으로나 전체적으로 많아진다. 이러한 과제에 의해서 사회복지사는 특수목표에 개입의 초점을 두며, 클라이언트의 동기화, 과제의 수행 가능성, 바람직성, 하위과제나 복수과제, 개방과제와 폐쇄과제 등의 지침을 고려하여야 한다(Reid & Epstein, 1972). 일반적 과제는 행동방향만 제시해 준다. 예를 들어 A는 자기주장훈련프로그램에 등록해야 한다는 식으로 설정한다. 과제계획으로는 표적문제를 설정하고 그 표적문제에 대한 상황을 고려한다.

문제를 해결할 시의 인간관계, 역할수행의 어려움, 재정의 곤란도, 사회환경 등을 충분히 생각해 봐야 한다. 마지막으로 계약인데 사회복지사와 클라이언트의 동의를 구하고 무엇보다도 클라이언트의 결정을 존중해야 한다.

(3) 조작적 과제

조작적 과제(구체적 과제)는 클라이언트가 수행해야 하는 구체적 과제를 말하며, 조작적 과제 대부분은 일반적 과제로부터 나온다. 일반적 과제는 고통당하는 클라이언트에게는 때로 부담으로 작용될 수 있으므로, 과제중심 모델의 핵심은 세션마다 일반적 과제를 수행하는 클라이언트와 사회복지사가 취해야 할 행동에 대해 구체적으로 계약을 맺는 것이다(Hepworth et al., 허남순 외 역, 2004). 조작적 과제는 명확한 활동에 대한 정보를 포함하고 있기 때문에 일종의 하위과제의 형태를 띤다.

예를 들어, '부모와 자녀 간의 의사소통을 향상시켜 대화를 원활하게 하는 것'이 치료의 목표라고 하면, 일반적 과제는 '부모와 자녀 간의 의사소통 증진'이 되고, 조작적 과제는 목표를 달성하기 위한 구체적인 활동으로 '매일 식사 때 자녀를 한 가지씩 칭찬하기', '식사 때 긍정적인 대화 나누기' 등이 될 수 있다(전남련 외, 2008). 특히 조작적 과제는 클라이언트의 노력이 수반되는 행동적이거나 인지적인 활동으로 구성되어 있다. 다음은 행동적이고 인지적인 조작적 과제의 예이다(Hepworth et al., 허남순 외 역, 2004; 양옥경 외, 2011).

① 행동적 과제

- 재활프로그램에 대한 정보를 얻기 위해 전화하기
- 손상당한 감정에 대해 친한 사람에게 알리기
- 매일 정해진 시간 동안 공부하기
- 집안일을 완수하기 위해 계획표를 실천하기
- 가족들에게 매일 적어도 세 번 긍정적인 피드백 주기

② 인지적 과제

- 매일 30분 동안 명상하기
- 직장 상사에게 말하기 연습 등 인지적 예행연습하기

- 3시간마다 1시간씩 자기 비하적인 생각에 대해 일일 기록지 작성하기
- 통제할 수 없을 정도로 분노하기 전에 그 징후를 파악하기
- 아침에 15분 동안 직장에서 예상되는 어려움을 생각해 보고 대처방안을 마음속으로 연습해 보기

③ 과제의 다른 유형

- 유일과제: 한 번의 수행을 위해 계획된 것
- 되풀이과제: 반복적인 활동을 위해 계획된 것
- 단일과제: 여러 단계들이 필요한 하나의 과제
- 복잡한 과제: 매우 밀접하게 관련된 둘 또는 그 이상의 구분된 활동
- 개인적 과제: 한 사람이 수행하는 것
- 상호적 과제: 둘 혹은 그 이상의 사람이 수행해야 하는 과제로서, 구분되지만 서로 연관되어 있는 과제
- 공유과제: 둘 혹은 그 이상의 사람이 같은 과제를 하는 것
- 인지적 과제: 정신적인 활동을 검토하여 명확히 하기

2) 개입목표와 과정

과제중심모델의 특성은 단기매입, 구조화된 접근, 클라이언트의 자기결정권에 대한 존중, 클라이언트의 환경에 대한 개입, 개입의 책무성에 대하여 강조하고 있다.

(1) 초기과정-조사와 진단

문제를 확인하고 계약하는 과정이며 문제를 인지하고 문제에 대한 우선순위를 정하여 과제계획, 개입의 지속 기간, 면담 예정의 횟수, 개입에 대한 계획 등을 세운다.

(2) 중간과정-계획성 강조, 과정을 설정, 수행, 평가

과제 달성, 문제감소, 문제해결을 하는 과제수행과정이다. 표적문제를 구체화하여 문제의 발생 빈도와 사회적 배경들을 사전에 평가한다. 사회복지

사는 과제에 대한 동의를 받고 과제수행을 재검토하게 하여 과제의 수행을 지지한다.

- 과제수행을 잘하기 위한 방법
  ① 클라이언트가 과제를 완수할 수 있도록 돕기 위해 다른 사람들과도 함께 일한다.
  ② 과제수행이 성공하도록 인센티브를 제공하고 보상해 준다.
  ③ 클라이언트가 자원이나 기술이 부족하여 과제수행이 어려울 경우 사회복지사는 공동으로 과제를 수행한다.

(3) 종료단계

종결과정에서 이전의 표적문제를 설명하고 확인한다. 사전과 사후에 무엇이 달성되었는지 검토한다. 클라이언트의 미래를 계획하여 또다시 문제가 생길 때 스스로가 대처할 수 있도록 돕는다. 문제가 감당하기 어려운 도움이 필요한 경우 다른 기관에 의뢰한다.

3) 과제중심모델의 실천과정

(1) 시작하기

개입은 클라이언트가 독립적이고 자발적으로 기관을 찾아와서 시작되는 경우와 다른 기관으로부터 의뢰되어 시작되는 경우로 나누어진다.

클라이언트가 다른 기관에서 의뢰된 경우 먼저 의뢰기관에서 제시하는 클라이언트 문제들과 개입의 목표들이 무엇인지, 클라이언트가 제시하는 문제와 목표 등이 서로의 의견이 일치하는지 알아본다.

(2) 문제 규명

클라이언트의 표적문제를 확인한다.

① 클라이언트에 의해 규정되는 문제
② 클라이언트의 생각하는 우선순위 문제
③ 의뢰한 기관의 우선순위 문제(위임된 문제)
④ 신속한 초기 사정

4) 계약하기

계약은 문제해결방향에 대한 클라이언트와 사회복지사의 동의로서 서면 혹은 구두로 이루어진다. 일반적으로 하나의 표적 문제에 대해 하나의 목표를 설정하며, 표적 문제와 목표는 클라이언트 입장에서 주어와 서술어의 형식으로 구체적으로 서술한다.

• 계약에서 다루는 아홉 가지 주제

① 우선순위가 되는 주요 문제: 최대 3가지
② 구체적 목표(사회복지사가 인정하는 것)
③ 클라이언트의 과제(클라이언트가 수행해야 할 활동)
④ 사회복지사의 과제(사회복지사가 수행해야 할 활동)
⑤ 개입 계획
⑥ 면접 계획
⑦ 개입의 지속 기간(시간제한)
⑧ 참여자(누가 참여할 것인가?)
⑨ 장소(면접은 어디에서 할 것인가?)

5) 실행하기

실행단계는 개입과정에서 많은 시간을 할애하는 단계로서 문제에 대해 집중적으로 사정하고, 대안들을 모색, 결정하며, 문제를 해결하기 위한 과제들을 수행하고 과제 수행의 정도를 점검, 모니터링하는 단계이다.

(1) 문제와 과제 검토

• 문제를 해결하는 주요 수단

① 효과적인 문제해결을 위하여 자원을 제공하는 것
② 사회기술과 문제해결 기술을 습득하는 것
③ 과제를 수행하는 것

위의 개입방법을 진행하며 사회복지사는 면접마다 클라이언트의 과제수행을 확인하고 문제의 상태와 변화를 점검하며, 새로운 혹은 달라진 문제는 없는지 검토한다.

(2) 문제초점화

중기단계에서의 주된 주제는 문제에 대한 집중이며 표적문제에 대한 초점화된 집중은 긍정적인 결과를 가져온다. 문제 초점화에서 사회복지사는 현재의 이슈화 동의했던 표적 문제 간에 명한 연관성을 갖도록 노력한다.

(3) 과제제시의 방법

① 가능한 과제제시: 계획을 발전시키는 첫 단계로 과제에 대한 사회복지사나 클라이언트는 아이디어를 생성해 내야 한다.

② 동기형성: 과제달성을 위해 필수적으로 클라이언트에게 적절한 동기로 과제수행을 지속할 수 있게 한다.

③ 과제수행의 계획: 대부분의 과제들은 구체화된 계획을 필요로 한다. 과제를 계속하는 클라이언트를 돕기 위해 질문이 지속적으로 주어진다.

④ 장애물의 규명과 해결: 과제가 계획될 때 성공적인 과제 달성을 위해 잠재적인 장애물을 예견하기 위한 노력이 필요하다.

⑤ 모의실험, 예행연습: 어떠한 계획이든 사전에 시도해 볼 수 있다면 성공적으로 수행할 가능성이 높아진다. 과제계획은 과제수행행동을 가상해 보기 위해 역할극을 주로 사용하며 수행 중에 예행연습을 해볼 수 있다.

⑥ 과제동의: 클라이언트가 반대되는 의견을 표현하지 않는 경우나 제대로 듣지 못했거나 이해하지 못했을 경우 이를 받아들이는 것으로 가정하고 과제를 제안할 때이다.

⑦ 과제계획의 요약: 마지막으로 계획을 끝내기 전에 클라이언트에게 과제계획에 대한 요점을 숙지시키며 과제수행계획에 대한 클라이언트 자신의 생각을 표현하도록 충고한다.

⑧ 과제의 수단: 클라이언트가 과제를 수행하는 단계이다.

사회복지사가 실제 상황에서 클라이언트가 과제를 실천하도록 돕는다.

6) 종결하기

① 문제들의 목표를 달성하고 표적문제를 해결했을 때는 개입을 종결한다.

② 상담을 연장하는 경우는 클라이언트가 문제해결 의지를 가지고 있는지를 고려하여 계약을 연장 또는 사후 지도를 할 수 있다.

③ 모니터하기: 공식적인 기관의 요구에 의해 위임이 될 때 가능하다.

종결단계에서 사회복지사는 클라이언트에게 피드백을 요청하고 사회복지사 자신의 활동에 대해 평가할 필요가 있다.

7) 주요 개입

클라이언트의 문제해결을 도와주고 클라이언트에게 긍정적인 경험과 자신감을 제공함으로써 본인 스스로 문제해결 능력을 강화하는 데 목적을 두고 있다. 먼저 직접적 개입과 과제수행 예행연습, 간접적 개입기법에 대해 알아보자.

(1) 직접치료기법

직접적인 기법은 우선적으로 클라이언트의 인지, 태도, 감정, 행동수정에 영향을 준다.

① 인식의 증진

클라이언트의 자신뿐만 아니라 타인이 보는 그의 상황에 관한 정보를 클라이언트에게 제공해 주기 위한 사회복지사의 노력으로 해석, 명확화, 직면, 반성 등이 해당된다.

- 사회복지사가 사용하는 인식증진기술은 과제 성취에 장애가 되는 요인들을 제거하거나 극복할 수 있도록 클라이언트를 지원하는 과정에서 나타난다.
- 클라이언트의 인식증진을 위해서는 개별화된 교육적 노력이 필요하며 특수한 기능과 상황에서의 인식증진에 대한 사회복지사의 집중적 노력이 요구된다.

② 지시

사회복지사가 과제와 관련된 가능한 행동에 대해 클라이언트에게 조언하고 제시해 주는 행동 가능성을 제공하는 것을 말한다. 격려와 달리 클라이언트가 생각하지 못했던 가능한 행동을 제안하거나 클라이언트가 생각하고 있는 내용에 대한 조언으로 이루어진다.

- 클라이언트의 의존성을 조장할 우려가 있기 때문에 무조건 이유 없이 제공해서는 안 된다.
- 과제가 설정되면 클라이언트의 목표 성취를 돕는 수단으로 제공되어야 한다.
- 장기치료보다 단기치료에서 더 많이 사용되며, 오직 클라이언트 과제의 진보를 촉진할 목적으로 사용된다.

③ 격려

클라이언트가 수행한 행동에 대한 인성이나 기타 긍정적인 반응을 표현할 때 격려의 방법을 사용하며 진솔하고 정성된 마음으로 표현해야 한다. 클라이언트는 그기 존경히는 사람의 인정이나 시인을 가져오는 행동을 수행할 가능성이 있기 때문에 격려는 변화에 공헌한다.

(2) 과제수행에 필요한 행동을 예행 연습하기

- 목표: 클라이언트의 과제를 성취하는 데 필요한 핵심 행동을 경험하고, 숙달할 수 있도록 돕는 것이 행동 예행 연습하기의 목표이다.

① 행동에 대한 시연

사회복지사의 지도 아래 클라이언트가 새로운 대응양식을 훈련하도록 도와주는 것을 시연이라 한다.

- 역할극: 일반적으로 상담과정에서 많이 활용하는 형태로 역지사지의 자세로 다른 사람의 역할을 해봄으로써, 현실 상황에서 부딪치게 될 행동들을 예상할 수 있다.

역할극을 진행한 후 클라이언트의 반응에 초점을 맞추고 행동들을 통해 질문과 조언, 토론을 통해 격려해 주는 활동으로 클라이언트는 새로운 통찰력을 얻기도 하고 본인이 겪을 수 있는 어려움에 대해 더욱 깊이 있게 이해하게 된다. (부부갈등, 가정폭력, 부모자녀 간의 갈등, 고부갈등에 적용)

② 지시문 따라 연습하기

가상행동보다는 더 "실제적인 내용"이라는 점에서 행동시연과 차별이 된다.

클라이언트가 그 목표행동을 마치 실제 수행하는 것 같이 사회복지사가 지도하면서 완수하도록 돕는 것이다.

> 예 부부치료모임에서 촉진자 역할을 하는 사회복지사는 실제문제나 갈등상황을 다루는 것처럼 또다시 그런 상황이 발생하면 연습한 기술을 수행할 수 있게 습득할 수 있도록 하여야 한다.

(3) 간접적 치료기법

① 의사소통기술

단기 계약 기간 동안에 클라이언트가 선택한 명확한 목표를 성취할 수 있도록 원조하는 서비스이다. 즉 클라이언트가 무엇을 추구하고 바라고 있는가를 클라이언트와 함께 언어화하는 것이 가장 중요하며 과제에 대한 클라이언트의 노력은 과제중심모델에서 결정적 증거로 클라이언트는 '나는 그것을 성취하기를 원한다.'라고 말할 수 있어야 한다.

② 탐색

모든 대인관계 치료모델에서 사용하는 기본적인 기법으로 클라이언트로부터 자료 및 정보를 이끌어내려는 사회복지사의 노력을 말하며, 클라이언트의 문제를 발견하고, 문제를 명확히 하며, 과제의 가능성을 검토하는 데 집중되어야 한다.

- 목적

  첫째, 클라이언트의 문제해결에 필요한 정보를 얻어내는 것이다.

  둘째, 의사소통의 흐름을 적절한 내용에 맞추도록 하는 것이다.

③ 구조화

사회복지사와 클라이언트와의 상호작용 구조와 방향에 대한 의사소통으로 구성되며, 개입의 문제, 과제와 시간제한에 관한 의사소통, 과제 수행에 적합한 내용으로 클라이언트의 의사소통 흐름을 분명하게 유도하고 구체적으로 제시하는 반응이다.

- 개입초기에 시행했던 치료의 성격과 목적, 치료의 조직화와 관련된 문제, 과제, 시간제한, 과제와 관련된 내용에 대한 명확한 의사소통 반응들에 대해 클라이언트에게 다시 들려 준다.
- 클라이언트를 위한 치료 계획을 구체화하는 사회복지사의 노력으로 구성된다.

  2~3개월 동안 8~12회기 전후로 클라이언트의 과거보다는 현재에 초점을 맞추어 현재의 생활에 미치는 영향에 초점을 둔다.
- 클라이언트의 의사소통에 대한 명확한 지침을 제공하는 것 등과 같이 조직적 과제들을 구조화하는 작업들로 구성된다.

  시작 – 문제규명 – 계약 – 실행 – 종결 등의 다섯 단계를 기준으로 구조화한다.

④ 상황분석

문제의 상황은 문제를 유지하는 원인, 즉 문제해결의 장애물과 문제를 다룰 때 동원될 수 있는 자원으로 구성되며, 사회복지사는 클라이언트로 하여금 자원을 찾아내고 활용할 뿐 아니라 장애물을 확인하여 해결하도록 돕는다.

- 첫째: 과제와 문제를 검토하는 동안 사회복지사는 과제 성취의 방해물을 확인하고 클라이언트의 생활상에서 나타나는 문제 변화를 확인한다.
- 클라이언트의 자원: 개인의 능력과 힘, 가족 내의 충성과 애정의 유대, 외부체계에서 제공하는 유형, 무형의 지지 등
- 둘째: 클라이언트의 왜곡된 지각 비현실적 기대를 수정하도록 돕고 비기능적 상호작용이나 행동유형을 지적한다.
- 상황요인: 물리적 인지적 가족 지역사회 체계가 포함된 다차원적 틀 속에서 이루어지며 표적문제와 관련하여 검토된다.

사회복지사가 실천현장에서 흔히 접하게 되는 클라이언트의 장애요인 개입방법
㉠ 과제수행을 촉진할 구체적인 자원이 없는 경우 - 가능한 클라이언트 자신이 자원을 확보하도록 유도하고, 대체자원을 개발하기도 한다. ㉡ 다른 사람에게서 받아야 할 강화요소가 결핍된 경우 - 주변인의 지지를 얻을 수 있는 의사소통기술, 행동방식을 교육하거나 옹호활동을 전개할 수 있다. ㉢ 기술 부족으로 과제 달성 방법을 모르는 경우

- 클라이언트의 기술개발을 위해 함께 노력하고 기술을 지도할 수 있는 전문가에게 소개하기도 한다.

㉣ 클라이언트가 과제에 대해 상반된 신념이나 비현실적 공포를 느끼는 경우
- 가장 어려운 장애요인으로 클라이언트의 낮은 자기 평가, 억압, 태도의 비합리성 등을 지적하고 인지적 과제를 활용한 토론을 전개한다.

㉤ 클라이언트의 무능력, 과제에 심각한 오해 등으로 과제 수행할 수 없는 경우
- 능력을 고려한 과제를 재계획하도록 한다.

㉥ 치료자가 편견을 가지고 있거나 능력이 부족한 경우
- 전문보수교육이나 전문가 재교육을 통해 치료자로서의 전문성을 함양하도록 한다.

(4) 단기개입

과제 모델은 단기치료로서 2~3개월 동안 8~12회기 전후로 이루어지며 이 접근에서는 클라이언트의 과거보다는 현재에 초점을 맞춘다. 내면의 문제도 현재의 상황을 변화시키게 하거나, 클라이언트의 과거 경험과 결핍이 현재의 생활에 미치는 영향을 줄이는 데 초점을 둔다. 하지만 상담을 하다 보면 과제중심 단기 개입보다는 장기 개입이 필요한 때도 있다. 이럴 때에는 클라이언트가 과거의 상처 탓에 현재를 개선하는 노력을 도저히 하기 힘들 때에는 과제중심 모델을 적용하기보다는 정신역동적 장기 개입치료 모델이 더 적절할 수도 있다.

(5) 구조화된 개입

과제중심 모델은 클라이언트의 문제해결활동을 수행하기로 동의한 과제를 중심으로 단계별로 각자의 과업이 구체화·구조화된 접근이다. 사회복지사는 클라이언트가 과제를 수행할 수 있게 원조해야 한다. 이 모델에서 강조하는 구조화된 접근은 시작, 문제규명, 계약, 실행, 종결 등의 다섯 단계로 이루어진다. 개입은 대체로 앞에 제시한 순서대로 이루어지지만, 단계가 겹치거나 필요에 따라 이전 단계로 돌아가는 등의 유연성을 지닌다.

(6) 클라이언트의 자기결정권을 존중

이 모델은 경험적 자료에 의존하여 직접적인 치료기법을 제공하는 것보다 클라이언트 스스로 실행 가능한 과제로 대치하도록 하고 과제를 수행할 수 있도록 도와준다. 따라서 상담과정에서 자칫 소홀하기 쉬운 클라이언트

의 자기결정권을 최대한 존중한다. 개입의 초점이 되는 표적문제를 설정하는 과정에서 사회복지사가 동의하면, 클라이언트의 생각과 우선순위를 우선적으로 반영하며, 클라이언트와 사회복지사가 개입방향에 대해 명확히 알고 동의하는 가운데 개입을 진행한다. 더불어 과제를 설정하고 실행, 평가하는 문제해결 작업을 수행하는 과정에서도 클라이언트의 자기결정권을 최대한 반영한다.

(7) 클라이언트의 환경에 대한 개입

이 모델은 다른 어떤 모델보다도 클라이언트의 환경에 대한 개입을 강조하며 클라이언트의 문제를 사정할 때 사회적 맥락을 충분히 검토한다. 즉, 클라이언트의 문제는 자원이나 기술의 부족과 연관된 것으로 보기 때문에 무제와 관련한 자원에 대해 탐색하고, 이를 활성화하는 방안을 개입의 모든 과정에서 강조한다. 그러므로 활용 가능한 자원을 알아보고 표적문제와 관련된 사회·환경적 맥락을 탐색하며 문제해결과정에 참여해야 할 사람을 관여시키고, 클라이언트의 공식·비공식적 환경에 적극 개입한다.

(8) 개입의 책임성에 대한 강조

모델은 개입의 책무성을 강조하며 개입과정을 객관적으로 기록, 상황을 매 회기마다 모니터링한다. 과제수행을 모니터하기 위해 행동주의 기법, 구조화된 표기법, 도표, 주요 서술 등을 사용한다. 개입과정과 사회복지사의 실천에 대한 클라이언트와 사회복지사 자신의 평가 등을 중요하게 여긴다(김혜란, 1996; 김혜란 외, 2006; 엄명용 외, 2008).

이 외에도 과제중심 모델은 클라이언트와 사회복지사가 표면적으로 계약한 구체적 문제의 해결에 초점을 두며, 사회복지사의 역할은 제한된 기간 내에 가능한 한 건설적으로 클라이언트의 문제를 완화시킬 수 있는 활동을 할 수 있도록 원조하는 특징을 지닌다(엄명용 외, 2008).

2. 개입목표와 과정

과제중심 모델의 실천과정은 시작하기, 표적문제의 규명, 계약하기, 실행, 종결의 다섯 단계로 이어진다. 이 단계는 서로 겹치거나 필요에 따라 이전 단계로 돌아가는 등 유연하게 변형될 수 있으나, 좋은 결과를 가져오기 위해서는 개입과정이 체계적일 필요가 있다. 따라서 각 단계에 따라 개입을 진행하는 것이 중요하다(김혜란 외, 2006). 과제 중심모델의 개입과정은 초기과정, 중기과정, 종결과정으로 구분할 수 있다(Epstein, 1980).

1) 초기과정

표적이 되는 클라이언트의 문제를 확인하고 계약하는 과정이다. 클라이언트가 알고 있는 문제를 분명하게 인지하고 그 문제에 대한 우선순위를 정하며, 클라이언트와 사회복지사의 과제계획, 개입의 지속기간, 면담예정과 횟수, 개입에 대한 계획 등을 포함하고 있다. 과제에 대한 계획은 클라이언트와 정규 상담 중에 이루어진다. 과제는 분명하게 계획하여야 하며 클라이언트와 합의가 있어야 한다. 과제에는 일반적 과제와 조작적 과제로 구분하여 설명할 수 있으며, 정신적 과제와 물리적 과제, 단일과제와 복수과제, 개별과제와 상호공동과제 등 다양하게 이루어져 있다.

2) 중간과정

과제달성, 문제감소, 문제해결을 하는 과제수행과정이다. 표적문제를 구체화하여 문제의 발생빈도와 사회적 배경 등을 사전에 평가한다. 사회복지사는 과제에 대한 동의를 받고 과제수행을 재검토하게 하여 과제의 수행을 지지한다. 과제수행을 잘 수행하기 위해서는 첫째, 클라이언트가 과제를 완수할 수 있도록 돕기 위해 다른 사람들과도 함께 일한다. 둘째, 과제수행이 성공하도록 인센티브를 제공하고 보상을 준비한다. 셋째, 클라이언트가 자원이나 기술이 부족하여 과제수행이 어려울 경우에는 사회복지사가 공동으로 과제수행을 담당한다. 다양한 방법으로 과제수행을 위해서 지도하고 점검하면서 문제상태를 기록한다. 이러한 과정 속에서 과제에 대한 부분 수정, 계약에 대한 변경이 이루어지기도 한다.

3) 종결과정

종결과정에서 사회복지사와 클라이언트는 이전의 표적문제를 설명하고 확인한다. 사전과 사후에 어떤 변화가 있었고 무엇이 달성되었는지도 검토한다. 사회복지사와 클라이언트는 미래를 계획하여 앞으로 일어날 수 있는 문제를 클라이언트가 대처하도록 돕는다. 사회복지사는 변화가 유지되는지를 확인하기 위해 사후 개입을 계획하고 다른 문제나 감당하기 어려운 도움이 필요한 경우 다른 기관에 의뢰한다.

3. 개입기법

과제중심 모델은 클라이언트의 문제해결을 도와주고 클라이언트에게 긍정적인 경험과 자신감을 제공하여 본인 스스로 문제해결 능력을 강화하는 데 목적을 두고 있다. 이처럼 클라이언트가 가진 문제를 해결하고 클라이언트의 문제해결 능력을 강화하는 데 가장 중요하게 작용하는 것은 클라이언트의 동기이다. 사회복지사는 전문지식을 활용하여 클라이언트가 더 효과적으로 대처할 수 있도록 다음과 같은 과제중심 모델의 개입기법을 사용할 수 있다(황미경, 1996).

1) 탐색

탐색은 모든 대인관계 치료나 상담에서 사용되는 기본적인 방법으로 클라이언트로부터 정보를 이끌어내려는 사회복지사의 노력을 말한다. 탐색은 기본적으로 두 가지 목적을 가지고 있다. 첫째는 클라이언트에게 문제해결에 필요한 정보를 얻는 것이며, 둘째는 의사소통의 흐름을 적절한 내용에 맞추도록 하는 것이다. 특히 과제중심 모델에서의 탐색은 클라이언트의 문제를 발견하고, 문제를 명확히 하며, 과제의 가능성을 검토하는 데에 집중된다.

2) 구조화와 직접치료

구조화는 개입의 초기에 주어지는 치료의 목적과 특성에 대한 일반적인 설명을 포함하지만, 과정 중에는 지나치게 표현할 필요는 없다. 개입의 문제, 과제와 시간제한에 관한 의사소통, 과제수행에 적합한 내용으로 클라이언트의 의사소통 흐름을 분명하게 유도하고 구체적으로 제시하는 반응이다.

구조화는 잠재적이며 간접적인 변화 기능을 가지지만, 직접적 치료기법은 더 직접적인 변화를 추구하는 기반을 마련해 준다. 직접적 치료기법으로는 인식의 증진, 지시(instruction), 격려(encourage), 지도(guidance), 옹호(advocacy), 자원과의 협의(negotiation), 동반(accompanying) 등이 있다.

3) 과제수행 예행연습

앞에서 예행연습에 대해서는 언급을 했지만 중요한 부분이라 한번 강조하기로 한다. 어떤 과제는 클라이언트의 기술 부족 혹은 경험 부족 탓에 클라이언트가 수행하는 데 있어 미숙한 행동을 내포하기도 한다. 클라이언트가 과제를 성취하는 데 필요한 핵심행동을 경험하고, 숙달할 수 있도록 돕는 것이 행동 예행 연습하기의 목표이다. 과제를 완수하면서 얻은 것과 비교할 때 간접경험은 변화면에서 약하고 무기력하지만, 다른 사람이 목표한 행동을 불행한 결과 없이 실행해 나간다는 것을 볼 수 있는 것 자체로 클라이언트 스스로도 그 목표한 행동을 할 수 있다는 기대를 하게 한다(Hepworth et al., 허남순 외 역, 2004).

(1) 행동에 대한 시연

시연은 사회복지사의 지도 아래 클라이언트가 새로운 대응양식을 훈련하도록 도와주는 것이다. 일반적으로 상담과정에서 많이 활용하는 행동시연 형태는 역할극(role-playing)이며, 역지사지의 자세로 다른 사람의 역할을 해봄으로써, 현실 상황에서 부딪치게 될 행동들을 예상할 수 있다.

역할극을 진행한 후 클라이언트의 반응에 초점을 맞추고 그 행동들을 통해서 무슨 일이 일어났는지 질문과 조언, 그리고 토론을 통해 격려해 주는 생산적인 활동으로 클라이언트는 새로운 통찰력을 얻기도 하고 본인이 겪을 수 있는 어려움에 대해 더욱 깊이 있게 이해하게 된다. 이 훈련으로 우리가 생각해 봐야 할 점은 '완전하게 숙달하는(mastery)' 것보다 미흡하더라도 '대처노력(coping efforts)'을 보여주는 것이 더 바람직하다는 사실을 깨닫게 된다. 무엇보다 가장 중요한 것은 클라이언트가 과제를 수행하겠다는 자신감이 이러한 학습을 통해서 강화된다는 것이다. 사회복지사는 클라이언트가 계획한 과제를 성공적으로 수행할 능력이 있다는 확신을 표현하여 클라이언트 스스로 능력이 있다고 한층 더 강하게 믿게 할 수 있을 것이다.

(2) 지시문 따라 연습

지시문 연습하기는 가상행동보다는 더 '실제적인 내용'이라는 점에서 행동시연과 차별이 된다. 지시에 따라 연습한다는 것은 클라이언트가 그 목표행동을 마치 실제 수행하는 것 같이 사회복지사가 지도하면서 완수하도록 돕는 것이다. 예를 들면, 부부치료 모임에서 촉진자 역할을 하는 사회복지사는 부부가 실제 문제나 갈등상황을 다루는 것처럼 지도하면서 부부가 또 다시 그런 상황이 발생하면 연습한 기술을 완전히 습득할 수 있도록 도울 수 있다.

4. 과제중심모델의 기대효과와 한계

(1) 클라이언트의 입장

자신의 문제를 스스로 인식하고 과제를 수행해 나가면서 단순히 서비스만을 제공받는 것이라 주체적으로 자신의 삶을 개선해 나갈 수 있다.

(2) 사회복지사의 입장

물질적 서비스만 제공하는 것에서 벗어나 심리적, 사회적, 환경적 측면의 통합적 접근을 할 수 있으며 모델의 적용하는 과정을 통해 스스로 자신감과 적극성을 갖게 된다. 사회복지사는 자신을 성장시키는 기회를 가짐으로써 클라이언트에게보다 질 높은 서비스를 제공할 수 있다.

(3) 기관의 입장

사회복지사 개인의 잠재역량을 개발하는 교육훈련의 기능을 할 수 있다. 기관 내부적으로는 서비스 전달체계를 체계화하는 계기가 될 수 있으며 대외적으로는 서비스의 경쟁력 확보 및 기관의 위상을 강화하는 데 기여할 수 있다.

<table>
<tr><th>장점</th><th>한계점</th></tr>
<tr><td>비용의 문제, 클라이언트의 중도포기 문제, 사회복지사의 과한 업무 부담 등의 절감</td><td>치료종결에 대한 판단을 누가, 어느 시점에 할 것인가가 중요한 문제로 제기</td></tr>
<tr><td>대인 간의 문제, 개인 내적인 문제, 개인과 환경 간의 문제를 경감할 수 있는 절충적 실천의 틀을 제시</td><td>단기치료결과에 만족하는 것으로 보이지만 강제성에 대한 불만족이 문제가 제기되기도 함</td></tr>
<tr><td>클라이언트가 능동적으로 자신의 삶을 개선해 나가는 존재임을 인식시킴</td><td rowspan="2">과제중심적 모델의 접근은 정치, 사회적 차원을 놓칠 수 있다. 특히 빈곤, 실업, 불량주택과 같은 사회적 원인에 기인할 때 이들 문제는 사회적, 정치적 변화 없이는 극복되기가 어렵다.</td></tr>
<tr><td>사회복지실천현장에서 접할 수 있는 다양한 문제들을 유용한 접근으로 활용하면서 문제들을 해결하는 데 기여</td></tr>
</table>

CHAPTER 07

위기개입 모델

위기개입 모델은 자연재해나 갑작스런 생활상의 사건으로 인해 격심한 고통의 감정을 일시적으로 경험하고 이로 인해 압도당하거나, 발달과정에서 유발되는 스트레스로 인해 일상생활 수행에 어려움이 발생하는 경우 이에 내처할 능력과 자원이 부족하여 문제가 생기는 사람들로부터 나오는 것이다. 사랑하는 사람의 죽음, 예기치 않은 사고나 무거운 질병, 성폭력, 가정폭력 등의 사건은 개인에게 스트레스를 유발하는 주 원인이다. 이처럼 현대사회에서는 갑작스럽고 예기치 않게 발생하는 위기사건이 점차 증가하고 있다. 스스로 해결할 수 없기 때문에 위기가 되는 사건과 마주칠 때, 사람들은 전문가의 도움이 있어야 한다. 그런데 같은 상황에 처하더라도 어떤 이에게는 위기가 되지만, 어떤 이에게는 위기로 느껴지지 않을 수도 있다.

위기는 시간이 매우 제한적이며, 3~5주 동안 꾸준히 지속한다. 따라서 위기개입은 즉각적으로 이루어지는 것이 매우 중요하다. 사고로 부모를 잃고 가장으로 살아가야 하는 장남은 부모의 죽음으로 인한 위기가 지나갔다고 하더라도 앞으로 어린 동생을 돌보며 살아가야 하는 힘든 상황이 계속될 것이다. 이럴 때는 위기개입 이후 사례관리와 같은 지속적인 사회복지실천이 요구된다. 위기개입 모델은 인간행동과 성격을 이해하기 위한 기존 이론들의 원칙이나 기술을 결합시키며, 위기 개념과 단기치료의 개념을 통합시키므로 절충적인 특성을 지니고 있다.

1. 기본 개념

위기란 위협적 혹은 외상적 위험사건을 경험하여 지금까지의 대처전략으로는 스트레스나 외상에 대처하거나 감당할 수 없는 불균형 상태로 인하여 심각한 정서적 혼란을 경험하는 상태를 말한다.

바드와 엘리슨(Bard & Ellison, 1974)은 위기를 "고통스러운 인생 경험에 대한 주관적 반응으로, 이것이 개인에게 영향을 미쳐 대처능력과 일상생활 기능에 심각한 손상을 가져오는 상태"라고 하였다. 파라드와 파라드(Parad & Parad, 1990)는 "위기 상황이란 개인이 기존에 가지고 있는 대처방식으로는 당면한 문제를 해결할 수 없는 상태, 당황, 위험, 곤경, 자포자기, 무감각, 무력감, 절박감, 곤란 등을 경험하는 정신적 고통"이라고 하였다. 즉, 위기란 개인의 현재 자원과 대처기제로는 감당하기 어려운 사건이나 상황을 지각하거나 경험하는 것을 말한다.

이러한 정의를 통해 알 수 있듯이, 위기의 가장 중요한 선행 요소는 정신적으로 아주 고통스럽거나 현재의 상황이 매우 위험한 사건이다. 고통스러운 사건이 상당한 혼란과 붕괴를 가져올 것이라는 개인의 지각과 이전의 대처방법으로는 문제를 해결하지 못하는 대처능력의 부족이 더 중요한 요소가 된다. 즉, 위기는 상황 자체가 아닌 상황에 대한 개인의 지각이나 반응을 의미한다(Parad, 1971).

한자어로 '危機(위기)'는 위험과 기회의 의미가 있다. 수십 년간 부인을 구타해 온 폭력남편이 경찰에 신고되고 법원의 수강명령에 따라 전문적인 상담을 받게 된다면, 남편에게 매우 고통스러운 위기 상황이 될 것이다. 하지만 오히려 전문가와의 상담을 통해 남편이 스스로에 대한 이해가 높아지고 부부갈등이 해결될 기회를 갖게 되기도 하므로, 위기사건은 인생의 결정적인 전환점이 될 수 있다. 즉, 위기는 클라이언트에게 문제해결과 성장을 위한 기회와 도전을 제공할 수 있다(장수미 외, 2010).

위기에 처한 사람은 일반적으로 다음과 같은 특성을 가지고 있다(Roberts, 2005).

- 촉발사건을 위협적으로 인식한다.
- 두려움, 긴장, 혼란 등을 경험한다.

- 매우 높은 수준의 주관적 불편함을 경험한다.
- 불평형의 상태로 급속히 진행된다.
- 일상적인 대처방법으로는 상황을 조정하거나 대처할 수 없을 것이라고 느낀다.
- 상황에 대처하는 방법을 모른다.
- 중요한 인생 목표의 장애에 직면했을 때 위기에 처한다.
- 위기는 붕괴 그 자체가 아니라 붕괴에 대한 공포, 충격, 고통의 감정을 말한다.

1) 위기의 영역

제임스와 길리랜드(James & Gilliland, 2006)는 위기를 다음과 같이 발달적 위기, 상황적 위기, 환경적 위기, 그리고 실존적 위기로 영역화하였다(James & Gilliland, 한인영 외 역, 2008).

(1) 발달적 위기

인간이 성장하고 발달해 나가는 가운데 발생하는 사건으로 극적인 변화나 전환으로 인하여 비정상적인 반응이 발생하는 사건을 말한다. 예를 들어 자녀의 출생, 대학 졸업, 중년기의 직업 변화, 은퇴, 노화과정과 같은 사건들이다. 인간발달과정에서 발생하는 사건은 정상으로도 볼 수 있으나, 각 사건에 대한 반응은 개인마다 독특하기 때문에 따로 개별적으로 사정하고 개입하여야 한다.

(2) 상황적 위기

상황적 위기는 사람이 예견하거나 통제할 수 없는 극히 이례적인 사건이 발생할 때 나타난다. 예견이나 통제할 수 없는 교통사고, 유괴, 폭력범죄, 심각한 질병, 죽음과 같은 위기를 말한다. 상황적 위기는 갑작스럽고 충격적이며 비극적이라는 점에서 다른 위기와 차이가 있으며 그런 상황이 오면 개인과 그 가족의 삶을 흔들어 놓는다.

(3) 환경적 위기

환경적 위기는 자연이나 인간이 야기한 재해가 어떤 잘못이나 행동을 취하지 않은 개인이나 집단성원들에게 갑작스럽게 닥칠 때 발생하는 것으로 같은 환경에 사는 사람들에게 안타깝고 불행한 결과를 미친다. 태풍, 홍수, 지진, 화산 폭발, 눈사태, 산불 같은 자연재해나 바닷가에 유조선의 난파로 인한 기름유출, 전염병, 전쟁 같은 정치적 사건일 수도 있으며, 국가부도사태인 IMF 등 갑작스러운 경제위기도 이에 해당된다.

(4) 실존적 위기

실존적 위기는 삶의 목적, 책임감, 자유, 헌신 등 인간에게 요구되는 책임감, 독립성, 자유 등이 충족되지 않을 때 갈등과 불안이 초래되면서 발생한다. 이는 매슬로우의 자기실현욕구와 관련된 갈등과 위기로 이해할 수도 있다. 예를 들어, 40대 중후반의 직장남성이 특정 전문직이나 조직에서 거의 영향력이 없음을 깨달으면서 발생하는 위기일 수 있다. 그리고 독신을 선택하고 부모님을 모시며 살아온 여성이 50대에 이르러 자신이 진정으로 독립적인 삶을 꾸리지 못하고 행복한 삶을 이룰 기회를 가지지 못했다는 사실에 대한 후회 때문에 발생할 수도 있다. 중년 여성의 우울, 60대에 인생이 덧없다고 느끼는 허무감 등이 이에 해당된다.

2) 위기개입의 정의

위기개입은 하나의 단일이론이나 학파를 통해서 형성된 것이 아니라 여러 이론들의 영향을 받아 구체화된 모델이다. 한편, 인간은 지속적으로 적응을 위한 노력과 문제해결 과정을 통해 삶의 평형 상태를 유지하기 위하여 살아간다. 위기란 개인의 평형상태가 어긋나거나 부조화된 상태, 즉 일상적인 대처방법이 작금의 문제를 해결하기에는 적절하지 못한 상태를 말한다. 위기를 경험하고 극복한 개인의 기능은 위기 이전으로 회복이 되었거나 나아가서는 더 개선될 수도 있다. 하지만 어떤 때는 그 트라우마를 극복하지 못하여 더 악화될 수도 있는 것이다. 따라서 위기개입의 목표는 위기 이전의 정상적인 기능 수준으로 돌아갈 수 있도록 사회복지사가 클라이언트를 도와주는 것이다(Goldstein & Noonan, 2005). 이러한 과정에서 클라이언트는 자신의 감정을 다스리고 위기를 해결하기 위한 활동계획을 실행해 나가기 위해 구체적 단계를 밟아 나가며 대처기술과 문제해결능력을 재수립하게 된다(장수미 외, 2010).

위기개입은 단기적이며, 총체적이고 즉시에 적극적으로 문제해결을 해 나가야 하는 상황이다. 따라서 신속하게 처리해야 하는 문제해결방법으로 클라이언트의 미세한 변화도 문제를 해결하는 데 도움이 되며, 이때 클라이언트의 능력과 강점이 문제해결에 핵심이 된다(Palme et al., 2004). 위기에 처한 개인은 당황스럽고 어쩔 줄을 모르는 매우 혼란스러운 상태에 있고, 다양한 측면을 보지 못하는 좁은 시야를 갖고 있기 때문에 위기해결에 필요한 자신의 강점을 스스로는 인지하지 못한다. 강점에 중점적인 위기개입은 클라이언트가 위기 상황을 성공적으로 다루기 위한 자원과 대처기술을 이미 가지고 있지만, 그것을 사용하고 있지 못하거나 인식하고 있지 못할 뿐이라고 보고, 클라이언트가 그들 내에 있는 자원을 찾도록 도와준다. 이때 사회복지사는 클라이언트의 자원을 발견하고 사용하도록 하는 교량적 지지자 역할을 한다.

3) 기본적인 위기개입

캐플랜(Caplan, 1964)은 위기를 통상적인 선택과 행동으로는 극복할 수 없는 삶의 목적에 장애가 되는 어려움에서 비롯되는 형태로 보았고 초기의 심리적 외상을 발생시킨 인지적, 정서적, 행동적인 왜곡을 인정하고 수정, 제거하는 것이 위기개입이라고 보았다. 또한 위기개입에서 클라이언트의 정신건강을 고려하는 것이 중요하며, 자아상태를 중요한 측면이라고 강조하였다.

일반적인 상담의 형태는 충분한 정보수집과 사정을 통해 목표를 세우며, 클라이언트와 협력하여 계약하며 시작한다. 그리고 상담 회기에서 이루어지는 내용에 대하여 클라이언트의 느낌을 다루고 과제를 제시하지만, 위기개입은 조직적으로 문제를 정의하고, 문제해결을 위한 대안을 찾고 행동계획을 세우며, 클라이언트의 참여를 확보하는 데 초점을 둔다. 따라서 시간적인 측면에서도 기본상담은 보통 매주 1회 정도의 다소 여유 있는 방식으로 이루어지지만, 위기개입은 상황개입 발생한 직후부터 보통 1~2시간 사이에 이루어진다(James & Gilliland, 한인영 외 역, 2008).

위기개입 모델은 단기치료 모델에 속하며, 클라이언트의 평형 상태를 회복할 수 있도록 한다. 따라서 클라이언트가 문제를 얼마나 심각하게 느끼는지, 정서적 불평이나 애로상황을 얼마나 많이 겪는지에 따라 적용할 모델은 달라진다. 단기치료 모델이 조금은 지속적인 정서적 문제를 재조정하는 것이라면, 위기개입은 위기에 처한 사람이 외상적 사건 때문에 발생한 정서적·행동적·인지적 왜곡상태를 인식하고 합리적으로 수정하도록 도와준다. 예를 들면, 고등학교 3년간 내신 성적이 크게 떨어진 학생은 자신이 결코 대학입학 시험에서 좋은 점수를 얻을 수 없으며, 부모가 바라는 의사가 될 수 없다고 결론짓는다. 학생은 무력감을 느끼게 되고 절망감과 함께 자살을 생각한다. 이 학생에게는 위기개입 모델이 시행되어야 한다. 반면에, 똑같이 성적이 크게 떨어진 학생이 자신에 대해 실망하고 앞으로 어떻게 해야 할지 혼란스러움을 느껴 학교상담자를 찾아간다면, 학교상담자는 해결중심치료와 같은 단기치료 모델을 적용할 것이고, 개입의 목표는 학습 습관의 수정이나 시험을 치르는 기술의 향상에 둘 것이다.

2. 개입목표와 사정

위기개입 모델의 가장 중요한 요소는 위기에 처한 클라이언트를 신속하게 사정하는 것이다. 위기사정은 긴박한 상황에서 즉각적으로 이루어지는 때가 많기 때문에 성격검사나 불안, 우울 등을 측정하는 임상평가 도구와 같은 형식을 사용하여 정보를 얻기가 어려운 실정이다.

사정에는 위기사건 자체에 대한 정보수집과 평가, 과거와 현재의 건강상태, 건강 습관(운동, 수면, 식사 등), 상해 여부 등의 신체적 측면을 중점적으로 다룬다. 그리고 정신 상태와 외모, 행동행위, 언어, 사고과정 및 내용, 기분과 정서, 인지기능, 기억력, 자살이나 타살의 위협 등에 대한 심리적 측면을 중점적으로 살펴본다. 마지막으로 문화적 배경, 민족, 문화 적응, 영적인 신념, 이웃관계, 지역사회의 소속감, 사회관계망 등의 사회문화적 측면을 살펴본다.

3. 개입기법

1) 위기개입의 절차

이 모델은 위기를 사정하고, 문제를 감소시키고, 대안적인 대처방법을 찾아내는 단계로 이루어진다. 이러한 기본 구조에 학자마다 세분화된 단계별 위기개입을 제안하고 있는데, 여기에서는 로버츠(Roberts, 2005)의 강점관점에 입각한 7단계 위기개입 모델을 소개한다. 이 모델은 위기촉발 요인의 조기발견, 적극적 경청, 문제해결, 효과적인 대처기술, 강점 및 보호요인 찾기, 효과적인 위기해결 등의 단계로 구조화되어 있다. 로버츠는 자신의 위기개입 모델에 대해 "하나의 지침으로 보아야 하며, 각 단계는 엄격한 과정이 아니다. 어떤 클라이언트는 단계가 중복되기도 한다."라고 언급하며, 클라이언트에 따라 개별화된 접근의 중요성을 지적하였다.

(1) 1단계: 정신건강 상태 사정

자살이나 타살, 폭력의 위험성에 대한 사정이 신속히 이루어지고, 이례적 상황에도 관심을 가지며 긍정적 · 부정적 대처전략과 약물 및 알코올 사용에 대해서도 살펴본다. 초기 위기사정에서는 적응유연성(resilience)과 보호요인, 내 · 외적 대처방식, 확대가족의 도움과 비공식적 관계망의 도움도 알아본다. 많은 사람이 위기 이전 단계나 위기발생 단계에서 사회적으로 고립되어 있는 경향이 있어, 위기 상황에서 문제해결과 회복에 가장 도움이 되는 사람이 누구인지 인식하지 못한다. 이에 사회복지사는 회복에 도움이 되는 사람을 개입에 동원함으로써 클라이언트의 적응유연성을 촉진할 수 있다.

(2) 2단계: 관계 형성과 클라이언트 관여

신속하게 라포를 형성하고 치료적 관계를 수립하고, 1단계와 동시에 이루어진다. 이 단계에서는 무조건적인 존중과 수용을 보여줌으로써, 클라이언트로 하여금 사회복지사가 그들에게 진심으로 관심이 있으며 이해하고 있음을 전달하는 것이 중요하다. 비판적 태도로 사회복지사의 개인적 가치가 드러나거나 표현되지 않도록 주의한다. 침착한 태도를 유지하고, 상황을 잘 통제할 수 있는 능력은 위기개입의 핵심 기술이다.

(3) 3단계: 주요 문제 확인

클라이언트의 주요 이슈가 무엇인지, 위기의 촉발 요인은 무엇인지에 대해 개방형 질문을 사용하여 클라이언트가 자신의 문제를 자신의 언어로 표현하도록 한다. 사회복지사는 이러한 방식을 통해 제시된 문제의 본질에 대해 중요한 통찰력을 가질 수 있다. 2단계와 3단계에서는 과거에 효과적이었던 클라이언트의 대처기술을 확인할 수 있도록 강점과 자원을 찾아내는 해결중심치료의 질문기법(예: 예외질문, 대처질문, 기적질문 등)이 도움이 되는데, 이는 사람들은 자신의 부족한 부분(문제, 역기능, 실패 등) 즉, 단점이 아닌 강점에 관심을 두는 사람을 더 편안하게 느끼기 때문이다.

(4) 4단계: 감정 다루기

감정을 다루는 것에는 공감과 적극적 경청이 효과적이다. 상황에 적절하게 반응하고 지지·격려함으로써 당신이 잘 경청하고 있음을 보여 준다. 이와 같은 언어적 피드백은 전화 상담에서 특히 중요하다. 감정 다루기의 효과적인 사회복지실천기술에는 반영, 재진술 등이 있다.

(5) 5단계: 대안적인 대처방법 탐색

이 단계에서는 클라이언트가 갖고 있었던 위기 이전의 성공적 대처기술을 찾아보고, 현재 클라이언트가 가지는 강점을 찾는 것이 중요하다. 이 같은 과정을 거침으로써 현재의 문제를 해결하기 위한 대안적 대처방법(예: 자원을 찾고 연결하기)이 탐색하기이다. 이는 사회복지사와 클라이언트의 협력적인 작업을 통해 가장 이상적으로 달성될 수 있다.

(6) 6단계: 활동계획 수립

전 단계에서 탐색된 대처방법을 실행할 구체적인 활동계획을 수립한다. 이 단계에서 사회복지사는 이전보다 제한적 역할을 하며, 가능한 한 클라이언트의 역량이 강화되도록 도와 활동계획을 실행해 나가도록 보조 역할을 한다.

(7) 7단계: 종결 및 사후관리하기

사회복지사는 클라이언트의 위기가 해결되었다 하더라도, 클라이언트에게 해결 이후의 상황에서 위기가 재현되거나 클라이언트의 대처능력이 악화될 수 있는 발생 가능성을 충분히 고려하여 지속적인 사후관리를 해야 한다. 사후관리는 대면 면담 혹은 전화 상담으로 이루어진다. 혹시, 처음에 담당한 사회복지사가 바뀌면, 다른 사회복지사에게 의뢰하여 서비스가 지속되도록 한다.

2) 전화 위기개입

전화는 위기개입의 유용한 도구로써 전화를 이용한 위기상담이 증가하는 데는 다음과 같은 몇 가지 이유가 있다.

(1) 편의성

대부분의 가정이 전화를 가지고 있고, 특히 우리나라의 경우 휴대폰 보급률이 높기 때문에 긴급전화의 사용이 유용하다. 위기는 하루 24시간 어느 때나 발생할 수 있으므로 직접 방문이 어려운 시간에도 즉각 도움을 요청할 수 있는 편의성이 있다.

(2) 익명성

위기에 처한 클라이언트는 죄의식, 수치심, 당혹감, 자기비난과 같은 정서 상태로 다른 사람에게 도움을 청하는 것이 쉽지 않다. 특히 외상적 사건을 경험한 직후에는 더욱 그렇다. 전화상담은 클라이언트를 직접 대면하지 않고 익명으로 상담이 가능하므로 위기 개입의 유용한 수단이 된다.

(3) 통제성

위기에 빠진 클라이언트는 원조기관에서 이차적인 희생화(victimization)를 경험한다. 관료적이고 냉담한 기관의 분위기 때문에 많은 피해자가 또다시 희생되고 있다. 이에 비해 전화상담은 도움을 받을지 여부와 시기를 클라이언트가 결정할 수 있으며, 언제든지 전화를 끊을 수 있으므로 비난받을 것에 대한 두려움이 감소된다.

(4) 고립된 지역에 대한 서비스

정신건강시설이나 관련 전문가가 없는 지역이나 도서, 산간 등 외딴곳에 사는 클라이언트, 교통문제, 육아문제 등으로 기관을 찾아오기 힘든 클라이언트에게 전화는 유용한 서비스 제공 수단이 된다.

(5) 비용효과성

대부분의 긴급전화서비스는 자원봉사자를 활용한다. 정신건강, 위기개입 등에 대해 체계적인 훈련을 받은 자원봉사자라면 준전문가로서의 역할을 훌륭하게 소화해 낼 수 있다. 따라서 전화상담은 기관 측면에서 비용 면에서 효과적인 서비스 제공방법이 된다.

전화 위기개입은 클라이언트의 목소리 톤이나 억양, 속도, 정서적인 내용만으로 개입해야 한다. 언어적 측면과 비언어적 측면을 연결해 볼 수 없으며, 발생할 수 있는 상황에 대한 물리적 통제가 어렵다. 따라서 전화 위기개입에 맞는 구체적인 전략이 필요하다. 앞에 언급한 위기개입 7단계의 순서와는 달리, 전화 위기개입에서는 관계 형성을 우선적인 과업으로 본다. 즉, 사회복지사는 심리적 접촉을 통해 신속히 클라이언트와의 신뢰를 구축하여 수용적이고 공감적인 관계를 형성함으로써 상담을 지속시켜야 한다. 이를 위해 적극적 경청과 공감기술을 사용해야 하며, 목소리는 안정감 있게 사용하여 침착하게 반응을 이끌어낸다. 직접 클라이언트를 만나는 대면상담과 달리 전화 위기개입에서는 사회복지사는 클라이언트에 대한 통제가 더 어려울 수 있다. 다음은 전화상담에서 다루기 어려운 클라이언트에 대한 대처방법을 제시한 것이다(James & Gilliland, 한인영 외 역, 2008, 장수미 외, 2010 재인용).

① 상습적 전화 클라이언트

상습적으로 전화하는 클라이언트는 대게 자신의 문제가 해결될 수 없는 것임을 확인하려고 하는 경우가 많다. 그들은 상담자에게 의존적인 경향이 있다. 상담자는 이를 인지하고 이러한 행동이 클라이언트의 성장을 저해한다고 판단된 경우 지지해 주지 말아야 한다. 상담자를 조종하려고 하거나 전화 상담을 악용하는 클라이언트는 상담자의 제안과 계획을 사용하는 듯하지만, 약속을 이행하지 않기 위해 온갖 변명과 설명을 갖다 붙이며 상담자를 화나게 하는 경향이 있다.

② 극도로 혼란스러운 클라이언트

망상이며 환상을 가지고 있는 클라이언트로 저항적이며 비순응적인 경우가 많다. 이러한 클라이언트의 경우 먼저 천천히 감정을 가라앉히고 현실적인 사고를 하도록 이끌어야 한다. 예를 들면, 자신의 환청에 대해 이야기하는 클라이언트에게 "(환청에 대해) 더 자세히 말씀해 보시겠어요?" 하는 것은 현실과 더욱 동떨어지게 하므로 좋지 않다. 이보다 현재 약물을 복용하고 있는지, 혹시 항정신성 약물을 임의적으로 중단하지는 않았는지 알아본다. 따라서 상담자는 진정제, 항우울제 등 항정신성 약물에 대한 지식을 갖추어야 한다. 무조건 클라이언트를 달래거나 동정하기보다 감정이입으로 반응하고 대처 기술을 탐색하여 클라이언트의 감정을 찾아내는 것이 필요하다.

③ 기타 장난전화 클라이언트

청소년 등이 장난전화를 하는 경우가 있다. 장난전화의 경우 그냥 전화를 끊어 버리면 계속해서 전화하는 경향이 있으므로, 오히려 진지하고 심각하게 받아 주는 것이 다시 전화하지 않도록 하는 방법이 된다. 또 성적 노출 전과자는 이성의 상담자에게 전화를 돌리거나 클라이언트가 현재 도움이 필요하다는 식으로 전화의 내용을 재구성하는 기술이 필요하다.

08 CHAPTER 해결중심모델, 클라이언트중심모델, 동기강화모델

1. 해결중심모델

1) 해결중심모델의 철학

해결중심치료모델은 1978년 밀워키에 설립된 단기가족치료센터를 중심으로 시작되었다. 단기가족치료센터에서는 치료의 초점을 문제중심으로부터 해결중심으로 전환시켰고, 이 과정에서 해결중심치료 기법이 발전하게 되었다. 이 모델은 과거보다 현재와 미래를 중시하고, 인간의 장점과 유용한 자원을 발견해 작은 변화라도 가져올 수 있는 간단한 전략을 사용하고, 문제해결에 활용되는 단기치료모델인 해결중심치료를 가족상담에 적용시키기 시작하였다. 기본적으로 이 모델은 병리적인 것이나 잘못된 것에 관심을 두기보다는 과거의 성공 경험과 긍정적 경험을 발견하여 이를 적극적으로 활용하고 있다.

해결중심치료모델은 전통적인 치료모델들과 다른 일반적인 가정, 전제 가치, 철학을 가지고 있으며, 이러한 것들은 치료모델에 대한 드세이저(De Shazer)와 버그(Insoo Kim Berg)의 관점과 철학을 표현하고 있다. 해결중심 치료모델의 중심 철학은 첫째, 클라이언트가 문제 삼지 않는 것은 건드리지 않는다. 둘째, 효과가 없다면 그것을 하지 않고 대신 무언가 다른 것을 한다. 셋째, 효과가 있는 것을 알면 그것을 더 많이 하라는 말로 요약할 수 있다.

2) 해결중심 접근의 가정 및 규칙

해결중심 접근의 가정 및 규칙은 크게 4가지로 볼 수 있다. 첫째, 긍정적인 측면에 초점을 둘 것, 둘째, 예외상황은 해결점을 제시할 것, 셋째, 아무것도 항상 그대로 머물지 말 것, 넷째, 작은 변화는 큰 변화로 이끌 것이다. 구체적인 내용은 아래와 같다(김용환 외, 2023).

(1) 긍정적인 측면에 초점을 둘 것

긍정적인 측면, 문제해결 측면, 미래에 초점을 맞출 때 바람직한 방향으로 변화를 유도할 수 있다. 따라서 문제중심 대화보다 해결중심 대화를 중시한다.

(2) 예외상황은 해결점을 제시할 것

문제의 예외상황을 치료자와 환자는 발견해서 해결점을 찾는 데 활용한다. 예외상황 질문은 문제를 해결하려고 노력해 온 이들에게는 역설적인 질문일 수 있다. 그러나 문제가 발생하지 않았던 예외상황을 쉽게 놓쳐 버리고 인식하지 못하고 있음을 확인해서 문제상황에서도 장점을 발견하도록 돕는 것이 중요하다.

(3) 아무것도 항상 그대로 머물지 말 것

치료자들이 가족의 체계, 항상성, 불변성, 문제 보유 경향성 등에 대해 먼저 이야기한 후에 그런 상태를 어떻게 다른 상태로 바꿀 수 있는가 하는 설명을 하려고 노력하는 것은 별로 도움이 되지 않는다고 본다.

(4) 작은 변화는 큰 변화로 이끌 것

작은 변화가 큰 변화를 유도해 낸다는 가정은 치료 과정을 쉬운 쪽으로 나아가게 하고, 치료자에게 단순한 시각과 행동이 요구된다는 것을 의미한다. 작은 변화는 생성적(generative)이라고 할 수 있으며, 이 말은 환자가 자신이 할 수 있는 한도 내에서 작은 문제를 해결한 성공 경험을 상기한다면 다른 문제의 해결을 시도해 보려는 의지가 있을 것이라는 뜻을 내포하고 있다.

3) 임상에서의 규칙

해결중심모델 임상에서의 규칙은 크게 네 가지로 볼 수 있다. 첫째, 효과가 있으면 수정할지 말 것, 둘째, 지금 하고 있는 것이 효과가 없다면 다른 방법을 시도할 것, 셋째, 단순하게 할 것, 넷째, 각 치료 면담을 환자와의 마지막이며 유일한 시간으로 접근할 것이다. 구체적인 내용은 아래와 같다(송성자 외, 1994).

(1) 효과가 있으면 수정하지 말 것

치료 과정에서 만나게 되는 환자의 대부분은 문제를 구체적이고 상세하게 제시하기에 익숙해져 있다고 가정할 수 있으며, 그들이 그동안 시도하였지만 실패한 해결책들에 대해 초점을 두고 문제를 제시하는 수준에 계속 머물러 있을 수 있다. 그러나 해결중심 가족치료에서의 초점은 문제상황이 아니라고 지적하였듯이 예외를 발견하는 것이 해결책을 제시한다는 점과 환자가 발견한 예외상황과 치료목표를 연결시키는 데 초점을 둔다.

(2) 지금 하고 있는 것이 효과가 없다면 다른 방법을 시도할 것

만약 환자가 시도하고자 하는 방법이 완전히 비논리적이고 이상하다고 생각되더라도 이미 해 왔던 해결책이 효과가 없을 경우에는 무언가 다른 것을 시도해 보도록 제안할 수 있다. 합리적으로 생각할 수 있는 것은 모두 해 보았는데, 어느 것도 효과가 없었다면 이제 해볼 수 있는 것은 오로지 비합리적이고 비논리적이라고 생각되는 것밖에 없을 것이다.

(3) 단순하게 할 것

해결중심적 단기가족치료의 기본 가정 중에 하나는 작은 변화는 큰 변화로 이어진다는 체계이론을 적용한 것이다. 이런 기본 가정을 인식하고, 환자와의 치료 과정을 보게 되면, 작은 변화에 성공한 경험이 환자에게 긍정적인 영향을 미치게 하고, 자신의 성공적 이미지를 발견할 수 있게 된다는 것이다.

(4) 각 치료 면담을 환자와의 마지막이며, 유일한 시간으로 접근할 것

매 치료 회기 시 유일한 시간이라는 원칙을 받아들이면 치료자는 온 신경을 집중하여 치료에 초점을 맞추게 된다. 환자가 치료면접을 마치고 떠날 때 그의 문제를 해결하는 방향으로 나아갈 수 있도록 도울 수 있는 그 어떤 작은 변화라도 있는지 자문하는 자신을 발견해야 할 것이다.

4) 기본 개념

드세이저와 버그는 위에서 지적한 가정과 철학을 기초로 해결중심치료를 실시하기 위한 원칙들을 가지고 있다. 치료를 위해서 이론에 얽매이는 것을 거부하지만 해결중심 접근법의 기초를 형성하는 7개의 원칙에 반영된 기본 개념은 다음과 같다(Berg & Miller, 1992; 송성자, 2004).

(1) 병리적인 것 대신에 정신건강에 대한 강조

클라이언트의 성공적인 경험에 초점을 두며 치료에 활용하되 결함이나 장애는 가능한 한 다루지 않는다. 무엇이 잘못되었는지보다는 무엇이 잘되었고 그것을 어떻게 활용하는가에 관심을 갖는다. 어떤 증상이나 불평을 일으키는 패턴에는 항상 예외가 있기 마련이라고 본다.

(2) 클라이언트의 강점, 자원, 건강한 특성을 발견하여 치료에 활용

클라이언트가 바라는 결과를 성취하기 위해 그가 이미 갖고 있는 자원, 지식, 믿음, 행동, 증상, 사회관계망, 환경, 개인적 특성 등을 활용한다.

(3) 탈 이론적 · 비규범적 · 클라이언트 견해 존중

클라이언트가 경험하는 문제에 대한 어떤 가정도 하지 않는다. 대신에 클라이언트가 호소하는 독특한 불평에 기초하여 개별화된 해결책을 발견하고자 한다. 따라서 클라이언트의 견해는 액면 그대로 수용되어 진정한 클라이언트중심의 치료 접근이 가능하다.

(4) 단순하고 솔직한 의미 추구

치료 목적을 달성하기 위해 지표방법의 경제성을 추구한다. 복잡한 문제라고 해서 반드시 해결방법이 복잡할 것이라는 가정은 잘못된 것이다. 작은 변화가 또 다른 변화를 가져오며 더 나아가서는 큰 변화를 가져올 수 있다. 그러므로 목표는 클라이언트가 달성할 수 있는 작은 것으로 세우는 것이 중요하다. 치료는 파급효과를 가져온다고 믿기 때문에 치료개입은 가장 단순한 것에서부터 시작한다.

(5) 변화는 항상 일어나며 불가피한 것임

인간의 삶 속에서 변화는 끊임없이 일어나고 있기 때문에 종종 치료는 자연스럽게 일어나는 변화를 단지 확인하고 그 변화를 해결책으로 활용하는 작업이 된다. 따라서 치료자의 역할은 긍정적인 변화가 일어나도록 돕고 이를 해결책의 구축으로 이어지게 하는 것이다.

(6) 현재와 미래 지향

해결중심치료는 과거를 깊이 연구하기보다는 클라이언트로 하여금 현재와 미래의 상황에 적응하도록 돕는 데 일차적인 관심을 갖는다. 그러므로 치료 면담 과정은 클라이언트로 하여금 과거의 문제로부터 멀어지게 하고 미래와 해결책을 지향하도록 한다.

(7) 치료자와 클라이언트의 협력관계

클라이언트가 자신의 문제에 관하여 가장 많이 안다는 것과 클라이언트의 변화 욕구를 인정하고 중요시하므로 클라이언트에게 좀 더 나은 해결방안과 최선의 것을 탐색하고 선택할 수 있도록 협력하기 위해서 시종일관 의식적으로 노력한다.

5) 기타 개념

해결중심모델에 중요한 기타 개념으로 크게 기적질문, 예외질문, 척도질문, 첫 회기 공식과제, 해결중심치료가 있다(김용환 외, 2023).

첫째, 기적질문이다. 클라이언트가 아침에 일어났을 때, 문제가 말끔히 해결되어 있다면 어떻겠냐고 상상해 보게 하는 질문으로 클라이언트가 목표와 가능한 해결책을 찾을 수 있도록 돕기 위해 기적질문을 사용한다.

둘째, 예외질문이다. 클라이언트가 일시적으로나마 문제를 나타내지 않고 있는 시기를 가리키는 용어로 클라이언트의 성공적인 문제해결 기술을 토대로 삼게 하기 위해 예외에 초점을 맞춘다.

셋째, 척도질문이다. 예외를 확인하고 긍정적인 마음가짐을 형성하기 위해 척도질문을 사용한다. 클라이언트가 어떻게 그들이 문제를 해결하고 싶은지, 문제가 얼마나 나쁜지, 지난 회기 때보다 얼마나 더 좋아졌는지 등에 대해 1에서 10까지의 척도질문을 한다. 만일 문제의 척도가 4라면 치료자는 왜 그것이 1이 아닌가에 대해서, 어떻게 클라이언트가 5로 옮겨 갈 수 있는가에 관해 물을 수 있다.

넷째, 첫 회기 공식과제이다. 일상적으로 첫 회기가 끝날 무렵, 클라이언트에게 상담의 결과로 그들의 삶에서 변화되기를 원치 않는 것에 관해 묻는다. 이 과제는 그들이 그들의 삶에 있어 강점에 초점을 맞추고 해결을 향한 과정을 시작하게 한다. 다섯째, 해결중심치료이다. 클라이언트들이 이미 발달시켜 온 문제해결의 중요성을 강조하는 치료 양식에 대한 용어이다.

6) 해결중심모델의 개입 목표 및 과정

(1) 개입 목표

해결중심모델에서 개입 목표 설정은 클라이언트와 협력하여 치료를 효과적이고 능률적으로 이끌 수 있는 목표 내용을 구체화하는 것이 치료의 성공을 결정한다고 본다. 즉 관계형성과 종결을 위해서는 구체적인 목표 설정이 필요하며, 목표 성취의 결과를 평가하기 위해서는 평가 기준이 구체적이고, 명확해야 한다. 사회복지사가 클라이언트와 함께 치료 목표를 세우는데 도움이 되는 해결중심모델의 원칙을 살펴보면 다음과 같다(Berg & Miller, 1992; 김혜숙, 2003).

① 클라이언트에게 가장 중요한 것, 원하는 것을 치료 목표로 설정한다.

클라이언트와 그 가족에게 가장 의미 있고 변화해야 할 것을 동의한 것을 전제로 가족 공동 목표로 정한다. 목표는 구체적, 행동적이며 목표의 성취에 관하여 직접 관찰이 가능하고 누구나 인정할 수 있는 것이어야 한다. 그리고 사회복지사가 클라이언트에게 중요한 것을 치료 목표로 설정하는 과정에서 협동적이고 협조적인 관계가 형성되면, 클라이언트는 사회복지사를 신뢰하고 협조하게 되는데, 이는 사회복지사가 클라이언트의 입장을 이해하고 수용해 주었다고 생각하고 치료의 필요성과 성취 가능성 등에 관해서 희망을 갖게 되기 때문이다.

② 목표는 가능한 작고 구체적으로 묘사해야 한다.

클라이언트에게 중요한 작은 것 하나부터 시작되어야 실패할 가능성이 적다. 일반적으로 클라이언트는 처음부터 최종적으로 성취되기를 원하는 전체적이고 큰 것을 목표로 설정하려는 경향이 있다. 치료 목표가 작을 때 클라이언트는 쉽게 성취하고 성공할 수 있다. 목표를 성취하고 성공할 때 새로운 희망을 갖게 되고, 변화하고자 하는 동기가 강화된다.

③ 구체적이고 행동적인 것을 목표로 한다.

"공부를 열심히 해서 성적을 향상시킨다."는 치료 목표는 클라이언트가 직접 행동으로 실천하기가 막연하고 성취 결과를 측정하기가 힘들다. 클라이언트가 제시하는 추상적이고 개념적인 목표를 실제 상황 속에서 관찰이 가능하며 구체적이고 명확하고 행동적인 목표로 설정하도록 도와야 한다. 사회복지사는 클라이언트 스스로 변화하고자 하는 구체적 행동을 찾아내도록 기적질문을 사용한다. 목표를 분명하고 구체적인 행동으로 설명했을 때, 클라이언트의 성공을 즉각적으로 인정할 수 있는 기회가 증가되고, 성취하지 못한 이유를 파악하고 다른 효과적인 방안을 모색하기가 용이하다.

④ 클라이언트에게 없는 것보다는 있는 것에 관심을 둔다.

클라이언트가 하지 말아야 할 것보다는 '그것 대신' 할 수 있는 것을 목표로 정하는 것이 효과적이다. 클라이언트는 사회복지사에게 올 때, 어떤 문제들이 제거되거나 감소되기를 원한다. 개입 목표를 설명할 때, "~하지 말아야 한다."로 진술할 때, 그 문제를 더욱 생각하고 집착하게 된다. 이것은 문제 행동과 싸워서 이기는 방법으로 많은 에너지를 소모하게 되며, 그 문제가 다시 발생할 가능성은 항상 있다.

해결중심모델에서는 문제가 되는 것을 없애는 것보다는 있는 것에 관심을 두고, 긍정적인 단어로 개입 목표를 규정했을 때 좀 더 효과적이고 효율적이라고 생각한다. 즉 목표는 클라이언트가 하지 말아야 하는 것 대신에 해야 하는 것에 관해서 긍정적이고 목표 지향적인 것을 설명해 주어야 한다. 이는 더 이상 문제 행동을 하지 않을 때 클라이언트가 할 수 있는 일에 관심을 두고 의논하며, 실제 생활 속에서 할 수 있는 일을 찾아내 목표로 설정하는 것이다.

⑤ 목표는 종식보다 시작으로 여긴다.

클라이언트는 자신의 문제와 목표에 대하여 알고 있으나 전체적이고 막연하고 분명하지 않고 혼돈되어 있는 것이 특징이다. 그리고 원만한 것, 행복해지는 것, 관계가 좋아지는 것과 같이 완전한 것을 목표로 생각한다. 그러나 클라이언트는 현재의 단계에서 구체적으로 무엇을, 어떻게 시작해야 좋을지 모른다. 변화는 문제시되는 행동을 하지 않는 것이 아니라 아주 작고 긍정적인 것을 시작하는 것이다.

⑥ 현실적이고 성취 가능한 것을 목표로 한다.

과거에 실패한 경험이 있는 클라이언트는 성취하고자 하는 목표가 비현실적이고 성취할 수 없는 것이었던 것이 공통적이다. 클라이언트와 사회복지사에게 중요한 것은 클라이언트의 생활환경에 현실적이고, 성취 가능한 것을 파악하고 목표를 설정하는 것이다. 만일 클라이언트의 목표가 비현실적이고 성취가 불가능한 것이라면 사회복지사는 클라이언트가 실생활에서 실현이 가능한 것을 찾아내도록 돕고, 현실적이고 성취가 가능한 것을 목표로 설정하도록 협상하고 조정해야 한다.

⑦ 목표 실행은 어렵고 가치 있고 힘들다고 인식한다.

목표가 아무리 작고 현실적이며, 가능한 것이라고 해도 클라이언트가 변화를 시작하는 것 자체가 힘든 것이라고 인식해야 한다. 사람들은 불편해도 익숙한 것을 하고, 새로운 행동을 시도하는 것을 주저하며, 실패한 경험이 있는 행동은 다시 시도하는 것이 더욱 어렵기 때문이다. 따라서 새로운 것과 변화를 시도하는 것은 내면의 많은 에너지를 필요로 하는 어려운 일이다. 목표를 협상할 때 '힘든 일'이라고 강조하는 것은 클라이언트와 사회복지사가 성공적 상황에 있도록 하는 것이다.

(2) 개입 과정

해결중심모델의 전반적인 개입 과정은 다음과 같다. 전체 상담은 약 50분이 소요되며 처음 40분은 클라이언트와 사회복지사의 상담으로 진행된다. 치료 팀이 있는 경우 치료 팀은 일방경이나 비디오 모니터를 통해 관찰하면서 필요한 경우 전화로 개입한다. 사회복지사는 상담 후 상담실을 나와 치료 팀과 함께 치료 과정을 검토하고 자문을 받으며, 클라이언트에게 전달할 메시지를 만든다. 메시지 작성이 끝나면, 사회복지사는 다시 치료실로 들어가 클라이언트에게 메시지를 전달하고 상담을 마친다. 첫 회기 상담과 2회기 이후의 상담 과정이 약간 다르다. 첫 회기 상담에서는 클라이언트와 관계형성과 목표 설정이 우선시된다. 첫 회기 상담 과정은 다음과 같다(정문자 외, 2008).

① 상담에서 해결을 원하는 목표를 확인한다.

사회복지사는 "여기 오신 목적이 무엇인가요?"라고 질문하고 클라이언드의 반응을 살핀다. 클라이언트가 해결되기 원하는 목표가 있다 혹은 없다고 대답할 수 있다. 그리고 소원이나 불평, 문제는 있는가를 물어보고 있다면, "이것에 대해 무엇을 변화시키고 싶은지요?"라고 되묻는다. 상담 진행 과정에서 사회복지사는 클라이언트를 칭찬한다. 상담을 끝마치면 다음 상담을 약속한다. 이때 과제부여는 하지 않는다.

이 과정에서 클라이언트에게 해결되기 원하는 목표가 있다면, 문제가 없는 예외의 상황을 발견하기 위해서 "언제 문제가 일어나지 않는가요?"라고 묻는다. 클라이언트는 문제가 없는 예외의 상황이 있다 혹은 없다고 반응한다. 만일 클라이언트에게 예외 상황이 있다면, 예외의 상황이 의도적 또는 우연적인지를 확인한다. 클라이언트의 예외적 상황이 의도적이었다면 과제부여를 하는데, 과제는 같은 것 더하기로 예외 상황이 일어날 수 있는 행동을 더 많이 하도록 하게 한다. 예외의 상황이 우연적으로 발생했다면, 클라이언트로 하여금 예외적인 상황이 언제, 어떻게 전개되는지를 관찰하게 하도록 하기 위해서 지금부터 다음 상담 때까지 예외가 얼마나 있을 것인지 예상해 보게 한다. 예외 설정은 아주 작은 부분을 실행하도록 한다.

그리고 클라이언트에게 예외 상황이 없다면, 사회복지사는 기적질문을 활용해서 "문제가 다 해결되었을 때, 어떻게 조금이라도 다르게 행동할까요?"라고 질문하고 기적이 일어난 것처럼 행동하게 하며, 무엇이 달라지는

가를 관찰하게 한다. 예외를 찾지 못했다면, 대처방식에 대해 관찰하도록 지시한다. 이에는 다음 상담 때까지 상황이 왜 더 나빠지지 않았는지 관찰하게 하고, 다음 상담 때까지 클라이언트의 생활에서 더 일어나기를 원하는 것이 무엇인지를 관찰하여 보고하도록 한다.

② 첫 회기 이후 상담

2회 상담부터 첫 상담 이후에 일상생활에서 조금이라도 나아지거나 변화된 것에 초점을 두며, EARS로 요약된다. 구체적으로 무엇이 나아졌는지를 이끌어내고(Elicit), 나아진 것을 확장시키며(Amplify), 이를 강화하면서(Reinforce), 또다시 나아진 다른 것에 관하여 묻는다(Start again). 변화가 없다고 한다면 작은 변화라도 찾아보게 함으로써 변화의 파급효과를 기대한다.

③ 후퇴와 악화

변화가 없거나 나빠졌다고 보고할 경우, 나빠진 것에 관해서 자세히 질문한다. 그리고 대처방법에 관해 질문하고 작은 해결을 발견한다. 또한, 극복할 수 있는 시간을 주기 위해 치료 간격을 늘리고, 확신에 관하여 측정한다.

④ 상담 중 자문활용

일방경 뒤에 있는 치료 팀으로부터 인터폰을 통해 상담 중에 자문을 받을 수 있고, 잠시 상담을 멈추고 자문 시간을 갖는 것이다. 치료 팀은 클라이언트의 문제에 대해 더욱 객관적이며 다양한 관점을 줄 수 있다. 첫째, 메시지 작성이다. 사회복지사는 클라이언트가 실시하고 있는 것이 도움이 되고 좋은 것임을 인식시키기 위해서 직간접적 칭찬을 한다. 대표적인 예시는 "자녀와 긍정적으로 대화하는 방법을 알고 있군요.", "매우 좋습니다.", "굉장하네요. 와!"이다. 둘째, 과제 주기이다. 유용한 과제를 제안하거나 과제를 직접 준다. 구체적인 과제의 예는 다음과 같다. 첫째, 기적이 일어나 문제가 해결되었다면, 무엇이 달라질 것인지 생각해 가지고 오기, 둘째, 지금 당면한 문제를 극복한다면 무엇을 할 것인지 생각해 가지고 오기, 셋째, 무엇이든 다르게 행동하고, 그때에 무엇이 다른지 관찰하기, 넷째, 오전에 예측한 것이 저녁에 맞는지 점검해 보기, 다섯째, 1점을 올리기 위해 할 수 있는 일을 실천하고 가족들의 반응을 관찰하고, 가족들의 반응에 대한 자신의 반응을 관찰해 오기이다.

7) 사회복지사의 역할

해결중심모델에서 사회복지사의 중요한 역할은 크게 두 가지이다. 첫째, 해결중심적 대화이다. 클라이언트의 문제를 해결하기 위해 클라이언트와 함께 목표를 세우고 해결책을 구상하며 실행한다. 사회복지사는 자기 문제의 전문가인 클라이언트가 문제를 어떻게 지각하는지를 파악하며, 클라이언트를 '한 발짝 뒤에서 인도'한다. 사회복지사의 적극적인 역할은 소크라테스 질문법처럼 클라이언트가 문제를 다른 시각에서 바라보게 하며, 클라이언트의 생활에서 문제시되지 않았거나 문제가 해결되는 시점의 예외 상황을 발견하도록 돕는 데 있다.

둘째, 알지 못함의 자세이다. '알지 못함의 자세'란 사회복지사가 언어적, 비언어적 행동을 통해 클라이언트에게 풍부하고 진실한 호기심을 표현하는 것을 말한다. 사회복지사는 클라이언트가 변화되어야 한다는 생각이나 기대보다는 클라이언트의 행동과 말을 좀 더 많이 알고 싶어 하는 의향, 즉 항상 '더 많은 정보를 얻고자 하는' 자세를 보여야 한다. 알지 못함의 자세에서 나오는 대화적 질문은 가족이 '아직 말하지 못한 것'을 말해도 괜찮겠다는 안전함을 느끼는 시작점을 만들 수 있으며, 가족이 가진 정서적, 내면적 차원의 억압을 제거할 수 있다(김용환 외, 2023; 정문자 외, 2012).

8) 해결중심치료모델의 장점과 한계

해결중심치료모델은 인간을 병리적으로 보지 않고 강점 관점에서 바라보며, 문제보다 해결을 지향하는 단기치료라는 점에서 다른 치료모델보다 경제적이며, 치료 효과 또한 높다고 할 수 있다. 개입 과정에서 전문가가 아니라 클라이언트 중심의 관계 및 협조를 활용하고 클라이언트가 무엇을 할 수 없는가 보다 무엇을 할 수 있는가에 초점을 맞춰서 강점을 파악한다(정문자 외, 2012).

해결중심모델은 불안, 우울 등 부정적인 정서에 대한 대처능력과 문제해결력 향상과 자신감 증진에 도움이 되며, 특히 약물남용 청소년, 부모상담, 비행청소년, 분노성향이 높은 경우, 어려움에 직면해 있던 부모들이 자신의 강점과 자원을 발견하고 좀 더 희망적으로 변화하고, 실현가능한 목표를 설정하는 방법을 학습하게 된다. 또한 문제해결력 향상, 분노감소 등의 효과가 있고 정신분열증 환자, 알코올중독자, 장애아 및 만성질환자 가족의 손상된 가족기능을 향상시키는 데 효과가 있는 것으로 보고되고 있다.

이 모델은 치료기법이 단순·명료하므로 학습이 용이하고, 효율성이 높다고 할 수 있다. 사회복지사가 느끼는 책임감과 부담감이 상대적으로 적고, 클라이언트가 후퇴하거나 악화되어도 노력 부족으로 생각하고 좀 더 노력하거나 다른 효과적인 방법을 시도하도록 돕기 때문에 사회복지사와 클라이언트가 낙심하지 않고 다시 노력하므로 문제해결 가능성이 높다.

또한 대부분의 상담모델이 클라이언트의 문제 사정과 평가에 많은 시간을 보내는 것에 비해 해결중심모델은 클라이언트가 원하는 것에 초점을 맞춰 목표를 설정하고 개입하므로 상담이 단기에 끝날 수 있다. 체면을 중시하는 한국인의 성격을 감안하면 문제의 배경이나 원인에 초점을 맞추지 않고도 문제를 해결할 수 있다는 점이 가장 큰 장점이라고 할 수 있다.

해결중심모델은 다른 모델에 비해서 철학적 접근 방법이 잘 구조화되어 있다기보다는 여러 기법의 배합 혹은 절충주의적 접근법처럼 보이기도 한다. 그래서 일부 사회복지사들은 해결중심모델이 문제의 원인을 해결하기보다는 임시 대응적인 응급책이라고 여긴다. 이론 활용 시, 비용 효과성에 대해서 비현실적인 기대를 갖고 있다. 실제로 이 이론을 적용하는 데 많은 시간과 노력이 필요하다. 과거에 대한 이해를 중요시하지 않지만 사회복지사는 여전히 클라이언트의 문제 파악을 위해서 사정하고 진단을 할 필요가 있다. 또한 클라이언트가 추후 상담과 종결을 결정하기 때문에 사회복지사의 업무 일정을 계획하고 실행하는 데 어려움을 경험할 수 있다(손광훈, 2009).

이 모델의 철학과 원리를 이해하고 숙달하지 못한 채 질문기법을 사용하는 것은 클라이언트에 대한 수용과 존중, 문제해결에 궁극적으로 도움이 될 수 없으므로 해결중심모델을 사회복지실천 현장에서 사용하려면 많은 훈련과 실습이 필요하다.

2. 클라이언트중심모델

클라이언트중심모델은 인간의 성장과 변화에 대해 인본주의적 관점을 가진 모델로서 사회복지사의 공감적 이해, 무조건적인 긍정적 관심과 진실성을 바탕으로 한 사회복지사와 클라이언트 간의 관계를 중시하는 모델이다. 클라이언트중심모델은 인간에 대한 긍정적인 시각을 가지고 클라이언트의 능력에 대한 신뢰를 기반으로 하고 있다.

또한 클라이언트에게 해석을 내리는 권위주의적 관계구조에 반대하고, 클라이언트와 사회복지사와의 인간적인 관계를 중요시하며 클라이언트의 문제에 대해 과거사보다는 '지금-여기'를 강조한다. 이 모델은 최근에 '인간중심 접근법'이라 불리기도 하는 것으로서 칼 로저스가 1940년대에 처음 개발한 '인간성장과 변화에 대한 접근법'이다(이정서, 2024).

1) 클라이언트중심모델의 등장 배경과 특징

미국의 임상심리학자 칼 로저스가 1940년에 체계화하였다. 정신분석적 접근에 대한 반동이며, 인간은 스스로 치유할 능력이 내재되어 있고, 치료자는 클라이언트가 이를 잘 표출할 수 있도록 도와야 한다고 보았다. 클라이언트를 공감적으로 이해하고, 무조건적인 긍정적 관심을 보이며, 진실성을 바탕으로 한 인본주의적 관점으로 원조해야 한다고 보았다. 1951년 『클라이언트중심치료』가 출간되면서 클라이언트중심모델로 불렸으며, 최근에 와서는 인간중심모델로 불리고 있다.

클라이언트중심모델의 특징은 크게 8가지로 볼 수 있다(서혜석 외, 2024; 이정서 2024). 첫째, 클라이언트의 인식능력과 결정능력을 토대로 한다. 둘째, 현재의 인성적 특징이 형성된 원인을 규명하기보다는 인성에 변화를 가져오는 방법을 탐색하는 데에 관심을 둔다. 셋째, 인간의 성장 자체에 초점을 둔다. 넷째, 인간의 본성을 선한 존재로 보고, 모든 인간은 자아실현 욕구를 가졌다고 가정한다. 다섯째, 사회복지사의 지식이나 기술이 아닌 태도가 클라이언트의 변화를 촉진시킨다고 본다. 여섯째, 사회복지사와 클라이언트의 관계를 통해 클라이언트의 성장적 변화를 추구한다. 일곱째, 사회복지사는 클라이언트 스스로 자신의 실체와 유기체적 욕구를 정확히 이해할 수 있도록 하는 데에 초점을 둔다. 여덟째, 개입기법은 공감, 무조건적 긍정적 관심(해석이나 불필요한 탐색 거부), 진실성 등이다.

2) 클라이언트중심모델의 개입원칙과 관점

기본적으로 모델의 개입원칙과 관점을 이해하는 것은 모델의 방향성을 이해하는 데 도움이 된다(김혜란 외, 2022; 서혜석 외 2024). 클라이언트중심모델의 개입원칙은 크게 5가지로 설명할 수 있다. 첫째, 인간 대 인간으로서 클라이언트를 대한다. 둘째, 관계에서 진실하려고 노력해야 한다. 셋째, 선입견적 집단적 범주에서 클라이언트를 판단해서는 안 된다. 넷째, 순간순간의 경험에 기초하여 클라이언트를 만나야 한다. 다섯째, 클라이언트의 주관적 세계에 들어가서 도와야 한다.

클라이언트중심모델의 관점은 인간중심적인 상담방식으로 공감, 긍정, 진실성, 관심 등의 전문성을 가진 관계중심적인 사회복지실천을 의미한다. 또한, 인간중심적인 칼 로저스의 이론에 의한 사회복지사의 역할을 중시하는 기법으로 장점은 상호 간의 신뢰를 통해서 라포를 형성시켜서 수평적인 관계를 만들며 지속적이고 발전적인 해결방안을 마련하며 이 과정을 통해서 클라이언트는 스스로가 해결에 대한 노력과 발전을 하게 된다.

3) 클라이언트중심모델의 목적과 주요 개념

클라이언트중심모델의 목적과 목표, 주요 개념, 개입기법, 평가를 다음과 같이 구체적으로 정리하였다(이정서, 2024).

(1) 목적

① 개인의 독립과 통합을 목적으로 하며 문제보다는 성장 자체에 초점을 둔다.

② 사회복지사의 역할은 클라이언트 스스로가 자신의 실체와 유기체적 욕구를 정확히 이해할 수 있도록 하는 것이다.

(2) 목표

① 충분히 기능하는 사람이다.

② 경험에 대한 개방성이 증가한다. 이것은 경험에 대해 자유롭게 대처한 것이다.

③ 실존적인 삶의 태도가 증가한다. 즉 자신에게 최선의 것을 선택하고 그 선택을 바탕으로 최선의 삶을 살아간다.

④ 자신의 유기체에 대한 신뢰가 증가한다. 사람은 자신의 유기체 전체를 통해서 어떤 한 상황의 여러 측면을 고려하게 되고, 가장 만족스럽게 할 수 있는 결정을 하면서 신뢰하게 된다.

⑤ 충분히 기능하는 인간으로서 성장과정에 있는 사람은 보다 자유롭고 창조적이며, 인간성을 신뢰하고 보다 풍요로운 삶을 살 수 있다고 본다.

(3) 클라이언트중심모델의 주요 개념

클라이언트중심모델의 주요 개념은 크게 6가지로 실현화 경향, 자아실현 욕구, 긍정적 관심, 현상학적 장, 자기로 나눌 수 있다. 구체적인 내용은 아래와 같다.

① 실현화 경향

유기체를 유지하거나 고양시키는 방식으로 발달해 가려는 유기체의 생득적인 경향을 의미한다. 즉 인간은 출생 시부터 성취를 향해 생산적으로 성장하도록 운명을 타고났다는 것이다. 자율성을 향한 발달이며, 유기체가 본래 소유하고 있는 자아실현의 욕구성취를 지향하게 되는 동기이다.

② 자아실현 욕구

실현화 경향의 하위체제로 자아가 형성됨에 따라 일부 실현화 경향이 자아실현으로 표현된다. 실현화 경향이 기본적인 인간의 동기이며, 자아실현은 이러한 경향의 산물이다. 자아실현 욕구는 자신을 실현, 보존, 향상하려는 동기로서 긍정적 인간의 본성을 의미한다.

③ 긍정적 관심

다른 사람들로부터 긍정적 존경을 받고자 하는 타고난 욕구이다. 자기 자신에게 덜 맞추고 타인의 평가에 더 맞추어 행동하게 된다. 자신의 내적 경험을 무시하는 경향이 있다.

④ 조건부 가치

중요한 타인들의 긍정적인 관심이 조건부로 주어짐에 따라 인간이 어떤 측면에서는 자신이 존중되고 있지만 다른 면에서는 그렇지 않다고 느낄 때이다. 실현화 과정을 왜곡한다는 이유로 인간이 자유롭고 최대한의 효율성을 가지는 것을 방해한다고 생각한다.

⑤ 현상학적 장

특정 순간에 개인이 지각하고 경험하는 모든 것이다. 의식적으로 지각한 것과 지각하지 못하는 것까지도 포함한다. 개인은 객관적 현실이 아닌 자신의 현상학적 장에 입각하여 재구성된 현실에 반응한다. 즉 현상학적 장은 개인의 주관적 경험을 존중하고 이해하려는 노력을 강조한다.

⑥ 자기

개인의 현상학적 장이 분화된 부분이며 'I'나 'me'에 대한 의식적 지각과 가치를 모두 포함한다. 현재 자신이 어떤 존재인가에 대한 개인의 개념으로 자신에 대한 자기상을 의미하는 것이다. 현실자기와 이상적 자기로 구성되며, 이것이 불일치할 때는 불안을 경험한다. 시간이 지남에 따라 개인이 많이 변화하더라도 자신이 이전과 똑같은 사람이라고 느낄 수 있는 내적 감정을 보유한다. 또한, 각 개인이 의식할 수 있으며, 무의식적 정신작용까지도 통합하는 기능을 수행한다. 대부분 사용하는 기본적 방어기제로 왜곡, 부정 등이 있다.

(4) 개입기법

클라이언트중심모델의 기법은 크게 3가지로 공감, 무조건적인 긍정적 관심, 진실성이 있다.

첫째, 공감이다. 공감은 클라이언트의 입장에서 클라이언트가 생각하고 느끼는 것을 이해할 수 있는 사회복지사의 능력으로 클라이언트에 대한 이해를 전달하는 것까지를 포함한다. 여기서 클라이언트의 감정에 휘말리지 않고 이해하는 것이 중요하다. 클라이언트가 느끼고는 있으나 미처 깨닫지 못하는 부분에 대해서도 자신이 이해한 것을 알려주어야 한다. 또한, 클라이언트의 자아존중감을 높여주며 소외감을 해소시켜 주어야 한다.

둘째, 무조건적인 긍정적 관심이다. 사회복지사가 클라이언트를 충분히 수용하고 순수한 관심을 전달하는 것을 말한다. 클라이언트의 방어적인 태도에 상관없이 인간으로서의 내재된 가치를 일관되게 수용하는 것이 중요하다. 사회복지사가 클라이언트의 자기 이해와 긍정적 변화를 일으키는 능력을 완전히 믿는다는 것을 전달해야 한다. 클라이언트는 진정한 관심을 받고 있다고 느낌으로써 새로운 자기에 대한 긍정적 수용을 하게 된다. 또한, 클라이언트의 상황, 관점, 진술의 논리 등을 따뜻하게 감싸주면서 인정하고 받아들인다.

셋째, 진실성이다. 사회복지사가 자신의 진실된 반응을 신뢰하고, 감정 또는 반응을 전달하는 능력이다. 관계 속에서 허위나 방어적 태도가 없는 '참된' 존재가 되도록 해야 한다. 그리고 클라이언트가 사회복지사의 진실된 반응을 경험하면 자기 자신도 더욱 진실성 있는 사람이 되고자 노력하는 효과를 가져올 것이다.

(5) 평가

클라이언트중심모델의 장점은 여러 가지 다양한 상황과 장면에 폭넓게 적용할 수 있으며, 모든 상담의 바탕에 클라이언트중심모델이 깔려 있다. 사회복지현장에서 중요한 클라이언트에게 의사결정의 책임을 주고, 클라이언트의 인간적 능력에 대한 느낌으로 발달을 가져온다. 특히, 고도로 훈련된 전문가들의 독점물이었던 조력과정을 모든 사람이 이해할 수 있고 활용할 수 있는 방향으로 발전시키는 데 공헌하였다. 검증할 수 있는 가설로 이론을 서술한 것과 가설을 열심히 검증하려고 하였다. 또한, 상담 장면을 녹음하여 이를 상담 훈련과 연구에 활용하는 데 선구적인 기여를 하였으며, 클라이언트중심 접근법은 사회복지실천의 중심 철학과 개념을 형성하면서 사회복지실천 속에 널리 활용되고 있다.

클라이언트중심모델은 클라이언트의 자기결정권과 자립성을 존중하며, 맞춤형 서비스 제공을 강조하는 접근방법이다. 또한 상호적인 관계를 구축하고 지속적인 평가와 개선을 통해 더 나은 서비스를 제공하는 데에 중요한 역할을 한다. 이러한 모델은 사회복지서비스 분야에서 긍정적인 영향을 미칠 수 있으며, 클라이언트와 서비스 제공자 간의 상호작용을 통해 보나 발전된 사회를 구현하는 데에 기여할 수 있다. 하지만, 클라이언트중심모델의 한계점도 가지고 있다. 구체적인 내용은 다음과 같다.

① 인간을 너무 한쪽 측면에서만 바라보고 있다. 즉 사회복지실천현장에서 만나는 많은 복잡한 사회문제 속에 내포된 인간의 속성은 이러한 일방적인 긍정적 관점에 의문을 제기하게 한다.

② 클라이언트의 정서적 · 감정적 요인을 강조하고, 지적 · 인지적인 요인과 저항과 감정 전이 등이 무시되었다.

③ 클라이언트의 자아 탐색과 발견에 있어 자발성을 요구하며 세심한 자기표현을 전제로 하고 있어 이러한 전제를 충족시키지 못하는 클라이언트에 대한 개입이 어렵다. 즉 사회복지실천 대상자들이 비자발적 클라이언트이거나 협조를 거부하는 클라이언트일 수 있다. 자발적으로 사회복지사의 도움을 요청한다고 하더라도 자신을 정확히 표현할 수 없는 클라이언트가 많다.

④ 주로 대학생들을 연구집단으로 하여 자기표현이 낮은 교육수준의 사람들에게 효과가 있을지 의문이다.

⑤ 권위 존재로서의 사회복지사 또는 상담가의 역할을 거부한다. 즉 권위주의적인 태도는 관계에 파괴적인 영향을 미친다. 사회복지사들은 이 권위를 부정하기보다는 더 건설적인 방향으로 이용해 보고자 하는 데 관심을 갖고 있다.

⑥ 사회복지실천에 초보자들은 클라이언트중심 접근법이 너무 단순하며, 상세하지 못하다고 생각한다. 사회복지사가 충분한 경험을 쌓은 후에야 이 접근법의 깊이와 의미를 재발견할 수 있다는 데 문제가 있다.

⑦ 현상적 장에서 나오지 않는 자료인 상황적 결정요인들, 생물학적 자료 등은 거부한다.

⑧ 자기향상, 자기실현 등이 개인차를 적절하게 설명해 줄 수 있느냐의 문제가 제기된다.

⑨ 발달문제에 대한 관심 결여, 지나치게 낭만적인 인간관, 순환논법적 설명의 가능성, 부정확한 언어의 지나친 사용이 단점으로 지적된다.

⑩ 상담 초기에는 시원하게 문제를 꼬집어 주지 않기 때문에 사회복지사가 무엇을 지향하고 있는지를 클라이언트가 이해하지 못해서 성급히 물러서는 경우가 생길 수 있다.

3. 동기강화모델

1) 동기강화모델의 개념과 정신

동기강화모델은 개입과정에서 클라이언트의 동기를 이끌어 내고 강화하기 위한 방법에 주력한다는 점에서 다른 모델들과 차이가 있다. 개발 초기에 알코올 중독자를 돕기 위해 시작되었으나 다양한 분야로 확장되고 있으며, 다양한 유형의 클라이언트들에서 그 효과가 입증되었다. 동기강화모텔은 "클라이언트의 변화를 위한 내면에 있는 변화 동기를 발견하고, 양가감정을 탐색하여 해결함으로써 변화에 대한 내적 동기를 증진시키는 방법"으로 정의할 수 있다(Miller & Rollnick, 2006; Miller & Rose, 2009).

이러한 동기강화모델의 핵심은 긍정적 변화를 위한 동기를 강화하여 협력적인 대화방식에 역점을 둔다. 외적 요인에 의해 강요받거나 어쩔 수 없는 변화가 아니고 클라이언트 자신들이 진정 원하는 변화가 되도록 돕는 것이다. 따라서 사회복지사는 촉진자의 역할로 클라이언트의 개인적인 동기를 성취하기 위해 계획을 수립하고 필요로 하는 자원들을 연결하는 과정으로 설명할 수 있다. 동기강화모델의 "정신"을 네 가지 측면으로 구성하고 있다(Miller & Rollnick, 2012).

첫째, 협력이다. 협력은 파트너십을 말하며 전문가가 자신의 열망뿐만 아니라 클라이언트의 열망을 잘 관찰하고 조화시키는 것을 의미하는 협력적인 대화방식을 의미한다.

둘째, 유발이다. 클라이언트도 타인들처럼 실수하고 잘못을 충분히 할 수 있는 존재이자 자율적인 존재임을 받아들이는 것을 말한다. 클라이언트도 최선의 선택을 하고 그 선택에 대해 책임을 지는 존재임을 믿는 것이다.

셋째, 수용이다. '어떠한 것을 기꺼이 받아들임'이다. 클라이언트가 느끼는 고통을 공감하고 기꺼이 받아들임으로써 클라이언트가 고통으로부터 자유로워지거나 고통을 관리할 수 있도록 소망을 갖게 하는 것이다. 넷째, 연민이다. 연민은 공감보다 더 적극적인 지지적 표현으로 볼 수 있다. 연민은 타인의 고통을 줄여주고 고통의 원인을 제거하고자 하는 강력한 열망을 포함하는 개념이다. 이는 사회복지사가 가져야 할 필수적 자세이자 태도이다.

2) 동기강화모델의 원리와 기술

대부분의 경우는 변화에 긍정적이고 우호적인 클라이언트의 생각과 감정, 행동에 초점을 맞춘다. 따라서 변화에 대해 일반적으로 나타날 수 있는 양가감정의 문제를 다루는 인간중심적인 상담방식이다. 구체적으로 ① 공감 표현하기, ② 불일치 조정하기, ③ 저항 다루기, ④ 자기효능감 지지하기이다(김혜란 외 2022; 서혜석 외 2024).

상담기술은 OARS-E로 표현하는데 OARS는 Open question(열린 질문), Affirming(인정하기), Reflecting(반영하기), Summarizing(요약하기)의 첫 글자 모음으로서 클라이언트의 양가감정을 탐색하고 변화하고자 하는 동기를 유발하는 것을 도와주는 클라이언트 중심 상담기법이다. 다섯 번째 방법은 변화대화 이끌어 내기(Eliciting change talk)이다.

① 열린 질문하기는 클라이언트가 대답하기 전에 조금 더 생각하게 만들고 반응하는 방식에 많은 자유를 제공하게 된다. '예', '아니요'로 끝나지 않는 질문을 말한다. ② 인정하기는 사회복지사는 클라이언트에 대해 사실적인 것들만 인정해 주어야 한다. 이를 위해 경청하기와 이해하기는 필수적이다. ③ 반영하기는 클라이언트의 말 속에 있는 의미, 말하지 않은 의미를 생각하고 추측하여 언급해 주는 것을 말한다. ④ 요약하기는 클라이언트의 자기표현의 말 전체를 연결하고 이때까지 한 말의 내용들을 강화하기 위한 기술이다. ⑤ 변화대화 이끌어 내기는 변화의 과정 속으로 내담자를 적극 참여시키는 일은 동기강화모델의 기본과제이다. 자신의 목소리로 표현하도록 촉진하는 것이다.

3) 동기강화모델의 한계점

사회복지의 기본적인 관점은 '환경 속의 인간'으로 개인과 개인을 둘러싸고 있는 환경의 상호작용에 주된 관심을 두고 있다. 하지만, 동기강화모델은 대부분 미시체계와 중간체계 속에서 클라이언트에게 적용되고 있다. 일상생활에서 상호작용하는 다양한 많은 체계로부터 초점을 벗어나게 되어 환경에 대한 영향을 설명하기 어려운 부분이 한계점으로 나타나고 있다.

03

PART

수준별 사회복지실천기술

CHAPTER 09 개인 사회복지실천

CHAPTER 10 가족 사회복지실천

CHAPTER 11 집단 사회복지실천

CHAPTER 12 지역사회의 이해와 실천기법

09 개인 사회복지실천

CHAPTER

1. 개별사회사업

전통적인 사회복지실천 개입방법에는 개인을 대상으로 한 개별지도, 집단을 대상으로 한 집단지도, 지역사회를 대상으로 한 지역사회조직으로 분류하였다. 개인대상 사회복지실천은 개인과의 일대일 관계를 통해 이루어지는 접근방법으로 개별사회사업(social casework)이라고도 한다.

개별사회사업은 일반적으로 사회복지실천현장에서 가장 많이 활용하고 있는 접근방법이다. 이와 같이 개인대상의 사회복지실천은 개인이 갖는 문제에 관심을 갖고 사회복지사와 클라이언트의 긴밀한 관계 속에서 개입이 이루어지는 사회복지실천방법이다. 사회복지실천은 다양한 영역으로 대상과 방법, 범위에 따라 개인, 집단, 지역사회의 수준에서 여러 형태로 진행된다. 구체적으로 개별사회사업의 정의와 특징 그리고 단계별 실천기술에 대해 설명하고자 한다(이정서, 2024).

1) 개별사회사업의 정의

1971년 리치몬드는 사회진단을 통해 정신분석이론을 사회복지실천에 도입하였다. 리치몬드는 개별사회사업(social casework)을 '개인과 사회환경 간의 개별적인 의식적 조정을 통해 인격 발달을 도모해 가는 과정'으로 정의하고 있다. 즉 개인의 기능에 영향을 비치는 환경의 영향을 인식히여, 개인의 부적응에 대한 치료적 개입을 강조하였다. 이후 펄만(Perlman)은 1957년에 '사회복지실천을 사람들이 그들의 사회적 역할을 수행하는 데 있어 문제를 보다 효과적으로 해결할 수 있도록 돕는 과정'이라 하였다.

2000년 국제사회복지사연맹(IFSW, International Federation of Social Workers)은 사회복지실천을 세 가지 주요 목표에 초점을 두고, 첫째는 사회변화를 통해 약자의 권익을 증진시키는 것이며, 둘째는 인간관계에서의 문제해결을 돕는 것이고, 셋째는 개인의 능력을 강화하여 복지를 증진시키고 차별 및 억압으로부터 개인을 해방시키는 것이라고 정의하였다.

2) 개별사회복지실천의 특징과 개입기술

개별사회복지실천은 클라이언트 1인을 중심으로 이루어진다. 즉 개인대상 사회복지실천은 개인이 갖는 문제에 초점을 두고, 클라이언트와의 개별화된 원조과정을 진행한다. 클라이언트와 사회복지사의 전문적 관계를 강조하며, 사회복지사가 클라이언트와의 관계 속에서 라포 형성을 하며 클라이언트의 문제해결과정에 개입한다. 개인의 문제해결을 위해 다양한 개입모델을 활용한다. 정신역동모델, 심리사회모델, 인지행동모델, 행동주의모델, 위기개입모델, 과제중심모델, 역량강화모델 등을 활용하여 개인의 변화 또는 개인과 환경의 상호작용을 변화시키고자 한다.

개별사회복지실천의 개입기술은 직접적 개입기술, 간접적 개입기술로 나뉜다. 직접적 개입기술은 지지, 직접적 영향, 정화법 등이 있으며, 클라이언트의 심리·내적 측면에 직접적으로 도움을 제공하는 방법이다. 클라이언트가 불안하여 솔직하고 정확한 정보를 제공하지 않게 되면 치료활동에 방해가 되므로 불안과 긴장을 완화시키기 위한 지지가 필요하다. 지지하는 방법은 관심, 수용, 격려 등이 있다. 간접적 개입기술은 구체적 서비스의 제공, 환경조정, 의뢰 등이 있다. 클라이언트의 인적·물적 환경을 변화시키는 간접적인 도움 제공 방법이다.

3) 단계별 실천기술

(1) 준비단계

사회복지사는 클라이언트와의 첫 만남을 사전에 준비하는 것으로 문제해결과정에서 원조과정의 지속 여부와 방향을 결정하는 중요한 단계이다. 사회복지사는 사회복지실천기술의 준비단계를 바탕으로 클라이언트에 대한 효과적인 서비스의 전달이 이루어지도록 노력해야 한다. 준비단계에서 사회복지사의 과업은 클라이언트의 기초정보 사전분석, 정보수집하기, 자문구하기, 환경조성하기, 공감적 이해하기, 사전계획하기 등이다.

(2) 초기단계

사회복지실천기술에서 클라이언트와의 첫 만남으로부터 시작하는 단계이다. 초기단계는 면담의 목적이나 방향을 설정하고 클라이언트의 기대를 확인하며, 기관의 정책이나 서비스에 부합하는지 여부를 판단해야 한다. 사회복지사는 클라이언트에게 기관의 서비스, 필요조건, 제한 등의 정보를 제공하여 서비스에 대한 상호 합의점을 도출해야 한다. 초기단계에서 사회복지사의 과업은 클라이언트와의 신뢰관계 형성하기, 서비스 적격성 확인하기 등이다.

(3) 개입단계

클라이언트의 문제해결을 위한 지역사회자원, 서비스, 기회 등을 제공하여 클라이언트의 능력을 향상시키고 회복시키는 실천단계이다. 개입단계에서 사회복지사는 전문가로서 지식과 신념, 경험, 개입방법 선택의 명확한 이론적 근거, 전문가적 판단이 중요하다.

이 단계는 사회복지사가 개별 클라이언트를 비롯하여 클라이언트의 사회관계망, 서비스 제공자나 기관 등을 변화시키기 위해서 개입하는 과정이다. 개입단계는 문제해결과정에서 직접적 개입, 간접적 개입에 이르기까지 다양한 실천기술이 활용되고 있다. 개입단계에서 사회복지사는 클라이언트의 기술과 능력을 향상하거나 문제를 해결하기 위해 전문적 활동을 직접적으로 수행한다.

(4) 평가단계

사회복지실천과정에서 효과성을 평가함으로써 서비스를 제공받는 클라이언트와 서비스 전달체계, 사회에 대해 책임을 진다는 측면에서 평가는 전문가에게 매우 중요한 단계이다. 사회복지사는 계획에 따른 개입과 성과를 평가하고 클라이언트의 문제해결과 변화에 효과적인 개입활동을 자세히 파악하는 실천기술이 평가단계이다.

(5) 종결단계

사회복지사는 클라이언트의 문제해결이나 상황의 변화로 인해 사회복지실천과정을 마무리하는 실천기술이 종결단계이다. 이 단계에서 사회복지사는 공식적 관계를 종료하기에 앞서 실천과정을 통해 얻은 클라이언트의 변화와 전문적 관계를 통해 얻은 경험을 자유스럽게 공유해야 한다.

2. 복합적 욕구를 가진 클라이언트의 개입과 기술

1) 복합적 욕구의 개념

현대사회의 사회복지실천현장은 복합적 욕구를 가진 클라이언트 개인 혹은 가족이 다양하고 복합적인 문제를 가지고 있다. 그래서 여러 기관의 체계적인 개입이 필요하다. 복합적 욕구란 '보건과 사회적 이슈에 걸치는 중복적이고 상호 연동된 욕구를 이해하는 틀'로 정의하였다(Rankin & Reagan, 2004; 박세경 외, 2021). 예를 들면, 장애 등 신체적 또는 정신건강상의 문제가 있는 경우이거나 혹은 노숙인, 난민, 학대피해자 등의 경우에 복합·다중적 문제를 가지고 있으므로 욕구도 복합적이라 본 것이다(Social Exclusion Unit, 2004). 그뿐만 아니라 이용자의 연령과 상황에 기반하여 복합·다중적 욕구가 있을 것이라고 보는 견해도 있다.

2) 복합적 욕구의 특징

복합적 욕구를 가진 클라이언트와 일하기 위한 특성은 다음과 같다. 첫째, 복합적 욕구를 가진 클라이언트의 문제는 장기적이고 만성적일 수 있으며, 이는 개입 기간도 상당히 지속될 수 있음을 의미한다. 둘째, 복합적 욕구를 가진 클라이언트의 문제에 관해 이전에 다수의 기관들이 개입되어 서비스의 중복성과 분절성의 한계를 드러내었다. 이에 효과적인 서비스 적절한 협력과 지속성이 요구된다. 복합적 욕구를 가진 클라이언트의 문제해결은 속도가 매우 느린 경우가 많기 때문이다. 셋째, 복합적 욕구를 가진 클라이언트의 물질적 자원(경제문제), 심리적·사회적 자원의 지지체계는 매우 취약한 상태이거나 즉각적인 개입이 필요할 수 있다. 이에 다차원적인 개인적 개입과 사회구조적 개입이 요구된다. 넷째, 복합적 욕구를 가진 클라이언트의 지속적인 권익옹호활동이 요구된다(노충래 외, 2020).

3) 복합적 욕구를 가진 클라이언트의 주요 접근

(1) 자원개발

복지자원은 클라이언트의 욕구를 충족시키고 잠재된 위험 및 문제를 해결하기 위한 지역사회 내 유·무형의 서비스와 물질적 요소를 포함하여 모든 수단과 방법을 동원하는 것이다(한국사례관리학회, 2020).

자원개발이란 클라이언트에게 자원이 될 가능성이 있는 조직과 개인을 대상으로 자원망으로 반응 역량을 강화하는 제반 활동을 말한다. 자원개발의 주요 접근을 보면 첫 번째로 강점 관점 기반 자원개발이 있다. 강점 관점 기반 자원개발은 클라이언트가 가지고 있는 강점을 포함해서 클라이언트의 강점을 기반으로 서비스와 사람을 개발한다는 광범위한 개념으로 이해되어야 한다. 사례관리에서 클라이언트는 개별 서비스의 이용자가 아니라 '복합적 욕구를 가지고 있으면서 자기 문제와 환경을 바꿀 수 있는 힘이 있는' 한 명의 사람으로 바라보는 것이 필수적이다. 두 번째, 지역사회 기반 실천 관점 자원개발이다. 실천의 원칙을 보면 ① 개인의 문제를 지역사회 문제로 만들기, ② 사례관리 대상으로 보지 말고 지역사회에 살고 있는 지역 주민으로 바라보고, 개인과 가족이 살아가는 공간인 지역사회에서 구성원으로서 기여할 수 있는 기회를 만들기, ③ 지역 주민과 함께 공유하는 가치를 만들기이다(한국사례관리학회, 2016; 서혜석 외, 2024).

(2) 자원과 서비스를 통원하는 기술

일반적으로 복지자원이란 클라이언트의 욕구를 충족시키고 잠재된 위험 및 문제에 대응하고 해결하기 위한 모든 수단과 방법을 찾는 것이다. 복합적 욕구를 가진 클라이언트의 다양한 욕구를 충족하기 위해 지역사회에 있는 여러 유형의 자원과 서비스를 적극적으로 개발하고 효과적으로 활용하는 실천기술이 무엇보다 중요하다(장인봉, 2020).

구체적으로 보면 다섯 가지로 정리할 수 있다.

첫째, 네트워크 및 리더십 역량이다. 네트워크 구축 및 활용은 클라이언트가 거주하고 있는 지역사회 내에서 이루어진다고 할 수 있다. 복합적인 클라이언트의 욕구를 충족시켜 주기 위해 제한된 자원을 최대한 활용하고 서비스를 조정하기 위해서는 네트워킹이 무엇보다 중요하다.

둘째, 사례관리 기술이다. 사례관리는 복합적 욕구를 가진 이용자들에게 필요한 서비스를 제공하여 이들의 삶의 질을 향상시킬 수 있는 효과적인 실천 방법으로 주목받고 있다. 다양한 욕구의 부응에 필요한 포괄적 서비스를 통합적으로 제공하기 위해서는 사례관리체계가 지역 내에서 효과적으로 설계되어야 한다(서혜미 · 민소영, 2012; 김성천 외, 2022).

셋째, 연계하는 기술이다. 복합적인 문제를 가진 클라이언트에 개입할 때에는 문제 상황의 복잡성이나 관계형성 및 문제해결에 어려운 주제 등으로 사회복지사의 숙련성이 더욱 요구되며 통합적으로 조정하는 실무역량과 실천기술이 강조된다. 연계하는 기술은 클라이언트의 다양하고 복잡하게 얽혀 있는 문제를 해결하기 위해 다양한 기관과 전문가들의 의견을 수렴하고 적합한 자원과 서비스를 의뢰하거나 연계하고 이를 통합적으로 조정하는 실천방식이다.

넷째, 관계중심 기술이다. 사회복지사의 직무수행능력 중 클라이언트와 내·외부 체계와의 관계 형성 및 유지 능력은 사례관리자의 직·간접서비스 역할 수행에 영향을 끼치는 것으로 나타났다. 특히 클라이언트를 대상으로 하는 상담, 교육, 코칭, 협력 활동과 위기개입 등의 직접적인 실천기술에서 관계맺기가 중요한 상황이다.

다섯째, 욕구사정 기술이다. 욕구조사를 위한 방문상담 시 대상가구에 연락하여 상담일정 협의를 하여야 하며, 대상가구의 특성 및 안전문제 등을 감안하여 최소 2명이 동행 방문을 준비한다. 대상가구의 특성상 초기관계형성이 어려울 것으로 판단되는 경우에는 신뢰관계에 있는 통·반장 등과 통행 방문하고 아동학대·노인학대 사례의 경우 반드시 아동보호전문기관이나 노인보호전문기관 상담원과 동행 방문한다(김혜란 외, 2022).

4) 한계점

현행 사회서비스의 공급과 이용과정에서 복합·다중욕구 대응의 한계를 제도적 분절성과 파편성으로 진단할 수 있다. 복합적 욕구를 가진 클라이언트는 가구 내의 갈등요인의 심각도가 매우 높은 편이며, 다수의 사회서비스를 이용한 경험이 있으나, 서비스 이용으로 인한 욕구충족 수준과 삶의 질 개선 수준이 가장 낮았다. 그럼에도 불구하고 앞으로의 사회서비스 이용 의향이 다른 집단들에 비하여 상대적으로 높게 나타났다. 앞으로 이들에 대한 집중적이고도 통합적 서비스 지원이 필요할 것으로 보인다(박세경, 2021).

3. 비자발적 클라이언트의 개입과 기술

1) 비자발적 클라이언트의 유형과 특성

사회복지사가 사회복지실천현장에서 만나는 클라이언트는 다양한 유형으로 구분할 수 있다. 대다수의 사회복지복지과 학생들이 생각하는 클라이언트의 모습은 사회복지사와 긍정적인 관계를 형성하며, 프로그램 등에 자발적으로 참여하는 모습일 것이다. 협조적이고 프로그램에 자발적으로 참여하는 클라이언트도 있지만 비자발적인 클라이언트도 존재를 한다.

비자발적 클라이언트를 분류해 보면 크게 3가지 유형으로 구분할 수 있다. 첫째, 비자발적인 클라이언트 아동학대, 가정폭력, 노인 학대 가해자 수감명령을 받은 클라이언트 등이 있다. 둘째, 사회복지사를 대상으로 적대적, 공격적 행동을 보이는 클라이언트가 있다. 셋째, 보호를 필요로 하는 클라이언트로 아동학대 피해아동, 가정폭력 피해여성, 노인 학대 피해노인, 자살충동을 보이는 클라이언트 등이 있다(서혜석 외, 2024).

일반적으로 비자발적 클라이언트라는 사회적 문제를 야기하는 행동으로 사회복지실천가로부터 도움을 구하지 않는다. 그리고 행정, 법원, 보호관찰소에 의한 압력 및 부정적 제재를 피하기 위해 그들에게 협력할 수밖에 없다. 비자발적 클라이언트는 저항적인, 마음 내키지 않는, 동기가 부족한, 역기능적인, 접근하기 어려움 등 다양한 문제에 직면하고 있다. 비자발적 클라이언트의 특성은 첫째, 사회복지서비스의 필요성을 느끼지 못한다. 자신의 삶에 타인의 간섭이 실질적으로 도움이 되지 않는다는 생각이 있다. 둘째, 서비스에 대한 거부감과 수치심이 강하다. 특정한 일에 대한 처벌로써 참여하게 되었다고 인식하며 거부와 수치심을 갖게 된다. 셋째, 외부기관에 의해 자신들의 문제를 강제적으로 노출시켜야 하는 클라이언트는 자신의 문제를 회피하고, 면담의 목적을 흐리게 하고, 고의로 면담을 방해하거나 거부하기도 한다(문성호, 1996).

비자발적 클라이언트를 대할 때는 기능한 한 클라이언트가 이야기하고 싶어 하는 것에 관심을 보이면서 적극적인 경청과 공감을 통해 신뢰관계를 구축하여야 한다. 변화에 대한 동기 자체가 없이 상담 및 교육에 참여하는 클라이언트일지라도, 자신들의 존재 및 자율성을 인정해 주는 사회복지사를 만나게 되면 변화 의지를 갖게 되고 상담목표에 합의하는 모습을 보이기도 한다(Miller & Rollnick, 2012).

2) 비자발적 클라이언트의 초기 실천지침

(1) 실천과정에 대한 기대 명확화하기

클라이언트와의 첫 상담 이전에 협상의 대상이 될 수 없는 요구들과 클라이언트가 활용할 수 있는 선택과 대안들을 분명히 한다. 클라이언트와 처음 만날 때 클라이언트가 기관에 오게 된 이유에 대해 솔직하게 알려 주고, 잘못된 기대가 있다면 개입 전에 바로 잡아야 한다. 클라이언트를 의뢰하게 된 문제에 대해 의뢰자와 클라이언트 간에 심각한 견해 차이가 있을 경우에는 의뢰기관에 확인하여 개입 문제에 대해 명확히 하는 것이 바람직하다. 클라이언트를 위해 사소한 기관의 규칙을 위반해서는 결코 안 된다. 사소한 양보나 유연한 규칙 적용 등은 더 많은 요구 혹은 사회복지사를 협박하거나 압력을 행사하는 방식의 상황으로 이끌 수 있다(Sheafor & Horejsi, 2015).

(2) 비밀보장의 제한 가능성 알리기

사회복지사는 비밀보장의 원칙과 더불어 예외적 경우에 비밀보장 원칙이 제한될 수 있는 것에 대해서도 설명해야 한다. 실천적 개입이 시작되는 시점에서 사회복지사는 면접이나 상담 과정에서 주고받았던 클라이언트에 대한 정보를 어떻게 사용할 것인지에 대해 분명하게 설명해야 한다. 클라이언트는 이에 대해 알 권리가 있을 뿐 아니라 처음부터 솔직하게 알려주는 것이 클라이언트와의 신뢰관계를 형성하는 데 도움이 되기 때문이다. 대부분 실제로 정보를 타인에게 제공하기 전에 클라이언트에게 먼저 알리는 것이 바람직하다(Goldstein & Noonan, 2010).

3) 저항과 감정

(1) 저항 이해하기

사법기관의 명령에 의해 어쩔 수 없이 억지로 상담이나 교육을 이수하려 하는 클라이언트는 대부분 억울함을 호소하는 경우가 많다. 이러한 클라이언트는 상담과 교육에 방어적이고 변화에 대한 기대나 의지가 부족할 수 있다. 클라이언트들은 외부의 통제를 받기 때문에 무력감과 두려움을 느끼기도 한다. 반대로 상담과 교육을 통해서 자신의 변화들 꾀하고자 하는 클라이언트도 존재한다. 이에 사회복지사는 클라이언트의 저항을 민감하게 알아차리고, 적절하게 대처하는 것이 중요하다(Mathew, 1995; 김혜란 외, 2021).

(2) 강제에 대한 감정 다루기

비자발적인 클라이언트의 공통적인 반응은 적대감, 분노 등의 감정이 대표적이다. 사회복지사나 사회복지기관 등 권위를 상징하는 대상에게 클라이언트가 느끼는 거부감을 표출할 수 있는 기회를 주는 것이 매우 중요하다. 사회복지사는 이들의 관점으로 세상을 바라볼 수 있어야 한다. 초기에 마음을 열고 비판적으로 대화를 진행하며 이후의 개입과정에서는 지속적으로 클라이언트의 감정을 다루어야 한다(김혜란 외, 2021; 서혜석 외, 2024).

4) 자살 위기의 클라이언트

자살은 자살생각, 자살계획, 자살시도 및 자살완결을 포함하는 과정적인 개념으로 장애나 진단명이 아닌 여러 가지 요인들의 상호작용에 의해 결정되는 다차원적 행동이다(Maris, 2002). 세계보건기구(WHO)는 자살을 '치명적인 결과를 초래하는 자해행위'로 정의하였고, 선행연구들마다 자살에 대한 정의는 조금씩 상이하지만, 공통적으로 자살의도에 대해 언급하고 있다. 자살의도란 생명을 끝내고자 하는 소망 혹은 욕구를 의식적으로 경험하고 행동으로 인해 초래될 위험성에 대한 정확하거나 부정확한 지식을 가지고 있으며, 원하는 목적을 달성하기 위한 방법이나 수단에 대해 지각하고 그 방법이나 수단에 대한 지식을 가지고 있다는 의미이다(Silverman, et al., 2007; 한국청소년상담복지개발원, 2018).

우리나라의 자살률은 매우 높다. 특히, 10대와 20대 사망원인 1위가 자살이며, 많은 사람들이 자살로 인한 직접적 · 간접적 영향을 받고 있다. 하지만, 우리사회에 자살은 금기시되어 있다. 자살에 대해 정확히 이해하기 위해 다음의 잘못된 믿음을 검토해 볼 필요가 있다(LovingWorks Education, 1999; 김혜란 외, 2022).

① 대부분의 자살은 하나의 갑작스러운 외상적 사건에 의해 일어난다.
② 대부분의 자살, 특히 청소년 자살은 사전경고 없이 일어난다.
③ 자살의 위험이 있는 사람과 자살에 대해 이야기해서는 안 된다.
④ 자살에 대해 이야기하는 사람은 자살하지 않을 것이다.
⑤ 치명적 결과를 가져오지 않는 자살 시도는 주의를 끌기 위한 행동이므로 도움을 제공할 필요가 없다.
⑥ 자살하는 사람들은 정말 죽기를 원한다.
⑦ 이전에 자살을 시도한 사람은 다시는 자살하지 않을 것이다.
⑧ 자살하는 사람들은 문제를 해결하기 위한 쉬운 방법을 선택한 것이며, 따라서 도움을 받을 자격이 없다.

일반적으로 사랑하는 사람의 죽음과 같은 갑작스러운 상실경험, 사업 실패나 파산과 같은 급격한 경제적 어려움, 따돌림 괴롭힘, 성희롱, 재해나 사고 등의 정신적 외상 사건이 급격한 스트레스를 야기하여 자살의 위험을 높일 수 있다. 생활 속에서 발견할 수 있는 자살의 위험을 예고하는 징후들은 다음과 같다(이홍식, 2007; 김혜란 외, 2022).

① 죽음에 대한 언급을 자주 한다.
② 자살에 대한 인터넷 검색을 하거나 SNS, 일기나 노트 등에 자살에 관련된 언급을 한다.
③ 최근 음주가 많이 늘었다.

④ 직장에서 자주 휴가 등을 내고, 아프다며 무단결석을 한다.
⑤ 자신의 물건들을 주변 사람들에게 나누어 주는 등 신변을 정리한다.
⑥ '감사했다', '잘 지내라' 등 갑작스러운 안부 인사를 한다.
⑦ 여러 약국이나 병원을 다니면서 수면제, 진통제, 감기약 등의 약을 모은다.
⑧ 자신이 죽으면 주위 사람들이 어떻게 반응할지에 대해 관심을 갖는다.

정부 차원의 자살예방, 자살 고위험군에 대한 집중 관리와 자살시도자 사후관리의 효과성을 강화하기 위하여 지역 맞춤형 자살예방 사업을 계획하고, 증거에 기반한 개입을 시행함으로써 우리 사회의 높은 자살률을 낮추겠다는 노력을 하고 있다.

CHAPTER

10 가족 사회복지실천

가족을 대상으로 하는 사회복지실천의 기본적인 목적은 모든 가족구성원들이 각자의 발달적인 욕구와 정서적인 욕구를 충족할 수 있게끔 도와주는 것이다. 가족들이 보다 자신의 역할과 기능을 효과적으로 배우고 활용할 수 있도록 지원하는 것이기도 하다. 이러한 가족수준의 사회복지실천은 가족이 변화를 위해 준비하도록 가족구성원 각자의 강점을 잘 살려서 다양한 가족지원 서비스를 제공하는 것이다.

가족은 인간체계의 하나로서 세대를 내려오면서 형성되었고, 또한 세대를 통해서 가족구성원에게 강력한 영향력을 미치고 있다. 사회복지사가 직면하는 서비스 이용자가 한 사람이라고 하더라도 그 사람에게 영향을 미친 가족에게 사회복지사는 개입하여야 하며, 서비스 이용자가 가족이거나 소집단, 기관, 지역사회일 때에도 가족에게 개입하여야 한다.

가족이란 서로에 대한 의무를 가지고 함께 거주하는 사람으로 구성된 일차집단이다. 가족은 시대와 장소, 사회를 초월한 본질적 기능을 가지고 있으며, 개인과 사회의 존속을 위해 매우 의미 있는 집단이라고 할 수 있다(이경희 외, 2004). 사회복지사가 그들의 문제해결을 위해서는, 한 인간에게 가장 큰 영향력을 미치는 가족체계에 대한 이해가 우선되어야 할 것이며, 사회복지실천 현장에서 가족대상의 사회복지실천은 매우 기초적이며 포괄적이라 할 수 있다.

따라서 사회복지사는 가족과 클라이언트체계의 다양성을 이해하고 그들의 생태학적 환경과의 상호작용을 원활하게 할 필요가 있다. 따라서 가족에 대한 기초적 이해를 돕기 위해 가족의 개념과 변화를 알아보고, 가족구성원들의 의사소통, 가족규범, 가족 사정도구 등에 대해 알아볼 필요가 있겠다.

1. 가족의 개념과 변화

1) 가족의 개념

가족(family)의 어원은 라틴어 'familia'에 근거한 것으로 집에 속하는 모든 것을 포함하는 개념으로, 생활하는 장소로서의 집과 소속된 인간, 즉 가족 구성원 모두를 포함한다. 가족의 사전적 정의를 보면 "어버이와 자식, 형제자매, 부부 등 혈연과 혼인관계 등에 의해 집안을 이룬 사람들의 집단 또는 그 성원"이라고 되어 있다(우리말 큰 사전, 2000). 가족은 원초적인 집단으로 신체적 보호의 일차적인 기능을 가지고 있으면서, 한 개인에 있어 사회화 학습의 장이기도 하다(조추용 외, 2005). 이러한 가족의 개념을 시대와 장소, 그리고 이념에 따라 다양한 관점에서 많은 학자가 근대 정의와 현대적 정의로, 협의의 개념에서 광의의 개념까지 폭넓게 정의하고 있다. 가족의 개념은 개인의 가치기준에 따라 인간의 삶에 지대한 영향을 미치기도 하며, 가족구성원 간에 많은 갈등을 가져오기도 한다(박경란 외, 2004). 여기서는 가족을 크게 협의적 개념과 광의적 개념으로 구분하여 살펴보기로 한다.

(1) 협의적 개념

전통적으로 가족은 흔히 혈연, 혼인, 자녀양육이라는 측면에서 정의되어 왔다(성정현, 2006). 많은 학자가 가족을 이해하기 위한 목적으로 가족의 개념을 정의해 왔는데, 이들은 공동의 거주, 자녀의 존재, 그리고 부부의 성적 관계와 경제적 협력을 공통으로 강조하였다. 머독(Murdok, 1949)의 핵가족 정의와 레비-스트라우스(Lévi-strauss, 1971)의 확대 가족적 정의, 버제스와 로크의 견해, 그리고 국내 학자의 근대적인 정의를 살펴보기로 한다.

머독은 가족의 정의를 "가족은 공동의 거주, 경제적 협동, 생식(재생산)의 특징을 갖는 집단으로 사회적으로 인정받는 성관계를 유지하는 최소한의 성인 남녀와 한 명 이상의 자녀로 이루어진다."라고 하였다. 이 관점은 보편 기능론적 관점에서 가족을 봤다. 머독은 가족을 너무 좁은 의미로 한정했기 때문에 다양한 가족을 보편적으로 정의하는 데는 부적합하다는 한계를 지니고 있다.

레비-스트라우스는 "가족은 결혼에 의해 출발하고 부부와 그들의 자녀로 구성되지만, 이 핵집단에 다른 근친자도 포함될 수 있다고 보았다. 가족구성원은 법적 유대, 경제 종교적 권리와 의무, 성적 권리와 금지, 애정, 존경, 경외 등 다양한 심리적 정감으로 결합되어 있다."라고 하였다. 이 관점은 확대 가족적 관점에서 가족을 봤으며, 머독보다 가족을 더 넓은 친족집단 구조로 파악하고 확대된 범위로 봤다.

버제스와 로크는 가족을 혼인, 혈연 혹은 입양에 의해 결합된 집단으로, 하나의 가구를 형성하고, 남편과 아내, 아버지와 어머니, 아들과 딸, 형제와 자매라는 각각의 사회적 역할 속에서 상호작용하며 의사소통하고, 공통의 문화를 창조, 유지하는 집단이라고 하였다(김시업, 2006).

유영주 등(1995)은 "가족은 부부와 그들의 자녀로 구성되는 기본적 사회집단으로 보았다. 가족은 이익관계를 떠나 애정적 혈연집단이며, 같은 장소에서 기거하고 취사하는 십난이고, 그 가족만의 고유한 가풍을 갖는 문회집단이며, 양육과 사회화를 통하여 인격형성이 이루어지는 인간발달의 근원적 집단으로 보았으며, 아울러 사회와 정치의 변화에 역동적 반응을 보이는 사회집단"이라고 하였다.

이처럼 가족의 전통적 개념은 남녀의 혼인과 부모됨에 기초한 혈연집단, 입양으로 관계를 맺은 두 사람 또는 그 이상의 구성원으로 맺어진 집단을 말하며, 정신적 유대와 의식주를 함께 해결하는 공동의 거주, 공동체적 생활방식을 갖는 집단이라고 할 수 있다.

(2) 광의적 개념

가족에 대한 또 다른 하나의 시각은 가족을 편재하는 생물학적 욕구에 대한 보편적인 반응으로 보기보다는 특정한 사회질서 안에서 나타나는 도덕적 · 철학적 · 이념적 구성단위로 파악한다. 가족은 혈연관계로 이루어진 자연적 집단이 아니라 가정 내부에서 인간관계를 조직하고, 고려하는 방식으로 인식되며, 개인은 재산을 소유하고 보호와 복지를 제공할 뿐만 아니라 특히 자녀를 양육하는 단위로서 국가에 위해 형성된 영역, 즉 현대 정치와 경제를 시배하는 비인격직 규범과 대립되는 사랑과 친밀의 범주로 개념화된 영역으로 본다(조흥식, 2008).

가족 개념은 현대사회에 접어들면서 개방적이고 다양한 집단까지도 포함되어 포괄적으로 나타나고 있다.

광의적 개념으로 가족을 정의하면 “가족은 공동으로 생활을 영위하는 부부와 자녀, 친척, 그리고 입양이나 기타 관계로 연대의식을 지닌 공동체 집단”으로 정의한다. 입양이나 기타 비(非)혈연 집단과 동거라 할지라도 연대의식을 가지고 지속적인 관계를 맺고 있다면, 이는 가족으로 볼 수 있다는 것이다(박민자, 2003).

올슨(Olson)은 “가족이란 둘 또는 그 이상의 가족구성원이 서로 돕고 몰입되어 있으며, 애정과 친밀감, 가치관과 의사결정, 그리고 자원을 서로 나누는 집단”(Olson, 1993)이라고 하였으며, 가족은 도움이 필요할 때 도움을 주며 가족의 구성원을 인정해 주는 안도감의 욕구가 충족되는 존재라고 하였다(김혜경 외, 2006).

따라서 현대적 개념의 가족은 부부와 그들의 자녀나 근친자로 구성되는 기본적인 사회집단으로서, 애정적인 공동체를 이루고 서로 간의 의사소통 안에서 공통의 문화를 창조하고 유지하는 집단이며(김혜선 외, 2005), 개별성과 공동체성을 존중하고 상호 간에 심리적 자원이 되어주는 상호작용적 관계의 집단이라고 본다.

2) 가족의 기능과 변화

인간은 가족을 떠나 살 수 없으며, 가족에서 소외된 삶은 바람직한 생활양식이라 할 수 없다. 인간은 출생하면서부터 가정에 소속되며, 가족과의 관계를 통해서 성장하고 발전하여 간다. 즉, 인간은 가족을 통하여 타인과의 관계를 형성함으로써 바람직한 사회행동의 규범을 학습하고 가족이라는 거울을 통하여 자아정체감을 형성해 간다. 기본적인 가족의 기능은 다음과 같이 분류할 수 있겠다.

첫째, 친밀한 관계의 근원을 제공한다.

둘째, 경제적 협조의 단위로서 기능한다.

셋째, 자녀를 출산하고 그들을 잘 양육하여 사회에 진출하게 한다.

넷째, 가족구성원에게 지위와 사회적 역할을 할당한다.

한편, 가족의 변화에 대해 살펴보면, 한국 사회는 1960~70년대 이후 산업화 · 정보화시대를 거치면서 복지에 대한 관심과 함께 빠르게 변화하며 국제화시대로 발돋움을 하고 있다. 오늘날 가족문제 또한 복잡한 사회문제의 영향을 받아 가족의 위기라고 할 만큼 심각한 위기에 직면하고 있다. 특히 현대사회는 가족의 형태나 주기, 가치관, 가족관계 등이 급속히 변화되고 있어 이에 대한 가족복지의 대응이나 가족의 신속한 적응을 필요로 하고 있다.

현대사회의 가족변화요인은 산업화·도시화의 영향에 큰 비중을 두고 있다. 이러한 산업화·정보화는 가족의 기능, 가족의 가치관, 가족생활주기 등과 같은 것에 많은 영향을 주었다. 산업화는 과거 가족이 수행했던 다양한 기능을 사회가 담당하게 하였고 가족의 기능을 축소, 변화시켰다(김익균 외, 2009). 또한 정보산업화가 진행되면서 평등한 가족관계, 가족 유대와 결속력 약화, 가족구성원의 개인주의화에도 영향을 주었다. 이뿐 아니라 양성평등의 사회적 노력, 각종 법 개정과 더불어 부계단일제도의 친족관계가 '양계제도'로 바뀌면서 더욱 여성의 입지가 강해졌으며, 여성의 경제활동 증가와 여성의 경쟁력 확보도 가정 내 지위와 가족생활을 변화시키는 데 한몫을 하였다. 가족구성원의 개인주의 경향은 부부관계나 부모-자식관계에 있어서도 차츰 과거와는 다르게 상호 간의 개성과 독립을 인정해 주기를 원하면서, 앞으로는 더욱 평등한 관계를 지향하는 가족이 출현할 것이라고 본다(김혜경 외, 2006).

가족을 둘러싼 최근의 급격한 변화는 다양한 매스미디어의 매체를 통해 소위 '가족의 위기'라 일컬어지며 우리 사회의 주요한 사회문제로 부각되고 있다. 이러한 작금의 현실에 대해 가족은 해체의 위기에 있다는 입장과 가족은 단지 변화할 뿐이라는 입장이 다양한 논리로 전개되고 있는 상황이다. 한편, 가족에 대한 사람들의 인식변화도 두드러지고 있다.

3) 가족의 형태 변화

(1) 핵가족

가장 보편적인 가족 형태로 부부와 미혼인 직계가족으로 구성된 가족이며 부모와 자녀의 2세대로 한정된다. 핵가족은 현대 산업사회의 사회경제적 구조에 가장 적합한 가족 형태로 간주되는데 우리 사회에서도 직장에 따른 지역적 이동, 주택 형태, 독립된 생활 형태의 선호 등의 이유로 핵가족이 지배적인 가족 형태이다. 핵가족이 가지는 가족 내적 문제점은 가족 기능의 축소, 가족 결합의 약화, 가족구성원 생활 태도의 개성화, 가족구성원 상호 간 사회적 관심과 생활 태도에서의 차이로 인한 갈등 증가가 두드러지며, 가족의 외적 문제점은 사회문화적 배경이 다른 배우자 선택으로 인하여 가족 성립 조건이 불안정하고 주위 친족 및 지역사회에서의 직원이 없으므로 위기 시에는 가족이 쉽게 해체되어 버리는 점이다. 무엇보다도 핵가족화는 가족의 보호 및 부양 기능의 약화를 초래하기 쉽다.

(2) 확대가족

확대가족은 핵가족이 종적 혹은 횡적으로 연결되어 형성되며, 자녀가 결혼한 후에도 부모와 동거하는 가족 형태이다. 전통적으로는 우리나라에서는 가부장적 제도에 근거한 확대가족이 이상적인 가족 형태였으나 핵가족의 증가와 반비례로 확대가족은 우리나라에서 점점 감소하고 있다.

(3) 노인가족

노인가족이란 노인이 포함된 가구 형태를 의미하며 노인이 혼자 사는 단독가구노인 또는 노부부만 생활하면서 가족들의 지원을 받는 유형과 노인부부와 미혼 자녀 그리고 기혼 자녀가족으로 이루어진다.

산업화로 인한 사회구조와 가치관의 변화에서 비롯된 핵가족화 경향은 노인만으로 구성된 가족의 증가를 가져오게 되었다. 전반적인 노인 인구의 급증과 자녀와의 동거를 원치 않는 노인 및 부모와의 동거를 원치 않는 자녀의 증가로 노인가족이 늘어나는 것이다. 노인의 자녀와의 별거 선호율은 점점 높아지고 있어, 앞으로 노인가족은 점점 더 늘 것으로 전망되고 있다.

(4) 재혼가족

재혼은 배우자 한쪽이나 양쪽 모두가 재혼 이상의 결혼을 하는 것을 의미하고 재혼 가족은 결혼한 부부와 배우자에게 자녀가 있고 함께 살기를 원할 경우 그 자녀를 포함하여 하나의 기구를 형성하고 유지하는 것을 의미한다(송성자, 2003:83).

재혼가족은 가장 복잡한 가족 형태를 이룬다. 이전 결혼에서 자녀가 없는 사람들이 재혼하는 경우는 구조적으로 일반적인 핵가족과 차이가 없다. 그러나 일반적으로 재혼가족에는 자녀가 포함된다.

우리나라도 이혼율의 급격한 증가로 재혼가족이 증가하는 추세이다. 재혼율은 1991년부터 2000년 사이에 8.1%에서 13.1%로 증가하였고, 여자의 경우 7.1%에서 14.5%로 거의 2배가 증가하였다. 그리고 남녀 모두 재혼인 경우가 1980년 3%에서 2000년에는 9.65%, 여자가 재혼이고 남자는 초혼인 결혼은 1980년 1.2%에서 2000년 4.9%로 증가하고 있다(통계청, 2001). 남녀를 불문하고 이혼사의 90% 이상이 재혼을 원하고 있으므로 많은 편부모가족이 언젠가는 재혼가족이 된다. 재혼가족은 복잡한 가족관계, 자녀문제와 관련된 전 배우자의 개입, 여자의 재혼에 대한 우리 사회의 이중 기준 등으로 인해 가족구성원이 되는 개인에게 적응에 어려움을 줄 수 있는 가족 형태이다.

(5) 동거가족

미혼의 남녀가 법적인 혼인을 맺지 않고 다소 지속적인 관계를 맺고 있는 가족을 의미하며 아직까지 우리나라에는 사회적으로 잘 받아들여지고 있지는 않지만 법적으로 보호받을 수 있는 근거는 마련되어 있다. 미국 사회에서는 주로 대학생집단에서 이루어지고 있으며 결혼 부부의 약 4%가 동거 부부이다(Lamanna & Reidman, 1998: 368).

동거의 이유로 독립에 따른 불안이나 결혼의 책임으로부터의 도피, 부모의 간섭으로부터의 탈피, 경제적 협력이나 역할 분담 등의 편의 도모, 결혼의 가능성 탐색 등을 들고 있다.

라스웰은 이들 동거가족의 형태를 네 가지로 나누었는데, 비교적 젊은 계층에서 3개월 미만의 짧은 동거로 끝나는 경우, 결혼의 불확실성 때문에 비교적 오랜 기간 동거만 하는 경우, 결혼의 시험 기간으로서의 동거, 자녀양육 등의 정상적인 결혼생활을 하면서 동거가 결혼 형식의 대안이라고 생각하는 경우 등이 있다고 하였다.

(6) 편부모가족

편부모가족(single parents family)이란 부모 중 어느 한쪽의 사망, 이혼, 유기, 별거로 인해 편부, 편모로 이루어진 가족을 의미한다(Giovannoni & Brillingsley, 1995: 398).

이혼율 증가와 결혼율 감소는 편부모가족의 증가를 초래하였다. 1985~1990년에 60세 미만 사별가구 수가 16.5% 증가하여 가구 증가율 18.6%에 미치지 못한 데 반해 60세 미만의 이혼가구 수는 65.3% 증가한 것으로 나타났다. 사별로 인한 편부모가족은 줄어드는 반면 이혼에 의한 편부모 발생이 크게 늘고 있음을 시사한다(최경석 외, 2001: 394).

편부모가족의 유형은 네 가지로 구분할 수 있는데, 배우자 선택에 소극적이어서 결혼이나 재혼을 미루는 데서 생기는 자발적이며 일시적 유형, 결혼이나 재혼을 계속적으로 원하지 않는 자발적이며 장기적인 유형, 결혼을 원하여 배우자를 탐색하는 과정에 있는 비자발적이며 일시적인 유형, 나이가 들어 혼자 된 후 재혼이 쉽게 이루어지지 않거나 결혼을 원하면서도 결혼 경험이 없는 비자발적이며 장기적인 유형이 있다.

편부모가족에 있어서는 편부모가 자녀에게 부모 모두의 역할을 해 주어야 한다는 역할 부담, 특히 편모가족에서 나타나기 쉬운 경제적 어려움, 가족에 대한 자녀의 책임감 등 정신적 갈등을 극복해야 하는 문제, 미래에 대한 불안이나 결혼 또는 재혼의 의사결정 문제 등의 제반 어려움이 발생하게 된다.

(7) 자발적 무자녀가족

남녀가 결혼하면 자녀를 갖는 것이 당연시되던 시대는 지나가고 있다. 피임법의 보급, 여성의 역할 변화, 개인주의적 사고의 증가 등은 점차 자발적 무자녀가족을 증가시키고 있다. 여성의 사회활동이 증가하고 있지만 이중노동구조가 크게 변화하지 않고 있으므로 여성으로 하여금 단기·장기적인 무자녀를 선택하게 하는 요인이 되고 있다.

자발적 무자녀가족은 신체적 문제 없이 의도적으로 자녀를 갖지 않는 형태를 의미하며 여성의 학력, 생활수준, 초혼 연령 등이 높을수록 선택하는 경향이 높다. 또한 여성이 30세 이후 또는 결혼 후 10년 이상 무자녀인 경우 이러한 상태가 계속되기 쉬워, 30~34세 무자녀 여성의 93%가 영원히 무자녀를 원하고 있는 것으로 나타났다. 저학력 여성에게는 자녀양육이 자아존중감에 중요한 영향을 주지만, 성취 지향적 여성의 경우 어머니 역할에 대한 부담을 느끼고 있으며 과거에 동생 등의 양육 경험이 많은 여성일수록 무자녀를 선택하는 경향이 높다.

그러나 이들 가족이 부부간에 얼마나 의견 일치를 보고 있는가 또 자녀 출산에 대한 사회 압력을 어떻게 극복하는가가 중요하며 자녀 없이 부부의 결혼만족도를 유지하며 결속을 강화시킬 수 있는 방법이 모색되어야 한다. 자발적 무자녀가족으로 결심하는 데 영향을 주는 요인으로는 교육, 노동력 참여, 직업 참여, 자치권, 준거단체의 지지이며, 무자녀로 인한 보상으로는 자녀의 양육과 관련된 경제적 비용의 회피, 직업 참여에서 얻어지는 경제적 보수 증가, 직업 참여로 수반되는 여러 가지 보상의 증가가 있다고(한국가족관계학회 편, 2000: 143) 지적하고 있다.

(8) 집합가족

독신자, 노인가족, 편부모가족 등 가족의 기능 수행에 장애가 있는 가족 형태가 증가함에 따라 가족의 생활 형태를 유지하면서 집단 속에서 경제적 문제, 육아문제 등을 극복하기 위한 대안으로 집단가족 형태가 제시되었다.

이스라엘의 키부츠는 가장 널리 알려진 안정된 집합가족의 형태로 일부 일처제를 지켜 가면서 소득과 소비를 공유하는 형태이다. 대부분의 집합가족에서는 아동양육을 집단적으로 시행하고 그 책임도 공유하는 경향이 있으며 이들의 집합가족 생활이 장기적인 경우도 있지만, 2~3년 정도 참여 후 이탈하거나 다른 집합가족으로 이동하는 경우도 있다. 또한 농촌에서는 계절적인 집합가족이 발생하기도 한다.

이러한 집합생활은 장단점을 지니게 되는데, 예를 들어 편모의 경우 양육에 관한 협조를 얻을 수 있지만 양육 주권을 상실한 가능성도 있다. 또한 사생활 존중이나 가사노동 분담, 사유재산 범위 등에 있어 갈등이 나타날 수 있으나 독신자들에게는 가족의 의미나 애정 등을 느낄 수 있는 기회가 되기도 한다.

(9) 동성애가족

최근 에이즈와 같은 질병이 사회적으로 부각되면서 동성애에 대한 인식이 강조되고 있고 이것을 사회적으로 수용할 것이냐에 관한 논란과 더불어, 실제로 이들 역시 가족의 형태로 인정받기 위한 노력을 증가시키고 있다.

2010년 미국의 한 조사에서는 조사 대상자의 5~6%가 양성애, 1%가 동성애 성향을 보이고 있음을 보고하고 있다. 지금까지는 동성애를 비정상적 애정 형태로 보고 사회적으로 거부하는 경향이 강해 왔지만, 성애에 대한 선택적 개념이 발달하고 생리적으로 이성애에 부적응적인 경우가 있음을 수용해 감에 따라 동성 커플을 가족의 한 형태로 인식하는 경향이 증가하고 있다.

남자 동성애자의 20%, 여성 동성애자의 33%가 결혼의 형식을 거쳐 동거하고 있으며 이성과의 이전 결혼에서 태어난 자녀를 동반하기도 한다. 동성애가족은 아직까지는 보험이나 상속, 세금제도 등에서 불이익을 받고 있는 경우가 많으므로 이들 동반 자녀에게 피해를 줄 우려가 있다. 동성애가족은 일반적으로 역할 분담에 있어 평등 지향적이어서 갈등의 소지가 적지만 사회적 거부 때문에 안정성이 적어 대개 2~3년 정도 지속 기간을 갖는 경우가 가장 많다.

이런 다양한 가족의 등장은 호기심과 때로는 비난의 대상이 되기도 한다. 그러나 이러한 가족 형태는 우리가 미래로 나아가기 위한 도전에 대응할 수 있는 기회일 수 있다. 현대라는 시대적 배경을 가진 오늘날의 가족은 복잡한 사회문제의 영향을 받아 가족의 위기라고 할 만큼 심각한 문제에 부딪히고 있다. 현대사회는 그 어느 때보다도 빠르게 변화하고 있으므로 사회적 변화와 위기에 민감하게 영향받고 반응하는 가족 또한 그 어느 때보다도 신속한 적응 능력이 필요하게 된 것이다.

현대사회는 끊임없이 변동하고 있기 때문에 현대사회의 특징을 한마디로 요약하기는 힘들다. 그러나 공동체 구성의 기본 단위인 가족의 중요성은 이 격변의 시기에 더욱 절실하다. 가족이 건전하지 못할 때 그 가족의 수행해야 할 기능을 충분히 수행하지 못하고, 그것은 개인에게 충분한 안식을 주지 못하며 그러한 개인은 사회에서 건전하고 올바른 생활을 할 수 없을 것이다.

우리 사회가 현대의 격변하는 환경에도 미래를 향해 성공적으로 발전하기 위해서는 가족의 외형적 형태보다는 공동체 기초 단위로서의 가족의 새로운 개념들을 받아들여 사회구성원들이 각각의 형편에 맞는 가족을 형성하고 유지, 발전시키도록 적극 도와야 할 것이다. 이제 이러한 도움은 구체적 행동으로 실현되어야 한다.

4) 가족체계와 인간행동

인간은 가족 내에서 출생하여 성장, 발달하므로 인간행동과 성격의 형성에 지대한 영향을 준다. 건강하고 건전한 가족은 가족구성원들이 신체적, 심리적, 도덕적으로 건강한 하나의 체계로 기능하며, 구성원들은 외부의 자극이나 변화에 성공적으로 대처한다. 가족체계가 인간행동에 미치는 영향에 대해서 리즈는 가족은 성격 형성의 생물학적 측면과 문화적 측면을 연결하는 사회제도이며 동시에 아동이 적응하고 성숙하는 데에 필요한 기본적 수단, 제도, 역할 등을 배우게 되는 사회체계라고 하였다(장인협 외, 1990: 204-205).

체계적 관점에서 가족의 중요한 과업은 가족구성원의 사회화와 사회통제가 되며 이와 같은 과업을 통해 가족은 개인의 성격발달에 가장 큰 영향을 주는 사회환경이 된다.

사회체계론적 관점에서는 가족 내의 구조가 변하면 가족구성원들의 위치, 역할, 기능이 변하게 되므로 결과적으로 가족구성원인 개인의 행동도 변화된다. 그러므로 가족구성원이 선택한 관계 형성 방식을 강화해 주는 반복되는 경험이 가족구성원들의 상호작용 패턴인 행동을 결정한다고 볼 수 있다.

미누친은 가족 체계 내의 경계선의 침투성 정도가 가족구성원의 성격과 행동에 큰 영향을 미친다고 보았다. 경계가 적절하게 설정되어 있는 부부 하위체계는 각자의 출생 가족과 명백하게 독립되어 있으며 출생 가족의 간섭을 통제한다. 상대방의 완벽한 지지나 인정 없이도 각자 개별적 행동을 할 수 있게 개별 경계는 부부 하위체계의 경계 내에서 각자 지배할 수 있는 영역을 제공한다.

이와 같이 개별 경계가 확립된 부부는 자아정체감을 가지고 개별 행동의 책임을 질 수 있다. 자녀의 출생과 같은 가족원의 증가는 가족 내의 상호작용에 변화가 일어나며 부모 하위체계를 형성한다. 즉, 자녀 출산 전의 부부관계의 균형은 붕괴되고 부부와 자녀에게 새로운 경계가 수립되는 것이다. 자녀가 성장해 개별성을 추구하게 되면 부모의 역할은 보다 어려워지며 동시에 부모 하위체계에 통제와 허용의 기능이 작용하여야만 한다.

부모-자녀 하위체계에서 부와 자녀 또는 모와 자녀는 경계 내에서 기능적 단위로 상호작용을 하면서 서로 다른 세대로 구성된 하위체계에 역기능적일 수도 있다. 하위체계의 경계가 부적절하게 경직되어 있지 않고 다른 가족구성원의 개입을 허용한다면 이 체계는 역기능적이 된다. 개인행동에 역기능적 가족이 미치는 영향에 관한 체계론적 관점의 연구가 다양하게 이루어지고 있다.

정신분열증 환자와 그 가족에 대한 한 연구는 환자의 증세가 호전되면 가족원들이 환자의 병을 지속시키기 위해 압력을 가하는 것으로 보고하고 있으며(Bateson, 1959), 또한 환자가 회복된 상황에서는 다른 가족원이 증상을 보이는 것이 한 예이다. 이는 항상성의 상태를 유지하려고 하는 가족체계가 가족구성원의 증상을 유지하기 때문이라고 한다.

미누친은 개인의 문제는 그 가족체계에 원인이 있다고 보는 관점을 제시하였으며 가족 내 하위체계 간 경계선의 기능으로 가족원의 문제를 진단하고 있다. 가족구조의 속성을 속박된 경계선(enmeshed boundary)과 유리된 경계선(disengaged boundary)이라는 양극으로 구분하고, 대부분의 가족체계가 갖는 경계선의 기능은 이 양극의 연속선상의 어느 지점에 있다고 설명하고 있다. 속박된 경계선이란 가족구성원 간의 상호작용에서 그 관계가 지나치게 밀접하고 강력해 서로의 생활에 지나치게 관여하고 과잉 염려하는 것을 의미한다.

가족구성원 간의 경계선이 매우 개방적이고 거리감이 없으며 결속력이 강하면 한 가족구성원의 행동은 다른 가족구성원에게 즉시 영향을 미치게 된다. 극단적인 경우는 가족구성원 간의 구분이 없어져 구성원 중 하나가 가족으로부터 독립적 태도를 취하면 이를 배신행위로 간주한다. 이러한 지나친 일체감과 소속감 때문에 가정 내에서 생활이 없으며 가정에 대한 소속감이 절대적이어서 가족구성원 개개인의 독립적 자아의식은 발달하기 어렵다.

유리된 경계선을 가진 가족은 경계선이 폐쇄적이고 가족구성원들 간의 상호작용이 없다. 따라서 유리된 가족의 구성은 가족에 대한 소속감을 거의 갖고 있지 않으며 가족구성원 간에 서로 독립되고 분리된 감정을 가지고 있으며 경계는 경직되어 있어서 반응이 필요한 때에는 반응을 보이지 않는다. 이러한 사람들은 가족 내에서 다른 사람과 의사소통하지 못하므로 가족 밖에서도 대인관계가 원만하지 못하다.

첫째, 현대가족변화의 특징은 무엇보다도 가족의 크기와 세대구성이 작아지고 있다는 점이다. 전통적인 한국 가족의 이념적 이상형은 노부모와 장남부부, 손자녀가 함께 사는 직계가족형태였다. 하지만 현재는 단독가구의 증가와 대가족가구의 감소현상이 두드러지게 나타나고 있다. 전형적인 대가족가구가 감소하는 반면, 2세대가족이 주도적인 형태를 띠고 있으며 부부만 사는 단독가구, 1인 가구도 증가하고 있다.

1인 가구의 변화를 보면 1980년 4.8%에서 2010년 23.9%로 급증하고, 같은 기간 평균 가구구성원 수는 4.5명에서 2.7명으로 감소하였다. 같은 기간 1세대가구의 비중도 8.8%에서 17.5%로 늘어난 반면, 3세대 이상 가구구성원은 17.0%에서 6.2%로 하락하였다.

이처럼 현대가족은 핵가족, 소인수(素因數) 가족으로 가족규모가 축소되면서, 친족과의 접촉이 감소되고 있으며, 심리적 지원과 상호부조정신이 약화되는 양상을 보이고 있다. 배우자 선택에서도 자유연애결혼의 형태가 보편화되고 있으며, 연령에 관계없이 부부만의 독립된 가구를 갈수록 선호하고 있다. 그러나 가족의 안정성 측면에서 핵가족은 고립된 인간관계(부부-자식)이므로 위기가 올 때 쉽게 이혼을 결정할 수 있다.

둘째, 가족은 개인의 행복과 삶의 질을 위해 선택 가능한 영역이라는 가족의식이 확산되면서 다양한 가족형태가 나타나고 있다. 이러한 가족형태의 다양성과 관련한 특성 몇 가지를 제시해 본다. 첫째, 자녀에 대한 인식 변화로 자녀출산을 필수가 아닌 선택으로 보는 경향이 늘어나 가족구성이 부부형태로 나타난다. 둘째, 남성연상의 전통적 결혼형태가 감소하고, 동갑과 여성연상의 결혼이 증가하고 있다. 셋째, 지속적인 이혼 증가로 한부모가족, 재혼가족이 늘어나고 있다. 넷째, 국제결혼 건수와 비중이 늘어나는 동시에 다문화가족의 이혼도 크게 증가하고 있다. 다섯째, 맞벌이가구, 주말부부, 기러기가족, 공동체가족, 조손가족, 동성애가족, 그리고 생계부양자 아내와 전업주부 남편 등 가구형태와 생활방식은 더욱 다양해지고 있다(박주현 · 최덕경, 2013). 우리 사회의 다양한 가족형태를 살펴보면 다음과 같다.

- 공동체가족: 확대가족의 한 변형으로서 혈연관계는 없으나 서로 가족으로 생각하고 헌신하며 의무감을 갖고 동거하는 가족을 말한다.
- 국제결혼가족: 국적이 다른 남녀가 결혼하여 가족의 형태를 이루는 것인데, 국제결혼하여 한국에 정착해 사는 신부를 일컬어 '결혼이민자', '국제결혼이주여성'이라 한다. 여성보다는 남성이 국제결혼을 많이 하고 있으며, 꾸준히 증가추세를 보이고 있다(통계청, 2007).
- 독신가족: 혼자 구성된 가족의 형태로, 독신기간이 장기화되고 결혼시기

도 점점 늦추면서 독신을 선택하는 경향이 증가하였다. 또한 성적 가치관의 변화와 함께 성관계가 보편화되면서 독신가족을 더욱 선호하는 경향이 나타났다(유영주 외, 1995).

- 동거가족: 한 성인이 혈연관계 또는 친족관계가 아닌 다른 이성과 주거 공간을 공유하는 생활형태, 사실혼관계에 있는 가족으로서 결혼식을 할 수도 있고, 안 할 수도 있다.
- 동성애가족: 동성 간의 결혼을 말하는데 합법화된 나라로는 네덜란드, 벨기에와 캐나다가 있다. 파트너로 신고한 동성 커플의 권리와 지위를 법적으로 보장해 주는 나라는 덴마크, 노르웨이, 아이슬란드, 스웨덴에 이어 헝가리, 포르투갈 등이 있다(동아일보, 2004).
- 무자녀가족: 부부 중심적 또는 개인주의의 강조로 자녀를 낳지 않는 자발적 무자녀가족과 불임, 자녀 사망 등의 비자발적 무자녀가족으로 분류된다.
- 복합가족: 재혼한 남성이나 여성 혹은 양자와 그들의 이전 배우자와의 사이에서 태어난 자녀를 포함하는 가족을 말한다.
- 분거가족: 가족들이 직업상의 이유로 인해 둘 이상의 가구를 형성하여 장기간 별거하는 가족을 말한다.
- 수정 핵가족: 외형상으로는 한 울타리 안에 거주하지만 안채, 바깥채, 위, 아래층에서 따로 거주하며 서로의 독립성을 유지하는 가족 형태이다.
- 수정 확대가족: 기혼자녀가 노부모와 함께 거주하지는 않지만 가까이서 모시면서 상호원조와 애정관계를 유지하는 새로운 가족 형태이다.
- 조손가족: 조부모와 손자녀로 구성된 가족을 말한다. 이는 꾸준히 증가 추세를 보이고 있는데, 증가 이유는 부모의 경제난, 실직, 이혼 때문으로 나타났다(통계청, 2007).
- 한부모가족: 별거, 사별, 이혼, 미혼모 등의 사유 때문에 부모 중 한쪽만 있거나 법적으로나 현실적으로 부모역할을 다하지 못하여 발생하는 가족이다.

5) 가족의 기능 변화

급속한 사회 변화는 가족의 형태뿐 아니라 가족의 기능도 변화되어 왔다.

한국 사회는 산업화와 도시화를 겪으면서 가족구조와 가치관이 바뀌었고, 이와 같은 변화는 자연스럽게 가족의 기능을 변화시켰다. 현대사회의 가족 기능에 대한 변화를 살펴보면 다음과 같다.

첫째, 성행위와 출산통제의 기능은 현대사회에서도 여전히 가족의 주요 기능으로 남아 있다. 예로부터 가족은 합법적인 성관계가 가능하고 다음 세대의 노동력을 생산하는 종족보존의 역할을 담당해 왔다. 그러나 성에 대한 가치관, 성에 대한 규범, 성 개방 풍조 의식이 빠르게 변화하고 있어 출산통제기능은 약화하고, 부부의 성생활의 중요성은 점차 증대하고 있다. 오늘날 성은 출산을 위한 도구라기보다는 부부간의 정서적 친밀감을 표현하는 수단으로 받아들이고 있으며, 자녀생산 또한 선택적 사고에 의해 결정하므로 과거보다 출산의 중요성이 많이 감소하였다(강기정 외, 2000).

둘째, 경제적 기능에서는 산업화로 가족과 직장이 분리됨에 따라 가족생산 기능은 약화, 상실되고 소비단위의 기능은 강화되었다. 가족구성원의 소득정도가 생활양식을 결정하고, 소비생활수준은 가족생활 만족도에 영향을 미치게 되었다. 그러나 최근 우리 사회에서는 외환위기 이후 평생직장의 개념이 붕괴하고, 정규직 고용비중이 감소하는 등 노동시장의 불안정성이 증가하고 있어 가족생활의 경제적 기반이 크게 위축되고 있다(노동부 보도자료, 2005. 10. 27, 이원숙, 2012 재인용).

셋째, 자녀양육과 사회화 기능은 그 어느 때보다 강화되어 가족에게 큰 부담으로 작용하고 있다. 자녀 수가 줄어든 대신 자녀에게 투자하는 시간적·경제적 부담은 크게 증가하였다. 또한 과거와 같은 권위를 가지고 일관성 있는 사회화 역할을 감당하기가 힘들어졌기 때문에, 현대의 부모세대는 급변하는 사회과정에서 자녀양육과 사회화 기능에 많은 혼란을 초래하고 있다. 특히 젊은 세대는 핵가족화 현상과 사회가 다원화, 이질화, 전문화되면서 과거 전통적인 양육방식과 많은 차이가 나서 자녀 사회화에 어려움과 시행착오의 악순환을 겪고 있다(김윤재 외, 2007). 특히 부모의 맞벌이 때문에 자녀양육을 주로 전문시설에 맡기고 있는 형편이며, 전통적인 가족에 비해 인성교육이 크게 약화한 것도 사실이다. 따라서 국가와 사회가 앞장서서 전반적인 교육환경을 정화하지 않는 한 가족의 사회화 기능은 여전히 혼란을 겪게 될 것이다(이원숙, 2012).

넷째, 정서적 유대와 여가기능은 점차 중시되고 있다. 젊은 세대일수록

부모-자녀보다 부부관계를 더 중요하게 생각한다. 또한 가정을 정서적 위로를 위한 공간으로서 중요하게 여기며, 개인적 여가생활을 즐기는 편이다. 여가는 가족구성원에게 에너지를 재충전할 수 있다는 점에서 필요하며, 오늘날 삶의 질을 중시하고 있는 우리 사회에서는 가족의 여가생활이 일 자체만큼이나 중요한 기능으로 인식하고 있다. 그러나 현대가족은 가족 간의 대화와 접촉 부족 현상으로 가족유대가 약화되고 있으며, 가족과 함께 여가를 보내기보다 개인적 여가를 더 선호하고 있다.

다섯째, 성 역할 사회화 기능과 가사노동기능은 사회변화에 소극적으로 대응해 왔다. 한국 사회의 부모는 과거의 성 역할 고정관념과 여성, 남성의 행동규범 및 가치관을 내면화시키며, 부모의 차별적인 기대를 통해 남자다움과 여자다움을 강화하고 있다(김윤재 외, 2007). 그러나 가족해체와 핵가족화로 성역할이 변화되면서 가족기능 및 구조에 많은 영향을 미치기 시작하였고, 이러한 성 역할변화는 새로운 가족문화를 가져왔다. 가사노동 기능에 있어서는 소규모가족, 외식문화, 의식주생활의 간편화, 가사보조기구의 발달 등으로 가사부담이 많이 줄었으나, 가사의 질에 대한 기준이 높아지면서 가족구성원의 정서적 욕구충족에 대한 기대가 증가되고, 소비생활의 다양화, 가족 소유 자본재 관리에 드는 시간 증가 등은 가사노동의 시간의 증가를 초래하였다(최경석 외, 2003).

여섯째, 노부모 부양기능을 살펴보면 최근 자녀양육 비중이 점차 강화되고 있는 것과는 달리, 노부모 부양기능이 점차 약화하고 있다. 오늘날 노인의 평균수명 연장으로 부양기간이 길어져 자녀에게 부담되기도 하지만, 효에 대한 가치관 변화도 노부모 부양의식에 큰 몫을 하고 있다. 베이비붐 세대이면서 소자녀화(小子女化)를 주도한 현재의 중년 세대가 노년기에 이르면, 노인부양 의식은 지금보다 훨씬 약화하여 자녀로부터 부양서비스를 기대하기 어려울 뿐 아니라, 이로 말미암아 세대 간의 갈등도 심화할 것으로 본다(이여봉, 2006; 이원숙, 2012).

가족의 삶의 양식이 독특하게 발전되고 있는데, 그 유형은 다음과 같이 나누어 볼 수 있다.

- 딩크족(Double Income No Kids): 부부가 맞벌이하면서 경제적으로 여유롭게 생활하며 단둘만의 인생을 즐기고 싶어 하는 이른바 미국 신세대 중산층의 삶의 양식 중 하나이다.

- 싱크족(Single Income No Kids): 남편이 가장으로 생계를 책임지고 아내는 가정에서 가사를 돌보는 전통적인 가정 형태를 유지하면서도 2세를 갖지 않는 부류를 말한다.
- 듀크족(Dual Employed With Kids): 아이를 낳아 키우는 맞벌이 부부를 말한다. 1990년대 말 미국 경제의 호황과 함께 늘어났다. 듀크족은 딩크족에 비해 소득은 약간 적지만 집을 소유하는 경향이 강하다.
- 딘스족(Double Income No Sex): 세계적인 경제 불황으로 치열한 경쟁사회에서 생존하려고 몸부림치는 맞벌이 부부들에게 물리적인 시간의 부족과 스트레스, 피로 누적 등의 이유로 성(Sex) 없는 결혼생활을 영위하는 세태를 가리키는 말이다. 이는 맞벌이를 하면서 아이를 갖지 않는 딩크족과 더불어 나타나는 사회현상이다.
- 통크족(Two Only No Kids): 자식들에게 경제·정서적으로 의존하지 않고, 손자손녀 돌보는 데 시간을 뺏기지 않으면서 취미생활과 운동·여행 등으로 인생의 말년을 즐기며 보내는 부부를 일컫는다.

6) 가족생활주기 변화

인간은 결혼과 함께 가족체계를 구성하고 발달되어 가는 과정을 거치게 되며, 세월이 흐르면서 원가족이 변화하고 발달해 가는 각 주기별 단계에 따라 가족생활주기를 설정한다. 최근 우리 사회는 경제적인 어려움으로 인한 결혼에 대한 기피, 결혼을 하더라도 남녀 전체 평균 30세가 지난 나이에 결혼하는 만혼경향, 출산율이 1명을 전후로 생성되는 저출산·의학기술의 발달 등으로 인한 고령화현상, 여성의 사회진출의 확대 등의 역할변화로 가족주기단계가 예전보다 많이 변화되었다. 따라서 현대 가족의 가족생활주기상의 주요 변화를 살펴보면 다음과 같다.

첫째, 과거 20~30년 전과 비교할 때 결혼연령이 높아지고 있어 자녀의 경제적 독립시기가 늦다.

둘째, 최근 백세시대라는 슬로건에 즈음하여 고령현상으로 가족주기의 전 기간이 대체적으로 길어지고 있다.

셋째, 결혼에서 자녀 출산 완료까지의 가족형성 및 절정기가 만혼현상과 저출산, 기혼여성취업의 증가로 그 주기가 짧아지고 있다.

넷째, 국민의 전체 학력수준이 높아짐에 따라 자녀교육 기간이 상당히 늘어나고, 취업과 결혼연령이 상대적으로 계속 늦어지고 있어 자녀출산 이후 자녀의 독립 때까지 자녀양육이나 교육기간이 길어지고 있다. 이러한 이유 때문에 경제활동인구는 늘어났지만 노동력의 감소, 노인부양 부담증가, 군복무 단축 등과 더불어 국방인력 감소 등 다양한 문제가 부각되고 있다.

다섯째, 자녀 수의 급격한 감소와 평균수명 연장(2017년 통계 남녀 평균 수명 82세)으로 자녀독립 후에 두 부부만 남는 '빈 둥지 기간'이 늘어나 중년기와 노년기가 더 길어졌다. 이러한 현상으로 최근 몇 년 새 성인 자녀와 노부모 간의 관계, 노인부양문제가 심각하게 사회적 이슈로 대두되고 있다. 특히 현대에는 수명연장으로 노년기 부부관계 중요성이 강조되고 있음에도 불구하고 졸혼, 별거, 이혼가족 등이 증가하고 있어 이 또한 사회문제로 부각될 수 있겠다.

가족 간에는 여러 요소의 기능이 있다. 하지만 가족사정에 있어서 모든 가족은 기능적인 면뿐 아니라, 역기능적인 특징을 가지고 있음을 주목해야 한다. 기능적인 가족이란 가족체계가 각 구성원을 위하여 잘 운영되는 것을 의미하며, 정상적이고 건강한 가족이라는 의미를 포함하고 있다. 그 가족이 기능적인 가족인가를 파악하려면 체계로서의 가족이 가족구성원의 요구에 얼마나 적절하게 반응하는지를 살펴보면 알 수 있다. 즉, 기능적인 가족은 자신들의 역할을 정확하게 이해하고 있으며, 각 개인의 자율성이 존중되면서 전체로서의 가족이 유지되는 특징이 있다. 또한 가족구성원 간의 의사소통이 자유롭고 직접적이고 명확하며, 가족규칙은 가족 상황에 따라 융통성이 있지만 명확하고 공정하다(강문희 외, 2006).

역기능적인 가족은 가족 하위체계의 경계선이 혼란되어 있거나 경직되어 있어 가족들의 요구에 따라 유연성 있게 변화되지 않으며, 가족규칙 역시 뚜렷하지 않아 구성원들에게 혼란을 줄 뿐 아니라 의사소통도 간접적이고 권위적이며 명료하지 못한 특성이 있다. 또한 가족구성원의 역할도 명확하지 않아 자신들에게 요구되는 역할과 기대가 무엇인지 잘 알지 못한다. 이러한 역기능적인 가족은 가족 내에서 문제가 발생했을 때 해결을 위해 노력하기보다는 문제를 확대시켜, 가족의 힘으로 해결할 수 없는 가족 내 폭력상황까지 끌고 가는 예도 있다. 따라서 사회복지사는 역기능적 상호작용의 패턴이나 관계구조를 변화시킴으로써 클라이언트의 문제해결과 스트레스 대처를 돕고, 건강하고 기능적인 가족구성원이 되도록 돕는 것이 중요하다. 기능적인 가족과 역기능적인 가족의 특징은 **표 10-1**과 같다.

표 10-1 기능적인 가족과 역기능적인 가족

기능적인 가족	역기능적인 가족
• 가족의 규칙과 역할에 융통성이 있음 • 세대 간의 경계가 명확함 • 열린 의사소통, 협동적 • 가족 발달주기의 변화발전 • 자율적인 책임 강조 • 적절히 배분된 문제 • 가족체계가 개방적 • 상호 간의 협조와 조정이 가능 • 가족의 현실적인 기대나 욕구가 있음 • 가족의 자원이 풍부함 • 가족의 사회관계망이 발달되어 있음	• 가족의 규칙, 역할이 너무 완고함 • 세대 간의 경계가 불분명함 • 폐쇄적인 의사소통 • 가족의 발달주기 단계에서 고착 • 강한 통제나 강한 의존성 • 한 사람이 희생양 • 가족체계가 폐쇄적 • 상호 간의 협상과 조종이 어려움 • 가족의 비현실적, 이상적 욕구와 기대 • 가족의 자원이 결핍됨 • 가족체계 고립

출처: 김혜숙(2003), 가족치료 이론과 기법, p.66.

7) 가족 가치관 변화

우리나라는 전통적으로 가족에 대한 가치의 뿌리는 유교사상이 주를 이루었다. 따라서 가족중심주의가 강하며 가부장적인 질서를 중시한다. 이에 따라 가족관계에서 가족구성원의 역할과 의무, 가문의 명예가 우선순위에 놓인다. 무엇보다도 가족집단의 화목과 결속을 중시하고 가족을 위한 희생과 헌신을 가장 큰 덕목으로 여기며 가족구성원들에게 공동체 의식, 소속감, 책임감을 갖게 하고 서열중심으로 사회질서를 유지해 왔다. 이런 유교적인 사상이 중심인 한국 사회는 급속도로 민주화, 산업화, 정보화, 국제화 사회로 발전해 오면서 전통적인 가족 가치관이 이제는 변하게 되었다. 부계혈연중심의 가족 가치관이 바뀌고 세대 간의 연대 약화, 개인주의 등장, 여성의 사회진출 및 의식화, 여성의 양성평등의식 강화 등의 변화가 나타나고 있다(변화순 외, 2013).

먼저 결혼에 대한 가치관의 변화를 보면, 과거에는 결혼이 필수적인 통과의례였으나 현재는 개인의 선택적 행위로 받아들인다. 최근 10년간 결혼정보회사의 결혼에 대한 가치관을 조사한 결과 응답남성의 60%, 여성의 80%가 결혼이 필수가 아닌 개인적 선택이라고 응답하였다. 이와 같은 결과는 이제 결혼이 필수가 아니라 개인의 선택사항이라고 인식하고 있다.

둘째, 자녀에 대한 가치관을 살펴보면, 과거보다 자녀출산을 선택적으로 생각하고 있다. 결혼 후 자녀에 대한 필요성을 묻는 말에 미혼남성의 75%, 여성의 65%가 필요하다고 응답하여 여성이 남성보다 자녀출산 필요성을 낮게 인식하였다. 한국 사회는 전통적으로 남아선호사상을 중시했으나 현대에 와서는 젊은 세대일수록 교육, 가사, 유산 등 아들과 딸에 대한 차별이 적었다(여성가족부, 2005). 또한 '자식 성공이 곧 부모 성공'이라는 전통적인 가족주의 가치관을 가져왔으나, 현대는 아들을 통한 가계계승과 노후의존도가 약화하고 있다.

셋째, 부부관계에 대한 가치관은 과거의 제도적 결혼에서 현대는 동반자적 결혼으로 바뀌고 있다. 결혼의 유지와 안정을 중시하는 사회에서 부부간의 신뢰, 상호협력, 친밀감 등 질적인 측면이 중시되고 있다. 부부간에 신뢰나 애정에 문제가 생기면 이혼도 쉽게 결정할 수 있는 가치관을 가지고 있다. 부부의 역할면에서도 전통적으로 남편의 권위주의적이고 수직적 관계에서, 민주적인 동반자로서 상호 인격을 존중하고 대화를 통해 공동으로 결정하며, 가사를 분담하는 양성 평등한 관계로 변하고 있다.

넷째, 노인부양에 대한 가치관의 변화를 살펴보면, 전통적인 가족주의 가치관을 가지고 있는 한국 사회에서 노부모 부양이 당연히 장남의 몫이라고 인정했다. 현재에는 개인주의, 양성 평등적 가치관이 존재하면서 노부모 봉양은 자녀공동의 의무라는 인식으로 바뀌고 있다. 노부모도 결혼한 장남이나 자녀에게 의지하지 않고, 통크(Tonk)족과 같이 독립적으로 노후를 보내려는 경향이 많아져서 부모세대의 64%, 조부모세대의 50%가 따로 살고 경제적 지원도 원치 않는 것으로 밝혀졌다(문화방송, 2004).

8) 가족의 구조

지금까지 가족은 부모의 권위와 가족의 정서적 지지를 통하여 문제를 해결해 왔다. 가족의 구조는 끊임없이 변화하고 있는 개방된 사회문화체계로써, 가족의 구조를 살펴보는 것은 가족구성원을 깊이 이해하는 데 유익한 정보가 된다. 미누친(Minuchin, 1970)은 구조적 가족치료 모델에서 가족을 하나의 기본적인 구조로 보고, 가족 내에는 가족구성원의 상호작용 패턴과 지속적이고 반복적인 가족 행동의 패턴이 있으며, 세대관심 등으로 구분되는 다양한 하위체계가 있다고 보았다(Nichols & Schwartz, 2005). 그는 가족구조의 중요성을 강조하고, 하위체계 간의 명확한 경계를 확립함으로써 가족을 재구조화시켜 가족구성원이 적절한 기능을 수행할 수 있도록 하였다.

가족체계는 구조, 즉 가족구성원이 상호작용하는 조직화한 유형을 가진다. 가족을 형성하는 구성원의 구성에 따라 대가족, 핵가족, 한부모가족, 다세대가족, 혼합가족, 재혼가족 등의 다양한 구조가 있으며, 부모-자녀 간의 위계가 형성됨에 따라 가족 내 구조가 이루어진다. 가족의 경계선은 가족 내에서 상호작용이 일어나고 정보가 공유되는 범위를 말하며 포함과 배제를 결정하는 규칙이다. 중·고등학교 재학 중인 자녀를 가진 가족이 가장 실직문제를 비밀로 해야 할지, 말지에 대한 사안에 따라서 가족 내에서는 여러 경계선이 생겨난다. 가족 내에 경계가 경직되면 가족구성원 간의 상호작용이 소원해지기 쉽고 경계가 모호하면 서로 간에 지나친 간섭으로 다른 관계가 모호해지기도 하고 가족의 위계질서에 부정적인 영향을 미치기도 한다.

클라이언트를 이해하기 위해서는 가족을 하나의 체계로 보아야 한다. 부부, 부모, 형제(자매), 부모-자녀하위체계 등의 이해가 필요하다. 예를 들면 부부간의 관계나, 부모-자녀 간의 교류, 응집력, 세대 간의 경계에 대한 관심 등이다. 가족 내 하위체계 간의 경계를 분명히 하는 것은 중요하다. 몇 가지 경계선의 특징(최선화, 2006)을 살펴보면 다음과 같다.

(1) 밀착 경계

가족체계 간의 경계가 모호하고 밀착되어 있고 지극히 유동적이다. 가족 간의 하위체계와 위계질서나 힘과 권위의 소재가 모호하다. 밀착된 경계선은 각 체계 간의 자율성이 부족하고 미분화되어 구성원 간에 많은 영향을 미치게 된다.

(2) 격리 경계

각 체계 간의 소통이 어렵고 격리되어 있어 가족 간의 결속력이 약하고 소외되는 경우가 많다. 가족구성원이 독립적으로 행동하지만 도움이 필요할 때 요청하기 힘들며, 가족의 보호기능을 수행하기 어렵다.

(3) 친밀 경계

각 체계의 경계가 안정되어 있으며 융통성을 지닌다. 구성원들 간에 상호지지적이며 자율성을 존중한다. 필요에 따라서 분리되고 융합할 수 있는 융통성과 투과성을 지니며, 결속력이 높고 효율적이면서 독립성이 보장된다.

가족은 환경체계와의 경계뿐 아니라, 가족 내 하위체계 간의 경계에 의해 구분된다. 가족 내 경계는 가족관계의 격리와 밀착으로 말미암아 경계가 허물어질 수 있다. 격리된 가족구성원은 자기중심적이며 다른 구성원에게 별로 관여하지 않는다. 이러한 가족구조를 가진 구성원은 자율성이 많지만, 가족 간 응집이나 유대관계가 부족하며 오히려 가족 이외의 사람들과 친밀한 유대관계를 맺는다. 밀착된 가족구성원은 서로에게 지나치게 관여함으로써 매우 응집되어 있어 응집력은 강하나, 가족구성원 간의 차이에 대한 이해와 자율성은 부족하다(김혜란 외, 2006).

2. 가족구성원의 의사소통

건강한 가족은 좋은 커뮤니케이션 패턴을 가지고 있다. 가족구성원은 서로 대화와 경청을 통해서 상호존중하고 갈등을 조정할 뿐 아니라, 문제가 노출되어도 최선의 해결책을 추구한다. 이러한 의사소통은 건강한 가족의 삶을 통합시키는 데 중요한 요소가 된다. 또한, 인간관계와 상호작용에 있어서 우리가 사용하는 말이 얼마나 중요한가는 우리 속담 중 "말 한마디로 천 냥 빚도 갚는다."라는 말에서도 찾아볼 수 있다. 이는 어떤 말을 어떻게 하느냐에 따라서 상대방의 반응이 달라질 수 있다는 것이다(정황순 외, 2012).

특히 가족구성원 간의 대화는 더욱 중요하다. 가족이 서로 좋은 관계를 만들고 의사소통이 잘 된다면 많은 문제가 발생해도 쉽게 해결할 수 있기 때문에 이에 대한 바른 지식과 훈련이 요구된다. 또한 가족구성원의 의사소통 방식은 가족이 체계로서 얼마나 효과적으로 기능을 하고 있는지와 직결된다. 가족구성원은 가족 간에 언어적·비언어적으로 메시지를 전달하며, 이를 통해 서로 메시지의 의미를 규정한다(이원숙, 2008, 2012).

1) 의사소통의 이해

의사소통(communication)은 '두 사람 이상이 서로 의미를 주고받으며 점검하는 상호작용과정'으로 정의할 수 있다. 즉, 의사소통이란 생각과 느낌, 개념이 상호교환될 뿐 아니라 서로에게 충분히 이해된다는 의미를 지닌다(정원철, 2005). 의사소통의 목적은 정보 교환, 관계 확립, 개념과 인식공유, 변화 유발, 태도와 가치, 믿음 교환, 그리고 사회복지사와 클라이언트의 목표를 달성케 한다(Seden, 1999).

사회복지실천은 일차적으로 의사소통이라는 수단을 통해서 전달되며 도움을 제공하는 기술도 의사소통을 통해서 전달되므로, 사회복지를 실천하기 위해서는 기본적으로 의사소통기술과 관계형성에 대한 기술이 요구된다. 가족 간의 갈등이나 문제해결을 위한 가족구성원의 의사소통 형태를 파악하는 것이 매우 중요하며, 의사소통 형태를 변화시킴으로써 많은 가족문제를 해결할 수 있다. 따라서 실천가는 가족구성원의 의사소통 형태뿐 아니라 자신의 의사소통을 파악하고 있어야 하며, 의사소통 수준을 더 효과적으로 다루고 평가해야 한다(강문희 외, 2006).

가족의사소통의 사정에서는 언어적 · 비언어적 · 맥락적 수준 사이의 일관성에 초점을 두고, 메시지의 명료성을 사정해야 한다. 또한 사회복지사는 그 가족이 흔히 가지고 있는 의사소통 장애를 잘 파악하고, 특히 부정적인 의사소통이나 파괴적인 의사소통 방식을 가지고 있는 가족을 잘 관찰하여 사정해야 한다.

쉐퍼(Sheafor, 1997)는 효과적인 의사소통을 위한 준비로 다음과 같이 지적하였다. 첫째, 정보나 사건에 대해 오해가 발생할 가능성을 예상하고 미리 조치를 취한다. 둘째, 말을 이해하기 쉽도록 정리해서 효율적으로 표현하려고 노력해야 한다. 셋째, 상대방의 말을 바르게 듣기 위해서 방어기제에서 벗어나려는 노력을 해야 한다. 넷째, 자신의 생각이나 느낌, 행동에 대해서 책임지려는 태도를 가져야 한다. 다섯째, 다른 사람의 말에 적극적 경청과 이해를 위해 충분한 시간을 가져야 한다.

말은 듣는 사람과 하는 사람 간에 차이가 날 수 있으며 오해가 발생할 소지가 많다는 것을 인식하고, 좀 더 정확하고 명확한 의사소통을 하기 위한 노력과 훈련이 요구된다. 또한 효과적인 전달을 위해서 언어적 의사소통과 비언어적 의사소통의 일치, 메시지를 구조화하려는 노력이 요구된다.

2) 의사소통의 종류

일반적으로 의사소통의 종류에는 언어적인 것과 비언어적인 것이 있다. 의사소통에는 흔히 언어적 메시지 외에 손짓, 얼굴표정, 자세 등을 사용하는 데 언어적인 것과 비언어적인 것이 일치하는 것이 중요하다. 의사소통은 개방적이며 직접적으로 분명하고 정확한 메시지가 좋다. 의사소통이 우회적이거나 애매모호한 것은 바람직하지 않다. 이중구속과 같은 의사소통방식은 두 개 이상의 상반된 메시지를 담고 있어, 듣는 사람으로 하여금 많은 혼란을 줄 수 있다(전남련 외, 2007b). 특히 문제가 많은 가족은 언어적 의사소통과 비언어적 의사소통 간에 불일치하는 점이 많아서, 가족구성원 간에 오해가 자주 생길 수 있다. 즉, 언어적 수준에서 한 메시지가 전달되고, 비언어적인 수준에서 다른 내용의 메시지가 동시에 전달되므로, 그 메시지를 받은 사람은 무엇을 따라야 할지 당황하여 스트레스를 받을 수 있다(엄명용 외, 2008). 언어적 의사소통과 비언어적 의사소통을 살펴보면 다음과 같다.

(1) 언어적 의사소통

언어적 의사소통은 사회복지실천에서 매우 중요한 위치를 차지한다. 즉, 교환되는 대화 내용의 명확성을 높여주고 정교한 개념을 효과적으로 전달해 주는 데 가장 쉬운 방법일 수 있지만, 실제로는 언어사용에 있어 개인적 편차도 크다. 클라이언트는 특히 자기의 감정이나 생각을 말로 표현하는 데 익숙하지 않은 경우가 많다. 문제를 가진 가족의 의사소통은 매우 모호하고 간접적이다. 예를 들면, 문제를 가진 부부가 자신들의 욕구를 직접 표현하지 못하고 노출시키는 것을 꺼린다는 것이다. 이러한 부부는 자신감이 부족하고 스스로에 대해서도 만족하지 못한다. 자신을 돌봐주고 자신의 욕구를 채워줄 것이라고 믿었던 상대 배우자가 능력이 없다는 것을 깨달았을 때 부부는 갈등하기도 하며, 심한 스트레스 상태에 직면하기도 한다(정원철, 2005).

사티어(Satir)는 의사소통 유형을 비난형, 회유형, 산만형, 초이성형, 일치형으로 나누고, 이 중에서 일치형을 제외한 나머지 네 가지 유형(비난형, 회유형, 산만형, 초이성형)을 병리적인 의사소통 유형으로 보았다.

① 비난형

모든 잘못을 상대방 탓으로 돌리며, 지시적 · 명령적이고 자기주장이 강하며 다른 사람을 통제하려 한다. 자주 사용하는 언어는 "모두 네 탓이야, 왜 그 모양이야."로 상대방에게 책임을 전가시키며, 병리적 의사소통 유형으로 자아존중감이 낮다.

② 회유형

비난형과는 대조적으로 약하고 의존적이며 순종하는 태도를 보인다. 이런 유형은 상대방의 비위를 맞추는 데 익숙하며 내적으로는 무가치함과 무력감을 경험한다. "나는 가치 없는 사람이야."라는 말을 주로 사용하며 자아존중감이 낮다. 비난형과 회유형은 부부로 짝을 이루기 쉽다.

③ 산만형

어느 것에도 초점을 맞추지 못하고 주의집중도 못 한다. 소란하거나 스스로 혼란스러워한다. 내적 경험으로는 아무도 내게 관심이 없고 자신의 설 자리가 없다고 느낀다. 초이성형과 산만형은 서로 호감을 가지고 짝을 이루기 쉽다.

④ 초이성형

모든 일을 객관적 상황을 중심으로 논리적·합법적으로 추구하며 완벽을 추구한다. 감정을 드러내지 않으며 분석적이고 비판적이다. 심리내적 경험으로는 유약하고 작은 실수도 용납하지 못하며 감정적인 상처를 잘 받는다. 몸자세는 냉정하고 딱딱한 편이다.

⑤ 일치형

일치형은 자신과 다른 사람, 상황을 모두 고려한 의사소통 유형으로 내적으로도 창조적이고 활기찬 삶을 누린다.

사회복지사와 클라이언트 관계에 있어서 언어적 의사소통의 장애를 살펴보면 다음과 같다. 첫째, 클라이언트의 모호하고 분명치 않은 단어나 개념 사용, 문화적인 차이로 같은 말이 전혀 다른 의미로 해석되는 예를 들 수 있다. 둘째, 사회복지사는 클라이언트의 문제에 대한 답을 줘야 하는 부담감 때문에 집중력이 흐트러질 수 있다. 셋째, 외부환경과 관련된 외부소음과 잡념 등으로 주의가 산만해질 수 있다. 이러한 장애요인은 경청을 어렵게 할 뿐 아니라, 사회복지사가 생각을 집중하는 데 방해를 할 수 있다(Kirst-Ashman

& Hull, 2009). 그래서 사회복지사는 클라이언트의 언어적 의사소통을 다음과 같은 다양한 방법으로 도울 수 있다: ① 클라이언트에 대한 지지적 언어반응, ② 클라이언트 언어의 재구성, ③ 클라이언트의 감정에 대한 반응, ④ 클라이언트 인식의 명료화, ⑤ 클라이언트의 장점 강조

따라서 사회복지사는 가족구성원의 메시지에서 양자 간의 욕구를 파악할 필요가 있으며 언어적·비언어적 요소가 일치하는가를 사정해야 한다. 또한 사회복지사는 가족의 의사소통 방식을 관찰할 때 부정적이고, 습관화된 의사소통을 수정할 수 있는 가족구성원의 능력을 사정하는 것이 중요하다 (Hepworth et al., 2002).

(2) 비언어적 의사소통

비언어적 의사소통으로는 시선접촉, 어조, 몸동작과 자세, 표정, 그리고 외모 등이 있다. 사람 사이의 상호작용은 비언어적인 측면에 크게 영향을 받는다. 비언어적 의사소통은 언어적 의사소통의 내용과 상반된 메시지를 전달하거나 더 사실에 가까운 정보를 주는 누설적 기능을 갖고 있으므로 사회복지사의 주의가 필요하다. 따라서 언어적 내용과 비언어적 내용이 일치하면 내용이 정확하게 전달되기 쉽지만, 이 둘이 불일치하게 되면 무엇을 믿어야 할지 혼란스러워하며, 많은 경우 비언어적 의사소통을 더 믿게 된다. 예를 들면 말로는 '예'라고 하는데, 얼굴표정이나 어조가 '아니요'로 전달될 때 혼란을 겪게 되며, 대부분의 경우 비언어적 메시지를 더 믿게 된다 (최선화, 2006).

커스트-애쉬맨과 헐(Kirst-Ashman & Hull, 2009), 쉐퍼 등(Sheator et al., 2006)은 비언어적 의사소통을 원활히 하기 위한 기법으로 눈 맞춤, 옷차림과 외양, 표정, 자세와 몸동작 등을 소개하고 있다. 의사소통이란 정보를 전달하는 과정으로, 그 형태는 상호작용의 목적에 따라 달라진다. 일반적으로 직접적인 서비스를 전달하는 경우에는 공감, 온화함, 그리고 진실성이 강조되고 간접적인 서비스를 제공하는 경우에는 정확성, 명확성, 그리고 목적지향적 기술이 필요하다(전재일 외, 2002).

사회복지실천과정으로서의 의사소통은 변화 지향적 활동으로, 변화에 대한 믿음을 심어주고 동기부여와 희망을 불러일으킬 수 있어야 하며 기본적인 의사소통기술이 요구된다. 사회복지실천에서는 모든 경우에 어떤 형태

로든 의사소통기술이 가장 먼저, 그리고 자주 활용되는 방법이며, 상담과 치료적 개입을 위해서는 더욱 정교한 의사소통기술이 강조된다. 따라서 사회복지사는 클라이언트의 구두진술을 적극적으로 경청함과 동시에, 비언어적인 행동에 대해 세심하게 관찰할 필요가 있다. 경험이 많은 사회복지사일수록 비언어적 단서에 더 많은 관심을 기울인다(이경남 외, 2008).

3. 가족규범과 역할

1) 가족규범

가족은 가족구성원이 모인 복합적인 체계로서 그 체계를 유지하기 위하여 나름대로의 규칙을 가지고 있다. 가족규범은 가족집단 내에서 어떤 행동이 적절한가를 구체화하는 규칙으로, 일반적으로 가족은 명시적이거나 묵시적인 규칙에 따라 일상적이고 반복적인 상호작용을 해 나간다. 즉, 매일 그 규칙을 정하지 않아도 가족의 묵시적인 규칙에 따라서 상호작용을 반복한다. 가족에 따라서 종교, 귀가시간 등 다양한 규칙이 있을 수 있는데, 건강하지 못한 역기능적인 가족일수록 적은 수의 규칙을 가지고 통제되는 경우가 많다. 이런 경우 가족규칙이 가족을 구속하게 되며, 가족규칙이 없거나 모호하면 상호작용에 많은 혼란을 겪게 될 수 있다.

가족 내의 규칙 중에는 표면화되지 않은 내재적인 강력한 규칙이 있는데, 억압적이거나 구성원의 저항을 불러올 수 있는 가족규칙은 구성원들에게 큰 스트레스를 주게 된다. 특히 다른 사람에게 노출하고 싶지 않은 가족 내의 비밀이 있으면 가족 모두가 함구하는데, 이는 가족구성원 모두가 무거운 짐과 함께 가족 간의 지지나 격려로 치유될 수 있는 기회를 박탈당하게 할 수도 있다(최선화, 2006). 반면, 기능적인 가족은 가족구성원의 합의하에 규칙을 만들어내기도 하며, 변화의 가능성을 개방적으로 수용하여 규칙을 세우기도 한다(강문희 외, 2006).

사티어는 가족의 감정규칙을 중시하고 가족문제의 원인을 '나쁜 규칙'에서 찾는다. 가족행동에 영향을 미치는 가족규칙은 많은 경우 분명하지도 않고 언어화되지도 않는다(Kirst-Ashman & Hull, 1999). 가족규칙이 기능적이라면 이들 규칙은 가족이 환경적 스트레스, 개인적 욕구, 그리고 가족단위의 욕구에 융통성 있게 반응하도록 돕는다. 문화적인 차이를 고려해야 하겠지만 대체적으로 기능적 규칙은 가족에게 해결책을 탐색할 수 있는 기회와 능력 있고 적응적이며 건강하게 발달할 수 있는 기회를 제공한다.

문화적 차이는 있겠으나 기능적 규칙의 예는 다음과 같다(Hepworth et al., 2006, 이원숙, 2012 재인용).

우리 가족은 모든 사람의 아이디어와 피드백을 중요시하게 여긴다.

서로 간의 차이점이 허용된다. 가족구성원이 무조건적으로 동의할 필요는 없다.

어떤 감정(실망, 두려움, 상처, 분노, 비판, 기쁨 등)이든지 이를 솔직하게 이야기한다.

다른 가족구성원과의 의견차이가 생기면 이를 해결하는 것이 중요하다.

실수를 인정하고 사과하는 것이 좋다. 다른 가족구성원이 이해하고 지지해 줄 것이다.

가족사정에 있어서 모든 가족은 기능적인 규칙뿐 아니라 역기능적인 규칙도 가지고 있음을 주목해야 한다. 기능적 규칙과 역기능적 규칙을 함께 규명하는 것은 가족기능에 대한 균형 있는 접근을 가능하게 한다. 따라서 사회복지사는 전체 가족과 가족구성원 개개인이 효과적이고 생산적으로 기능하도록 허용하는 규칙을 수립하도록 도와야 한다.

2) 가족역할

과거에는 성(gender)이 가정 내에서의 역할을 규정하였다. 전통적으로 여성은 자녀양육과 가정관리에 일차적인 책임을 맡아왔다. 여성의 역할은 가정 내에서 어머니와 동의어로 받아들여졌고, 남성의 역할은 가정 밖의 직업세계와 연결하여 가족에게 물질적인 자원을 제공하는 역할로 인식되어 왔다(조흥식 외, 2006). 하지만 오늘날에 남성은 자녀양육에서 집안일까지 가정일에 많이 관여하고, 직업을 가진 여성은 자녀양육과 직장인으로서 역할까지 이중부담을 가지고 있다.

현대는 과거와는 달리 가족의 각 구성원에게 나름대로 할당되고 부여된 역할이 있으며, 복합적인 역할이 요구되고 있다. 이러한 역할의 종류와 특성은 가족이 성장해 가면서 가족 내부 상황 혹은 가족 외부 환경의 영향에 따라 생성, 소멸될 수 있는데 경제적 부양의 책임, 가사운영의 책임, 자녀교육의 책임, 가족 내 감정조절의 책임들이 각 가족구성원에게 분담될 수 있다(엄명용 외, 2008, 2011).

역할이론을 가족체계에 적용시키면, 가족구성원 개개인은 가족의 구조에 통합되어 있는, 그리고 어떤 기대된, 허용된, 금지된 행동을 반영해 주는 여러 역할을 수행한다. 니콜스와 슈와츠(Nichols & Schwartz, 2005)에 의하면, 가족역할은 상호 독립적이 아니며 역할행동은 둘 혹은 그 이상 사람을 상호적 교류에 관여시킨다. 가족체계 내의 역할은 법적 지위, 연령적 지위, 문화적 · 사회적 각본에 의거하여 할당될 수 있다. 특히 여성과 남성의 역할에 대한 인식이 변화되고는 있지만, 아직도 많은 문화에서 성별에 근거하여 역할이 할당되고 있다(Hepworth et al., 2006).

가족갈등은 가족구성원 개개인이 역할에 불만족하거나 역할에 대한 이견이 있거나 혹은 지나친 역할부담이 있을 때 발생할 수 있다. 특히 역할 간 갈등은 가족구성원 개인이 여러 역할을 수행하는 데서 발생한다. 예를 들어 여성은 아내, 어머니, 딸, 근로자, 그리고 노부모의 보호제공자로서의 복합적 역할을 수행하는 데 어려움을 경험할 수 있다. 개인은 구조화된 사회에서 부과된 지위에 따라 역할을 수행하게 되는데, 이때 대부분 역할갈등을 경험하게 된다. 역할갈등이 발생하는 경우는 다음과 같다.

첫째, 역할취득의 과정에서 각 단계가 불일치되어 나타나는 역할갈등이 있다. 즉, 역할기대와 인지, 역할기대와 수행, 역할인지와 수행 간에 서로 일치되지 못할 때 역할갈등이 일어날 수 있다.

둘째, 하나의 역할에 대한 기대가 불일치되어 나타나는 역할내적 갈등이 있다. 예를 들면, 부모가 자녀의 훈육을 수행함에 있어서 자녀는 엄하게 다스려야 한다는 것과 가능한 자녀에게 온정적이어야 한다는 역할기대의 차이에서 발생하는 갈등을 말한다.

셋째, 한 개인이 동시에 여러 지위를 가짐으로써 발생하는 역할 간의 갈등이 있다. 예를 들면 가정 내 지위, 직장 내 지위, 종교집단 내 지위 등을 동시에 가질 수 있는데, 이러한 지위 탓에 서로 다른 역할이 요구된다. 이처럼 서로 상반된 역할이 기대될 때 역할갈등이 일어나게 된다(류현수 외, 2009).

따라서 가족사정에서는 가족 내의 역할분배, 이들 역할이 규정되는 방식,

그리고 역할갈등을 이해하는 것이 중요하다. 그리고 가족구성원이 각자에게 주어진 역할에 얼마나 만족하고 있는지 고려되어야 한다. 만약 만족하지 못하고 있다면 역할을 수행하거나 변화시킬 여지가 있는지를 사정해야 한다.

4. 가족 사정도구

가족과의 실천에서 '사정'이란 사회복지사가 가족의 상황을 있는 그대로 이해하고 이를 바탕으로 개입전략을 수립 · 점검하는 것을 뜻한다. 가족사정의 목적은 문제해결을 위해 현재 그 가족의 어려움이 무엇인지, 그 어려움을 지속시키고 있는 가족의 상호작용 양상은 무엇인지, 그리고 가족은 자신들의 상호작용 유형 중에서 어떤 점을 변화시키기를 원하는지를 알아내는 것이라고 할 수 있다(엄명용 외, 2008, 2011).

따라서 사회복지실천 현장에서 그 가족의 정확한 문제를 사정하기 위한 도구가 필요하다. 또한 사정도구는 클라이언트가 가지고 있는 자원을 규명하는 데도 유용할 뿐 아니라 클라이언트와 사회복지사 간의 대화를 중개하기도 한다는 점에서, 특히 자신의 생각과 감정을 표현하는 데 어려움을 가진 클라이언트에게 매우 유용하다. 예를 들어, 가족에 대해 '상징적으로 표현하기' 등은 클라이언트로 하여금 자연스럽고 쉽게 자신의 감정과 그 가족의 정보를 얻을 수 있는 장점이 있다.

특히 사회복지사가 사정도구를 사용할 때는 다음과 같은 사항을 먼저 고려해야 한다. 우선 이 도구의 목적은 무엇인지, 클라이언트 체계의 고유한 상황에 적합성을 가지는지, 시간이나 노력 또 비용이 얼마나 소요되는지, 도구의 목적과 절차에 대해 클라이언트는 충분한 정보를 제공받았는지, 또 이 도구가 과연 유용한 정보와 신뢰성 있고 타당성 있는 정보를 제공할지에 대한 것이다(Miley & Dubois, 1995, 이원숙, 2012 재인용).

1) 가계도와 생태도를 위한 기호

가계도와 생태도를 그리는 데 활용되는 기호를 소개하면 그림 10-1과 같다.

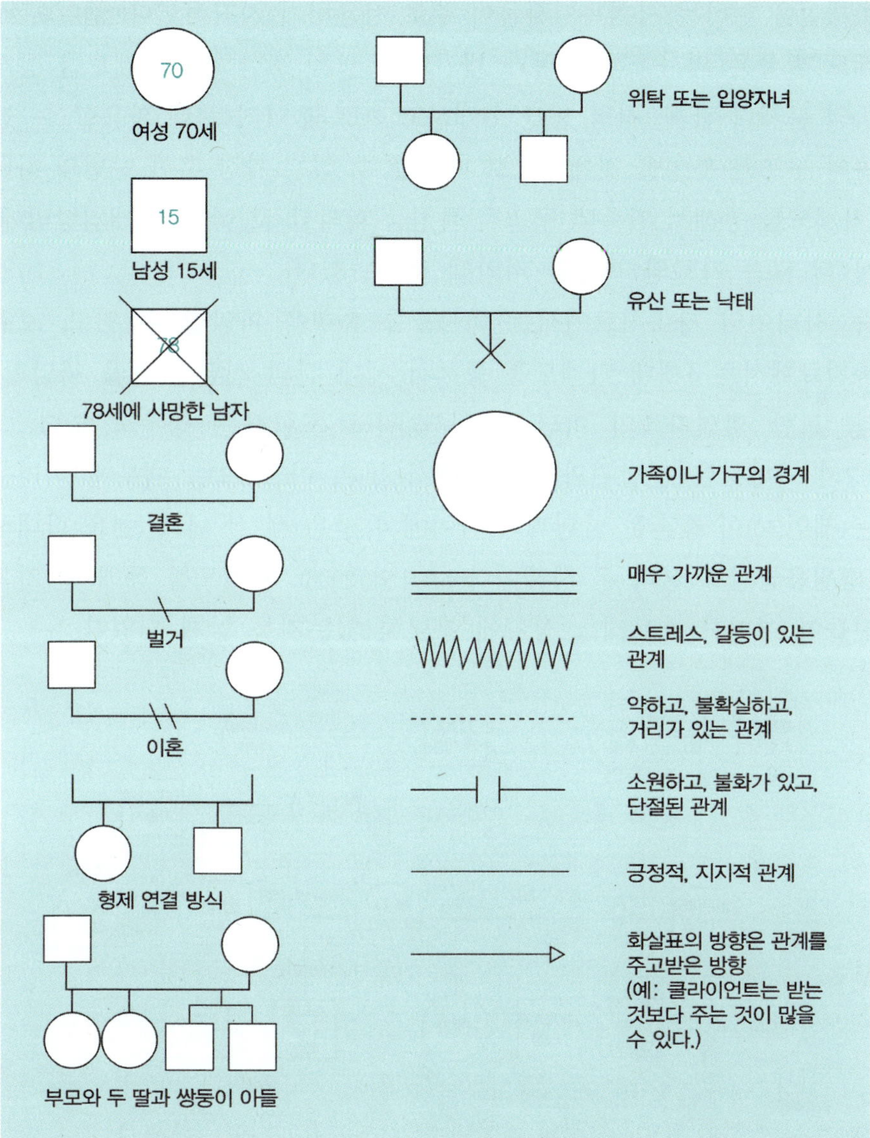

출처: Sheator & Horejsi(2006), Techniques and Guidelines for Social Work Practice, p.256.

그림 10-1 가계도와 생태도의 기호

2) 가계도

가계도(genogram)는 보웬(Bowen, 1978)의 다세대 가족체계이론에 기초하여 가족개입을 행하는 사회복지사들이 주로 사용하기 시작하였다(엄명용 외, 2008). 가계도 활용은 의사소통 유형과 개인의 특성을 포함하는 가계도를 통해서 가족의 문제나 관계, 경험 등을 이해하고 치료해 나가는 데 활용할 수 있다. 가족의 구조와 특성을 전체적으로 파악할 수 있는 가장 흔한 방법의 하나로써 가계도를 통해서 가족의 구조적 특성을 파악할 뿐 아니라, 개입방법에 따라서 더 많은 자료와 특성을 파악해 낼 수 있다.

즉, 사티어의 가족치료에서는 의사소통 유형을 파악할 수 있고, 보웬의 가족치료에서는 3세대 가계도를 통해서 세대 간의 전달 유형을 파악할 수 있다. 또한 혈연가족이 아닌 가족구성원도 포함하는 경우도 있다. 그림 10-2의 가계도는 전남편과의 사이에서 낳은 아들(스티브) 때문에 어려움을 겪는 제인(40)이 재혼한 남편과의 사이에서 낳은 세 살 난 딸(앤)을 학대하다가 병원응급실로 실려 온 사례이다(조흥식 외, 2006). 가계도를 통해 앤 가족은 자신들이 어떠한 스트레스 상황에 부딪혀 있는지를 알게 되었다.

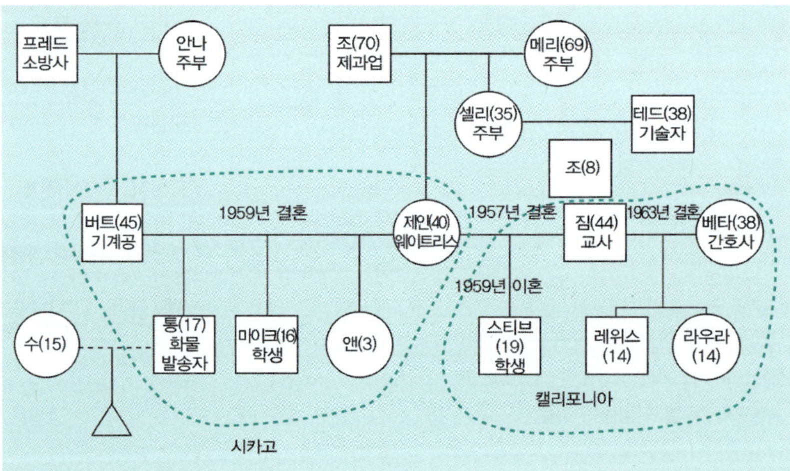

출처: Holman(1993), Family Assessment, p.71, 조흥식 외(2006), 가족복지론. p.128 재인용.

그림 10-2 앤 가족의 가계도

3) 생태도

생태도(eco-map)는 하트만(A. Hartman, 1983)에 의해 개발된 것으로, 가족과 그 가족의 생활공간 내에 있는 사람 및 기관 간의 연계를 그림으로 그려 나타낸 것이다(조흥식 외, 2006). 생태도는 사회적 맥락에서 개인의 위치를 파악하는 것으로 생태학적 체계, 즉 생활공간에서 개인 혹은 가족을 둘러싸고 있는 경계를 역동적인 방법으로 지도화한 것이다.

이 지도에는 가족생활에 관련 있는 주요한 여러 체계, 그리고 가족과 이들 체계 간 관계의 본질이 반영된다(이원숙, 2012). 또한 생태도는 개인을 둘러싸고 있는 사회적 관계를 모두 포함함으로써 클라이언트의 사회적 관계의 장·단점과 활용 가능한 자원 및 단서를 파악하는 데 유용하다. 개인의 삶에 영향을 미치는 사회적 자원을 선과 화살표를 통해서 동원될 수 있는 자원을 한눈에 파악하고, 원의 크기와 거리로도 그 영향력과 거리감 등을 파악할 수 있다.

이처럼 생태도는 클라이언트와 가족을 둘러싸고 있는 환경에서 각 요소의 상호작용, 자원의 흐름을 한눈에 파악할 수 있을 뿐 아니라, 클라이언트와 가족에게 직·간접 혹은 긍정·부정적으로 영향을 미치는 요소를 바로 파악할 수 있다. 또한 문제해결을 위해 어떠한 자원을 활용해야 하는지에 대한 유용한 정보도 쉽게 알 수 있다(손병덕 외, 2008).

생태도 작성 방법은 다음과 같다.

① 중앙에 원을 그리고, 그 안에 내담자 가족의 지도를 그린다.

② 현재 함께 살고 있지 않은 가족구성원은 원 밖에 배치한다.

③ 내담자 가족에 영향을 미치는 환경체계를 원 밖의 주변에 배치한다.

④ 환경체계를 표시하는 원 안에 관련 사항을 간략히 기입한다.

⑤ 내담자 가족체계와 환경체계 간의 상호교류를 기호로 표기한다.

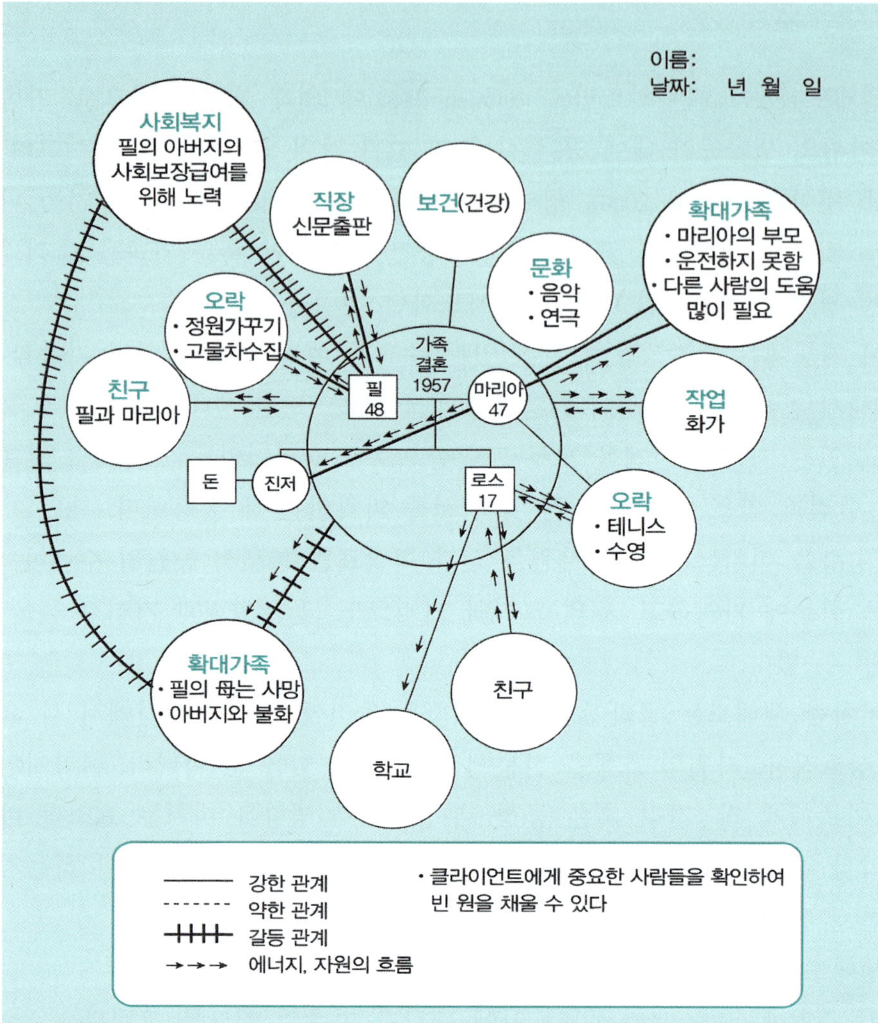

출처: Hartman & Laird(1993), Family-Centered Social Work Practice, p.177.

그림 10-3 **생태도**

4) 사회적 지지망

사회적 지지망 사정은 사회복지실천을 위해 개발된 사정도구로, 사회적 지지망이 개인을 보호하는 힘, 보호 요인으로 인식됨으로써 평가도구로 많이 활용되고 있다.

(1) 사회관계망 지도

트레이시와 휘테커(Tracy & Whittake, 1990)는 클라이언트의 사회적 지지 자원을 사정하는 도구로써 사회관계망 지도를 개발하였다. 사회관계망 지도는 다음 7개 영역에서 사정한다. 지금까지 지내 오면서 좋은 감정을 갖게 한 사람이든지, 나쁜 감정을 갖게 한 사람이든지 자신의 삶에 영향을 미친 사람들을 모두 포함시킨다. 그 사람이 ① 동거가족, ② 확대가족 및 친척, ③ 친구, ④ 직장 또는 학교 등에서 형성된 유대, ⑤ 클럽, 조직체, 종교집단, 친목 모임 등을 통해 관계를 맺은 유대, ⑥ 이웃, ⑦ 기관 또는 공식적 서비스 제공자 등 어디에 속하는지 이름을 기입한다(신성자 외, 2007).

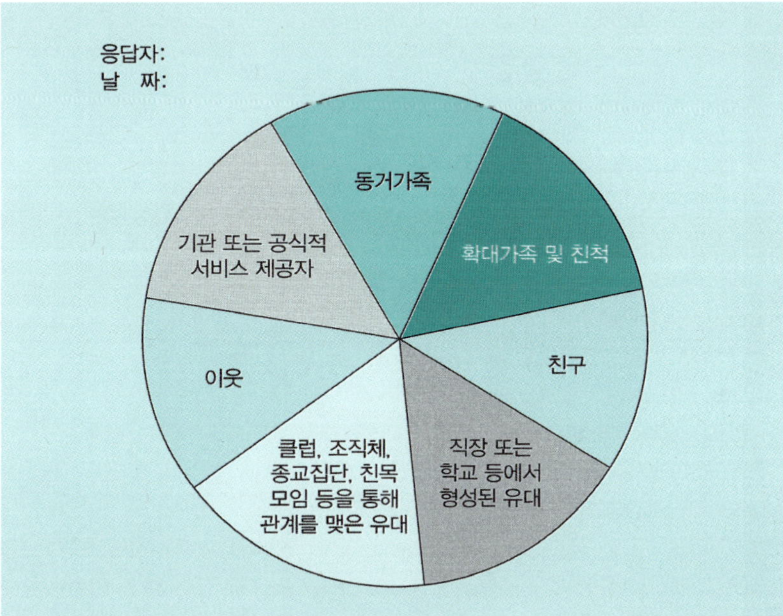

출처: Sheafor & Horejsi(2006), Techniques and Guidelines for Social Work Practice, p.256.

그림 10-4 트레이시(Tracy) & 휘테커(Whittake)의 사회관계망 지도

(2) 사회관계망 표

사회관계망 표에 15명 이상이 기록되면, 상위 15명을 선택하여 그들이 개인에게 제공하는 사회적 지지(구체적 지지, 정서적 지지, 정보 · 조언적 지지), 비판, 원조의 방향, 친밀 정도, 접촉 빈도, 관계 지속 기간 등을 기록한다(이원숙, 2012).

표 10-2 사회관계망 표

구분		생활 영역	구체적 지원	정서적 지원	정보/충고	비판	원조 방향	친밀성	접촉빈도	관계 지속기간
이름	번호	① 동거가족 ② 확대가족 및 친척 ③ 다른 친구 ④ 직장, 학교 ⑤ 클럽, 조직체, 교회 ⑥ 이웃 ⑦ 공적 서비스, 전문가 ⑧ 기타	① 거의 없음 ② 간혹 있음 ③ 거의 항상 있음	① 거의 없음 ② 간혹 있음 ③ 거의 항상 있음	① 거의 없음 ② 간혹 있음 ③ 거의 항상 있음	① 거의 없음 ② 간혹 있음 ③ 거의 항상 있음	① 양방향 ② 당신이 그들에게 향함 ③ 그들이 당신에게 향함	① 친밀성이 없음 ② 친밀한 정도 ③ 매우 친밀	⓪ 보지않음 ① 몇 회/년 ② 매달 ③ 주별 ④ 매일	① 1년 미만 ② 1~5년 ③ 5년 이상
	01									
	02									
	03									
				~	중	략	~			
	13									
	14									
	15									

출처: B, W, Sheafor et al.(1997), 서울대학교 사회복지실천연구회 역(1998), 사회복지실천 기법과 지침, p. 399.

5) 가족사정 척도

가족을 사정 · 평가하는 척도는 가족의 기능과 관계, 적응, 스트레스 등에 대한 구체적인 정보를 제공해 가족의 문제와 욕구에 초점을 두는 구조적인 방법으로 목표를 세울 수 있게 해 준다. 가족기능을 측정하는 도구로는 적응력과 응집력을 측정하는 FACES III, 가족의 자신감, 구조, 융통성을 사정하는 가족평가 척도, 가족의 기본과업, 발달과업을 포함하여 현재 가족기능을 검사하는 맥마스터 모델, 가족기능의 구체적인 영역의 평가를 목표로 하는 맥마스터 임상척도 등이 있다(장수미 외, 2010).

가족사정이 끝나면 사회복지사는 개입을 통하여 가족 변화과정으로 들어가기 위한 준비를 해야 한다. 이 과정은 가족상담을 원하는 클라이언트의 요구는 무엇인지, 이러한 요구와 가족에 관한 정보를 종합할 때 어떤 방법으로 개입하는 것이 가족의 변화를 위해 적절한 것인지, 개입은 어느 정도의 기간이 필요로 하는지, 가족문제를 해결하기 위해 다른 전문가의 협력이 필요한지 등의 개입 방향을 정해야 한다.

5. 가족에 대한 실천기법

가족개입실천이란 가족을 단위로 한 사회복지실천활동을 의미한다. 가족복지실천에서는 가족단위의 문제가 주요 실천대상이 되며, 경우에 따라서는 개인의 문제를 해결하기 위해 가족의 개입이 이루어지기도 한다. 가족을 대상으로 하는 사회복지실천과정은 보통 3단계(접수 및 사정과 계획, 개입, 평가와 종결), 4단계(접수 및 참여유도, 자료수집과 사정, 계획, 개입, 평가와 종결), 5단계(접수 및 자료수집, 사정, 계획, 개입, 평가와 종결) 등으로 구분하기도 한다. 하지만 몇 단계이든 각 단계가 뚜렷하게 구분되는 별개의 과정이 아니라 연속선상에 있다. 이 장에서는 가족사회복지실천과정을 초기, 중간, 종결단계의 3단계로 나눈다. 초기단계에서는 초기면담과 사정, 계획이 이루어지고, 중간단계에서는 계획된 사항이 실행되며, 종결단계에서는 실천의 평가와 종결이 이루어진다.

1) 초기단계: 초기면담과 사정, 계획

가족과 함께하는 사회복지실천의 초기단계에서는 초기면담과 사정, 계획이 이루어진다. 초기단계에서는 접수면접을 통해 사례를 확인하고 기관의 서비스 방향과 맞는지 판단한다. 주요 과업으로는 클라이언트와 관계를 형성하여 참여를 유도하고 클라이언트의 문제를 이해하기 위한 자료를 수집하며 수집된 자료를 해석하고 문제를 규정해야 한다. 사정과정에서 파악된 내용을 기초로 가족과 함께 실행목표를 설정하며, 목표 달성을 위한 전략을 수립하고, 실행을 위한 계약하는 활동을 수행한다. 과정 중 녹음이나 녹화를 해야 하는 경우에는 클라이언트의 동의를 받기 위한 서류도 함께 준비한다.

(1) 접수 면접

접수 면접에서는 가족원 모두, 일부 가족원 또는 한 가족만이 참석할 수 있다. 흔히 자녀의 문제로 전화하는 어머니는 자신이 혼자 먼저 와서 상담하기를 원하는 경우가 많다. 이러한 경우에는 상담자와 어머니가 연합될 경우가 많기 때문에 신뢰감이 떨어질 수 있고 자녀에 대한 선입견이 생길 수 있기 때문에 가족원 모두가 참여하는 것이 중요하다.

가족개입실천의 초기단계에서 접수(intake)는 가족복지실천과정을 시작하는 단계이며, 상담의 성공을 좌우할 정도로 중요한 단계이기도 하다. 이 과정에서 가족의 초기경험은 가족구성원의 이후 과정 참여 여부에 영향을 미칠 수 있으므로 주의 깊게 운영되어야 한다. 클라이언트가 서비스를 받기 위해 기관을 찾아와 접수를 했을 때 사례의 적격여부를 판별하여 접수를 결정한다. 신청자의 욕구가 기관의 서비스 방향이나 내용과 맞지 않을 때 혹은 더 적합한 기관이 있으면 그 기관에 의뢰한다. 접수된 사례에 대해서는 클라이언트와 긍정적인 원조관계를 수립함으로써 클라이언트의 참여를 유도한다.

클라이언트 대부분은 가족 전원이 상담에 참여하는 것에 부담감을 가지며 거부하거나 소극적인 태도를 보이게 된다. 이때 사회복지사는 가족 전원이 참여하면 상담이 원활히 진행되며, 문제해결에 도움이 된다는 장점 등을 설명하고 설득하는 노력을 기울여야 한다. 부득이한 사정으로 상담에 불참

하는 가족을 위해서는 상담내용을 녹음이나 녹화하여 보내주는 것도 좋은 방법이 될 수 있다. 사회복지사는 클라이언트가 원조과정 동안 적극 참여할 수 있도록 동기를 부여하며 클라이언트의 고통을 이해하고 격려하며 문제해결의 희망을 품게 한다.

사회복지실천의 대상이 되는 가족의 문제 혹은 가족의 역기능은 가족구성원 개인의 문제라기보다는 가족체계의 장애나 어려움에서 발생하는 체계의 문제이다. 가족은 관계의 그물망으로 구성된 하나의 조직이며, 체계이므로 가족 중 한 사람에게 어려움이 발생하게 되면 전체 가족에게 영향을 미치게 된다. 따라서 사회복지사는 개별 구성원으로부터 가족 전체로 관심의 초점을 넓히는 '가족 초점'을 유지하고 가족이 의식적 혹은 무의식적으로 클라이언트의 증상으로 확인된 것에 스스로 이바지하고, 그것을 유지하고 있다는 것을 인식하고 받아들이도록 해야 한다.

(2) 가족사정 및 자료수집

가족개입의 초기단계에서는 보통 가족의 강점과 문제에 대한 정보를 수집하게 된다. 이를 위해서는 가족의 규범과 가족성원들의 역할에 대하여 자료를 수집하고 관찰을 해야 한다. 예를 들어, 사회복지사는 규범에 대한 의사소통이 개방적인지 폐쇄적인지, 어느 가족원 의견에 무조건 따르는지, 의사결정은 어떻게 이루어지는지를 관찰한다.

자료수집 과정은 클라이언트의 문제를 이해하고 분석, 해결하는 데 필요한 자료를 모으는 과정이다. 자료수집의 출처는 클라이언트의 진술이나 이야기가 일차적인 정보제공자로서 가장 중요한 출처가 되며, 다음으로는 클라이언트의 비언어적 행동, 초기 면접지 자료, 관련인물들(가족, 이웃, 친구, 다른 기관 등)의 면접을 통한 부수적 정보, 각종 검사결과(심리 · 성격 · 신체 · 적성검사 등)와 기록(학교 · 병원기록), 관찰과 가정방문, 직접 상호작용하면서 느끼는 사회복지사의 개인적 경험 또는 사례와 관련된 신문이나 인터넷 등의 자료를 통해 얻게 된다.

가족사정은 가족진단이라고도 불리는데, 가족진단은 가족의 병리적 관점이 더 강하다는 이유로 잘 사용되지 않고 가족의 강점, 자원에 초점을 맞추는 가족사정이라는 용어로 사용된다. 가족사정이란 가족을 하나의 단위로 보고 가족 내부의 요인과 외부의 요인, 그리고 이들 양자 간의 상호작용을 파악하기 위해 자료를 수집하고 종합하여 그 가족에 대한 개입을 계획하는 일련의 과정을 말한다(조흥식 외, 2010).

가족사정에는 가족에게 나타난 문제와 관련된 구체적이고 객관적인 사실뿐만 아니라 그 문제에 대한 가족구성원의 주관적인 생각과 감정, 그 문제에 기여한 환경적 요인, 그리고 사회복지사 자신의 생각을 성찰하는 과정이 모두 포함된다. 또 가족구성원 간의 관계, 가족과 더 큰 사회체계와의 관계 등과 같은 관계의 차원도 부가된다. 가족사정은 독립적이고 뚜렷하게 구분되는 과정이 아니라, 가족의 기능을 지속적으로 재평가하고 체계적으로 이해하는 과정이다. 사정은 첫 면접에서부터 시작되어 가족을 만나는 전 과정 동안 이루어진다. 가족사정을 하기 위해 가장 많이 활용되는 방법은 면접과 관찰, 가계도, 생태도, 사회적 관계망 등이 사정도구로 활용된다.

(3) 계획

계획이란 클라이언트와 사회복지사가 서로의 의무와 과업, 구체적인 실천활동을 상호 약속하는 것이다. 즉, 변화에 초점을 둔 실행과 사정을 연결하는 가교(架橋) 역할을 한다. 외부에서 가족의 특별한 문제에 개입하는 것을 가족구성원이 동의해야 한다. 예를 들어, 수업시간에 발생하는 아동의 과잉행동문제를 해결하기 위해 학교사회복지사는 아동과의 직접적인 만남에 대해 학교뿐 아니라 부모로부터의 동의도 얻어야 한다는 것이다. 이와 같은 문제가 적절히 해결되지 않으면 법적인 문제까지 발생시킬 수 있으며, 이를 방지하기 위한 최선의 방법은 첫 번째 면접에서 가족으로부터 동의서 혹은 계약서 등을 받는 것이다. 사회복지실천을 위한 만남은 친밀적인 우애관계를 맺거나 구제 차원에서 은혜를 베푸는 만남이 아니라, 공식적인 관계 형성을 통해 클라이언트와 사회복지사 모두가 책임 있는 자세로 문제해결을 위해 노력할 것이라는 점을 전제로 만난다는 것을 명심해야 한다.

따라서 계획단계에서 사회복지사와 가족구성원은 문제를 해결하는 것과 관련해서 공동의 목표달성을 위한 전략을 세워야 한다. 제법 많은 사람이 관여되어 진행되는 가족개입실천 역시 구체적이면서도 명료한 목표설정이 매우 중요하다. 이를 위해 가족과 사회복지사가 협력하는 것이 필수적이고, 목표는 문제해결을 위해 가족 모두가 참여하여 행동할 수 있는 것이어야 한다. 일단 목표가 구체화되면 그 목표달성을 위한 과정, 역할, 책임을 져야 할 가족구성원 등이 분명해져야 한다.

사회복지사는 초기단계에서 사회복지사와 클라이언트의 역할, 개입방법, 평가방법 등을 기술한 내용에 대해 사회복지사와 클라이언트가 동의하고, 상호계약을 공식화하며 원조과정과 클라이언트가 실제로 무엇을 기대하고 있는지, 기대받을 수 있는지를 명확하게 한다. 또한 만남의 시간과 장소에 관한 사항뿐만 아니라, 가족구성원 개개인의 행동과업에 대해서도 가족구성원의 합의를 얻어 이후의 실행과정에서 참여를 확보할 수 있어야 한다.

2) 중간단계: 목표달성과 계획의 실천기술

사회복지사는 가족을 만나서 그들의 욕구와 문제를 사정한 후에 개입목표를 설정하고 계약을 맺은 후, 개입을 시작한다. 중간단계는 사회복지사와 가족이 합의된 목표를 달성하기 위해 함께 해 나가는 협력관계이다. 일반적 과업은 목표달성과 문제해결을 위한 계획의 실천이다. 이 과정에는 클라이언트와 클라이언트 주변 환경에 개입하여 변화를 초래하는 것이 포함된다. 중간단계에서는 변화된 가족 내 상호작용과 변화되지 않은 지속적이고 불만스러운 대인관계 유형 등이 계속 논의된다. 또한 이 단계에서 오래된 역기능적 규칙, 연합, 신화, 역할모델 등에 대해 분석하게 되고 그것들에 대한 대안도 제시된다. 일반적으로 이들 대안이 가족의 생각, 감정, 상호작용의 새로운 형태로 자리 잡기 위해서는 오랜 시간이 걸리며 반복적인 실천이 요구된다. 한편, 가족상담 중간에 저항이 발생하기도 한다. 저항의 발생은 지극히 자연스러운 현상이라는 것을 알려주고, 자신들이 문제해결의 중간단계까지 도달했음을 격려해 주면 저항은 자연스럽게 해결되기도 한다.

중기단계에서 사회복지사는 다음과 같은 사항에 유념해야 한다. 먼저 가족구성원이 관계개선을 위해 스스로 해결책을 찾도록 적절한 도움을 제공했는지, 그리고 관계개선을 위한 노력이 그들의 문제해결에 바람직한 영향을 미친다는 것을 강조하였는지를 확인하여야 한다. 다음으로, 가족이 문제에 관해 이야기할 때 각자가 그 문제에 대해 어떤 역할을 했으며 어떤 영향을 주었는지를 깨닫게 하고, 서로 이해할 수 있도록 이끌어 주어야 한다. 그리고 가족구성원을 만나지 않는 상황에서도 가족 전체에 대한 시각을 유지하며 상담을 진행시켰는지, 공평성을 유지하며 개입했는지 등을 확인해 보아야 한다.

(1) 개입을 위한 다양한 기법

① 합류하기

합류하기(joining)는 자기 노출하기와 유사한 기술로서 사회복지사가 개입 장면에서 가족의 분위기를 파악하여 그에 맞추어 행동하거나 감정을 표현하는 것이다. 합류하기 기법은 가족과 사회복지사의 거리를 좁혀주는 역할을 하며 일반적으로 개입 초기에 많이 사용한다. 치료자는 가족의 언어적·비언어적 의사소통(제스처, 말하는 태도, 억양, 얼굴표정 등)과 감정표현을 모방함으로써 가족에게 합류한다. 예를 들면, 사회복지사가 “나도 성격이 급해요.”, “우리 집에도 비슷한 사건이 있었어요.”라고 하는 것이다.

② 실연(연기)

실연(enactment)이란 가족의 상호작용 행동을 면담 상황에서 그대로 재현하게 하는 방법을 말한다. 예를 들면, 자녀가 문제를 일으킬 때 부모가 어떻게 하는지 면담 상황에서 행동으로 해 보게 하는 것이다. 이는 ‘~에 대하여’ 이야기하게 하는 것보다 더 실제적인 정보를 얻는 방법이다.

③ 가족조각

가족조각(family sculpting)은 가족구성원으로 하여금 가족관계를 표현하는 조각을 만들어 보게 하여 가족관계에 대한 구성원의 인식을 파악하는 기법이다. 주어진 상황에서 가족관계 혹은 주변 환경 간의 관계를 표현하게 함으로써, 그 가족에 대한 이해를 높일 수 있는 방법이다. 가족구성원 중에 한 사람이 조각자가 되어 자신이 지각하고 있는 상황을 각 구성원에게 표현하도록 각자의 위치와 신체적 표현을 정해 준다. 나머지 구성원은 조각자가 표현하고 싶은 것이 모두 표현될 때까지 그 자세를 유지한다. 모든 구성원이 조각해 보도록 한 후, 조각한 이후에 가족구성원 전체가 경험한 것을 이야기하도록 한다. 가족구성원은 다른 구성원의 조각을 보는 과정에서 통찰력, 이해, 공감, 동정, 후회, 사과 등의 감정을 경험하게 된다. 가족조각은 말 없이도 다른 사람의 관점을 이해하는 수단을 제공하므로 특히 말이 서투른 가족에게 유용하다(Holman, 1983; 김혜영 외, 2010).

④ 역할연습

역할연습(role playing)은 한 가족구성원에게 다른 가족의 역할을 수행해 보도록 하여 가족 상황을 이해하는 방법이다. 각 구성원의 역할을 서로 바꾸는 역할전환을 통해 다른 가족구성원의 위치에서 상황을 경험해 봄으로써, 다른 구성원의 상황과 감정에 대한 이해를 높일 수 있다.

⑤ 과제부여

과제부여는 가족 상호교류에서 자연스럽게 발전될 수 없는 행위를 실연해 보도록 한 후, 가족이 해야 할 분야를 개발시키기 위해 과제를 주는 것이다. 상담과정 중에 내릴 수 있는 과제로는 '3분 동안 방해하지 않기' 혹은 '자리를 바꾸어 서로 좀 더 가까이 앉기'라고 요구할 수 있다. 집에서 수행할 수 있는 과제로는 아들이 소리 지르고 짜증을 내면서 말한다고 불평하는 어머니에게 '아들이 소리 지르지 않고 짜증을 내시 않으면서 말하는 시간과 상황을 관찰해 오기' 혹은 '아들이 바람직하게 말을 할 때 칭찬하거나 이야기를 끝까지 들어주기' 등이 있다.

⑥ 가족그림

가족그림(family drawing)은 가족구성원에게 자신이 느끼는 대로 자유롭게 가족에 대해 그림을 그리도록 하는 기법이다. 그림을 통해 구성원 자신이 가족에 대해 어떻게 느끼는지 이해할 수 있을 뿐 아니라 다른 구성원이 서로에 대해 어떻게 느끼는지, 가족관계에 어떤 문제가 있는지 등을 이해할 수 있다. 가족그림을 통해 예전에 미처 생각하거나 대화하지 못했던 상황을 경험하도록 돕는 기법이다.

⑦ 균형 깨트리기

구조적 접근 기법으로, 가족 내 역기능적 균형을 깨트리는 것(unbalancing)을 말한다. 가족체계 내에서 지위나 권력 구조를 변화시키기 위한 활동으로, 하위체계 간의 관계를 재배치하거나 낮은 지위에 있는 구성원에게 힘을 부여함으로써, 가족을 재구조화할 수 있도록 한다. 게임 중에서 "야자게임"의 한 형태라고 볼 수 있다.

⑧ 재정의

재정의(redefining)는 재명명(relabeling), 재구성(reframing)과 유사한 개념으로 사용되는데, 가족구성원이 부정적인 의미라고 믿고 있는 것을 긍정적인 의미로 변화시키는 것을 말한다. 사실을 변화시키지 않으면서 기존의 사고와 판단의 준거틀을 바꾸어 사건의 의의나 가치판단에 변화를 가져오도록 한다. 또한 사회복지사는 가족의 언어, 세계관, 문제해결방법을 관찰하면서 행동유형에 긍정적인 준거틀을 사용하여 가족이 다른 방법으로 볼 수 있도록 한다. 가족 혹은 부부에게 가족관계에서의 긍정적인 요소를 강조함으로써 서로에 대한 이해를 돕고 새로운 희망과 목적을 주게 된다. 예를 들면 '산만하고 부주의한 철수' → '적극적이고 도전적인 철수'로, '자녀에 대한 엄마의 간섭' → '자녀에 대한 엄마의 관심과 배려'로 바꾼다.

⑨ 탈삼각화기법

가족 내 두 사람 사이에서 스트레스나 긴장관계가 발생했을 때 제3자를 두 사람의 상호작용 체계로 끌어들이는 것이 삼각화 혹은 삼각관계인데, 삼각관계는 문제를 해결하는 데 도움이 되지 못하고 오히려 문제를 은폐하거나 분산하게 한다. 따라서 제3자를 두 사람의 관계에서 분리시켜 삼각관계를 벗어나게 함으로써, 가족구성원이 자아분화하도록 하는 것이다. 부부간 갈등이 심할 때 자녀를 삼각관계로 끌어들이게 되는데, 사회복지사는 부부가 직접 문제를 해결할 수 있게 함으로써 자녀가 부모의 갈등에서 벗어나게 해야 한다.

⑩ 질문기법

㉠ 순환적 질문기법

클라이언트가 자신을 관계의 맥락에서 보게 하고 또 다른 가족구성원의 관점에서 바라볼 수 있도록 하는 것이다. 가족의 문제에 대해 원인과 결과를 구분하는 단선적 관점에서 벗어나 순환적 성격을 분명하게 인식함으로써, 가족구성원은 자신들의 제한되고 일방적인 시각에서 빠져나올 수 있다. 예를 들면, "아내가 당신에게 화가 났다고 말했을 때 당신은 어떻게 반응했나요?", "아이들에게 남편이 고함을 지르면 당신은 어떤 기분이 드시나요?"라고 질문한다.

㉡ 해결중심 질문기법

해결중심 단기가족치료 접근에서 활용하는 기법으로서, 사회복지사가 질문을 통해 클라이언트로 하여금 해결과정을 구축해 가도록 돕는다.

- 면담 전 변화에 관한 질문: 클라이언트가 처음 면담을 약속한 후부터 지금까지 일어났던 변화에 대한 질문은 때로 아주 중요한 단서를 제공한다. 클라이언트의 잠재능력을 발견하고 클라이언트 자신이 의식하지 못하는 해결방안을 찾는 데 도움이 된다. 면담 전에 변화가 있었다면 클라이언트가 이미 지니고 있는 해결능력을 인정하고 칭찬하여 확대할 수 있도록 격려한다.
- 예외질문: 예외는 문제시되는 실패경험보다는 성공했던 경험을 찾아내어 그것을 의도적으로 계속하여 성공의 경험을 확장하고 강화하는 것이나. 가족이 현재 가지고 있는 문제가 없었던 상황은 문제가 있는 지금 상황과 어떻게 달랐는지 탐색하게 함으로써 문제해결이 안 된 그 상황을 확대하기 위한 단서를 찾게 한다. 문제가 발생하지 않은 때는 언제인가? 문제가 발생하지 않았다는 것을 어떻게 아는가? 문제가 발생하는 상황과 발생하지 않는 상황의 차이점은 무엇인가? 예를 들면 길동이가 엄마에게 지나치게 짜증을 내고 소리 지르지 않을 때는 언제인가요? 어떤 상황에서 길동이는 컴퓨터 게임에 빠지지 않고 숙제를 잘 하나요?"라고 질문한다.
- 기적질문: 기적이란 문제 자체를 감소시키기나 제거시키지 않고 문제와 별개로 해결책을 상상하게 하는 것으로, 이를 통해 사회복지사는 클라이언트가 바꾸고 싶어 하는 것을 스스로 설명하게 하여 문제에 대한 집착으로부터 벗어나 해결중심 영역으로 들어가게 한다. 기적에 관한 질문을 한 후 클라이언트가 미래를 이끌어갈 책임이 있다는 생각을 할 수 있도록 질문을 계속한다. 예를 들면, "오늘 집으로 돌아가서 잠을 잤는데, 밤새 기적이 일어나서 문제가 해결되었다고 가정해 봅시다. 아침에 일어났을 때 무얼 보고 기적이 일어났다고 알 수 있을까요?", "이 기적이 앞으로 더 자주 일어나려면 어떻게 해야 할까요?"라고 질문한다.
- 척도질문: 구체적인 숫자를 이용하여 가족구성원에게 자신의 문제의 정도, 변화 정도, 변화에 대한 의지 등을 표현해 보게 하는 질문이다.

주의할 점은 과거에 초점을 두지 말고 현재와 미래에 초점을 두고 '오늘', '지난주'와 같이 시간을 규정하는 것이다. 예를 들면 "1부터 10까지 있는 척도에서 10은 문제가 가장 심각한 상태이고 1은 문제가 없는 상태인데 오늘 생각하기에 당신의 문제는 몇 점 정도에 해당하나요?", "클라이언트가 현재의 상태를 5점이라고 했다면 5점에서 4점으로 변화할 때 무엇이 달라질 것 같습니까?"라고 질문한다.

- 대처질문: 문제 상황에 있는 클라이언트에게 경험을 활용하도록 하고 새로운 힘을 갖게 하며, 자신의 자원과 강점을 발견하도록 하는 데 도움이 되는 질문이다. 어려운 상황에서 잘 견뎌내고 더 나빠지지 않은 것을 강조하고 그것을 인식 및 확대하기 위한 근거로 이용한다. 예를 들면 "그렇게 힘든 상황에서도 모든 것을 포기하지 않고 어떻게 오늘까지 지탱해 왔나요?", "지금까지 해 온 것을 유지하기 위해 무엇을 해야 하나요?"라고 질문한다.

3) 종결단계: 평가와 종결

가족 개입 종결기에서는 개입을 통한 가족 혹은 성원들의 변화를 확인하고, 가족이 변화를 유지할 수 있도록 지원하며, 필요한 경우 추후 면접을 계획한다.

종결단계의 주요 초점은 제시되었던 가족의 문제나 욕구가 실천과정을 통해 해결되었는지를 평가하고, 실천과정에서 성취한 변화가 견고하게 지속할 수 있게 하는 것이다. 또한 남아 있는 문제를 재검토하여 이후의 작업을 결정하고 사후지도와 의뢰 가정을 진행하는 것도 포함된다. 보통 가족의 불평이나 문제 증상이 사라지고 가족이 서로 만족해하며 가족 간 경계가 융통성 있게 변하면 상담을 종결한다. 이때 가족은 스스로 노력하여 문제를 해결하는 방법을 찾아내며 바람직하지 못한 행동을 변화시킬 수 있게 된다.

(1) 종결의 시기를 판단하는 기준

사회복지사는 상담을 종결해야 할 적절한 시기가 언제인지를 판단할 수 있어야 한다. 이 시기에 도달하면 다음과 같은 구체적인 단서나 변화가 나타나게 된다(Nelson, 1983; Glick & Kessler, 1994; 노혜련, 1995).

① 제시된 문제가 해결되고 증상이 완화되거나 소멸한 때
② 초기에 설정한 상담목표가 이루어진 때
③ 가족구성원이 상담을 통하여 새롭게 습득한 대처방법이나 행동방식을 계속 유지할 때
④ 가족구성원 간의 의사소통에서 비생산적인 다툼이나 갈등이 감소하고, 의사표현이 솔직하고 갈등을 협상할 수 있는 능력을 갖추게 된 때
⑤ 가족의 구조와 규칙이 융통성 있고 기능적이 된 때
⑥ 가족구성원의 상호작용이 긍정적이고 관계가 개선된 때
⑦ 가족의 발달단계에 적합하게 가족구성원의 역할과 기능이 수행된 때
⑧ 미래에 비슷한 문제가 발생하더라도 잘 처리할 자신감을 보여주고 자발적인 활동이 증가한 때
⑨ 상담의 진행이 부진하거나 가족구성원이 상담에 소극적으로 된 때

(2) 클라이언트와 사회복지사의 정서적 반응 다루기

종결은 클라이언트에게 중요한 감정적인 욕구를 만족시켜 온 관계가 사라진다는 고통스러운 과정을 의미한다. 그러므로 심리적인 스트레스를 최소화하면서 효과적으로 종결하기 위해서는 클라이언트의 정서적인 반응을 다루어야 한다. 사회복지사 역시 종결에 대한 자신의 감정(성취감, 실패감, 시원함, 아쉬움, 허탈감, 분노, 불안 등)에 직면하고 가족이 종결할 준비가 되어 있는지를 평가하며, 그들의 반응을 예측하고 종결방법을 계획한다(Nelson, 1983; 최규련, 1991). 가족과 함께 사회복지사는 상담 초기와 현재의 상태를 비교하고 그동안의 상담과정을 되돌아보면서 상담목표에 얼마나 근접해 있는지 이야기를 나눈다. 상담과정 동안 획득된 성과를 유지하고 계속 발전할 수 있도록 장기적 목표를 세워 과제를 수행하도록 격려한다.

(3) 의뢰하기

종결시기가 되었는데도 목표가 달성되지 않았거나 달성되었더라도 클라이언트에 대한 새로운 서비스의 필요성 여부를 확인하여 새로운 서비스가 필요한 때를 의미한다. 문제 해결이 어려울 경우에는 다른 상담전문가에게 도움을 받기 위하여 클라이언트를 인도하는 것은 부끄러운 일이 아니다. 따라서 새로운 서비스가 필요할 때에는 다른 전문가에게 도움을 청하는 것은 자연스러운 일이다.

(4) 평가하기

상담을 종결하면서 원조과정의 결과를 평가한다. 상담과정 동안 개입의 효과성과 효율성을 측정하고 무엇이 가족에게 도움이 되었고, 어느 정도의 변화가 있었는지, 어떠한 것들이 달리 진행되었어야 했는지를 이야기한다. 평가의 일차적인 목적은 목표를 달성했는지를 측정하는 것이다. 즉, 가족복지실천이 얼마나 효과적이었는지를 측정한다. 또한 평가과정을 통해 실천의 효율성을 측정할 수 있다. 이러한 과정을 통해 가족과 사회복지사 모두 실천 내용에 대해 점검하고 평가함으로써, 반성할 기회를 갖고 새로운 활동에 반영한다. 이를 통해 특정 문제나 가족에게 효과가 있는 개입방법을 적용하게 되어 효과적인 개입을 가능하게 하며 사회복지사의 능력을 향상할 수 있다.

종결 시에 활용되는 실천기술은 지금까지의 개입과정을 검토하고 긍정적인 변화를 지지하며 향후 충족되어야 할 욕구를 요약하는 것이다. 가족개입이 통상적으로 8~12회기로 진행되는 것을 감안할 때 마지막 2회 정도는 종결을 준비해야 한다. 이때에 지금까지의 개입과정에서 이루어낸 다양한 변화를 논의하면서 각 구성원들로 하여금 자신과 다른 성원의 변화를 코멘트하도록 하면 도움이 된다. 이러한 과정은 변화를 명확히 할 수 있고 강화시키는 효과를 낸다. 추수 면접에서는 가족의 항상성을 유지하기 위한 자원을 규명하고, 가족이 성취한 목표를 점검하는 데에 초점을 맞춘다(김혜란 외, 2006).

종결의 과제를 정리하면 다음과 같다.

① 현재 문제 상태가 어떠한가?
② 가족개입 이후 어떤 변화가 있었는가?
③ 유사한 문제가 생긴다면 가족은 이를 어떻게 다룰 것인가?
④ 문제에 대한 가족의 생각이 어떻게 달라졌는가?
⑤ 개입 종결에 대해 성원들은 어떻게 느끼는가?
⑥ 다시 가족개입이 필요하다고 느끼는 요인들은 무엇인가?
⑦ 사후 면접에서 가족 항상성을 유지하기 위한 자원은 무엇인가?

가족의 문제가 해결되었을 때 종결이 이루어지는 것이 가장 바람직하며 환경적 상황이 변하거나 가족원이 중도 종결을 원하여 종결이 이루어지기도 한다. 한편 종결은 계획된 것일 수도 있고, 예기치 않은 것일 수도 있다. 아는 상황에 따라 사회복지사가 판단하고 조정해 나가는 기술이 필요하다.

CHAPTER 11

집단 사회복지실천

인간은 집단 속에서 살아간다. 즉, 인간이 존재하는 기본조건은 집단생활이라고 볼 수 있다. 사람은 가정, 학교, 직장 및 각종 사회단체와 국가라는 집단 속에서 다른 사람과 관계를 맺으면서 살아가고 있다.

다시 말하면, 사람은 이와 같은 여러 가지 집단 속에서의 인간관계를 통해 자기의 생활목표를 추구하면서 살아가고 있는 것이다. 그리고 이러한 집단생활을 해 나가는 가운데 자기가 속한 집단에 대해 영향을 미치기도 하고, 집단의 속성에 의해 영향을 받기도 한다.

집단을 대상으로 하는 사회복지실천은 의도적인 집단경험을 통하여 개인의 다양한 욕구를 충족시키고, 사회적 적응 능력을 증진시키고자 하는 사회복지실천의 한 방법이다. 집단 사회복지실천의 이념적 뿌리는 20세기 초 30여 년간 발달해 온 노동운동, 인보관운동, 사회복지관, 청소년단체, 성인단체 등을 포함한 사회복지기관에서 찾을 수 있다. 현대에 와서는 사회복지실천 현장에서 사회복지사가 집단 사회복지실천을 활용하는 것이 그리 새롭지 않을 만큼 아주 활발하게 운영되고 있다.

집단 사회복지실천은 1930년 초에 개별 사회복지실천과 구별하기 위한 목적으로 집단 사회복지실천(Group Work)이라는 용어로 사용되었다. 이 집단 실천기술이 지속적으로 발전하면서 다양한 모델이 개발되었는데, 이는 사회적 목표 모델, 치료 모델, 상호작용 모델을 대표적으로 들 수 있다.

우리는 집단 속에 살면서도 집단의 영향력을 모르거나 의식하지 못한 채 살아가고 있다. 어릴 적 가족 품에서 자라 나이가 들어갈수록 더 크고 다양한 집단에 소속되어 살아가게 된다. 그러므로 집단 활동은 사회생활의 자연스러운 현상이며 벗어날 수 없는 부분이다. 그러나 사회복지 개입방법으로서의 집단 활동은 이런 일상적인 활동의 형태로 나타나는 집단과는 차이가 있다. 즉, 사회복지 개입으로서의 집단 활동은 의도적인 상호작용을 나누며 개입이 지향하는 바가 있게 된다.

집단과정을 한 마디의 다른 단어로 말하라고 하면 어떻게 대답하겠는가? 어떤 단어가 집단구성원의 상호작용을 명확하게 해 줄 것 같은가? 어떤 단어가 사회적 상호작용을 촉진하고 구성원 간 상호관계의 형태를 만들며, 구성원을 하나의 전체로 뭉치도록 할 것 같은가? 또한 목표달성을 하도록 하는 집단의 능력을 잘 표현해 줄 것 같은가? 이러한 질문에 사회심리학자인 레빈(Lewin)은 '역동적(dynamic)'이란 단어를 최초로 선택하였다(Lewin, 1951). 집단은 약하기보다는 강력하며, 수동적이기보다는 능동적이다. 또한 정체적이기보다는 유동적이며 촉매적이다. 그리고 레빈은 이러한 복잡한 과정이 집단구성원에게 미치는 강력한 영향을 기술하기 위해 '집단의 역동성'이라는 용어를 사용하였다. 집단의 역동성은 집단지도자에 의해 조절 가능하며, 집단구성원들에게 이익이 되는 집단의 목적을 달성하기 위해 활용될 수 있다. 즉, 집단지도자가 집단의 역동성을 적절하게 활용하면 집단과 집단구성원 모두에게 긍정적 영향을 미치지만, 그렇게 하지 못할 때에는 집단의 발달단계에 역기능적 영향을 미칠 수도 있다. 따라서 집단지도자는 집단의 발달단계에 따라 다르게 나타나는 집단의 역동성을 잘 이해하고 활용하여야 한다.

1. 집단의 개념과 유형

1) 집단의 개념

집단은 서로가 동일한 집단에 소속되어 있다는 집단의식이 있고 공동의 목적이나 관심사가 있어야 한다. 이들 목적을 성취함에 있어서 상호 의존적이며 의사소통, 인지반응을 통하여 상호작용하며 단일한 행동을 할 수 있는 능력 있는 2인 이상의 사회적 집합체로 정의된다. 체계로서의 집단은 "한 개인으로서 서로 인식하고 상호작용하며, 사회적 실체로서 집단에 대한 의식을 공유하고, 구성원들의 집단과 연관된 행동에 의해 영향을 받으며, 자연적이고 표현적인 행동이 지배적인 두 명 이상으로 구성된 사회적 조직의 한 형태"로 정의된다. 집단의 유형은 집단의 크기, 성원 간의 상호작용, 정서적 결속 정도, 집단의 구성 방법, 집단의 목적에 따라서 분류된다.

하트포트(Hartfort)는 "집단이란 적어도 2~3명 이상의 개인이 모여서 다음의 요소를 내포한다고 하였다. 인지적 · 정서적 · 사회적 상호교환과 같은 공동의 관심사나 목표가 있어야 하며, 서로 인상(impression)을 느낄 수 있을 만한 만남(1번 혹은 그 이상)이 있어야 한다. 또한 공동으로 기능을 하기 위한 규범이 있어야 하고, 공동 활동을 위한 목적을 수립하여야 한다. 또 집단구성원 간에, 그리고 전체로서의 집단 결속력이 있어야 한다."라고 하였다(Zastrow, 1995, 이준우 · 이화옥 · 임원성, 2006).

최옥채(2000)는 "집단이란 서로 관련된 사람의 집합으로서 개인의 단순한 집합이 아니라 그 안에 있는 사람들의 관계가 구조화되고 유형화되어 있는 조직된 체계"라고 하였다. 한넉웅(2002)은 "집단이란 적어도 집단의 일부 구성원이 서로 다른 사람의 존재를 알고 있으면서, 직접이든 간접이든 서로 영향을 미치고 상호작용하며, 구성원이 같은 집단의 범주에 소속된다고 인식하는 두 사람 이상의 집합체"라고 하였다. 전남련 등(2007b)은 "집단이란 두 사람 이상이 공통된 목표나 비슷한 인지적 · 정서적 · 사회적 흥미나 관심을 두고 반복적으로 모여 서로에게 영향을 주고 함께 기능을 할 수 있는 규범을 만들고 집단적 활동을 하기 위한 목표와 응집력을 발달시키는 모임"이라고 하였다.

사전적으로 본 집단의 개념은 '여럿이 모여 이룬 모임' 혹은 '일정한 조직관계를 이룬 모임'이다. 그러나 우리 사회에는 실제로 매우 다양한 유형의 집단이 존재한다. 그러므로 어떤 유형의 집단에 초점을 맞추는가에 따라서 집단의 정의는 달라질 수 있으므로 공통된 정의를 내리기는 어렵다. 집단은 인간집합체로서 사회가 형성될 수 있는 공식적 혹은 비공식적 구조를 제공하는 사회의 기본적 구성단위이다. 그리고 주요 다른 사람과의 관계를 형성 · 유지할 수 있는 수단을 제공한다. 즉, 개인은 가족, 또래집단 등과 관계를 형성함으로써 바람직한 사회행동의 규범을 학습하고, 사회적 관계를 만족스럽게 유지할 수 있다. 또한 개인이 성취하고자 하는 목적을 확인할 수 있을 뿐 아니라 고통스러운 시기에 지지를 받을 수 있는 기회를 갖게 되는 등 다양한 혜택을 얻을 수 있다. 따라서 인간은 일생 동안 집단을 떠나서는 생존해 나갈 수 없으며, 집단생활을 통하여 성장하고 발달해 나간다.

한편, 설진화(2008)는 최소 2~3인 이상의 집합체인 집단의 조건과 특징을 다음과 같이 제시하였다.

① 집단구성원이 소속감을 가져야 하며, 공통의 목적이나 관심사를 가져야 한다.
② 집단구성원끼리 정서적 결속과 함께 상호의존적이며, 상호작용이 이루어져야 한다.
③ 집단구성원의 기능과 역할을 규제하는 규범을 가져야 한다.
④ 집단은 다른 사회체계와 마찬가지로 구조를 가져야 한다.
⑤ 집단은 집단구성원의 개별목표와 집단공동의 목표성취를 위해 상호작용하는 집단구성원을 지지하고 격려하는 힘을 가졌으며, 집단구성원의 성장과 발달을 촉진하는 환경이 된다.

2) 집단이론

(1) 장이론

집단이론 중에서 가장 많이 알려진 이론이며, 사회심리학자인 쿠르트 레빈(Kurt Lewin)에 의해 개발되었다. 인간의 심리적 장이란 인간행동을 좌우하는 서로 공존하고 상호의존적인 모든 심리적 사실들의 총합을 말하는데, 여기에는 인식하든 인식하지 않든 개인의 현재 상황과 행동에 영향을 주는 모든 것들이 포함되며, 개인에게 직접 영향을 끼치지 않는 먼 곳에서 일어나는 사회적·물리적 사건들은 제외된다.

쿠르트 레빈은 독일계 미국인 심리학자로 사회심리학, 산업조직 심리학, 응용심리학 등 현대 심리학 분야 선구자이다. 레빈은 집단역학과 조직개발과 같은 개념을 도입하여 사회심리학의 개척자로 불린다.

장이란 원래 물리학에서 나온 개념이나 여기서는 한 사람의 전체적 생활공간을 뜻한다. 생활공간 내에서 개인과 심리적 환경과의 관계는 상호의존적이며, 생활공간 중의 개인은 수동적으로만 환경의 영향을 받는 것이 아니라고 하였다. 환경을 개인의 요구에 의하여 심리적으로 한정하며 행동은 그 생활공간의 함수라고 하였다. 인지적 측면에서 국한되는 것과는 달리 장이론은 행동결정요인을 정의적 측면에서 찾으려고 하였으며, 동기의 개념을 도입하여 행동 결정적 요인을 개인의 심리세계인 심리적 생활공간으로 설명했다.

레빈이론의 특징으로는 지각과 실제는 상대적인 관계가 있으며, 실제란 개인이 맹목적으로 받아들이는 것이 아니라 요구나 목적 등에 의거하여 다시 만드는 것이다. 특히 인간은 자기의 자아관심을 추구하려는 특성을 가지고 있다고 믿었으며, 상황 특히 전체로서의 상황을 중시하였다. 또한 상황의 여러 영역들은 상호의존적이라고 보았다. 다음은 현시성의 원리를 강조하였다. 장이론은 현재의 순간적 의미를 강조하고 학습을 통찰 또는 인지구조의 변화로 본다.

레빈의 행동 양상에 대한 견해로는 개인이 달성하려는 목표에 대한 의식강도에 따라 결과적인 행동이 달리 표출될 수 있다고 하고 그 반대로 행동을 회피하고자 하는 생각 강도의 정도에 따라서도 다르게 나타난다고 하였다. 레빈은 이 두 힘을 긍정적인 값과 부정적인 값의 개념으로 표현하였고 목표를 달성하게 하는 힘은 목표로 향한 힘의 크기만큼 그 방향을 가진 힘이라고 할 수 있겠다. 그 내용을 정리하면 다음과 같이 요약할 수 있다.

- 인지구조의 변화로서 학습
  레빈의 학습 이론 중 가장 주요한 것이 인지구조의 변화로서의 학습이다.
- 동기유발의 변화로서 학습
- 집단의 소속 혹은 이데올로기 변화로서 학습
  개인이 속한 집단 이데올로기는 개인의 심리적 생활공간에 영향을 미친다.
- 신체구조의 유의적 통제로서 학습
  학습은 지식의 습득만이 아니라 운동기능 향상도 포함한다.
- 장이론의 장점과 단점
  - 개인과 개인 사이의 갈등문제와 집단에 대한 관심을 가진다.
  - 지도성문제, 사회나 집단의 풍토문제, 집단의 기준과 가치 문제 등 많은 시사점을 주었다.
  - 교육에서의 학생의 능동적 활동을 강조했다.
  - 교사는 학생의 심리적 생활공간에 속해야 행동의 변화를 유발할 수 있다는 점에서 수요자 중심의 교육을 각성시켰다.

- 삶의 공간은 끊임없이 변화를 내포하기 때문에 행동을 사전에 예언한다는 것은 어렵다는 단점 또한 지니고 있다.

• 장이론 주요 요소

- 생활공간: 심리적 환경과 개인으로 구성한다.
  어떤 순간이나 오랜 시간 개인의 행동에 영향을 미치는 요인들의 전체 형태를 의미한다. 심리적 환경은 지각된 대상과 사상들로 구성되며, 심리학적으로 해석되는 개인은 의식적으로 행동하는 자아를 의미한다.
- 위상(Topology): 지각이나 활동의 범위를 정의하는 형태로서 생활공간을 표현한다. 생활공간의 기능적 부분들의 배경이나 경계를 보여 줄 때와 구조화나 의미화시킬 때 사용한다. 생활공간에 있는 개인의 영역은 가족, 교회, 학교, 극장, 회사와 같은 공간적 의미를 말하고 있다.
- 벡터(Vector): 방향과 강도
  장이론에서 벡터는 목표를 향해 가깝거나 멀어지는 심리적 운동에 영향을 미치는 힘을 의미하고 있다.
- 행동방정식: 생활공간에서 일어나는 의식적 경험을 말하며, 행동이란 개인과 환경의 상대적 위치의 변화 또는 환경의 인지적 재체제화의 과정에서 일어나는 재구성(생활공간의 어떤 부분에 있어서의 유의성)이다.
- 유의성(Valence): 목표 대한 지식의 강도에 따라서 마음을 끄는 적극적인 유의성과 반발하는 소극적인 유의성으로 나누어서 그 값에 따라서(++) 또는 (--)로 표시한다. 또한 목표를 달성하는 힘은 크기뿐만 아니라 방향을 가진 힘이라고 하여 행동을 Vector라는 개념으로 설명될 수 있다.

B=F(PE)
B=Behavior(행동)
p=Person(개인)
E=Environment(환경)

결국, 인간의 행동은 개인(개체가)환경의 함수관계에 의해 결정된다.

레빈의 장 개념은 상호의존적이고, 공존하는 모든 사실의 총합을 가리킨다. 따라서 인간의 심리적 장이란 인간행동을 좌우하고 공존하며 상호의존적인 모든 심리적 사실의 총합을 말한다. 여기에는 인식하든지 인식하지 않든지 간에 상관없이 개인의 현재 상황과 행동에 영향을 주는 모든 것이 포함된다. 그러나 개인에게 직접 영향을 끼치지 않는 먼 곳에서 일어나는 사회적 · 물리적 사건은 제외한다. 레빈은 집단을 전체로 이해해야 하며, 개개인의 총합으로 이해해서는 안 됨을 강조하였다. 이는 체계로 간주하는 집단에는 '역동적 상호작용'이 있기 때문이며, 집단은 바로 구성원들 간의 상호작용이 연속적으로 발생하는 과정이다. 장이론에서는 위상심리와 벡터심리에 대해서 많은 연구를 하였고 집단에서도 충분히 기능을 하고 있는 상황이다.

(2) 소시오메트리

① 소시오메트리의 의의

집단에서 상호 간의 관심을 서술하고 측정하기 위한 방법인 소시오메트리는 모레노(J. Moreno)와 제닝스(H. Jennings)에 의해 처음 개발되었다.

사회적 거리 척도가 집단 간의 친화 및 반발의 정도를 측정하는 것이라면 소시오메트리(Sociometry)는 집단 내의 개인 간의 친화 및 반발의 관계를 측정하는 것이다.

소시오메트리는 집단 내에서 성원 간의 유인, 반발의 형태, 강도, 빈도 등을 측정하여 분석함으로써 개인의 집단 내에서의 상호작용 및 지위, 집단 자체의 구조 및 상태를 평가하는 방법이다.

② 적용을 위한 요건

소시오메트리는 집단 내에서 성원 간의 인간관계의 구조를 분석하는 것을 주 내용으로 하기 때문에 다른 조사방법과 달리 이를 성공적으로 수행하기 위해 몇 가지 요건을 필요로 하고 있다. 소시오메트리 측정의 성공적 수행을 위해 모레노가 지적한 내용을 기술하면 다음과 같다.

- 피조사자에게 집단의 한계를 명확히 규정해 주어야 한다.

> 예 같은 직장의 직원들을 대상으로 조사할 경우 집단을 직장의 전 직원으로 한다든지, 부서의 직원으로 한정한다든지 과의 직원으로 한정한다든지 명확한 한계가 설정되어야 한다.

- 피조사자는 선택과 배척할 사람 수에 어떤 제한을 받아서는 안 된다. 즉, 개개의 성원들이 마음대로 선택하고 배척할 수 있어야 한다. 선택하는데 일정한 기준이 설정되어야 한다.

> 예 "당신이 여행을 한다면 가장 같이 가고 싶은 사람은 누구입니까?"라든가 "당신의 고통을 함께 이야기할 수 있는 사람은 누구입니까?"와 같이 선택의 기준을 제시해 주어야 한다.

- 소시오메트리 조사결과는 집단구조를 재구조화하는 데 사용되어야 한다. 즉, 본인들의 선택이 집단 구조를 변경하는 데 반영됨을 주지시켜 주어야 한다.
- 피조사자가 특정인을 선택 또는 배척하는 것을 다른 성원들이 알지 못하도록 비밀이 유지되면서 시행되어야 한다.
- 사용되는 질문 문항은 성원들이 충분히 이해할 수 있도록 만들어져야 한다.
- 집단성원 간에 감정적인 유대가 형성될 수 있을 만큼 충분한 시간이 경과 되어야 한다.
- 성원들 간에 개인적인 유대가 가능하리만큼 집단의 규모가 작아야 한다. 그러나 이상의 요건이 엄격히 지켜져야 되는 것은 아니고, 몇 가지 요건들을 수정해서 적용되기도 한다.

모레노(Jacob Moreno)는 집단성원 간에 개인적인 유대가 가능하리만큼 집단의 규모가 작아야 한다고 하였으나 조사 성격에 따라 반드시 그렇지 않아도 된다.

> 예 대기업의 경우 승진, 전보 등에 영향을 미치는 인맥 형성을 파악하기 위해서는 한 부스에 국한하기보다는 전체 직원을 대상으로 조사하는 것이 더 바람직할 수도 있다. 또한 모레노는 집단성원 간에 감정적인 유대가 형성될 수 있을 만큼 충분한 시간이 경과 되어야 한다고 하였으나, 이것도 불가결한 요건은 아니다.

때로는 첫인상을 기준으로 소시오메트리를 실시하는 경우도 있다. 결국 모레노가 제시한 요건을 지키도록 노력하되 조사 상황에 따라 융통성을 가지고 대처할 수 있다고 하겠다. 소시오메트리는 집단 내의 선택, 의사소통 및 상호작용 패턴에 관한 자료를 수집하고 분석하는 방법 혹은 집단구성원 간의 호감과 반감을 조사하여 그 빈도와 강도에 따라 집단 구조를 이해하는 척도라고 할 수 있겠다. 집단 내 구성원 간의 거리, 즉 소집단 내에서 누가? 누구로부터 배척을 받으며 누가? 누구로부터 환영받는 지도자로 부상하고 있는지 등을 측정하게 된다. 이러한 집단 성원들 간의 거리를 측정하기 위해 예를 들어보기와 같은 질문들을 할 수 있다.

- 이 집단의 구성원들 가운데서 당신은 누구를 가장 좋아(싫어)하십니까?
- 당신의 직장동료들 가운데 당신의 고충을 상의하고 싶은 사람은 누구입니까?
- 당신의 직장에서 함께 파트너로 일하고 싶은 사람을 우선순위대로 고르세요.
- 당신의 직장동료들에 관해서 당신이 지닌 호감의 정도를 0%(가장 싫어함)에서 100%(가장 좋아함)까지로 표시하세요. 그렇다면 소시오메트리는 어떤 절차로 시행될까요? 먼지, 일상적인 교제를 알기 위한 것인지 혹시 업무 측면의 인간관계를 알기 위한 것인지 등 인간관계 측면에서 소시오메트리를 적용하고자 하는지 목적을 명확히 규정해야 한다. 그래야 질문방향을 정확하고 신속하게 결정할 수 있다.

집단에 참여하게 되면 대인관계의 복잡한 관계망이 점차 발생한다. 집단의 각 성원은 몇몇 성원들에게는 관심을 갖고, 다른 구성원들은 거부하는 감정적인 상호작용을 한다. 모레노(Moreno)에 따르면, 인간관계나 집단의 형태는 끊임없이 변화하는 개인 간의 관심과 거부의 역학적인 긴장체계이며, 그것은 개인의 자발성 발달과 문화적 역할의 학습 정도에 따라서 상대적으로 안정된 구조를 만들어 낸다고 하였다. 이 관점에서 모레노는 처음에는 환자의 자발성과 역할극의 진단 훈련을 통하여 환자가 집단생활에 적응하도록 하는 집단치료법을 개발하였고, 동시에 긴장 체계의 측정분석을 통해서 집단의 구조와 동태에 관한 사회측정이론을 체계화하였다.

(3) 집단 상호작용이론

이 이론에서의 집단은 문제해결의 목적을 위해 상호작용하는 개인들의 체계로 설명된다. 관심의 초점은 구성원들의 의사소통행위 양상과 결과에 있다. 집단 상호작용은 베일스와 그의 동료들에 의해 개발되었는데 로버트 프리드 베일스(Robert Freed Bales)는 미국의 사회학자이다. 토론집단의 조직적 관찰에 의하여 소집단의 상호작용과정분석의 양적 측정의 길을 열었고, 파슨스(Parsons)의 사회체계이론의 확대 심화에 적극적인 기여를 하였다. 그는 작용의 유형으로서 과제적인 것에서 정서적인 것으로의 12가지 카테고리의 분류법으로 유명하다. 이 과정에서 성원 간의 대화 양상과 순서에 초점이 두어졌고 집단성원은 집단과업을 성취하기 위해 특정 문제를 해결해야 하는데 이때 정보와 제안 의견을 주고받고 있다.

집단의 역동성 분석을 위한 개념적 틀로 활용되며 이를 통해 하나의 사회체계로서 집단에 대한 이해를 향상시키며 결국 집단은 각 구성요소와 전체 간에 상호의존성이 있으며 주위환경과 지속적으로 상호작용하는 체계인 것이다. 또한 집단과업을 달성하기 위해 집단성원들을 서로 탐색, 제안 혹은 의견교환을 한다. 집단성원들은 집단 내의 긴장을 관리하고 통합된 집단을 유지하기 위해 사회 정서적인 문제를 다루고 있다. 이때 집단은 균형을 이룬 안정된 상태가 아니며, 감정과 과업 사이에서 혼돈을 겪을 수 있다. 따라서 집단의 문제해결과정을 각각의 명확하고 규칙적인 방법에 따라 확실하고 순차적인 단계로 이루어지며, 집단은 주변 환경 안에서 사회체계에 적응하고 생존하고 발전하게 된다. 그리고 집단과업을 달성하기 위해 집단구성원은 서로 탐색, 제안, 의견교환 등을 한다. 또한 집단구성원은 집단 내의 긴장을 관리하고 통합된 집단을 유지하기 위해 사회정서적인 문제를 다룬다.

3) 집단의 유형

사회복지실천에서 집단은 집단 성원들이 자신들의 태도와 대인관계, 그리고 주변환경에 보다 효과적으로 대처할 수 있는 능력을 변화시키는 사회적 상황이자 수단이다. 그러므로 사회복지사는 집단에서 발생하는 사회적 힘의 영향력을 인식하고, 이를 서비스 이용자의 변화를 위해 활용해야 한다. 사회복지사가 빈번히 활용하는 주요 집단의 분류와 유형을 살펴보면 다음과 같다.

(1) 목표에 따른 분류

코리와 코리(Corey & Corey, 1992)는 치료집단을 상담, 치료, 개인 성장집단, T-집단, 구조화집단, 자조집단 등으로 나누었으며, 토슬랜드와 리바스(Toseland & Rivas, 1984, 1995)는 치료집단과 과제집단으로 구분하고, 치료집단을 다시 지지집단, 성장집단, 교육집단, 치료집단, 사회화집단 등으로 나누었다. 자스트로(Zastrow, 1995)는 집단을 여가(recreation)집단, 교육집단, 문제해결집단, 사회화집단, 치료집단, 감수성훈련(참 만남)집단 등으로 나누었다. 하지만 실제 사회복지 현장에서는 하나의 목적을 가진 집단은 존재하지 않으며, 대개 한 집단은 여러 목적을 동시에 가지고 있다.

① 지지집단

지지(support)집단은 일종의 자조(self-help)집단으로 고려될 수도 있지만, 자조집단과 달리 보통 사회복지사나 전문가가 지도하게 된다. 지지집단의 목적은 아이디어나 제안, 조언 등을 공유하고 지지를 제공하기 위한 것이다. 지지집단은 종종 사회적 어려움이나 비극에 관한 문제로 구성되는 경우가 많다. 지지집단에서 집단지도자의 역할은 자조와 상호원조를 통해 대처기술을 향상시키도록 동기화시키며, 미래에 대한 희망을 촉진하는 것이다.

지지집단의 구성원은 자기 비난을 해서는 안 되며, 건설적인 방법으로 다른 사람의 편견에 반응하는 방법을 배워야 한다는 점을 인식하도록 강조받는다.

예를 들어, 한 구성원이 자기에게 발생한 어떤 사건에 대해 자기 비난을 하면서 우울해한다면, 동료 구성원은 그 구성원에게 당신은 희생자이며 가해자는 따로 있다는 사실을 직시하도록 한다. 집단은 구성원이 자신의 경험을 표출하도록 도와 다른 동료 구성원과의 관계 속에서 자신의 경험을 보게 함으로써 그 경험을 객관화할 수 있도록 돕는다. 구성원은 자신의 죄의식이나 자기 비난이 부정확했다는 것을 곧 의식적으로 인식하게 된다. 따라서 성폭행 희생자나 알코올중독 부모 모임 등은 자신들의 경험을 공유하고 공통된 반응을 논의하고 반응하면서 커다란 도움을 받는다. 성원들은 자신의 죄의식이나 자기비난이 부정확했다는 것을 곧 의식적으로 인식하게 된다.

② 성장집단

집단성원들의 자기인식 증진과 자신의 사고를 변화시키는 것을 목적으로 하며, 개인의 능력과 자의식을 넓히고 개인적인 변화를 이끌어낼 수 있는 기회 제공 및 자아향상에 초점을 둔다. 성장(growth)집단은 병리치료보다는 심리적 건강증진에 중점을 두며, 성원들이 자신의 능력을 최대한 발휘하기 위해 집단을 활용한다.

성장집단의 목적은 구성원에게 자신과 다른 사람에 대해 그들의 생각, 감정, 행동 등을 인식, 확장, 그리고 변화시킬 기회를 제공하여 자신의 잠재력을 최대한 발휘할 수 있도록 하는 데 있다. 따라서 집단은 구성원이 통찰력을 얻고 성장할 수 있는 지지적인 분위기이어야 한다. 성장집단의 결속력은 구성원이 잠재력을 발전시키도록 서로 도와주려는 가운데 발달한다. 성장집단은 특성이 다양한 구성원으로 구성되는 때에는 이질성 그 자체로 성장을 강화할 수 있다. 한편, 유사한 특성이 있는 구성원으로 구성되는 때에는 구성원 간의 감정이입과 지지를 증가시킬 수 있다. 성장집단에서 자기표출의 정도는 높은 편이다. 성장집단의 예로는 부부 참만남집단, 결혼생활 향상집단, 가치명료화집단, 실버생애집단, 잠재력개발집단 등이 있다.

③ 교육집단

교육(educational)집단의 주된 목적은 집단원의 지식, 정보 혹은 기술의 향상과 성원들이 자신과 자신이 속한 사회를 잘 이해할 수 있도록 원조하며, 직접적인 교습 활동을 통해 기술을 가르치고 정보제공과 지식습득을 돕는 데 있다. 정보의 제공은 주로 전문가에 의해서 강의(講義) 형태로 이루어지며, 구성원 간의 토의를 통해 학습이 강화된다. 집단구성원은 학습에 대한 공통의 관심사를 가진 사람으로 구성된다. 집단지도자는 구성원의 지식, 기술, 그리고 경험 등을 고려하여 모든 구성원이 최상의 학습효과를 얻도록 해야 한다. 교육집단은 주로 강의를 중심으로 구조화되므로 구성원의 자기표출은 비교적 낮은 편이다. 교육집단의 예로는 위탁 미혼성인집단, 예비부모교육집단, 아동양육, 부모교육 훈련집단, 청소년 성교육집단 등이 있다.

④ 치료집단

집단성원 스스로 자신의 행동을 바꾸고 개인문제를 완화하거나 대처할 수 있도록 원조하며 사회적 외상이나 외상 이후에 스스로 원상 복귀시킬 수 있도록 돕는다. 치료(therapy)집단을 이끄는 사회복지사는 인간행동에 관한 지식이 있어야 하며, 집단상담 능력과 행동변화를 가져올 수 있도록 집단을 활용할 수 있는 능력, 통찰능력, 집단 분위기 유지능력 등이 있어야 한다.

치료집단은 중대한 대인관계적 혹은 정서적 문제를 심도 있게 다룬다. 행동의 수정, 교정, 그리고 재활 등을 목표로 한다. 치료집단의 구성원은 입원환자일 수도 있고 외래환자일 수도 있으며, 종종 정신장애의 진단 및 통계

편람에 나타난 문제를 가지고 있다. 치료집단의 목적은 심각한 장애나 장기간 부적응(不適應)하는 행동 유형을 탐색하고 대응하여야 할 필요가 있는 환자에게 정신치료적 방식으로 집단의 역동성을 활용하여 변화를 가져오기 위한 것이다. 자기표출의 정도는 비교적 높은 편이나 구성원이 겪는 문제에 따라 차이가 날 수 있다. 치료집단의 예로는 정신역동치료집단, 인지행동치료집단, 금연집단, 알코올중독자 치료집단, 섭식장애, 성폭행 관련 집단, 외상 후 스트레스 장애치료집단 등이 있다.

특히 외상 후 스트레스 장애(Post-Traumatic Stress Disorder: PTSD)는 신체적인 손상과 생명의 위협을 받은 사고에서 정신적으로 충격을 받은 뒤에 나타나는 질환이다. PTSD, 충격 후 스트레스 장애, 외상성 스트레스 장애, 외상 후 증후군, 외상 후 스트레스 증후군, 트라우마라고도 한다. 주로 일상생활에서 경험할 수 있는 사건에서 벗어난 사건, 이를테면 천재지변, 화재, 전쟁, 신체적 폭행, 고문, 강간, 성폭행, 인질사건, 소아 학대, 자동차, 비행기, 기차 등에 의한 사고, 그 밖의 대형사고 등을 겪은 뒤에 발생한다. 증상이 나타나는 시기는 개인에 따라 다른데, 충격 후 즉시 시작될 수도 있고 수일, 수주, 수개월 또는 수년이 지나고 나서도 나타날 수 있다. 증상이 1개월 이상 지속되어야만 외상 후 스트레스장애라고 하고, 증상이 한 달 안에 일어나고 지속 기간이 3개월 미만일 경우에는 급성 스트레스 장애에 속한다.

그리고 이상행동은 크게 정신증(psychosis), 신경증(neurosis), 그리고 성격장애(personality disorder)로 나누어 볼 수 있다.

- 정신증의 특징은 퇴행과 인격의 부조화, 통찰능력상실 등을 들 수 있다. 가정, 직장 등의 일상생활에서 기능장애가 일어나 사회적 기능을 발휘하지 못하고, 자아기능의 심한 손상으로 인해 현실 검증력이 떨어진다. 외현적으로 병에 대한 인식이 없고, 망상과 환각, 착란 증세를 나타낸다. 정신증에 속하는 대표적인 정신장애로는 정신분열증, 조울증, 망상장애, 중도의 우울증 등을 들 수 있다.
- 신경증은 자신의 병에 대한 인식이 있으며 보통은 일상생활을 지속할 수 있다. 그러나 고통스러운 증상이나 증후군과 함께 불안, 우울, 신체 증세 등을 호소하는 일이 많다. 망상, 환각, 사고장애 등 기이한 행동은 나타나지 않고 행동이 크게 사회 규범에 어긋나지 않는다. 신체 증세가 나타나도 기질적인 원인이 없이 심각한 스트레스와 같은 외적 원인이

나 심리적 원인에 의한 것이다. 불안장애, 강박증, 사회공포증, 광장공포증 등 다양한 공포증, 스트레스 증후군 등이 이에 속한다.

- 성격장애는 청소년기부터 나타나 성인기에 이르면서 뚜렷하게 특징을 나타내게 된다. 감정기복이 심하고, 불안정한 정서 상태, 상대에 대해 지나치게 이상화했다가 쉽게 실망하는 불안정한 대인관계, 예측할 수 없는 행동 패턴 등이 주요 특징으로 나타나며, 이들은 현실감이 있는 듯하지만 지속적으로 가족들을 괴롭히고 대인관계에서 문제가 반복되면서 사회적, 직업적, 대인관계면에서 기능 손상을 나타낸다. 성격장애는 분열형 성격장애, 분열성 성격장애, 편집적 성격장애, 히스테리성 성격장애, 자기애적 성격장애, 경계선 성격장애, 회피성 성격장애, 의존적 성격장애, 강박적 성격장애, 수동공격성 성격장애 등으로 나누어진다.

⑤ 사회화(기술훈련)집단

사회화(socialization)집단은 집단 성원들이 사회적 기술을 습득하고 사회적으로 수용되는 행동유형을 학습함으로써 지역사회의 생활에서 효과적으로 기능할 수 있도록 원조하는 데 일차적인 목적을 두고 있다.

사회화집단의 목적은 사회적 관계에 어려움을 가지는 집단구성원을 중심으로, 사회생활에서 효과적으로 역할을 하기 위해 필요한 사회기술을 학습, 사회적으로 받아들여지는 행동의 행태를 배우는 데 있다. 사회화집단은 게임, 역할연습, 그리고 레크리에이션(recreation) 활동 등의 특정 프로그램 활동에 참가하여 결속력을 발전시키며, 대인관계 기술을 향상시킨다. 사회화집단은 사회기술훈련 집단, 자치집단, 그리고 여가집단 등으로 구분된다. 사회기술훈련집단의 대표적인 예는 의사소통을 효과적으로 하지 못하거나, 하지 않으려고 하는 사람 혹은 만족스러운 사회관계를 맺는 데 어려움을 느끼는 사람들을 대상으로 하는 자기주장훈련집단을 들 수 있다. 자치집단은 정신병동이나 생활시설에 있는 사람들이 자신들의 역할, 권리, 책임 등을 분명히 밝힐 수 있도록 하는 집단이다. 여가집단은 스카우트(scouts) 활동, 캠핑(camping), 스포츠 활동 등에서 근원을 찾을 수 있다.

⑥ 과업(과제)집단

조직이나 기관이 직면한 문제에 대해 해결책 모색, 새로운 아이디어 개발, 효과적인 원조전략 수립 등 과업수행을 목적으로 하며, 특징은 집단과 함께 일하고 노력할 주제에 대해 관심이 많은 사람들이나 특별한 재능을 지닌 사람들로 구성된다. 과업집단의 예로는 치료회의, 각종 위원회, 행정집단, 협의체, 자문회의, 그리고 사회행동집단 등과 같은 것이 있다. 이러한 과업집단은 그 과제가 수행되고 나면 기능이 정지되어 해체된다. 최근의 지역사회복지 시스템의 변화로 말미암아 과업집단은 지역사회 수준에서 다양한 집단 간 연계와 협의 등이 강화되는 상황이어서 조직이나 기관 내외에서 활용성이 높다.

⑦ 상담집단

상담(counseling)집단은 구성원의 상호작용 과정을 활용함으로써 지금의 관점에서 구성원의 대인관계적 문제를 다루도록 하는 데 있다. 또한 교육적 · 사회적 문제를 다루어준다. 집단구성원은 문제시되던 지속적인 관계 형성이나 행동을 향상시키기 위해 집단과정에서 배운 것을 활용하도록 훈련받는다. 상담집단은 치료집단과는 달리 주요 성격변화나 행동적 장애치료를 주목적으로 하지 않는다. 상담집단의 대상은 성격개조나 발달적 장애가 있는 사람이 아니라 건강한 사람을 더 건강하게, 사회적 역할을 잘 하는 개인을 상대로 한다. 개인의 강점을 잘 파악하고 자기개발을 하여 장애물을 지금보다 더 잘 다루어 나갈 수 있도록 돕는 데 주안점이 있다. 상담집단은 주로 학교나 대학상담센터, 지역사회 건강센터 등에서 수행된다.

⑧ 자조집단

자조집단(self-help group)이란 유사한 어려움이나 관심사를 가진 성원들이 자발적으로 집단을 만들어 동료 간에 경험을 나누어 개인적으로 바람직한 변화를 가져오도록 노력하는 상호 원조집단으로 집단 상호 간에 문제 상황에 대처할 수 있는 능력을 고양하도록 돕는 것을 목적으로 한다. 자조집단은 공통의 문제나 관심사를 가진 사람들, 그 문제를 해결하고자 하는 사람 혹은 이해하고자 하는 사람으로 구성된다. 또한 자조집단은 자발적으로 모인 작은 집단으로 성숙과 일상적인 필요나 문제를 성취하기 위해 주로 또래로 구성된다. 그래서 자조집단은 친밀한 사회적 상호작용과 구성원들 간의 인격적인 관계가 강조된다. 전형적으로 자조집단에서는 집단의 일반 구성원인 비전문가가 리더로 활동하게 된다. 자조집단에는 소규모로 구성되어 상호지지를 제공하는 단주모임, 한부모모임 등의 유형이 있다. 또한 외부활동이나 정치적인 활동을 주로 하는 대한정신보건가족협회, 한국치매가족협회 등과 같은 전국적 기구로 구성되기도 한다. 자조집단은 점차 증가하고 있으며 종종 특정한 사회적·개인적 문제를 가진 서비스 이용자를 돕는 데 효과적이다.

⑨ 감수성훈련(참 만남)집단

감수성훈련(sensitivity training)집단 혹은 참 만남집단의 목적은 구성원 자신과 자신의 행동에 대한 새로운 통찰력을 개발하고 대인관계 기술을 향상시켜 건강하고 역할을 잘 하는 개인으로 성장하기 위한 기회를 제공한다. 감수성훈련집단은 1970년대에 외국에서 널리 사용되었다.

자아실현에 대한 동기화(motivation)가 이루어진 사람들 사이에서의 참된 만남(personal encounters)에 강조를 둔다. 여기서 동기화란 유기체가 행동의 원인이 되는 동인(動因)을 가지고 어떤 목표를 향한 행동을 일으키는 것을 의미한다. 근로자들을 잘 감독하고 관리하기 위한 기술을 개발하기 위한 방법으로 일반 회사에서 많이 활용되며, 이 집단은 성장집단의 일종으로 볼 수 있다.

⑩ 레크리에이션 집단

레크리에이션은 그 자체가 목적일 수도 있지만, 레크리에이션을 통해서 치료적 효과를 얻고자 하는 경우에는 레크리에이션이 목적에 이르는 수단으로 활용된다. 레크리에이션 집단(recreation group)에서는 놀이, 인간관계 관련 활동게임과 야외, 운동장에서의 활동 등과 같은 프로그램을 사용함으로써 집단 활동에 부정적인 태도를 보이는 잠재적 구성원들을 집단에 끌어들일 수 있다. 또한 레크리에이션 집단은 흥미와 재미가 있는 집단 활동이 되게 하는 장점이 있다.

⑪ 레크리에이션기술 집단

레크리에이션기술 집단은 집단에서 제공하는 즐거움을 증가시키기 위한 레크리에이션기술의 향상에 목적을 둔다. 레크리에이션 집단과는 달리 레크리에이션기술 집단은 레크리에이션 집단을 지도하는 코치나 감독자를 위한 집단이다. 예를 들면, 레크리에이션 지도자 자격증 준비 집단, 여가자격집단, 스포츠 지도 집단, 웃음치료사 자격 집단 등을 들 수 있다.

(2) 접근방법 측면의 분류

파펠과 로스만(Papell & Rothman, 1966)이 분류한 세 가지 모델은 ① 사회목표 모델(social goals model), ② 상호작용 모델(reciprocal model), 그리고 ③ 치료 모델(remedial model) 등이며, 이러한 세 가지 모델의 비교표는 **표 11-1**과 같다. 이 중에서 사회목표 모델과 상호작용 모델은 인보관 운동(the social settlement movement)으로부터 발전했다. 최근에는 이러한 세 가지 모델을 통합하여 활용하는 시도가 늘고 있다(Toseland & Rivas, 1995; 김동배 · 이윤로, 2004; 김혜란 외, 2006; 신성자 외, 2007; 이윤로, 2007; 전남련 외, 2007b).

① 사회목표 모델(social goals model)

사회목표 모델은 '집단 활동을 통해 더 크고 넓은 지식 기반을 창출할 수 있고, 능력 있는 시민을 배양할 수 있다.'는 개념에서 출발하였다. 사람은 어떤 사회적 이득을 획득하기를 희망하기 때문에 집단에 참여하게 된다. 사회목표 모델은 지역사회 내의 문제, 즉 범죄, 빈곤, 쓰레기 등과 같은 문제를 해결하기 위하여 활용된다. 또한 사회복지관, 시민 조직, 그리고 보건복지위원회 등에서 자주 활용된다. 사회목표 모델은 민주적 집단 과정을 중요시하며, 집단사회복지 실천가들은 소집단 내에서 민주적 절차를 개발하고 유지하는 데 힘을 모으게 된다. 집단지도자는 구성원들을 사회화시키기 위해 캠핑, MT, 수련회 토론 혹은 민주적 과정에 대한 교육 프로그램을 활용한다. 집단지도자는 구성원들이 합심하여 결정을 내리도록, 그리고 그들이 단합하여 일하도록 도우면서 그들의 권한을 강화시켜 지역사회가 그들의 욕구에 좀 더 반응하도록 한다.

② 상호작용 모델(reciprocal goals model)

상호작용 모델은 개인과 집단 사이의 상호작용적 관계 형성을 가정하고 있기 때문에 상호작용 모델이라고 불린다. 상호작용 모델에서 개인은 그가 연결된 다양한 여러 체계, 그리고 그 하위체계와 관련해서만 이해되고 다루어질 수 있는 실체라고 가정한다. 또한 상호작용 모델에서는 개인과 사회 사이의 유기체적 · 체계적 관계를 가정하고 있다. 따라서 상호작용 모델은 개인과 더 광범위한 체계 사이의 상호의존에 초점을 둔다. 이러한 상호의존이 사회사업의 초점이고, 소집단은 곧 개인적 · 사회적 기능이 조성 · 조정되는 장(field)이 된다.

집단지도자는 집단구성원이 자신의 욕구와 사회적 욕구 간에 공통기능을 찾도록 돕는 중재자 역할을 하며, 구성원들이 상호 원조체계를 형성하도록 돕는다. 상호작용 모델은 집단 내에 치료적 환경을 형성하기 위해 집단과정을 중요시하며 인본주의적 접근을 강조한다. 인본주의적 접근을 통해 성장에 대한 잠재력을 강조하며, 상호 원조노력을 통한 구성원의 적응능력 향상을 유도한다. 또한 지역사회가 개인의 욕구를 더 잘 이해하고 충족시킬 수 있도록 집단지도자가 많은 노력을 기울일 것을 권고한다.

③ 치료 모델(remedial goals model)

치료 모델은 임상지향적인 모델로 집단이 변화대행자로서 활용된다. 치료 모델에서 집단지도자는 집단구성원들 간에 상호작용을 촉진하여 변화를 이끌어낸다. 집단지도자는 전문적 기술을 적용하여 개인이 자기 인식을 하도록, 그리고 사회적 기능을 향상시키도록 돕는다. 집단은 개인이 좀 더 새롭고 적합한 기능을 하도록 고무하고 지지한다. 개입의 초점은 구성원의 관계 형성 측면에서 역기능적 유형에 맞추어진다. 치료 모델은 정신병원, 가족 서비스 기관, 지역사회 정신보건센터, 교정시설, 그리고 기타 치료중심 프로그램 등에서 자주 활용된다. 또한 심각한 행동문제, 사회기술 등이 부족한 사람들에게 많이 활용된다. 집단지도자는 변화대행자로서 행동하며 집단지도자 중심의 접근을 한다.

표 11-1 파펠과 로스만에 분류한 세 가지 모델

특징	사회적 목표 모델	치료 모델	상호작용 모델
주 과제	필요한 자원 제공과 사회적 붕괴 예방(비공식적 정치, 사회행동)	사회적 사고 및 위험의 회복과 재활(집단매개체를 통한 치료)	앞의 두 모델조합(문제해결 위한 상호원조체계의 개발)
장기적 목적	보다 나은 민주사회 건설	개개인의 사회적응 향상	개인과 사회의 조화
구체적 목표	1. 소속감의 증대, 민주적 참여에 대한 훈련 2. 처음에는 전문가에 의해 집단목표가 결정되나 점차 그 책임은 집단에게 이양	1. 집단상호작용을 활용하여 역기능 행동을 하는 성원의 치료와 재활 2. 세부적인 집단목표를 전문가가 사전에 결정	1. 적정 수준의 적응과 사회화를 성취하기 위해 성원 간의 상호 원조체계 형성, 대인관계 향상 2. 집단목표의 결정을 전문가와 회원이 공유
개입장소 및 기관	회원이 있는 가정, 인근 지역, 지역사회복지관	임상기관, 사회복지기관 및 시설	임상기관, 사회복지관 (집단목표에 따라 다양함)

초점	개인의 성숙과 민주시민의 역량 개발	개인적인 역기능 변화	구성원 간의 자조, 상호원조 체계 개발
지도자 역할	'영향력을 끼치는 자'(influence person)의 역할: 바람직한 역할모델을 제시	전문적인 '변화 매개인'(change agent)의 역할	'중재자(mediator)'의 역할
대상	시민, 이웃, 지역주민	역기능 또는 문제의 해결을 위해 도움을 필요로 하는 자	공동관심사의 성취를 위해 협력하는 구성원
집단활동	토론, 참여, 합의, 집단과제의 개발 및 실행, 지역사회 조직화, 성원의 사회행동 기술 습득	성원의 행동변화를 일으키기 위해 구조화된 개입을 하거나 직접적, 간접적 영향력을 발휘	관심사를 토론, 상호원조 형성, 상호이익이 되는 결속된 사회체계의 형성
집단크기	3~25명 정도	7~10명 정도	상황에 따라 유동적
신입회원의 가입	개방적, 누구나 친구가 될 수 있다.	전문가의 통제	전문가와 회원의 동의에 의한 자유로운 가입
회합 기간	지도력 유형에 따라 유동적	정기적이며, 시간 사용 계획을 사전에 설정	유동적, 지도자와 성원이 합의
대표 학자	Ryland, Wilson, Coyle, Klein	Vinter, Sarri, Glasser, Redl	Schwartz, Bion, Lewin, Tropp

2. 집단지도력의 요소와 유형

집단지도력이란 집단구조에서 특정 지위를 점유한 사람이 집단의 목표달성을 위한 활동에 행사하는 영향력이나 힘을 의미한다. 또한 의사소통을 통하여 집단과 집단구성원의 발달을 이끌어 가는 힘과 과정을 의미한다. 집단지도력은 집단 활동에 관여하는 모든 구성원이 가능한 한 최대한의 만족감을 가지고 효과적 목표달성을 위해 행동하도록 영향을 미친다.

1) 집단지도자의 기술과 역할

집단지도자가 집단지도력을 강제적으로 사용하면 집단에서 적대감, 분노, 저항, 집단반발, 그리고 결석 등의 부정적 결과를 초래할 수 있다. 따라서 이러한 부정적 결과를 최대한 줄일 수 있도록 힘을 사용해야 하며, 가능한

한 빨리 전체 집단과 집단구성원이 함께 그들의 힘을 나눌 수 있도록 활동하여야 한다.

(1) 집단지도자의 기술

집단지도자의 기술이란 집단구성원의 개별적 목표달성을, 그리고 집단과제를 수행하여 집단의 목적을 달성할 수 있도록 돕는 일련의 행동과 활동을 의미한다. 따라서 개인을 대상으로 하는 사회복지실천에서 사용하는 기술과는 다른 측면을 가진다. 집단지도자가 실무에서 활용할 수 있는 기술을 ① 집단과정을 촉진하는 기술, ② 자료수집과 사정기술, ③ 행동기술 등으로 구분하여 살펴본다(Toseland & Rivas, 1995).

① 집단과정을 촉진하는 기술

집단과정을 촉진하는 기술은 집단구성원 간의 이해를 증진하고 개방적 의사소통을 형성하며, 신뢰감을 형성시키는 데 도움을 준다. 이 기술은 집단지도자가 집단과정에 영향을 미치려고 할 때 활용한다.

- 집단구성원 참여촉진: 집단구성원의 참여를 촉진해 의사결정을 공유하고 집단의 결속력을 다지게 하는 기술이다. 집단지도자는 집단에서 소외되거나 침묵하는 구성원이 있을 때 그들을 토론에 참여시켜 자신의 생활경험을 다른 구성원과 나누고 문제해결 방법을 찾도록 원조해야 한다. 또한 집단구성원이 집단과정과 모임 관련 내용을 정하는 데 적극적으로 참가하고 이바지하도록 해야 한다.
- 주의 집중: 집단구성원의 말을 듣거나 행동을 보고, 집단지도자가 이를 이해하고 있다는 것을 나타내는 기술이다. 이러한 기술에는 구성원의 말을 반복하거나 다른 말로 표현하는 것, 구성원의 말 이면에 숨어 있는 의미를 감정이입으로 반응하는 것, 그리고 구성원과 눈높이를 맞춤으로써 구성원에게 관심을 보이고 있음을 전달하는 것 등을 포함한다.
- 표현기술: 집단구성원이 자신의 주요한 문제나 과업 등에 대해 생각하고 느끼는 바를 자유롭게 표현하도록 하는 기술이다. 특히 집단지도자는 어려운 주제가 있을 때 먼저 자기표출을 함으로써 개방적인 의사소통이 이루어질 수 있는 계기를 마련해야 한다.
- 반응기술: 특정한 집단과정에 선별적으로 반응하여 다음에 이루어질 집

단과정에 영향을 미치는 기술이다. 이 기술을 통해서 집단구성원이나 집단을 적절한 방향으로 나아가도록 할 수 있다. 만약 집단지도자의 반응이 집단구성원의 노력을 지지한다면 구성원은 계속 그 일을 수행할 것이다. 그러나 구성원의 말이나 행동에 동의하지 않으면 구성원은 그 일을 멈출 것이다.

- 집단 의사소통의 초점유지 기술: 집단과정의 특정 영역에 초점을 두어 관련 없는 부분에 대한 의사소통을 감소시키고 문제에 대해 탐색을 집중하게 하는 기술이다. 이 기술에는 명확화, 특정 의사소통의 반복, 그리고 토론범위 제한 등이 포함된다.
- 명료한 집단과정의 수립: 집단과정의 명료화 기술은 구성원 스스로 자신들이 어떻게 상호작용하고 있는가를 인식하도록 돕는 기술이다. 집단지도자는 집단에 내재하는 규범이나 특정 구성원의 역할 혹은 특정한 상호작용 형태를 지적한다. 또한 구성원에게 특정한 상호작용 형태의 만족도를 물어볼 수도 있다.
- 내용의 명료화: 집단과정의 명료화뿐만 아니라 집단구성원의 상호작용 내용을 명료화하는 것도 중요하다. 따라서 구성원의 의사소통을 원활히 하기 위해 구성원이 자신을 분명히 표현하도록 원조하며, 특정한 메시지를 구성원이 잘 이해했는지를 검토하는 기술이다.
- 집단 상호작용에 대한 지도: 특정 구성원의 의사소통을 제한하거나 격려하며, 구성원 간의 의사소통을 연결하여 집단의 상호작용 형태를 특정 방향으로 인도하는 기술이다. 집단의 상호작용에 대한 지도가 필요한 이유는 하위집단의 역기능적 측면을 수정하고 과업성취를 위해 노력할 수 있는 상호작용을 촉진하며, 의사소통의 방향을 재조정함으로써 개방적인 의사소통을 격려할 수 있기 때문이다.

② 자료수집과 사정기술

이 기술은 의사소통 유형에 어떠한 영향력을 행사할 것인가를 계획하고, 집단목적의 성취를 위해 어떠한 기술을 사용할 것인가를 결정하는 데 유용하다. 효과적인 자료수집과 사정기술이 없는 개입은 상황에 대한 완전한 이해가 없으므로 서투른 개입, 과잉 단순화된 개입, 그리고 이전에 비효과적이었던 개입방법 등이 사용될 수 있다.

- 명료화와 설명: 집단구성원이 특정 상황을 파악하고 설명할 수 있도록 집단지도자가 원조하는 기술은 자료수집의 가장 기본적인 기술이다. 집단지도자는 구성원이 상황을 여러 각도에서 볼 수 있도록 다양한 준거의 틀이나 대안적인 해석을 제시하여, 그들이 문제의 속성을 가능한 정확하고 구체적으로 표현하도록 원조해야 한다.
- 정보요구, 질문, 탐색기술: 상황을 확인하고 설명하기 위해서는 정보제공을 요청, 질문, 그리고 탐색하는 기술이 필요하다. 이러한 기술을 통해 집단지도자는 문제와 관심사를 명확히 하고 모든 구성원에게 유익한 추가정보를 파악할 수 있다. 그리고 집단지도자의 질문이 명확하여 집단구성원의 답변이 가능해야 한다. 집단지도자가 주의할 점은 자신의 가치가 내재하여 있거나 매우 민감한 주제에 관한 질문은 피해야 한다. 왜냐하면 자칫 구성원이 오해하거나 도전으로 받아들일 수 있기 때문이다.
- 요약과 세분화 기술: 집단이 직면하는 문제나 관심사에 대해 토론할 때 요약과 세분화 기술을 사용할 수 있다. 이미 논의된 것의 핵심을 요약하면 구성원은 문제에 대해 다시 한번 생각하고 자신이 인식한 바를 서로 비교해 볼 수 있으며, 문제해결에 필요한 후속조치를 발견할 수 있다. 복잡한 문제나 이슈를 구성원이 다룰 수 있는 작은 부분으로 나누는 세분화 기술은 구성원의 문제해결 동기를 높일 수 있다.
- 통합기술: 집단구성원의 언어적 · 비언어적 의사소통을 통합하는 기술이다. 이 기술에는 구성원의 말이나 행동의 의미들을 연결하며 숨겨진 의제를 표출하는 것을 포함한다. 또한 명확하지 않은 생각과 느낌을 분명히 밝히며 구성원의 말이나 행동 속에 나타나는 주제나 경향을 지적하는 것 등도 포함한다. 이 기술은 구성원에게 그들이 어떻게 다른 구성원에게 인식되고 있는가에 대한 피드백(feedback)을 제공하는 데 매우 유용하다.
- 분석기술: 자료의 유형을 파악하고 자료 간의 차이를 발견하며, 평가에 필요한 자료를 획득할 수 있는 방법이나 기제(機制)를 설정하는 기술이다.

③ 행동기술

집단지도자가 집단의 목적과 과업성취를 원조할 때 행동기술을 활용한다.

- 집단구성원에 대한 지지: 집단지도자는 집단구성원이 서로의 관심사를 공유하고 자신의 의견과 감정을 표현하도록 격려한다. 또한 구성원의 장점을 지적하고 그들의 욕구에 반응함으로써 구성원에게 지지를 나타낼 수 있다. 구성원이 집단 내에서 자신들의 생각이나 감정이 받아들여질 것이라고 인식해야 효과가 나타난다. 따라서 구성원의 경험과 견해가 존중되는 집단문화를 발전시키도록 원조해야 한다.
- 재구조화와 재규정: 상황을 새로운 관점에서 보기 시작하면 부정적인 상황을 문제로만 인식하지 않고 변화 혹은 성장을 위한 기회로 활용할 수 있다. 따라서 집단지도자는 집단이 직면한 관심사와 이슈를 다양하고 더욱 긍정적으로 볼 수 있도록 원조할 수 있다.
- 집단구성원 간 의사소통의 연결: 의사소통을 집단지도자와 집단구성원 간이 아니라 구성원 간에 이루어지도록 원조하는 기술이다. 집단지도자는 구성원이 서로 돕거나 도움을 요청하도록 촉구할 수 있다. 또한 구성원의 말이나 행동에 대해 다른 구성원이 생각하는 바를 표현하도록 제안할 수 있다.
- 지시: 집단지도자의 집단 활동 지시는 집단지도자가 집단의 목적을 명확히 하고 구성원들의 프로그램 활동 참가를 원조할 때, 토론을 이끌어가고 정보를 공유하며, 특정 문제를 평가할 때다. 집단지도자는 구성원의 승인 없이 혹은 집단의 방향을 결정하는 데 구성원을 참여시키지 않고 지시기술을 사용해서는 안 된다. 구성원이 지시에 대해 어떻게 반응할지 유의하면서 지시를 해야 한다. 이 기술의 효과는 참여와 투입을 증가시키는 기술과 함께 사용할 때 크다.
- 조언, 제안, 그리고 교육: 집단지도자는 구성원이 새로운 기술을 습득하고 문제를 이해하며 문제 상황을 변화시킬 수 있도록 원조하기 위해 이 기술을 사용할 수 있다. 그러나 집단지도자만이 이 기술을 사용해서는 안 되며, 구성원들 간에 조언이나 제안 등을 할 수 있는 원조체계를 발전시키도록 격려해야 한다.
- 자원의 제공: 집단지도자는 집단 내·외부의 자원을 집단구성원에게 알려주거나 연결해 주는 역할을 한다.
- 모델링, 역할연습, 시연, 그리고 코치: 모델링이란 집단지도자나 구성원이 특정 상황에서의 행동에 대해 시범을 보임으로써 다른 구성원이 모방

할 수 있게 하는 것을 말한다. 역할연습이란 구성원이 특정 상황을 실제로 연기해 보는 것으로 구성원의 기능을 평가하고 대인관계에 필요한 기술을 인식하게 하며, 구성원으로부터 피드백을 통해 개인의 행동을 변화시키는 데 도움이 되도록 하는 것을 말한다. 또한 구성원이 자신의 생활공간에서 배우자나 부모와 같은 중요한 누군가의 역할을 취하게 하여 상대방의 견해로부터 상황을 경험하게 하여 자신의 대인관계에 대한 인식과 이해를 증진시키게 하는 것이다. 예행연습이란 역할연습이 끝나고 나서 피드백에 근거해 호전되어야 하는 행동을 연습하는 것을 말한다. 코치란 대인관계에서 반응하는 방법에 대해 자세하게 알려주고 시범을 보임으로써 교육하는 것을 말한다.

- 직면기술: 직면이란 저항을 극복하고 집단구성원들을 동기화시킬 수 있는 행동기술이다. 직면기술은 구성원이 사고, 감정, 행동 등의 불일치를 극복할 수 있도록 원조하기 위해 구성원의 행동을 명확히 하고, 탐색하며 도전하는 능력이다. 직면은 정서적 부담이 크므로 집단지도자는 상황을 정확하게 평가하여 구성원으로부터 거부당하지 않을 확신이 들 때 사용해야 한다.
- 갈등해결기술: 집단구성원 간의 갈등, 집단 외부 환경과의 갈등, 그리고 집단과 시설이나 기관과의 갈등을 해결하는 기술이다. 집단지도자는 집단 내 갈등을 방지하기 위해 집단의 규칙을 개발·유지하도록 원조해야 한다. 또한 갈등을 완화하기 위해 조정, 협상, 중재기술을 사용할 수 있다. 구성원이 집단 외부 환경과 갈등을 일으킬 때 집단지도자는 갈등상황에 직접 개입하거나 구성원이 갈등해결에 필요한 기술을 개발하도록 원조할 수 있다.

(2) 집단지도자의 역할

집단지도자는 모임을 이슈(issue) 중심 혹은 문제해결 중심으로 구조화하거나 진행해야 하는 역할, 그리고 상호작용적 역동성을 알고 있어야 하는 역할을 맡게 된다. 집단구성원이 과업을 성취하는 데 성숙도가 떨어진다면 집단지도자는 과업 역할에 중점을 더 두어야 한다. 이때 집단지도자는 구성원의 역할을 규정하고 과업을 언제, 어디서, 어떻게 해야 하는지를 구체적으로 말해 주는 것이 필요하다. 과업에 대한 이해가 증가할수록 과업숙련도가 증가하기 때문이다. 그러나 과업에 초점을 두는 집단지도자는 공격적이고 적대감을 표현하게 되는 경우가 많아 구성원에게 호감을 주지 못할 수도 있다. 따라서 집단의 조화와 갈등 해소에도 초점을 둘 수 있어야 한다. 그러므로 여기에서는 과업전문가와 집단유지전문가로서의 집단지도자 리더십 기능에 대해 살펴본다(Bales, 1950; Zastrow, 1993).

① 과업전문가로서의 역할

과업전문가로서의 역할은 집단이 규정한 목적을 성취하기 위해 필요한 역할이다.

- 정보와 의견제공자: 집단의 토론을 돕기 위해 필요한 정보, 아이디어, 그리고 사실 등을 제공한다.
- 주창자: 집단 내에서의 행동을 주도하기 위해 목적, 과업 등을 제안한다.
- 방향제시자: 수행되어야 할 과업에 대한 관심을 끈다. 그리고 추진방법에 대한 계획을 개발한다.
- 정보와 의견탐색가: 집단의 토론을 돕기 위해 집단구성원들에게 정보, 아이디어, 그리고 느낌 등을 묻는다.
- 요약자: 아이디어, 의견 등을 모아 재정립하고 토론된 주요 요점을 요약한다.
- 진단자: 집단의 목적을 성취하는 데 장애물, 어려움 등의 요소를 찾아낸다.
- 충전자: 집단이 양질의 일을 할 수 있도록 자극한다.
- 조정자: 다양한 아이디어 간에 관련성을 보여주면서 의견을 조정한다. 그래서 집단구성원들 간의 활동이 조화를 이루도록 한다.
- 가능성 검증자: 아이디어의 실용성과 가능성을 검토하고 대안을 평가하며, 실제 상황에 적용해 본다.
- 평가자: 집단의 목적이 성취되었는지를 평가한다.

② 집단유지전문가로서의 역할

집단유지전문가로서의 역할은 정서적 · 사회적 유대를 강화하기 위해 필요한 역할이다.

- 화합가: 의견 차이를 건설적으로 분석하고, 공통 요소를 찾도록 설득한다.
- 참여 고무자: 모든 사람이 집단과정에 참여하도록 고무한다. 다른 사람들

의 아이디어를 개방적으로 수용하는 방법을 보여준다.

- 긴장 완화자: 긴장을 완화하고 집단 활동에 즐거움과 재미를 갖도록 제안한다.
- 의사소통 촉진자: 훌륭한 의사소통 기술을 보여주며 구성원이 서로 말하는 것을 이해할 수 있도록 한다.
- 적극적 경청자: 집단구성원의 의견을 적극적으로 들으며 반응해 준다.
- 신뢰 형성자: 집단구성원이 개방적일 수 있도록 지지해 주고 수용해 주며, 각 구성원의 개별성을 인정하고 고무한다.
- 대인관계 문제해결자: 갈등을 공공연히 토론하도록 하여 갈등을 해결하고 집단 응집력을 증대시킨다.
- 분위기 평가자: 집단구성원에게 집단이 진행되는 방식을 어떻게 느끼는지 묻는다. 또한 구성원이 자신의 감정을 공유하도록 한다.
- 진행 관찰자: 집단이 진행되는 과정을 지켜보고 관찰한 내용을 활용한다.

2) 집단지도력의 요소

집단지도력은 집단지도자의 역량과 시설이나 기관에서의 지위, 집단구성원의 구성과 역량, 집단의 목표, 그리고 시설이나 기관의 환경과 자원 등의 다양한 요소에 의해 영향을 받는 상호 결정론적 요소를 갖는다. 효과적 지도력의 목표는 구성원의 정서적·사회적 욕구를 충족시켜 주고 사회복지실천의 가치 기준에 맞는 목표를 달성하도록 각 집단구성원과 전체로서의 집단을 돕는 데 있다. 집단지도력에 영향을 미치는 다양한 변수는 다음과 같다(Nixon, 1979; Toseland & Rivas, 1995).

- 강력한 집단지도력을 원하는 집단구성원도 있지만, 허용적 집단지도력을 원하는 집단구성원도 있다.
- 집단지도자가 '내부에서 선출되었는가? 외부에서 선출되었는가? 그리고 임시 지도자인가?' 등에 따라서 집단지도력의 영향력은 다르다. 집단구성원들에 의해 내부적으로 인정받은 집단지도자의 집단지도력은 강력하다. 따라서 지명된 집단지도자가 내부 집단지도자를 수용하지 못하고 경쟁하면, 지명된 집단지도자의 집단지도력은 영향력이 약해진다.
- 집단의 목표, 과제, 욕구 등을 달성하기 위한 과제수행에 필요한 전문적

인 지식과 기술, 경험을 가진 집단지도자의 집단지도력은 인정을 받게 되고, 정서적·사회적 기술을 가지는 집단지도자의 집단지도력은 또한 인정을 받는다. 여기서 정서적·사회적 기술이란 집단지도자가 과제수행에 필요한 전문적 지식과 기술, 경험을 가지는 기술, 그리고 집단과정에서 집단구성원들을 지지, 격려하고 함께 과제를 수행하는 기술을 말한다. 집단지도자가 가지는 역량과 시설이나 기관에서의 지위는 집단지도자의 집단지도력에 영향을 미친다.

- 시설이나 기관에서 적극적으로 지원하는 중점사업의 하나인 집단을 지도하는 집단지도자는 자신의 에너지와 역량, 시설이나 기관의 자원을 집단의 과정에 투입할 수 있는 여건이 충분하기 때문에 최대한의 집단지도력을 발휘할 수 있다. 위에 언급한 변수 이외에도 집단지도력에 영향을 미치는 상황적 변수로 집단의 목적, 집단의 문제유형, 집단의 환경적 특성, 전체 집단의 특성, 집단구성원의 특성, 그리고 집단지도자의 특성 등을 들 수 있다(설진화, 2008).

3) 집단지도자의 유형

레빈 등(Lewin et al., 1939)은 집단지도자의 유형을 방임적 지도자, 민주적 지도자, 그리고 권위적 지도자로 분류하였다. 이러한 분류는 집단지도자의 지도양식이 집단지도력에 영향을 미친다는 전제 아래에서 살펴본 고전적 집단지도력 이론의 하나이다. 이들이 분류한 지도자의 세 가지 유형에 대한 개략적 개념은 다음과 같다.

(1) 방임적 지도자

집단에 영향을 주는 의사결정에 집단지도자의 개입이나 참여가 가장 적은 유형의 지도력을 말한다. 집단구성원은 극히 적은 지도자의 개입 아래에서 역할을 하지만, 집단구성원이 역할을 아주 잘 하는 경우는 매우 드물다. 적절한 방임은 필요하지만 내버려 두는 듯한 방임은 집단의 효과를 얻기가 힘들다.

(2) 민주적 지도자

집단에 영향을 주는 의사결정에 집단지도자는 최소한으로 개입하거나 참여하고, 모든 집단구성원이 참여하게 된다. 민주적 지도자와 집단구성원은 권력보다는 책임을 추구하기 때문에 의사결정이 늦고 혼란스러울 때도 있다. 그러나 집단구성원이 직접 의사결정 과정에 참여함으로써 얻는 강력한 협동으로 말미암아 지도력은 훨씬 효과적이다.

(3) 권위적 지도자

권위적 지도자는 다른 유형의 지도자보다 훨씬 더 절대적인 힘을 소유한다. 지도자 혼자서 집단의 목표와 정책을 설정하며, 집단구성원의 활동과 주요한 계획을 세운다. 따라서 지도력은 일반적으로 효과적이고 결정적이다. 그러나 실패한 권위적 지도자는 집단 내 분열주의를 유발하기도 한다. 또한 집단구성원을 서로 조종하게 함으로써 사기가 떨어질 수도 있다. 민주적 지도자가 이끄는 집단과 비교할 때 권위적 지도자가 이끄는 집단에서는 공격성, 희생양, 적대감 등이 더 많이 표출된다.

3. 집단의 역동성

1) 집단구성원의 상호작용

상호작용이론에서는 집단을 "문제해결이라는 목적을 위해 상호작용하는 개인의 체계로 보고, 집단 내에서 이루어지는 상호작용의 과정에 참여한 구성원들 간의 접촉을 통하여 사고, 감정, 행동, 태도 등을 변화시키는 결과를 낳는다."라고 하였다. 또한 이 이론의 초점은 "집단구성원의 정보, 태도, 감정, 메시지 등이 전달되고 받아들여지며, 해석되고 반응하는 사회적 과정인 의사소통의 유형과 결과에 있다."고 하였다. 집단 내 상호작용을 좀 더 잘 알기 위해서는 집단과정에서 가장 흔히 접하게 되는 집단구성원 간의 신호나 강화물, 정서적 결속, 힘과 지위, 집단의 크기와 물리적 환경, 하위집단 등을 이해하고 활용할 줄 알아야 한다. 집단지도자는 ① 집단의 목적달성과 집단의 기능을 향상시키기 위해서, ② 집단 내의 효과적인 언어적·비언어적 의사소통을 위해서, 그리고 ③ 집단 내 상호작용의 한 방법으로서 집단 내에서 공통으로 사용할 수 있는 상호작용의 유형을 발달시키고 익숙해지도록 집단구성원들과 함께 노력하여 통합적 상호작용이 일어나도록 해야 한다(설진화, 2008).

(1) 집단 상호작용의 유형

집단 내에서 발달하는 상호작용의 유형을 미들맨(Middleman, 1978)은 기둥형(maypole type), 순번형(round robin type), 뜨거운 의자형(hot-seat type), 그리고 자유 부동형(free floating type) 등의 네 가지로 분류하였다. 각 유형에 대해 간략하게 살펴보면 다음과 같다.

① 기둥형

집단지도자가 중심적 지위를 차지하고, 구성원과 집단지도자 양자 간에만 의사소통이 활발히 이루어지는 유형을 말한다.

② 순번형

집단구성원이 서로 돌아가면서 이야기하는 유형을 말한다.

③ 뜨거운 의자형

다른 구성원이 지켜보는 가운데 지도자와 한 구성원만이 의사소통을 하는 유형을 말한다.

④ 자유 부동형

집단에서 이야기되고 있는 것이든 아니든 상관없이 모든 구성원이 의사소통할 책임을 지고 자유롭게 이야기할 수 있는 유형을 말한다.

기둥형, 순번형, 뜨거운 의자형 등은 집단지도자 중심의 유형이고, 자유 부동형은 집단 중심의 유형이다. 집단지도자 중심의 유형에서는 집단지도자에서 집단구성원으로, 집단구성원에서 집단지도자로 상호작용이 이루어지므로 구성원의 상호 의사소통의 기회는 그만큼 제한된다. 집단 중심의 상호작용 유형에서는 집단구성원이 서로 자유롭게 상호작용한다. 또한, 집단 구성원 간의 상호작용이 증가하고, 집단의 사기가 높으며 구성원의 목표달성을 위한 노력이 증대된다. 그러나 집단 중심의 유형은 의사소통의 내용이 피상적일 수 있으며, 효과적 의사소통을 위해서는 많은 시간이 필요하다.

(2) 집단 상호작용 지도의 필요성

집단지도자가 집단의 상호작용을 지도해야 하는 필요성은 다음과 같다. ① 하위집단의 역기능적 측면을 수정할 수 있다. ② 과제성취를 위해 노력할 수 있는 상호작용을 촉진할 수 있다. ③ 의사소통의 방향을 재조정함으로써 개방적 의사소통을 격려할 수 있다.

2) 집단의 규범과 구성원의 지위

(1) 집단의 규범

사람들이 한 집단에 함께 참여하게 되면 가치의 공동체계를 형성하게 되고 이것이 집단구성원에 대한 행동 규범을 어느 정도 결정하게 되고, 규범으로 표현된 가치는 독자적인 문화를 구성한다. 독자적인 문화는 안정된 사회체계의 자산이다. 일단 집단 내에서 일련의 규범이 수용되면 이 규범은 집단구성원이 추구하는 목표, 구성원의 관계 형성과 주변의 다른 사람들, 집단의 본질과 내용의 운영, 그리고 문제해결의 수단 등에 영향을 준다. 규범이란 집단에 어떠한 결과를 가져오든지 간에 집단구성원에게 기대되는 행동 기준을 일반화시킨 것으로 가치판단을 포함한다(임상록 외, 2009).

규범은 집단 내에서 수용될 수 있는 행동 범위를 규정하고, 집단의 역할에 어느 정도 규칙성과 예측성을 갖게 한다. 이는 집단구성원이 집단의 기대에 따라야 한다는 의무감을 갖기 때문이다. 집단의 기대는 부분적으로 집단구성원들이 개발해 나가는 것이다. 규범은 집단 내에서 주요한 통제 수단으로 활용된다. 규범이 설정되면 이에 순응해야 하는 압력이 생긴다. 규범은 특별한 대가를 치를 필요 없이 행동을 통제하는 수단을 제공한다. 또한, 대인관계의 힘을 활용하여 규칙에 순응하도록 할 때 발생할 수 있는 불확실성을 없애는 수단이 되기도 한다.

(2) 집단구성원의 지위

지위란 주어진 집단 내의 위계질서에서 한 사람이 다른 사람과 비교하여 상대적으로 차지하는 위치를 의미한다. 집단 내에서의 평가과정을 통해 집단구성원은 서로에게 등급을 매기게 된다. 이때 구성원은 그 집단과정을 인식할 수도 있지만, 그렇지 못할 수도 있다. 집단구성원을 등급 매기는 기준에 의거 구성원은 다른 지위를 갖게 되는데, 때로는 같은 집단 내에서도 시간에 따라 다른 지위를 가질 수 있다. 한편, 구성원이 지역사회 내에서 갖는 일반화된 지위는 교육, 소득, 능력 등과 같은 수단을 통해 주로 얻게 된다. 또한, 어떤 지위는 성취된 것이라기보다 주어진 것이다. 이러한 지위에는 인종, 민족성, 돈, 성, 나이, 조상, 신체적 조건, 생활습관 등이 있다. 시설이나 기관에 따라 집단구성원들에게 이미 붙여진 지위로는 지도자, 전문가, 범죄자, 학교 중퇴자, 입양아, 환자 등이 있다. 하지만, 지위는 집단구성원들 간의 상호작용에 따라 사회정서적인 역할과 과업 역할이 발생하게 되고, 이에 의거 변화하게 된다.

성원들의 역할은 집단 내의 다른 직책을 가지는 집단구성원으로부터 기대되는 행동을 의미한다. 집단 내에서 발전할 수 있는 역할은 크게 ① 집단과업 역할, ② 집단유지 역할, ③ 개인 역할로 범주화시킬 수 있다(김용민, 2009). 첫째, 집단과업 역할은 집단의 기능이나 과업의 수행과 관련되어 있다. 토론집단에서 역할은 창시자나 아이디어 기여자, 정보탐구자, 아이디어를 분명하게 하는 자, 정보제공자, 의견제공자, 의견탐구자, 순응자 등이 있다. 둘째, 집단유지 역할은 체계로서 집단의 유지에 초점을 둔다. 이 역할로는 격려자, 화합자, 타협자, 통제자 등이 있다. 통제자는 다양한 집단구성원의 메시지를 허락, 격려, 차단함으로써 의사소통의 흐름을 통제하는 구성원이다. 셋째, 개인 역할은 개인적 욕구를 만족하게 하지만, 집단 관련 일에는 손상을 주는 역할을 의미한다. 이 역할에는 지배자, 방해자, 특별이득 간청자 등이 포함된다.

3) 집단의 갈등

집단 활동이 진행되면서 집단구성원들 간에는 다양한 형태의 긴장과 갈등, 갈등관계가 형성될 수 있다. 갈등은 구성원이 서로 대화하는 과정에서 발생하는 자연스러운 것으로 집단에서 필요한 요소이다. 갈등은 자신과 집단구성원, 사회에 부정적 영향을 미칠 수 있으나, 한편으로는 집단관계에 긍정적 힘이 되기 때문에 갈등 자체는 집단의 발달과 변화에 매우 중요하다. 사회학자인 쿨리(Cooley, 1918)는 "생각하면 할수록 갈등과 협력은 분리할 수 없다는 것을 알게 되는데, 이는 두 가지가 항상 어느 정도 서로 연관된 일종의 과정 단계이기 때문이다."라고 주장하였다. 긴장 혹은 긴장에 대한 위협은 인간발달의 핵심 요소다. 버클리(Buckley, 1968)는 "긴장은 내재적인 것으로 적응해 나가는 복잡한 체계의 핵심 요소다. 이것은 체계를 발달시키고 구조를 정교화하면서 유지하는 힘이다."라고 하였다(김용민, 2009).

갈등이란 "둘 혹은 그 이상의 사람들 간에 발생하는 의견의 불일치를 나타내는 행동"을 뜻한다. 갈등은 폭력적인 갈등이나 전쟁과 같은 이미지보다 훨씬 폭넓은 범위의 행동을 포함한다. 갈등은 최소한 한 사람이 다른 한 사람 혹은 그 이상의 사람에 의해 방해나 자극을 받았을 때 발생한다. 갈등 상황을 특징짓는 세 가지 구성요소는 다음과 같다. 첫째, 갈등에 관여하는 둘 혹은 그 이상의 사람이 있어야 한다. 둘째, 이들이 서로 양해할 수 없는 차이점으로 말미암아 긴장감이 발생한다. 셋째, 그 차이점을 중심으로 관여된 사람들 간에 상호작용이 발생한다.

갈등은 이에 수반되는 공포나 적대적인 감정과는 대조되는 행동을 의미한다. 개인 내적인 차원에서 갈등은 개인 내에 발생하는 상반되는, 일치하지 않는, 그리고 적대적인 감정과 충동을 의미한다. 집단 차원에서의 갈등은 구성원의 내적 갈등에서 발생하게 된다. 또한, 과업의 객관적 상태에 대한 잘못된 정보나 집단구성원들 간의 목표, 가치, 규범 등에 대한 차이로 말미암아 발생하게 된다. 때로 갈등은 집단의 가치와 규범의 분기점에서 발생하거나 집단이 속한 지역사회의 특정 부분에서 발생하기도 한다. 집단의 목표, 가치, 규범 등의 차이는 생활경험과 사회경제적 자원의 차이 탓에 발생한다.

여기서 다루는 갈등의 관점은 심리사회적인 것으로 사회복지실천에서의 생태 체계적 관점과 일치하는 것이다. 따라서 이 관점에서는 갈등에 관여된 사람과 문제의 본질, 갈등에 대한 다른 사람들의 반응과 갈등이 일어난 환경, 그리고 갈등으로 영향을 받은 모든 사람에게 나타난 결과를 이해할 필요가 있다. 많은 학자들은 "갈등이 필수불가결한 것이며, 잠재적으로 순기능적이고 건설적인 활용이 가능하지만, 역기능적이고 파괴적인 면도 있다는 점에 동의"하고 있다. 샌포드(Sanford, 1966)는 "자신의 내적 갈등을 관리할 수 있는 사람들은 심각한 내적 갈등을 한 번도 다루어 보지 못한 사람보다 더욱 성숙한 사람들이다."라고 주장하였다.

그러한 사람들의 대처기제와 적응행동은 더욱 광범위하면서 유연한 것이고 공감능력은 상당히 향상된 상태다. 갈등은 정체를 예방하고 관심과 호기심을 자극하며, 문제에 대한 인식과 재고, 그리고 문제의 사정을 가능케 한다. 하지만, 갈등이 오래가거나 지나치게 심각하거나 성격구조 측면에서 지나치게 단순하면, 역으로 심리사회적 기능에 있어 심각한 내적 갈등과 와해를 가져올 수도 있다(김용민, 2009).

4) 하위집단

집단구성원들 간에 공통점을 발견하거나 매력이 생기면 하위집단을 형성하게 된다. 두 명에서부터 구성원 다수가 집단의 하위집단을 형성하여 서로 경쟁 혹은 반목하거나 협력하는 관계가 설정된다. 하위집단 가운데 다소 우위에 있는 하위집단은 집단에 대한 통제력을 행사하려고 시도하기 때문에 다른 하위집단과 갈등을 유발할 수도 있다. 집단지도자가 하위집단을 파악하는 방법은 의사소통의 질, 집단구성원들 간의 어울림 등을 관찰함으로써 가능하다. 소시오그램이나 상호역동적인 관계에서도 그 집단을 알아볼 수 있다.

5) 집단의 치료적 효과

집단의 치료적 효과에 대해 얄롬(Yalom, 1975, 1995)은 ① 희망의 고취, ② 보편성, ③ 정보공유와 전달, ④ 이타심, ⑤ 가족집단의 교정적 반복 발달, ⑥ 사회화 기술의 학습, ⑦ 카타르시스(catharsis), ⑧ 모방 행동, ⑨ 대인관계 학습을 통한 감정의 교정, ⑩ 집단 응집력, ⑪ 실존적 요인 등을 제시하였다. 얄롬이 제시한 이러한 치료적 요인은 곧 집단이 갖는 장점이다. 이러한 열한 가지 요인 각각의 개념은 다음과 같다.

(1) 희망 고취

집단에서 구성원은 자신과 유사한 문제를 가진 집단구성원이 효과적으로 문제에 대처하는 것을 보면서 희망을 품게 된다. 또한, 자신보다 더 심한 문제를 가진 집단구성원이 목표를 달성하고 회복하는 것을 보면서 희망을 품게 된다. 이처럼 집단은 구성원에게 그들의 문제가 개선될 수 있다는 희망을 심어주고, 이러한 희망 자체가 문제를 해결하는 데 치료적 효과를 갖는다.

(2) 보편성

집단구성원 대부분은 자신의 문제가 독특하고 자신만이 이러한 괴로움을 겪고 있다는 생각에 더 절망하게 된다. 그러나 집단에 들어와서 다른 집단구성원이 가진 문제가 자신의 문제와 비슷하다는 사실에 위로를 얻게 된다. 또한, 자신만의 문제가 아니라 누구에게나 문제가 생길 수 있다는 생각을 하게 되어 더 깊이 집단에 참여한다. 이러한 위안이 변화의 중요한 요인이 된다.

(3) 정보공유와 전달

집단지도자의 강의나 교육, 그리고 다른 집단구성원으로부터 받게 되는 직·간접적인 제안, 충고, 지도 등은 많은 교훈적 역할을 한다. 집단구성원은 정보를 주고받고 공유하는 과정에서 자신의 문제에 대한 통찰력이 생긴다. 또한 문제해결능력을 향상시키는 효과가 있다.

(4) 이타심(사회적 지지)

집단구성원은 서로 위로, 조언, 지지 등을 통해 도움을 주고받는다. 이러한 과정을 통해 자신도 다른 구성원을 도울 수 있음을 알게 되면서 느끼는 감정의 교정적 경험은 자존감을 높이는 치료적 효과로 연결된다. 즉, 오랫동안 자신은 가치 없고 다른 사람에게 전혀 도움이 안 된다고 느껴 왔으나, 집단의 경험을 통해 다른 구성원에게 도움을 줌으로써, 자신도 가치 있고 쓸모 있는 인간이라고 느끼게 된다. 또한, 그동안 자신의 문제에만 집착해 왔으나 집단 내 다른 구성원들의 문제나 욕구에 관심을 둠으로써, 자신의 문제에서 잠시나마 벗어날 기회를 얻게 된다.

(5) 가족집단의 교정적 발달

집단은 여러 면에서 가족과 공통점이 있다. 따라서 집단 경험을 통해 집단구성원들은 자신의 행동 특성을 명확하게 이해할 수 있다. 그래서 자신의 행동이 원 가족과의 관계를 통해서 학습된 것이라는 사실을 깨닫게 된다. 집단은 가족과 유사한 환경을 제공하여 집단지도자와 집단구성원들과의 관계는 부모-형제·자매의 관계를 재현(再現)한다. 여기에서의 재현은 단순한 재현이 아니라 교정적 재현이라는 것이다. 그래서 집단구성원들은 간접적 가족경험을 통해 그동안 해결되지 않은 가족갈등에 대해 탐색하고 도전하여 문제를 발견하고 해결할 기회를 얻는다. 즉, 집단 내에서 정형화된 행동을 지적받고 현실과 비추어 보며, 다른 새로운 행동을 해 보도록 끊임없이 지지받음으로써 부정적 행동의 패턴을 수정한다. 집단지도자는 과거 경험에서 생겨난 집단구성원들의 파괴적 성향을 억제하고, 부정적 경험을 긍정적 경험으로 새롭게 전치(轉置)하도록 돕는다.

(6) 사회화 기술의 학습

집단은 사회생활에 필요한 실제적 대인관계 기술과 사회화 기술을 학습하는 장의 역할을 한다. 즉, 집단규범에 의해 집단구성원들은 서로의 부적응 혹은 반사회적 행동에 대한 피드백을 주고받음으로써, 기능적인 사회화 기술과 대인관계 기술을 학습하게 된다. 집단의 경험은 대인관계의 중요성을 인식하게 하는 계기가 된다. 자신을 이해해 주는 집단지도자나 집단구성원들의 지지, 역할놀이와 솔직한 피드백 등을 통해 사회관계상의 문제점을 수정하고 자신의 성장과 변화의 기회를 얻는다.

(7) 카타르시스

'카타르시스'란 그리스어(語)로 '정화(淨化)'를 뜻하며, "마음속에 억압된 감정의 응어리를 언어나 행동을 통하여 외부에 표출함으로써 정신의 안정을 찾는 일"을 의미한다. 지지적이고 안정된 집단 분위기 속에서 그동안 억압되었던 감정, 특히 부정적 감정을 자유롭고 안전하게 표현할 수 있다면 그 자체만으로도 큰 치료적 효과가 있다. 집단의 구성원을 신뢰할 수 있고 자신을 지지해 준다고 믿을 수 있는 집단에서의 강한 감정의 표현은 자유로움을 느끼게 하고, 자신의 문제에 대한 통찰력을 갖게 한다. 그러나 끔찍하고 치명적인 경험을 한 구성원의 강한 감정 표현은 오히려 부정적 영향을 가져올 수 있으므로 집단지도자는 이를 통제하는 역할을 해야 한다.

(8) 모방 행동

집단은 다양한 문화적 배경과 행동 양식을 가진 사람으로 구성되어 있다. 그러므로 집단구성원은 새로운 행동을 학습하는 모델로서 집단을 활용할 수 있다. 이는 집단지도자와 집단의 구성원은 다른 구성원이 새로운 행동을 배우는 데 유용한 모델이 될 수 있음을 뜻한다. 즉, 집단구성원은 유사한 상황에서 다르게 행동하는 구성원을 관찰하면서 더욱 발전적인 행동을 배울 수 있다.

(9) 대인관계 학습을 통한 감정의 교정

집단구성원은 구성원들 간의 상호관계 속에서 자신의 독특성을 찾고, 다른 구성원의 독특성을 인정하는 경험을 한다. 이렇게 함으로써, 자신에 대한 통찰력을 얻고 바람직한 대인관계 기술을 배울 수 있다. 긍정적 대인관계의 경험은 성격발달에 중요하며, 심리적 장애를 치료하고 이해하는 데 사용될 수 있다. 집단에서 안전하고 지지적인 상호작용이 가능해지면 집단구성원은 숨겨 왔던 자신의 감정을 표현하게 된다. 또한, 다른 구성원은 개방적이고 긍정적인 피드백을 하게 된다. 이러한 결과로 감정을 표현한 구성원은 집단 내에서 감정을 교정하는 경험을 하게 되는 것이다.

(10) 집단 응집력

집단 응집력이란 개별 구성원이 집단에 대해 갖는 소속감과 매력을 표현한 집단의 특성을 의미한다. 이 개념에는 집단구성원이 다른 구성원에 대해 갖는 매력과 집단 전체에 대해 갖는 매력이 포함된다. 집단 응집력이 강하면 강할수록 집단구성원에게 주는 영향력은 더욱 크다. 집단이 구성원에게 매우 매력적이라는 것은 구성원의 태도나 의견 혹은 행동에 변화를 일으킬 수 있는 능력이 있음을 의미한다. 또한, 집단 응집력이 높으면 집단에 대한 만족도가 높고 사기가 충천하고 내적 갈등이 적다. 그리고 집단구성원이 중도에 탈락하여도 집단이 생존할 능력이 강한 것을 의미한다. 집단 응집력이 낮은 집단과 비교할 때 높은 집단에서는 집단의 목표를 성취하는 것이 더욱 효과적이다. 또한, 집단구성원들의 성과도 더 높다.

레비(Levy, 1984)는 집단 응집력이 생기면 그 집단은 다음과 같은 특성을 보인다고 하였다. 첫째, 집단참여가 자발적인 집단에서 출석이 규칙적이고 시간을 잘 지킨다. 둘째, 집단구성원이 소속감을 가지며 누가 집단의 구성원인지, 그리고 구성원인 사람과 구성원이 아닌 사람은 누구인지 구별하는 방법을 알게 된다. 셋째, '우리'라는 감정표현이 증가하는데, 이는 집단구성원과 집단 전체에 대한 동일시가 상징화되어 나타난 것이다. 넷째, 집단구성원들 간의 관계가 수용적이고 상호의존적이며 친밀하다. 다섯째, 집단구성원들이 집단의 내용에 대한 참여에 많은 공을 들인다. 여섯째, 집단의 구성원이 된 것과 집단이 운영하는 방식에 대한 만족감을 말로 표현한다. 일곱째, 집단의 분위기는 자발적이고 비공개적이며, 자기 노출이 적설하게 이루어진다. 여덟째, 집단의 규범을 지키도록 하는 압력이 생긴다. 아홉째, 자신들의 집단을 다른 집단, 다른 사회적 지지망과 구별 짓는 일종의 의식행위가 발생한다.

한편, 집단 응집력이 강하면 집단구성원에게 부정적인 결과도 가져올 수 있다. 집단에 과도하게 매력을 느끼는 구성원은 응집력에 의한 부정적인 면을 파악하는 데 어려움을 경험할 수 있으며, 다른 구성원으로부터 영향을 지나치게 받을 수도 있다. 기본적인 만족을 위해 집단에 지나치게 의존함으로써 구성원은 지역사회에서 활동하는 것에 제한을 받기도 한다. 나아가 집단에 대한 강력한 동일시는 집단 응집력의 한 측면으로서 개별화와 자아정체감의 상실을 동시에 가져올 수 있다.

또한, 응집력이 강한 집단은 외부 환경으로부터 새로운 정보를 유입시키는 것을 반대함으로써 집단을 보호하려고 한다. 따라서 새로운 생각이나 감정, 행동 등에 대해 경계선이 상대적으로 폐쇄되어 있다. 그리고 새로운 생각은 집단에 대한 현재의 만족감을 위협하는 것으로 간주하기도 한다. 이러한 경우를 가리켜 에반스와 서비스(Evans & Servis, 1980)는 집단 응집력이 집단의 목표를 성취하기 위한 수단이 아닌 결과물이 된다고 지적하였다. 집단구성원의 자아정체감이 상실되지 않으면서 모든 구성원에게 유익한 집단 응집력이 발달하여 집단이 종결될 수 있도록 구성원이 효과적으로 역할을 할 수 있어야 한다(김용민, 2009).

(11) 실존적 요인

집단과정에서 집단구성원은 자신이 다른 집단구성원으로부터 받을 수 있는 지지에 한계가 있다는 것을 알기 시작한다. 따라서 집단구성원은 다른 구성원과의 경험 공유를 통해 자기 자신이 다른 사람에게 아무리 많은 지도와 지지를 받는다 할지라도 자신의 인생에 대한 궁극적 책임은 자신에게 있다는 사실을 배운다. 그래서 고독감, 자유, 죽음 등과 같은 인간의 한계에 부딪히는 힘을 개별적 주체자로서 구성원 스스로 키운다.

이상의 요인은 분석적인 이유로 분리되어 있으나 실제에서는 각 요인 간에 중복되는 부분이 존재하고 서로 연관되어 있다. 또한, 제시된 치료적 요인들의 중요성은 집단지도자가 관여하는 집단의 종류나 집단 활동의 이론적인 배경에 따라 그 강조점이 다를 수 있다. 집단지도자는 집단을 통한 사회복지실천이 가질 수 있는 장점에 이바지하는 요인을 잘 인식하고 그 요인들이 충분히 활용되도록 하여야 한다. 집단은 위에서 제시된 장점도 있지만, 한편으로 단점도 있다. 대표적인 단점으로 집단은 구성원의 순응과 구성원 간의 의존성을 조장할 수 있으며, 집단 희생양을 만들어 낼 수도 있다는 점이다. 집단을 형성하는 그 자체만으로 집단의 장점이 우연히 생성되지는 않으며, 집단지도자는 집단구성원의 자기 이해와 변화를 격려할 수 있는 어떤 형태의 상호작용을 만들 책임이 있다(김혜란 외, 2006).

6) 집단대상 사회복지실천에 대한 오해

① 사회복지사가 집단을 통해 다수의 클라이언트를 동시에 접하기 때문에 시간과 비용 측면에서 개인대상의 사회복지실천에 비해 경제적이라고 생각하는 것. 하지만 사례관리 측면에서 개별성원들에 대한 배려가 개인 대상의 사회복지실천만큼 혹은 그 이상으로 요구되기 때문에 집단대상의 사회복지실천이 반드시 경제적이라고 할 수 없다.

② '집단 = 프로그램'이라고 생각하는 경우다. 프로그램은 집단의 내용 가운데 하나다. 집단의 내용은 집단의 목적을 성취하는 하나의 도구로서, 프로그램도 집단의 목적을 성취하는 도구로 활용되는 것이지 집단 자체가 곧 집단프로그램은 아닌 것이다.

③ '집단은 구조화되어야 한다'라는 생각에 회기별로 도입, 중간, 종결 등의 과정에서 각각 어떤 과업들이 진행될 것인가를 결정하고, 도입에서 '소개, 성원들과 친해지기' 등과 같이 세분화된 과업이 결정되어 있는 경우가 이에 해당한다.

4. 집단에 대한 실천기법

집단의 발달단계에 따라 집단지도자의 전문적 개입에 대한 요구는 다르다. 여기서 집단의 발달단계란 시간의 흐름에 따라 집단에서 나타나는 변화와 성장의 과정을 말한다. 그런데 학자들은 집단의 발달단계를 다양하게 제시한다. 예를 들면 갈랜드 등(Garland et al., 1965)은 친밀 전(前)단계, 권력과 통제의 단계, 친밀단계, 분화단계, 종결단계로, 사리와 갈린스키(Sarri & Galinsky, 1967)는 기원단계, 형성단계, 중간단계 I, 수정단계, 중간단계 II, 성숙단계, 종결단계로 제시하였다(Hepworth et al., 1997). 그리고 김혜란 등(2006)은 집단계획단계, 초기단계, 사정단계, 중간단계, 종결단계로, 이애재(2006)는 집단형성단계, 초기단계, 중간단계, 문제해결단계, 종결단계로 제시하였다.

이 책에서는 집단의 발달단계를 ① 준비단계, ② 초기단계, ③ 중간단계, ④ 종결단계로 구분하고, 단계별로 집단지도자가 고려해야 할 요소와 실천기법을 살펴본다.

1) 준비단계: 집단의 형성과 탐색

집단 준비단계는 집단을 시작하기 이전에 사회복지사가 집단을 어떻게 구성할지를 계획하는 단계로 집단형성을 위해 고려해야 할 내용으로는 집단목적, 잠재적 성원 모집과 사정, 집단구성, 집단의 지속적 기간과 만남의 빈도, 물리적 환경 등이다.

준비단계에서 집단지도자는 효과적인 집단사회복지실천을 위해 사전에 세심한 계획을 세워야 한다.

(1) 집단의 목적

집단의 목적은 집단과 구성원들에게 방향과 지침을 제공해야 한다. 이때 목적 설정은 사회복지사와 집단성원들 사이에 토의를 통해서 정하는 것이 좋다. 어느 집단이든 목적이 있다. 이러한 목적은 집단의 궁극적인 목표이자 존재 이유이다. 집단의 목표는 후원기관, 기관, 집단지도자, 잠재적 집단구성원의 욕구 등 여러 가지 원천으로부터 나온다. 일반적으로 집단의 목적은 집단을 결성하기로 할 때 잠재적 집단구성원 개개인의 욕구를 고려하여 후원기관이나 집단지도자에 의해 어느 정도 정해진다. 또한, 기관이나 조직 자체의 승인 목적, 임무의 범주 안에서 설정된다. 한편, 집단의 목적에 대한 설정은 집단지도자와 집단구성원 간의 토론을 통해 타협, 수정될 수 있다. 따라서 집단지도자는 집단구성원을 모으는 과정에서 구성원이 목적과 관련하여 제기할 수 있는 의제나 질문 등에 대해 사전에 준비하는 것이 좋다.

집단 형성의 목적이 잠재적 집단구성원의 실제적인 욕구에 바탕을 두게 되면, 집단에 참여하는 구성원의 목표는 기관 혹은 조직, 그리고 집단지도자의 목표와 조화를 이룰 것이다. 이러한 세 가지 목표 유형, 즉 기관이나 조직의 목표, 집단지도자의 목표, 그리고 집단구성원 목표의 공유 영역은 집단 에너지의 원천이 된다. 목적이 분명하고 상호 모순이 없는 기대를 반영함으로써 집단구성원이 결속하여 그들의 목표를 달성할 수 있다. 집단의 목적이 불분명하거나 시설이나 기관, 집단지도자, 집단구성원 등이 서로 다른 기대를 지니고 있을 때에는 집단은 개인 간의 갈등에 의하여 약화할 수 있는 위험이 있다. 목적이 불분명하거나 분열된 집단과 비교하여 목적이 분명하고 통일된 집단은 더 자기 신뢰적이고 협조적이며, 모범적이고 결집력이 있다.

목적은 그 특성상 광범위할 수밖에 없다. 그러나 집단 활동이 자신에게 도움이 될지를 확인하고, 참여 여부를 결정할 수 있는 정보를 잠재적 구성원에게 제공할 정도로 분명해야 한다. 따라서 집단의 목적 진술은 집단 모임의 이유, 집단 활동의 내용, 참여자에게 요구되는 기대 등에 관한 정보로 구성되어야 한다. 다음은 목적 진술에 관한 예다.

- 집단은 한부모의 문제에 초점을 맞추게 될 것이다. 자녀 양육 원칙에 대한 정보가 제시될 것이며, 참여자는 자녀에게 가지는 관심사를 공유

하고 다른 사람의 피드백을 받을 수 있다.

- 집단은 정신과 병동에서 생활하는 새 환자들을 대상으로 한다. 논의는 병원에서의 생활에 대한 안내와 불필요한 스트레스의 감소에 초점을 둘 것이다. 구성원은 특정문제를 제기할 수 있으며, 직원과 다른 환자로부터 조언을 받을 수 있다.
- 집단은 이혼한 부모의 자녀를 대상으로 한다. 구성원은 유사한 경험을 가진 또래의 지지를 통하여 관심사를 논의한다. 그리하여 그들의 상실을 슬퍼하고 치유할 수 있는 적절한 대처기술을 발달시키게 될 것이다.
- 집단은 전이암 등으로 투병하는 임종을 앞둔 환자를 위하여 지지체계를 제공한다. 집단구성원에게는 그들의 병, 가족구성원과의 관계, 치료 등에 관련한 감정을 밖으로 나타내도록 유도한다. 통증의 통제를 위한 명상훈련, 자기최면 훈련 등을 제공한다.
- 집단은 척추부상으로 입원한 환자를 대상으로 한다. 척추부상을 당한 한 개인이 자신의 장애에 적응하고 재활 프로그램에 참여하는 과정을 담은 영상물을 보여준다. 그리고 이러한 환자와 함께 숙련된 지도자의 지도로 집단토론을 하게 한다.

(2) 잠재적 성원모집과 욕구사정

집단의 목적이 결정되고 나서 집단지도자는 제공되는 도움을 어떤 사람이 필요로 할 것인가를 확인하여야 한다. 집단지도자는 단순히 집단을 결성하는 것이 자신의 직업적 임무 중 일부라는 이유만으로 집단을 결성해서는 안 된다. 집단지도자는 잠재적 집단구성원의 문제가 무엇이며, 그들의 어떤 부분이 집단을 통해 효과적으로 해결될 수 있는지의 여부를 결정하기 위하여 사전 배경조사를 한 이후에 집단을 제안해야 한다. 집단지도자는 집단을 계획할 때 잠재적 집단구성원의 욕구와 문제에 관한 정보를 가능한 한 광범위하게 파악하는 것이 대단히 중요하다. 이를 위해 집단지도자는 사례, 동료, 다른 기관의 전문가 등을 최대한 활용하여야 한다.

기관이나 조직의 과거와 현재의 사례는 잠재적 집단구성원의 욕구에 관한 가장 명백한 정보의 출처가 될 것이다. 예를 들면 어떤 잠재적 집단구성원은 질병의 특성 때문에 문제에 직면하는 경향이 있다. 그 실례로 정신병동의 환자는 오랜 기간의 입원 이후 사회생활에 적응하는 데 종종 어려움을 겪는다. 돈을 계산하는 것, 집을 짓는 것, 의료보호를 받는 것 등에서 많은 문제가 일어날 수 있다. 잠재적 집단구성원에게 이와 같은 변화에 더욱 잘 대응하게 하고 재입원의 가능성을 줄이기 위해 퇴원 전 사회적응 집단을 이용하기도 한다.

집단의 초점은 생활의 변화로 말미암은 발달상의 과업이나 부정적인 문제를 지닌 잠재적 집단구성원이 될 수 있다. 결혼, 출산, 입학, 졸업, 전직, 은퇴, 이사 등은 일반적으로 즐거움과 고통, 행복과 슬픔, 기대와 아쉬움 등의 감정이 복합적으로 수반된다. 사람들의 지지를 요구하는 위기상황은 대수술 전후에 일어날 수 있으며, 심각한 사고, 폭행, 사망, 이혼 등으로 말미암아 나타날 수 있다. 또한, 공유하는 환경적 스트레스 원인이 집단 결성의 근거가 될 수 있다. 예를 들면 정신지체 아동의 부모는 아동양육 문제에 관하여 서로에게 도움이 될 수 있다. 아울러 이들은 공동수단을 마련하여 조직 대표자의 무성의에 대해 함께 이의를 제기함으로써, 서로 도움이 될 수도 있을 것이다. 그리고 서비스 소비자가 서비스를 제공하는 조직을 효과적으로 다룰 수 있게 하는 사회적 행동 중심의 집단을 결성할 수도 있을 것이다. 이와 같은 집단의 부수적인 이점은 집단구성원이 그들의 환경을 통제하고 지배할 수 있는 능력을 향상시킬 수 있다는 것이다.

집단구성원의 욕구는 함께 생활하는 사람들과의 관계, 의사소통 등과 관련하여 경험하는 문제로부터 나올 수 있다. 집단에서 생활하는 학급의 학생, 병동의 환자 재활 프로그램에의 참여자 등과 같은 개인은 개인적 목표달성의 잠재성을 줄이는 부적응·역기능적 유형을 발달시킬 수도 있다. 그 사람이 어떤 집단에 참여할 수 있는지의 여부를 사정할 때 주요한 측면은 '지원자들이 집단 참여의 필요성을 느끼는가?' 혹은 '그러한 관심이 주로 전문가에게서 나온 것인가?'를 파악하여야 한다. 집단지도자와 집단구성원의 공유된 인식과 기대는 집단의 결속을 가져오며 집단이 진행됨에 따라 집단구성원의 만족도를 증가시킨다.

한편, 집단의 또 다른 잠재적 구성원은 집단의 필요성을 느끼지 않을 수도 있다. 이때 집단지도자는 그들에게 집단의 잠재성과 가치를 확신시켜 주어야 한다. 예를 들어 교도소나 보호감호소에서 생활하는 사람은 의무적으로 집단에 참여해야 하는 비자발적 상황으로 특히 그러한 경우가 많다. 이들은 "나를 치료하려거든 해 보시오. 나는 당신에게 저항할 것이오."라는 태도로 반응한다. 집단지도자는 이와 같은 저항은 물론 어떠한 형태의 저항에도 대비하고 그러한 저항을 극복할 수 있는 조치를 마련하여야 한다.

집단의 잠재적 구성원은 집단에 관해 잘못된 인식을 하고 있을 수도 있다. 또한, 이들은 집단을 통한 활동이 가치 없는 방법이라고 느낄 수도 있다. 그들의 실제적 경험이 집단의 공유시간 때문에 희석될 것이라는 감정을 가질 수도 있다. 그리고 집단 내의 다른 구성원에 의하여 악영향을 받을 수도 있다는 두려움이 있을 수 있다. 잠재적 구성원들은 집단에 참여하라는 권유에 때때로 "내가 다른 사람의 문제를 듣는다면 더 괴로워질 거야", "다른 사람의 불평을 들음으로써 내가 얻는 것이 뭐가 있겠는가? 내 문제만 해도 골치가 아픈데" 등과 같이 반응한다.

그러한 때에 집단지도자의 가장 효과적인 수단 중의 하나는 잠재적 구성원 들이 이야기하는 감정과 생각을 기꺼이 들어주고 이해해 주는 것이다. 집단지도자가 잠재적 구성원에게 접근함에 있어 주요한 목표는 정서적인 유대관계를 수립하고 협조관계를 맺는 것이다. 이것은 개인의 분노, 좌절, 두려움, 기대 등을 듣는다는 것을 의미한다. 또한, 그 개인에게 무엇이 중요한지를 인식하고, 그의 고통에 관해 진실한 관심을 보여야 한다. 집단지도자는 개인은 존중받을 가치가 있는 사람이라는 것을 잠재적 구성원에게 전달하여야 한다.

(3) 집단의 구성

집단성원들의 목적이 유사하고 개인적 특성에 공통점이 있어야 하며, 인성적 특성이나 목표가 유사해야 한다. 이를 통해 의사소통이 촉진될 수 있고, 집단 성원들이 서로의 관심과 문제 및 과업을 규명할 수 있게 된다. 동질 혹은 이질집단이 과유불급으로 구성하는 것은 바람직하지 않으므로 적절하게 구성해야 한다. 또한 집단 유형을 개방형으로 할 것인지, 폐쇄형 집단으로 할 것인지를 결정해야 한다. 개방집단은 새로운 구성원을 언제든지 받아들이는 집단을, 폐쇄집단은 집단이 시작될 때부터 끝날 때까지 같은 구성원으로 유지되는 집단을 말한다. 개방집단의 장점은 잠재적 구성원이 원할 때 집단에 참여할 수 있어 당장 도움이 필요한 사람에게 유용하며, 새로운 구성원의 아이디어나 자원을 활용할 수 있어 집단은 시너지 효과(synergy effect)를 얻는다. 한편, 폐쇄집단의 장점은 제한적 구성원 자격과 집단의 연속성이 있으므로 신뢰와 자기 표출에 어려움이 적고 구성원들 간에 응집력이 강하다.

집단 유지에 대한 일반적인 견해는 집단은 동질적인 동시에 이질적이어야 한다는 것이다. 집단지도자는 집단의 동질성과 이질성을 결정함에 있어 집단구성원의 성별, 나이, 지적 능력 교육 정도, 결혼 여부, 사회경제적 지위, 구성원들이 겪는 문제의 종류, 문제에 대한 대처능력 등을 고려한다.

집단에 참가하려는 목적이나 개인적 특성에 있어 동질성은 구성원들 간의 관계를 증진시키며 집단의 결속력을 높여 준다. 서로 다른 인생경험, 전문기술 수준, 대처 유형 등을 지니는 집단은 구성원들에게 광범위한 관점과 견해를 제공하여 개인의 문제를 해결하는 데 자극이 될 수 있다. 그러므로 집단지도자는 다양성과 공통성 사이에서 균형을 이루어야 한다.

(4) 집단의 크기

집단의 목적, 구성원의 성숙도에 의해 결정되는 집단의 크기는 집단구성원의 상호작용과 만족도에 영향을 미친다. 이상적인 집단 규모에 대한 의견은 학자마다 다양하다. 그러나 일반적으로 아동의 경우에는 3~4명, 청소년 집단은 6~8명, 성인집단의 경우에는 대체로 8~12명의 구성원으로 이루어진다. 집단구성원의 인원이 10명을 초과할 경우에는 공동(보조)리더가 필요하다. 왜냐하면 집단 규모가 클수록 구성원은 개별적 관심을 아무래도 적게 받으며 구성원들 간의 상호작용은 적어지기 때문이다. 반면, 집단이 적을수록 구성원의 참여와 친밀성에 대한 요구는 더 많아지고 집단지도자는 구성원에게 더욱 쉽게 다가갈 수 있다.

(5) 집단의 지속기간과 모임의 빈도

집단의 지속기간은 정해진 기간 내에 목표를 달성하기 위해 노력하므로 생산적일 수 있는 시간제한 집단일 때, 리드(Reid, 1997)는 15~20회기 정도의 모임을 권한다. 보편적인 모임의 빈도는 1주일에 1번, 1~2시간 정도로 정한다. 1시간보다 짧으면 제기된 문제를 토론하기에는 시간이 부족할 수 있고, 2시간이 지나가면 지겨움을 느껴 집중하지 못한다. 일반적으로 1회기당 시간은 아동집단이 50~60분, 성인집단은 90~120분 정도의 시간으로 상담을 진행한다. 모임의 시간과 빈도를 정할 때 집단의 목적, 구성원의 주의집중

능력, 구성원의 상황, 기관의 환경 등을 고려해야 한다. 집단 모임의 시간은 원조과정의 구조에도 영향을 줄 뿐 아니라 구성원과의 집단 경험에 대한 수행과 실행 수준에도 영향을 준다. 구조화된 시간 내에 목표를 달성해야 한다는 긴장감이 집단상담의 효과적인 결과를 가져올 수 있다. 집단 모임은 집단구성원과의 동일시, 집단 정체성의 형성 등에 도움을 주기 때문에 초기 단계에서 더 긴 시간을 만날 필요도 있다.

(6) 물리적 환경의 배려

집단의 물리적 환경은 집단구성원에게 비밀성, 친밀감, 편안함, 집중도 등에 상당한 영향을 미친다. 따라서 집단지도자는 시설이나 기관의 주어진 여건 내에서 최상의 조건을 만들어 내기 위해 노력하여야 한다. 집단 장소는 집단에 속하지 않은 사람이 그 집단에서 상담하는 것을 들을 수 없고, 집단구성원이 아닌 사람이 그 집단에 들어올 수 없도록 해야 한다. 또한 주의집중을 방해할 수 있는 소음은 없어야 하고 방안 온도는 적정 수준으로 유지되어야 한다. 너무 큰방은 집단의 친밀감을 떨어뜨리고 거리감을 줄 수 있으며, 너무 작은 방은 부담스러움과 불안감을 가질 수 있으므로 집단의 수에 따라 적절한 크기의 방이 좋다. 상담용 테이블은 집단구성원이 물컵을 놓거나 자신의 몸이 약간 가려질 수 있게 적당한 크기로 배치한다. 의자는 집단지도자와 구성원이 서로 볼 수 있도록 원형이나 사각 등으로 배열하는 것이 좋다.

2) 초기단계

집단 초기단계에서 집단성원들은 새로운 환경에 낯선 사람들과 함께해야 하므로 불안감, 두려움과 저항을 느끼게 되며, 새로운 성원들과 접촉하기보다는 촉진자인 사회복지사에게 질문을 많이 하게 된다. 집단구성원은 사전에 집단의 목표나 운영에 대해 설명을 들었더라도, 집단이 시작하게 되면 여러 가지 의문을 가지게 되며 약간의 두려움도 가질 수 있다. 집단의 초기단계에서 집단구성원의 특성은 저항이다. 특히 비자발적 집단구성원은 저항의 강도가 더욱 심할 수 있다. 저항은 집단과정을 방해하기도 하고 집단을 지배하려고 하는 갈등으로 표현되기도 한다. 따라서 초기단계에서 집단지도자의 주된 노력은 구성원이 자신들을 집단의 일부로 느끼도록 하는 것이다. 또한 구성원이 공통된 목적을 향해 함께 활동할 수 있는 공통적인 기초를 발견하도록 도와주는 것이다. 이를 위해서 집단지도자는 개방적이고 솔직한 의사소통을 촉진하며, 집단과정을 민주적으로 하여 신뢰할 수 있는 분위기를 확립하여야 한다. 집단 초기단계에서 집단지도자가 달성해야 할 주요 과업은 ① 집단지도자와 구성원의 소개, ② 집단의 목적에 대한 설명과 피드백, ③ 집단구성원의 개별 목적설정, ④ 계약, ⑤ 집단 활동에 대한 동기와 능력의 고취, 그리고 ⑥ 집단과정에 대한 사정 등이다.

(1) 집단지도자와 구성원의 소개

집단구성원의 소개에 앞서 집단을 이끌고 나갈 지도자(사회복지사, 상담자 등 그 집단의 리더)를 먼저 소개한다. 이때 구성원이 집단지도자에 대해 신뢰감을 가질 수 있도록 해야 한다. 즉, 구성원의 기대가 성취될 수 있다는 확신을 줄 수 있어야 한다. 만약에 집단지도자를 다른 사람이 소개한다면, 집단지도자는 현 분야에서 상당한 신임을 얻고 있고 전문가임을 간결하게 알려주는 것이 좋다. 집단지도자 자신이 직접 소개한다면, 너무 겸손할 필요 없이 자신의 중요한 경력을 요약해서 잘 전달해야 한다. 지식과 경험이 많고 구성원들에게 충분히 도움을 줄 수 있으며, 지지를 원하는 이해심이 풍부한 사람으로 표현하면 좋다.

집단구성원의 소개는 서로의 관심사와 흥미를 공유하여 상호신뢰를 발전시키는 계기가 된다. 집단지도자는 소개과정을 통해 구성원이 그들의 생활경험, 관심사, 어려움, 감정 등에서 유사성이 있다는 점이 드러나도록 해야 한다. 따라서 집단의 목적을 고려하여 어떤 정보가 공유되는 것이 좋을지를 결정하고, 그 정보가 밝혀지도록 하여야 한다. 구성원의 소개방법과 내용은 앞으로의 집단 운영방식과 논의과정에 많은 영향을 줄 수 있다. 따라서 집단지도자는 첫 모임에서 구성원의 긴장감과 불안, 불신 등을 줄일 수 있는 다양한 방법을 준비해 두어야 할 필요가 있다.

일반적인 소개 방법은 차례로 돌아가면서 자신을 소개하는 것이다. 구성원의 상호작용을 유발하기 위하여 계획적인 짝짓기로 소개하는 방법이 있다. 이는 짝을 지어 5~10분간 미리 짜인 질문으로 서로 면접을 하고, 자신이 면접한 상대방에 대해 집단에 소개하는 방식이다. 이외에도 소개방법 프로그램으로 별칭 짓기와 이어달리기, 빙고식 소개, 형용사를 이용한 자기소개, 문장식 소개, 사인받기 등이 있다.

(2) 집단의 목적에 대한 설명과 피드백

집단구성원의 소개가 끝나면 집단지도자는 집단의 목적에 대해 설명해야 한다. 이때 부정적 측면보다 긍정적 측면을 강조하는 것이 좋다. 또한 후원하는 시설이나 기관의 기능에 대해서도 간단하게 언급하여 구성원이 기대할 수 있는 서비스의 한계를 명확히 해야 한다. 집단지도자는 목적이나 목표에 대해서 구성원이 자신들의 의견이나 관심사를 표현하도록 촉구해야 하며, 그들의 의견을 반영하여야 한다.

(3) 집단구성원의 개별 목적설정

집단구성원 모두에게 적절한 공동의 목적이 수립되는 정도는 집단에 따라 다르다. 어떤 집단(예: 금연을 목적으로 한 만성폐결핵 집단)에서는 공동의 목적 아래 구체적인 방법을 논의할 수 있지만, 어떤 집단(예: 서로 다른 정신장애 집단)에서는 공동의 목적이 추상적이어서 개인적 목적을 구체적으로 설정해야 한다. 따라서 효과적인 목적달성을 위해 개별 목적은 명확한 용어로 규정되어야 하고, 달성 가능하며 측정될 수 있어야 한다.

(4) 계약

집단구성원은 집단지도자의 역할, 구성원의 역할, 그리고 그들에게 기대되는 것 등에 대해서 잘 알지 못한다. 따라서 계약을 통해 집단지도자와 구성원 간의 기대, 책임, 의무 등을 분명하게 하여야 한다. 특정한 목적이나 목표에 관해 계약할 때 누가, 어떤 상황에서, 무엇을 하며, 그 이행에 대해서 어떻게 측정할 것인가 등을 언급해야 한다. 즉, 계약에는 시간, 장소, 비용 등과 같은 실질적 내용과 구체적 일정, 그리고 변화가 필요한 행동 등을 포함한다.

(5) 동기와 능력

집단의 목적과 개별 구성원의 목적이 성공적으로 달성되려면 개별 구성원의 동기가 중요한 역할을 한다. 동기는 개별 구성원이 갖는 집단지도자의 역할, 집단과정, 그리고 집단을 통해 이루거나 성장할 수 있는 것에 대한 기대 등에 의해 결정된다. 집단 구성원은 자신의 목적을 달성하기 위한 능력이나 집단에서의 상호작용을 잘 해낼 수 있을지에 대해 양가감정을 가질 수 있다. 이러한 양가감정을 극복하도록 도와주는 방법은 목적달성을 방해하는 심리적·사회적·환경적 요인이 무엇인지를 개방하고, 이에 대해 구성원이 역동적 상호작용하도록 하는 것이다. 각 개인구성원의 동기저하에 영향을 미치는 요인을 긍정적으로 변화하도록 집단지도자가 도와줌으로써, 구성원은 두려움이나 자기노출에 대한 걱정, 양가감정 등을 적게 가지게 되고 자신들의 목적을 성취하려는 동기를 유지하게 된다.

(6) 집단과정에 대한 사정

집단사회복지실천에서 사정의 초점은 집단의 유형이나 개입전략 등에 따라 달라질 수 있으며, 집단지도자가 개별 구성원과 전체로서의 집단 모두에 초점을 두어야 한다는 점은 공통적이다. 집단은 계속 변하므로 이에 따라 사정도 시기적절한 집단지도를 위해 지속적으로 이루어져야 한다. 집단과정에 대한 사정을 집단구성원에 대한 사정, 전체 집단에 대한 사정, 그리고 집단 환경에 대한 사정 등으로 나누어 살펴본다.

■ 집단구성원에 대한 사정

집단에 참여하는 구성원의 상당수는 대인관계에서 그들 자신과 다른 사람에게 스트레스를 일으키는 행동상의 역기능적인 측면을 가지고 있다. 집단지도자는 구성원에게서 반복적으로 나타나는 행동과 그 행동과 밀접히 관련된 인식에 초점을 맞추어야 한다(Hepworth et al., 1997). 집단구성원에 대한 사정영역은 집단구성원의 특성, 대인관계와 집단구성원 간 상호작용, 그리고 대인관계와 집단구성원의 환경 등을 포함한다(윤현숙 외, 2001).

① 집단구성원의 특성에 대한 사정

집단구성원의 성장·발달과정에서 일어난 일, 현재의 건강상태, 심리상태, 정신건강, 교육 정도, 직업, 수입, 취미, 신념, 기대, 동기 등에 대한 사정이다. 의사, 집단지도자의 평가와 관찰, 집단구성원 자신의 자기보고 등에 대한 정보를 기반으로 사정이 이루어진다.

② 대인관계와 집단구성원 간 상호작용에 대한 사정

집단구성원과 가족과의 관계, 친구와의 관계, 그리고 어떤 문제가 발생하였을 때 이야기를 들어주고 정신적으로 의지할 수 있는 인간관계 여부 등에 관해 사정한다.

③ 집단구성원의 환경에 대한 사정

집단지도자는 집단구성원의 환경이 개인의 목표와 집단의 목표달성을 지지하는 환경인지 아닌지를 평가할 필요가 있다. 이때 집단지도자는 반드시 한 번 이상 집단구성원의 가정을 방문하여 실제 정보를 확인할 필요가 있다.

■ 전체 집단에 대한 사정

전체 집단에 대한 사정 영역은 집단 행동양식, 집단 내 하위 집단, 그리고 집단의 규범이나 가치 등을 포함한다(Hepworth et al., 1997).

① 집단 행동양식에 대한 사정

집단 행동양식에 대한 사정은 전체 집단의 상호작용이 구성원들 간에 지지적인가? 집단은 목표를 달성하는 데 건설적인 방향으로 나가고 있는가? 집단 내 권력이나 자원은 일부 구성원이 독점하고 있는가? 아니면 공유하고 있는가? 집단 내 의사결정은 민주적인 방식으로 이루어지는가? 등을 포함한다.

기능적인 집단행동의 몇 가지 예는 다음과 같다.

- 집단은 문제를 직시하고 필요한 사항을 조성한다.
- 집단은 개별 구성원이 자신들의 문제를 드러내는 데 긍정적으로 반응한다.
- 집단의 구성원은 다른 구성원의 욕구와 감정에 민감하고 상호 지지적이다.
- 집단 내 의사결정은 모든 구성원의 관점과 감정을 고려하여 합의로 이루어진다.
- 집단은 상호작용을 독점하거나 집단의 목표를 달성하는 데 방해가 되는 구성원에 대해서 책임 있게 대응한다.

② 집단 내 하위집단에 대한 사정

효과적인 집단지도가 이루어지기 위하여 집단지도자는 집단 내부의 하위집단을 확인하고, 그 집단이 전체 집단에 미치는 영향에 대해 사정을 해야 한다. 하위집단이 집단 내 다른 구성원과 밀접한 관계를 허용하지 않는 배타적인 집단이 되거나 전체 집단의 목표를 방해하는 때에는 집단에 해가 될 수 있다.

③ 집단의 규범이나 가치 등에 대한 사정

집단지도자는 집단의 규범을 확인하고, 그 규범들이 개별 구성원과 전체 집단에 도움이 되는지 혹은 해가 되는지를 판단해야 한다. 집단지도자는 필요하다면 집단 규범의 변화를 위한 긍정적인 분위기를 만들어야 한다. 집단의 규범을 알기 위해서는 다음과 같은 질문이 도움이 된다.

- 집단 내에서 이야기될 수 있는 주제와 없는 주제가 있는가?
- 어떤 종류의 감정적 표현이 허용하는가?
- 문제해결과 과업달성을 위해 집단은 어떤 태도를 보이는가?
- 성공적인 집단경험을 위한 책임이 구성원들에게 있는가? 아니면 집단지도자에게 있는가?
- 집단지도자의 위상에 대한 집단의 의견은 어떠한가?
- 피드백에 대한 집단의 태도는 어떠한가?
- 개별 구성원의 기여에 대해서 어떻게 여기고 있는가?

■ 집단 환경에 대한 사정

집단 환경에 대한 사정 영역은 집단지도자가 소속된 시설이나 기관의 환경, 시설이나 기관 간 환경, 그리고 지역사회의 환경 등을 포함한다(Hepworth et al., 1997; 윤현숙 외, 2001).

① 시설이나 기관의 환경에 대한 사정

시설이나 기관 내에서 집단을 결성할 때 집단의 목적이 시설이나 기관의 목적과 맞는지, 집단 활동의 장소는 있는지, 협력은 제공되는지, 그리고 집단에서 다루고자 하는 접근방법이 시설이나 기관의 방침에 적합한지 등을 사정한다.

② 시설이나 기관 간 환경에 대한 사정

다른 시설이나 기관의 특별사업(예: 새로운 프로그램이나 실천방법에 대한 연구회 등)과 행해지는 사업 등에 관한 정보를 수집하여 시설이나 기관 간 환경에 대한 사정을 한다.

③ 지역사회의 환경에 대한 사정

지역사회에는 어떤 사람이 살고 있으며 그들은 어떤 직업, 수입, 종교를 가졌는지, 지역 내에 어떤 공공자원이 있으며 부족한 자원은 무엇인지, 지역사회 관심사는 무엇인지 등에 대한 사정을 한다.

3) 중간단계

중간단계에 접어들면 집단성원들은 소속감이 증가하고 다른 성원들과 사회복지사에 대한 신뢰감이 증가하게 된다. 신뢰감 형성으로 인해 성원들은 자신의 생각과 감정을 집단 내에서 자유롭게 표현할 수 있게 되고 집단 응집력을 강화시킨다. 중간단계에서는 집단구성원들 간에 친밀감과 상호공유, 집단 응집력이 증가하는 시기이다. 이 단계에서 집단지도자는 집단과 구성원이 집단의 목표를 잘 달성할 수 있도록 격려하고, 목표달성에 필요한 집단의 문화와 규범을 발전시키고 유지한다. 또한 목표달성에 방해가 되는 장애를 극복할 수 있도록 원조해야 한다. 집단지도자가 이 단계에서 달성해야 할 주요 과업은 다음과 같다: 집단 모임의 준비, 집단의 구조화, 집단구성원의 참여와 권한 부여, 집단구성원의 목적성취 원조, 저항적인 집단구성원의 독려, 그리고 모니터링(monitoring) 등이다.

(1) 주요과업

■ 집단 모임의 준비

집단지도자가 효과적으로 집단을 이끌어 나가기 위해서는 다음 모임을 위한 의제를 준비하여야 한다. 또한, 구성원의 토론을 자극하고 흥미를 유발할 수 있는 주제들을 준비하며 관련된 의제에 대한 시간배분도 적절하게 하여야 한다.

■ 집단의 구조화

집단의 구조화란 집단구성원이 바람직한 방향으로 변화해 나가도록 원조하기 위한 계획적이고 체계적이며, 시간제한적인 개입을 의미한다. 집단 구조화를 위한 활동으로는 각 모임의 시작과 종료 시각을 정확하게 구성원들이 알게 하거나 이번 모임에서 다룰 내용이 무엇인지를 명확히 하는 것이다. 또한, 의사소통과 상호작용의 유형을 설정하여 모든 구성원에게 참여할 기회를 부여하기 위해 토론과정을 구조화할 수 있다. 집단의 초점을 유지하는 활동, 지금까지의 일을 요약하는 활동 등도 구조화의 방법이다. 집단의 구조화는 집단의 목적성취를 촉진하며, 집단지도자가 계획적이고 체계적인 개입을 할 수 있는 장점이 있다.

■ 집단구성원의 참여와 권한부여

집단지도자는 구성원을 집단의 일에 완전히 참가하게 하고, 집단 내부와 외부에서의 자신의 삶에 대해 책임을 질 수 있도록 권한을 부여한다. 집단구성원의 참여를 촉진하고 권한을 부여하는 것은 집단지도자가 지도와 안내를 하지 않는다는 것이 아니며, 집단을 지도하는 데 집단구성원의 투입과 피드백을 진지하게 고려해야 한다는 의미다. 권한부여를 위해서 집단지도자는 ① 구성원의 장점에 대한 믿음을 보여주고, ② 목적달성을 위해 노력하는 과정에서 부딪힐 수 있는 장애물과 어려움을 인식하도록 하며, ③ 집단의 내용과 집단의 방향이 구성원에게 달렸다는 것을 알게 하고, ④ 구성원의 상호원조에 대해 칭찬하며, 그리고 ⑤ 새로운 행동과 활동을 집단 내외에서 시도해 보도록 격려할 수 있다.

■ 집단구성원의 목적성취 원조

집단구성원의 목적달성을 위한 집단지도자의 개입은 개별 구성원, 전체 집단, 집단의 환경 등에서 이루어져야 한다. 집단구성원의 목적 달성을 위한 활동은 ① 집단구성원이 자신의 목적을 인식하고, ② 구체적인 개입계획을 발전시키며, ③ 그들이 직면할 수 있는 문제를 극복하고 개입계획을 실행에 옮기려는 의지를 증진시키며, ④ 개입계획을 실행에 옮길 수 있도록 원조하는 것을 포함한다.

■ 저항적인 집단구성원의 독려

집단지도자는 집단구성원이 되기를 원치 않는 사람과 함께 해야 하는 때도 있다. 저항적인 구성원은 집단 내에서 달성해야 할 목적 자체를 설정하지 않으려는 경향이 있다. 이때 그들이 자신의 문제에 대처하지 않음으로써 발생할 수 있는 결과에 대해 초점을 맞추며, 구성원들 간에 건설적인 직면을 하도록 하는 것이 동기촉진에 도움이 된다. 집단에 적극적인 참여를 꺼리고 저항적인 구성원은 목적을 달성하려고 노력하는 과정에서 장애에 자주 부딪히게 된다. 이로써 변화에 대한 그들의 동기를 약화시키며 변화에 대한 신념체계에 부정적인 영향을 미칠 수 있다. 이러한 구성원에게는 신념체계를 변화시키는 방법과 외부 환경을 이용하는 방법 등을 활용할 수 있다.

■ 모니터링

집단과정을 점검하고 평가하는 모니터링을 통해 집단구성원과 집단지도자는 피드백을 얻을 수 있다. 모니터링은 서면이나 구두로 집단의 전 과정에서 수행되어야 한다. 평가횟수는 집단에 대한 피드백을 어느 정도 받아야 하는가의 필요성에 달렸다. 각 집단 회기마다 모임이 끝났을 때 집단구성원이 그 모임에 대해 평가를 하거나 혹은 2~3번의 모임마다 1번 정도 평가를 할 수 있다.

(2) 중간(개입)단계에 필요한 사회복지 실천기술

■ 개입단계의 특징

먼저 초기단계보다 집단성원들은 집단에 대한 소속감이 증가하고 다른 성원들과 사회복지사에 대한 신뢰감이 증가하게 되는데 이는 자신의 생각과 감정을 집단에 표현할 수 있다는 것이며, 집단의 응집력을 강화시키고 집단 성원들의 대인관계 기술이 향상된다는 것이다.

집단 성원들의 대인관계 기술이 향상은 그들의 자율성을 증진시키고 사회복지사에 대한 의존도를 상대적으로 줄이게 된다. 이 단계는 집단성원들의 변화를 이끌어내기 위한 사회복지사의 구체적인 개입이 이루어지는 단계이다.

집단성원들이 개입단계에 성공적으로 진입하게 되면 다른 성원들과 자신의 차이점을 인정하고 수용할 수 있으며, 집단의 중요성을 내면화되면 집단

참여가 증가하게 되며, 집단 응집력과 타 성원 간의 유대감도 깊은 관련이 있고 집단에 대한 만족도도 표현이 된다.

■ 개입단계에서 필요한 실천 기술

① 집단응집력 향상을 위한 실천 기술

㉠ 집단응집력의 정의

집단성원들이 서로 끌리는 정도를 의미하며, 응집력 있는 집단은 집단성원들에게 집단에 계속해서 남아 있도록 하는 자극을 제공하고 서로 간에 소속감과 관련성을 공유한다.

㉡ 집단응집력 결정하는 요인

첫째, 집단의 참여를 소중하게 느끼고 그들이 사랑받는다고 느끼게 될 때 집단성원들은 집단에 대한 매력을 느낀다.
둘째, 집단에 참여함으로써 제공되는 자극제와 관련 있다.
셋째, 집단에 대한 높은 기대를 갖게 될 때 집단응집력은 증가한다.
넷째, 현재 참여하고 있는 집단에 더 만족을 느낄 경우이다.

㉢ 집단 응집력의 긍정적인 결과

감정표현의 증가, 적극적 경청, 다른 집단성원들의 피드백과 평가를 활용, 자신감, 자아존중감, 적응력 향상, 목표 달성 및 수행력 증가, 출석률과 집단 참여증가 등이다.

② 집단과정을 촉진하기 위한 실천기술

㉠ 자기노출

언어적 표현 또는 비언어적 행동을 통해서 사회복지사가 자기 자신에 대한 정보를 의도적이고 의식적으로 누설하는 것을 의미한다.

• 자기노출의 유형

첫째, 사회복지사가 집단에서 현재 일어나는 것에 관해 자신의 생각과 감정을 집단 성원에게 공개하는 유형이다.
둘째, 사회복지사가 자신의 과거 경험을 집단성원에게 제시하는 유형인데 사회복지사는 집단의 클라이언트가 아니기 때문에 자신의 자기 노출에 대하여 신중히 고려해야 한다.

ⓐ 자기노출을 위한 형식

(1) 나는....		~ 에 대해 ~ 하다			왜냐하면	
(2) 특별한 감정 욕구		(3) 사건에 대한 중립적 묘사			(4) 다른 사람에게 미칠 영향	
나는	당신과 이야기를 할 때	당신이 신문을 보고 있으며	화가 나요	왜냐하면	당신이	나를 무시하는 것 같으니까요
(1)		(3)	(2)			(4)

ⓑ 집단 내에서 자기 노출을 위한 지침

- 집단의 목적과 목표와 관련되어 있어야 한다.
- 집단 성원들이 특정 성원에게 지속적인 반발이 보이고 이로 인해 참여 수순에 영향을 미칠 경우 전체에게 공개해야 한다.
- 집단 성원들은 자신에 대한 무엇을 그리고 얼마나 노출시킬 것인지 결정해야 하며, 이로 인해 동반되는 위협을 어느 정도 감당해 낼 수 있는지 결정해야 한다.
- 자기 노출은 집단 발달단계와 관련 있어야 한다.

㉡ 직면하기

클라이언트가 보이는 불일치를 알아차리고 주의집중 기술을 활용하여 이에 대한 피드백을 클라이언트에게 제공하는 기술이다.

집단성원이 전달하는 메시지 내용들 사이에 불이치를 보일 경우 사회복지사는 집단성원을 직면하게 되는데 이는 집단성원이 자신의 행동과 태도를 검토해 볼 수 있는 기회를 제공하여 집단성원의 성장을 위해 도움을 줄 수 있다.

ⓐ 불일치의 예

- 진술문 사이의 불일치 - 언행의 불일치 - 진술문과 비언어적 행동 사이의 불일치
- 비언어적 행동의 불일치 - 사람들 간의 불일치 - 진술문과 맥락 사이의 불일치

ⓑ 직면을 위한 단계 및 형식

첫째, 집단성원의 말과 행동 간의 불일치 또는 전달하는 메시지 내

용 간의 불일치를 밝혀내는 것
둘째, 불일치를 발견했을 때 불일치의 내용을 성원들에게 명확히 지적해 주고 이를 해결할 수 있도록 원조
셋째, 집단성원을 직면하는 것이 그들의 성장과 변화에 어떤 영향을 주었는지 평가해야 함

㉢ 피드백

집단성원들에게 그들의 역할 수행이나 서로를 어떻게 바라보는지에 대해서 명확한 정보를 제공하는 것이다.

- 효과적인 피드백을 위한 지침
  - 클라이언트의 요청이 있을 때 피드백을 제공하는 것이 효과적이다.
  - 클라이언트의 장점에 초점을 두는 것이 중요하다.
  - 특정한 행동에 대해서 피드백을 제공함으로써 피드백과 그 행동에 대한 자신의 관점을 비교할 수 있는 기회를 제공해야 한다.
  - 지나치게 한 번에 여러 가지 피드백을 하는 것은 효과적이지 못하다.

③ 변화를 이끌어 내기 위한 실천 기술

㉠ 집단성원의 내적 변화에 초점을 두는 개입 기술

집단성원의 인지적 측면에 초점을 두는 기술을 말하며 인지의 역할을 강조, 사회적, 행동적 역기능은 자신, 타인, 삶의 잘못된 신념으로 인해 초래된 결과이다.

㉡ 집단성원의 대인관계 변화에 초점을 두는 개입 기술

- 집단은 집단성원들의 행동을 직접 관찰할 수 있고, 또한 역할 연습을 통해 특정 행동을 터득할 수 있는 기회 제공하고 이는 대인관계상의 문제를 다루는 데 매우 중요한 개입방법이다.
- 사회 기술 훈련: 대인관계기술의 향상을 목적으로 하는 프로그램

> 예 양육기술, 자기 주장 기술, 말하기와 경청하기

㉢ 집단성원의 환경 변화에 초점을 두는 개입 기술

- 개인의 환경의 변화가 이루어질 때 변화의 효과가 극대화되기 때문에 사회복지사는 개인의 변화뿐만 아니라 환경의 변화에도 초점을 두어야 한다.
- 이해하고 격려하며 지지를 해줄 수 있는 지지망을 확보 및 확충하는 데 초점을 두는 개입이 필요하다.

> 예 약물 남용, 가정폭력, 청소년폭력, 학교폭력, 성폭력 등 사회복지 실천현장에서 흔히 접하는 다양한 문제에서 환경의 변화를 이끌어내는 것은 사회복지사의 핵심과제이다.

4) 종결단계

집단성원들과 집단이 목표를 성취하면 종결하는 것이 이상적이지만 목적 달성을 하지 못했거나 집단성원이 중도탈락으로 집단 진행이 어려워져서 종결하게 되는 경우도 있다. 종결단계는 집단과정에서 일어난 일들을 통합하는 단계로써 집단과정을 통해서 얻은 변화나 기술, 기법 등이 종결 이후에도 지속적으로 유지될 수 있도록 계획을 수립해야 한다. 이 단계에서 집단지도자의 주요한 과업은 집단을 성공적으로 종결하는 것이다. 이 단계에서 집단지도자의 기술 수준에 따라 이전까지의 집단경험을 포함하여 모든 집단경험의 성패가 좌우된다. 집단에 매우 깊이 관여했던 집단구성원은 이 단계에서 특히 힘들어한다. 일부 구성원은 불안감과 노여움을 표시하기도 하고 종결을 부정하기도 한다. 또한, 집단지도자에 대한 의존성이 나타나기도 하고 투쟁을 벌이기도 한다. 집단지도자가 이 단계에서 달성해야 할 주요 과제는 ① 변화 노력의 유지와 일반화, ② 집단에 대한 의존성 감소, ③ 종결에 대한 감정의 처리, ④ 불만족스러운 종결의 사유에 대한 이해, ⑤ 미래에 대한 계획, ⑥ 의뢰, 그리고 ⑦ 평가 등이다.

(1) 변화 노력의 유지와 일반화

집단지도자는 집단구성원이 집단 참여를 통해 성취한 변화를 유지하고, 구체적인 변화를 구성원의 주요한 생활영역으로 일반화할 수 있도록 원조하여야 한다. 구성원은 개입 직후에 상당한 변화를 유지하더라도 시간이 지나면서 긍정적인 변화를 유지하는 것이 어려워진다. 또한, 치료로 나타나는 특정한 행동을 다른 맥락에서 수행하지 못하는 경향이 있다. 다음과 같은 방법이 변화의 유지와 일반화를 위해 도움이 된다.

① 집단구성원의 일상생활과 관련이 있는 현실적인 사례를 집단에서 다룬다.
② 집단구성원의 문제에만 초점을 맞추지 말고 자신의 능력을 확인할 수 있게 하여 자신감을 발전시키도록 한다.
③ 변화유지 능력을 방해하는 어려운 상황에도 대비할 수 있도록 다양한 상황과 환경을 활용한다.
④ 변화를 통해 일어나는 긍정적인 결과에 초점을 맞추도록 한다.
⑤ 공식적인 집단을 마치고 나서 추후 모임 할 기회를 제공하여 변화를 유지하기 위한 자신의 노력을 재검토할 수 있게 한다.

(2) 집단에 대한 의존성 감소

집단지도자는 집단구성원의 집단 의존성을 줄이기 위해 구성원이 집단 외부의 지지와 구성원 자신의 기술과 자원을 활용하도록 원조하여야 한다. 집단이 끝나기 몇 주 전부터 집단의 종결에 대해 논의하도록 한다. 집단의 매력을 감소시키기 위해 구성원이 다시는 집단이 필요하지 않음을 토론하게 하거나 집단에서 성취한 것을 요약하게 한다. 집단 종결단계에서 모임은 짧게, 그리고 모임 간의 간격은 길게 하도록 한다. 구성원에게 외부활동에 참여하도록 격려하여 집단의 중요성을 감소시킬 수 있다.

(3) 종결에 대한 감정의 처리

집단의 종결시점에 이르러 집단구성원과 집단지도자는 긍정적인 감정과 부정적인 감정을 동시에 느낀다. 긍정적인 감정은 목표를 성취하고 다른 구성원을 도울 수 있었다는 만족감, 자부심, 자신에 대한 유능감 등이다. 부정적인 감정은 서로 간의 연대관계가 깨어진다는 불안감이나 자신이 거부되었다는 느낌 혹은 상실에 따르는 슬픔 등이다. 집단지도자는 집단의 종결에 따른 자신의 감정을 구성원들과 공유하며, 구성원들의 양가감정(兩價感情)에 대한 토론이 이루어지도록 격려하여야 한다.

(4) 불만족스러운 종결의 사유에 대한 이해

집단구성원과 전체 집단이 치료목적을 달성하여 더 이상의 서비스가 필요하지 않을 때 집단을 종결하는 것이 가장 이상적인 종결의 유형이다. 그러나 집단구성원이 중간에 탈락하거나 전체 집단과 구성원이 그들의 목적을 달성하지 못한 채 집단이 조기에 종결되는 때도 있다. 개별 구성원이 계획에 없는 종결을 하였을 때에 집단지도자는 그 원인을 확인하여 다른 구성원이 탈락하는 것을 방지하여야 한다. 또한, 자신의 기술이 점점 더 늘어가고 나아지도록 노력하여야 한다. 또한, 전체 집단이 조기에 종결되는 때에도 어떤 요인이 집단의 해체에 영향을 미쳤는지를 확인하여 앞으로의 집단지도에 적극적으로 반영하여야 한다.

(5) 미래에 대한 계획과 의뢰

집단구성원이 부가적으로 모이기를 희망하면 재계약을 할 수 있으며, 집단지도자의 지도 없이 집단구성원들끼리 만나는 자조집단을 만들도록 격려할 수 있다. 또한 구성원이 새로운 위기상황 혹은 문제의 발생 등으로 서비스가 필요할 때 부가적인 서비스를 받는 방법에 대해 확실하게 설명을 해주어야 한다. 집단구성원에게 부가적인 서비스나 자원이 필요하면 집단지도자는 같은 기관 내 다른 부서나 다른 기관으로 구성원을 연결해 주어야 한다. 단, 의뢰는 집단구성원과 집단지도자가 모두 동의한 경우에만 이루어져야 한다.

(6) 평가

평가는 집단구성원과 집단의 목적달성 정도를 통해 개입의 효과성을 판단할 수 있는 근거를 제공한다. 또한 구성원은 집단에서의 만족과 불만족을 표현할 기회를 가진다. 그리고 집단지도자는 평가를 통해 얻은 정보를 활용하여 집단지도 기술을 발전시킬 수 있다. 평가의 종류를 보면 구체적으로 다음과 같다.

■ 과정평가와 성과평가

일반적으로 과정평가는 집단구성원이 집단에서 유용했거나 유용하지 못했던 양상에 관해 측정하는 것이다. 집단과정을 향상시켰거나 방해했던 사건이나 기법에 관한 피드백은 집단지도자에게 매우 가치 있는 정보가 된다. 집단지도자는 이러한 정보를 가지고 어떤 자료를 빼거나 덧붙일 수도 있고, 자신의 개입기술을 연마할 수도 있다. 그러나 피드백이 매우 비판적일 때 집단지도자는 크게 자존심이 상할 수도 있지만, 이를 부정하거나 거부하여서는 안 된다. 집단지도자는 마음을 열고 비판을 받아들여야 하며, 건설적으로 이에 반응할 준비가 되어 있어야 한다. 집단구성원들의 의견에 따라 변화를 주는 것이 바람직하다.

과정평가는 집단구성원에게 건설적이었던 사건, 기법, 자료, 양상 등과 비생산적인 것들을 토론하도록 요청함으로써 말로 수행될 수 있다. 이러한 평가의 장점은 구성원 대부분은 글로 쓰는 것보다는 말로 이야기하는 것을 좋아한다는 것이다. 단점은 부정적인 피드백을 주기를 꺼린다는 것이다. 한편, 과정평가는 간단한 질문지를 돌리면서 수행될 수도 있는데, 전형적인 세 가지 질문의 예는 다음과 같다.

- 이 집단의 장점은 무엇입니까?
- 이 집단의 단점은 무엇입니까?
- 앞으로 어떻게 변화를 주면 좋을지의 제안을 간단하게 써 주세요.

성과평가는 집단이 시작될 때 설정된 목적이 성취된 정도를 측정하는 것이다. 집단상담 구성원이 집단상담 전과 비교하여 얼마나 많은 영향을 받았는가를 의미한다. 평가에 대한 자세한 설명은 본문 14장에서 구체적으로 다루기로 한다.

■ 만족도 조사

만족도를 측정하는 설문은 간단하고 비용이 저렴하게 드는 것이 장점이다. 만족도를 조사하는 방법은 집단의 마지막 모임 시간에 질문지를 돌리는 방법도 있고, 집단을 종결하고 나서 질문지를 우편으로 보내어서 받아보는 방법도 있다. 그러나 응답자의 기분에 따라 응답이 영향을 받는 것이 만족도 조사의 단점이다. 만족도 측정을 위한 질문지의 **표 11-2**와 같다.

표 11-2 집단의 만족도 측정을 위한 질문지

다음 각 문항을 읽고 자신의 생각과 가장 가까운 번호에 ✔ 표시하여 주십시오.					
문항	전혀 그렇지 않다	그렇지 않은 편이다	보통 이다	그런 편이다	매우 그렇다
1) 나는 이 집단이 목적을 성취했다고 생각한다.	①	②	③	④	⑤
2) 나는 이 집단의 구성원들에 대해 매우 만족한다.	①	②	③	④	⑤
3) 나는 이 집단의 구성원이 되어 매우 즐거웠다.	①	②	③	④	⑤
4) 나는 지금까지 수행된 집단 활동에 대해 매우 만족한다.	①	②	③	④	⑤
5) 나는 이 집단에 참여함으로써 인격적으로 크게 성장했다.	①	②	③	④	⑤
6) 나의 개인적 목적은 이 집단을 통해 성취되었다.	①	②	③	④	⑤
7) 나는 기회가 주어지면 이러한 집단에 또 참여하고 싶다.	①	②	③	④	⑤
8) 집단지도자는 이 집단을 매우 잘 이끌었다.	①	②	③	④	⑤

집단상담 프로그램 사례

인간은 집단 속에서 살아간다. 즉 인간이 존재하는 기본조건은 집단생활이라고 볼 수 있다. 사람은 가정, 학교, 직장 및 각종 사회단체와 국가라는 집단 속에서 다른 사람과 관계를 맺으면서 살아가고 있다. 다시 말하면, 사람은 이와 같은 여러 가지 집단 속에서의 인간관계를 통해 자기의 생활목표를 추구하면서 살아가고 있는 것이다. 그리고 이러한 집단생활을 해 나가는 가운데 자기가 속한 집단에 대해 영향을 미치기도 하고, 집단의 속성에 의해 영향을 받기도 한다.

1) 집단상담의 정의

"생활과 정성의 문제를 해결하고 보다 바람직한 성장발달을 위하여, 전문적으로 훈련된 상담자의 지도와 동료들과의 역동적인 상호교류를 통해 각자의 감정, 태도, 생각 및 행동양식 등을 탐색·이해하고 보다 성숙된 수준으로 향상시키는 과정이다."

"정상적인" 범위에 속하는 개인들로 하여금 보다 바람직한 자기 이해와 대인관계를 갖도록 도와주는 과정이다.

2) 집단상담의 목적

집단상담 경험의 목적은 자기의 문제, 감정 및 태도에 대한 통찰력(또는 정확한 자각)을 개발하고, 보다 바람직한 자기관리와 대인관계적 태도를 터득하는 데에 있다.

집단참여자들은 집단상담의 과정에서 대체로 다음의 다섯 가지를 학습한다고 볼 수 있다.

① 나뿐만 아니라 동료들도 비슷한 문제를 가지고 있다는 사실을 확인하고 자신감을 얻을 수 있다.

② 자기의 부족함에도 불구하고 집단동료들로부터 배척당하지 않는 사실이다.

③ 다른 집단참여자들은 이해하지 못하더라도, 한 사람(상담자)은 자기를 이해하고, 배려하고 수용해 준다는 사실이다.

④ 자기도 상호작용을 통하여 크고 작든, 집단 동료들을 이해하고, 수용하며, 도와줄 수 있다는 사실이다.

⑤ 자기 자신과 타인에 관한 솔직한 느낌을 말하고 들음으로써 자신과 타인을 더 이해하게 되고 수용하게 된다는 사실 등을 확인할 수 있다.

3) 집단상담의 목표

① 자기이해, 자기수용 및 자기관리 능력의 향상을 통한 인격적 성장

② 개인적 관심사와 생활상의 문제에 대한 객관적 검토와 그 해결을 위

한 실천적 행동의 습득
③ 집단생활 능력과 대인관계 기술의 습득

4) 집단상담의 장 · 단점

(1) 집단상담의 장점

① 상담자가 집단상담을 통해 보다 많은 내담자들과 접촉할 수 있다.
② 내담자들은 개인상담보다는 집단상담을 더 쉽게 받아들인다.
③ 특히 청소년들에게 있어서는, 집단상담에 참여함으로써 타인과의 상호교류를 할 수 있는 능력이 개발된다.
④ 집단상담은 시간, 에너지 및 경제적인 면에서도 효과적이다.
⑤ 집단상담은 현실적이고 실제생활에 근접한 사회장면을 제공한다.
⑥ 집단상담의 참여자들은 같은 내용이라도 개인적인 조언은 거부하거나 저항하지만, 동료들의 집단적인 공통의견은 잘 받아들이는 경험이 있다.
⑦ 집단상담은 문제해결적 행동을 보다 구체적으로 실천할 수 있게 한다.
⑧ 집단상담에서는 상담자의 지시나 조언이 없이도 참여자들이 상호 간의 깊은 사회적 교류경험을 가질 수 있다.

(2) 집단상담의 단점

첫째, 상담집단에서는 특정 내담자의 개인적인 문제가 충분히 다루어지지 않을 가능성이 많다.

둘째, 참여자들이 심리적으로 준비가 되기 전에 "자기의 마음속을 털어놓아야 한다"는 집단압력을 받기 쉽다는 점이 있다.

셋째, 동료들과의 상담집단이 대체로 수월하고 유리하지만, 그 반대의 경우도 생길 수 있다.

5) 집단상담과 집단지도 및 집단치료의 비교

집단지도는 바람직하고 건전한 학습 및 생활태도를 촉진하기 위해 주로 정보와 자료를 제공하는 예방적인 접근방법이다. 집단상담에서도 같은 주제가 다루어질 수도 있지만, 집단지도는 어디까지나 교사나 강사의 책임 아래 진행된다.

집단치료는 임상치료적인 원리에 의해서 정서적 장애나 심리적 갈등이 있는 내담자(또는 환자)들이 '정상적'인 생활을 할 수 있도록 전문적으로 도와주는 것이다. 집단치료와 집단상담은 인간의 심리적 문제의 해결을 돕는 과정이라는 점에서 유사하다. 집단치료가 임상적으로 비정상적인 내담자(환자) 집단을 대상으로 하고 있는 반면에, 집단상담은 비교적 '정상적'인 내담자 집단을 대상으로 하는 것이 특징이다.

5. 집단상담의 과정과 특성

1) 집단의 지도자와 지도력

(1) 집단지도자의 정의

첫째, 집단행동의 초점이 되는 사람을 지도자로 정의할 수 있다.

둘째, 집단지도자는 집단목표의 관점에서 정의될 수도 있다.

셋째, 집단구성원에 의해서 지도자로 지목되는 사람을 지도자로 정의할 수 있다.

넷째, 집단의 지도자는 집단수행의 수준에 변화를 가져올 수 있는 사람이다.

(2) 지도자의 자질

- 집단의 과정, 지도자의 기능, 그리고 집단 내의 상호작용에 대한 지식을 가지고 있다.
- 자신이나 집단원의 긴장과 불편을 인내하고, 집단과정에서 집단원들이 담당하는 역할을 이해한다.
- 집단에 속하는 구성원 각자를 비소유적인 마음가짐으로 배려한다.
- 다른 사람이 가지고 있는 태도, 철학, 관점의 다양성을 충분히 수용하고, 특히 지도자의 견해와 다른 사람의 견해가 다를 수 있다는 것을 받아들인다.

- 집단과 집단원 각자 그리고 지도자 자신의 기본적인 태도와 감정을 동시에 주목하고 파악할 수 있다.
- 집단원 상호 간의 풍부한 상호작용을 창출해 낼 수 있다.
- 집단지도자로서 그리고 집단의 참여자로서의 일관된 입장을 유지한다.
- 구성원들의 잠재력과 집단과정을 촉진할 수 있는 그들의 능력을 확신한다.
- 집단경험에서 만족과 기쁨을 발견한다.

2) 상담자와 집단상담의 과정

(1) 집단상담자의 기본적 역할

① 상담자의 지도력: 강화자로서의 역할

전문적 지식을 갖춘 상담자는 자신이 바람직하다고 생각되는 방향으로 집단을 이끌어나가는 데 여러 가지 지도력을 발휘한다.

이 중에는 다양한 기법의 활용도 물론 포함된다. 특히, 자부심이 강한 상담자는 자신을 집단에서의 사회적 강화자로 고려하고 싶지 않더라도 무의식적으로 영향력을 발휘하게 된다. 어느 면에서는, 모든 형태의 심리상담은 상담자가 사회적 강화자가 되는 조작적 조건화에 의한 학습과정이라고 볼 수 있다. 즉, 상담자의 반응이 집단원의 성숙한 행동을 강화하고 미성숙한 행동은 제지시키는 상·벌의 단서로 작용하는 사회적 자극이 된다. 자기의 이 사회적 영향력을 의식하는 상담자는 집단과정에 있어 더욱더 효과적이고, 일관성 있는 영향력(강화 혹은 제지)을 발휘하려고 노력할 것이다. 그리고 경험이 많은 상담자는 이런 원칙에 신축적으로 또는 직관적으로 대응할 것이다.

② 모범 제시의 참여자: 본보기로서의 역할

상담자는 집단구성원이 새로운 행동변화를 시도해 나갈 수 있는 환경적 분위기를 만들어 주기 위해 상담자 자신이 집단과정에서 본보기가 된다. 상담자는 집단원들의 장점을 인정하고 무비판적인 수용의 자세를 취함으로써 바람직한 집단 분위기의 형성을 촉진할 수 있다. 즉, 상담자는 구성원들의 자기노출을 유도하되, 구성원들이 가지고 있는 현재의 욕구수준을 감안하면서 대체로 집단의 발달단계에 부합되는 행동을 보여야 한다.

상담자가 완전하고자 하는 욕구가 너무 강하면, 자신의 지도력 및 그 효과에 집착하게 됨으로써 집단의 자발성을 방해하는 결과를 초래한다. 따라서 상담자는 자기가 개입해야 할 시기와 방법에 유의하면서, 동시에 집단구성원들에게 모범이 될 수 있는 반응을 하는 것이 중요하다.

③ 집단규범의 형성을 위한 상담자의 과제

• 자기공개의 격려

자기공개는 집단상담 과정의 필수적인 요소이다. 바람직한 행동의 변화를 가져오기 위해, 상담자는 집단행동에 관한 구조를 제시한다든지, 약간의 개념적 설명을 함으로써 집단구성원들이 좀 더 적극적인 방법으로 자기공개를 할 수 있도록 계속적인 지지와 격려를 해야 한다. 이러한 과정에서 상담자는 부정확한 생각이나 기대 등을 자세히 검토하도록 도와주도록 도와주게 된다. 이렇게 상담자는 집단에서의 효과적인 행동에 관한 기본 원칙과 명백한 지침을 제시하고, 이 원칙과 지침에 따른 모범적인 행동을 격려하고 지지함으로써 집단의 발전을 도울 수 있다.

• 솔직하고 자연스러운 언행의 촉진

집단과정에서의 바람직한 행동방식은 틀에 잡혀 있지 않고 사전 연습이 없는 자유로운 행동이다. 그리고 자신이 느낀 감정을 솔직히 그리고 가능하면 직선적으로 표현하는 것이 집단상담에서 기대되는 행동규범에 속한다.

상담자는 바로 이런 솔직한 언행을 지지하고 격려한다.

• 상호이해적 태도의 촉진

상담자는 집단원들과의 관계 속에서 진실된 태도로 임하면서, 스스로 구성원들에 대한 무조건적인 존중을 경험해야 한다. 또한 내담자들에 대한 공감적인 이해반응을 시범함으로써 집단구성원들의 상호이해적 태도를 유도하거나 촉진할 수 있다. 공감적 이해는 상담자가 구성원들의 입장 혹은 내적 참조 준거(internal frame of reference)를 정확하게 인지하고 그 참조준거와 관련된 감정과 의미까지도 함께 느끼며, 그 느낀 감정의 요점을 상대방에게 전달하는 것이다. 상담자의 진실성, 수용, 공감적 이해는 구성원들로 하여금 자신들의 욕구불만을 해소하고 보다 안전하고 자유로운 분위기 속에서 자신들을 이해하고 수용할 수 있게끔 하는 것이다. 상담자는 집단원들 간의 유대를 강하게 함으로써 집단의 잠재력을 증가시키고, 집단에 대한 지지와 정보제공을 통해서 집단구성원들로 하여금 집단에 대한 중요성을 인식시키고, 소속감을 높이게 된다.

• 비생산적인 행동에 대한 개입

집단구성원들 서로가 의미 있는 도움을 주고 있다고 인정할 때 집단에서는 생산적인 변화가 일어날 수 있다. 가령 모든 것을 상담자에게 의존하는 구성원들의 태도가 발견될 때에는 그의 자율성과 자존심을 희생시키더라도 그러한 의존적 언행을 억제, 제지해야 한다. 그 밖에 상담자가 개입해야 하는 비생산적인 행동들에는 침묵, 순서대로 말하기, 자기고백의 강요, 화제의 독점, 피상적 화제의 지속 등이 포함된다.

• '지금-여기'에 직면시키기

지속적인 행동, 성격의 변화를 지향하는 집단상담이 다른 집단과 다른 점은 '지금과 여기(here and now)'의 상태에서 자신이 느낀 감정을 자유롭게 표현하도록 하는 것이다. '지금과 여기'에서의 주된 관심은 첫째로, 집단구성원들이 다른 집단구성원, 상담자 또는 집단에 대한 그들의 느낌을 자유롭게 표현하는 것이고, 둘째로, 자신이 느낀 감정이나 신념에 직면함으로써 자기 내면세계의 비합리성을 자각하도록 하는 것이다. 이 두 가지 점이 함께 작용할 때 집단상담은 보다 효과적이 된다.

따라서 상담자는 집단을 '지금과 여기'의 방향으로 이끌어나가야 하고, 구성원들의 노력이 이것에 투입되도록 해야 한다. '지금과 여기'의 직면과정에서는 상담자가 집단구성원들의 시각이나 호흡을 반드시 함께할 수는 없다. 그 이유는 직면되는 구성원 당사자나 다른 집단구성원들에게 저항과 당혹감 등을 불러일으킴으로써 대체로 긴장된 분위기를 만들기 때문이다. 한편 집단과정에서는 통제와 지배를 둘러싼 많은 갈등이 생기게 마련이고, 이것은 구성원들뿐만 아니라 상담자 자신에게도 해당되는 문제이다. 그러므로 상담자는 자신의 경험과 지식을 토대로 하여 자기의 통제-지배력 행사로 인한 집단원들의 긴장감과 저항을 최소화시키는 데 유의해야 한다. '지금과 여기'에 집중시키는 효과적인 방법은 무엇보다도 집단구성원들이 집단장면에서 '스스로 느끼고 경험하는 것을 자유롭게 표현할 수 있도록 하는 것'으로부터 시작된다. 그리고 상담자는 집단구성원들의 바람직하지 않은 행동결과를 지적하고, 그러한 행동의 의미와 동기에 대해 해석을 해주어야 한다. 중요한 점은 상담자가 효과적인 상담방법에 기초를 상담의 전략과 집단구성원들의 동기 및 수준을 완전히 파악하고 있을 때에, '지금과 여기'에의 직면방법이 보다 효과적이 될 수 있다는 것이다.

(2) 집단상담의 과정

① 참여단계

상담자는 집단상담을 의한 사전 준비를 철저히 한 후 첫 번째 모임을 시작한다. 집단의 초기단계는 마치 연극의 서막과 같아서 그 내용이 대개 앞으로의 성패를 좌우할 수 있다. 이러한 의미에서, 첫 번째 모임은 다른 어떤 모임보다도 중요하다. 우선 첫 번째 모임에서 이루어져야 할 집단상담이 내용을 살펴보기로 한다.

㉠ 상담자의 역할

• 분위기의 형성 및 유지

상담자는 상담집단의 분위기를 형성하고 유지하는 책임이 있다. 즉 각 구성원들이 이 집단에 들어오게 된 이유가 무엇인지를 분명히 해주고 서로 친숙하게 해주며, 수용과 신뢰의 분위기를 형성하여 집단상담에서 새롭고 의미 있는 경험을 가지도록 이끌어준다. 이 시기에는 적극적인 참여가 필요하지만, 상담자가 교사와 같이 가르치는 역할을 하는 것은 아니다. 구성원들로 하여금 스스로 집단의 '규범'과 상호협력적인 자세를 갖추도록 함으로써 효율적인 집단분위기를 만들 수 있다. 상담자 자신의 말과 행동은 집단상담의 분위기를 만들고 유지하는 데 도움이 되는 것이라야 한다. 이를 위해서 상담자는 상담을 시작하기 전에 각 구성원들에게 다른 사람의 말을 깊이 듣고, 다른 사람이 말할 수 있도록 도우며, 자기문제에 관련된 감정을 공개하며, 바람직한 행동을 탐색하고 실천하는 데 시간을 보내도록 권유할 필요가 있다. 또한 상담자 자신은 인간행동에 대한 자기의 신념과 태도를 분명히 알고 있을 필요가 있다. 집단지도자 자신이 스스로 이러한 신념과 태도를 행동으로 나타낼 때, 성원들도 다른 사람의 다양한 신념을 받아들이게 되고 신념과 견해의 차이를 존중하게 됨으로써 개인의 존엄성도 수용하게 된다.

집단상담의 과정에서 상담자가 갖추고 있어야 할 인식 및 고려의 주요 사항들은 다음과 같다.

① 집단상담의 과정에서 진행과정에 대한 상담자의 관점은 무엇인가? 즉, 상담자 자신은 집단과정을 어떻게 인식하고 있는가?

② 집단원들이 과정중심적으로 생각하고 행동하도록 하려면 상담자가 어떻게 도와주어야 하는가?

③ 집단과정에 관한 상담자의 명료화 및 해석에 대한 집단원들의 수용능력을 상담자가 어떻게 증가시킬 수 있는가?

• 참여과정의 촉진

상담자는 이 참여과정을 촉진시키기 위해 다양한 경험과 접근방법을 활용할 수 있다. 집단을 시작하는 방법이나 집단구성원들이 서로 경험을 나누도록 하는 '최선의 방법'이란 없다. 집단구성의 일반적인 지침은 중요하지만, 사람들에게 도움을 주는 방법과 집단상담의 과정에 대한 상담자의 이해와 경험이 더 중요하다고 하겠다. 상담자로서 기본적으로 알아야 할 원리가 있다면, 집단구성원들이 ① 각자가 자신의 감정을 가지고 있음을 알고, ② 자기 스스로 무엇을 할 것인지를 결정해야 하고, ③ 어떤 처지인가 보다는 주어진 처지를 어떻게 받아들이고 어떤 행동을 하고 있는지를 탐색하는 것이 중요하다는 것이다. 상담자가 집단의 목표를 분명히 하고 서로 친숙하도록 하기 위해 기울여야 하는 노력의 정도는, 집단이 얼마나 성숙되어 있는지와 구성원들의 저항이 어느 정도인지에 따라 다르다. 집단의 구성단계에서 목표를 충분히 설명할 수 없었거나 상담자에 대해 긴장감이나 적대감이 있을 때에는, 집단의 목표를 분명히 밝히고 이해시키는 노력부터 다시 해야 할 것이다. 그러나 구성원들이 집단상담에 참여하기를 자발적으로 원했던 경우에는, 이 참여단계가 한두 시간 만에 끝나는 경우도 있다.

㉡ 집단원들의 기대

첫째, 상담집단에 처음 참여하는 사람들은 상담의 이론적 근거를 탐색하고자 한다.

둘째, 집단원 간에 서로 평가를 하기도 한다.

셋째, 집단의 초기에는 대부분의 구성원들이 상담자에게 의존하려고 하는 경향이 있다.

넷째, 참여단계에서 집단의 대화는 마치 사교장(칵테일파티)에서의 대화와 같이 이야기의 내용이나 의사소통의 양식이 비교적 상동적이며 제한되어 있다.

끝으로, 집단원들은 서로가 갖고 있는 유사점을 찾으려고 한다.

② 과도적 단계

과정상의 특성으로는 다음과 같다.

첫째, 집단원들 사이에서 주도권 쟁탈을 벌이게 된다.

둘째, 집단상담자에 대한 적대감이나 저항이 표면화된다.

셋째, 상담자 자신이 불편감이나 저항에 대한 방어가 일어난다.

집단원의 행동유형으로는 대부분의 집단원들은 생소한 집단에서 밀접한 대인관계를 맺는다는 사실에 대하여 긴장과 불안을 느낀다. 집단상담에서 무엇을 얻을지 잘 모르는 집단원들은 불안을 느끼거나 다른 사람들 앞에서 자신을 드러낸다는 사실을 두려워한다. 따라서 집단지도자의 역할은 과도적 단계에서 지도자는 집단원들로 하여금 갈등을 경험하고 이해하도록 도와준다. 갈등관계에서 상대방을 미워한다는 것은 그들이 서로를 중요한 존재로 느끼고 있다는 의미이므로, 그런 상황에서 새로운 대인관계를 학습하도록 집단실천기술과 지도자의 경험이나 능력으로 그 집단에서 잘 성장, 학습할 수 있도록 돕는 역할을 한다.

③ 작업단계

작업단계는 집단상담의 가장 핵심적인 부분이다. 앞의 단계들이 잘 조정되면 작업단계는 매우 순조롭게 진행되고, 지도자는 집단으로부터 한 걸음 물러나서 집단원들에게 대부분의 작업을 맡길 수도 있다. 집단이 작업단계에 들어서면, 구성원들은 집단을 신뢰하고 자기를 솔직하게 공개한다. 상담자는 집단원들이 대인관계를 분석하고 문제를 다루어 나가는 데 자신감을 얻도록 도와주는 존재라고도 말할 수 있다. 작업단계에서는 집단원들이 높은 사기와 분명한 소속감을 갖는 것이 특징이다. 작업단계에서의 통찰만으로는 행동을 변화시키기 부족하다. 즉, 행동의 실천이 필요한데, 그러기 위해서는 집단원들로 하여금 실천할 수 있는 용기를 북돋아 주고, 특히 어려운 행동을 실행해야만 하는 처지의 집단원에게는 집단원들과 함께 강력한 지지를 보내주는 식으로 그에게 실행을 위한 용기를 주도록 한다.

④ 종결단계

종결해야 할 시간이 가까워지면, 집단관계의 종말이 가까워져 오는 데 대한 집단원들의 느낌을 토의하는 것이 필요하다. 종결단계에서는 대부분의 사람들이 집단의 구성원으로 참여했던 것을 만족해하며 집단에서 자유스럽게 자기의 감정, 두려움, 불안, 좌절, 적대감 등의 여러 가지 행동을 무엇이든 표현할 수 있었던 것에 만족해한다.

3) 집단상담자의 특성과 역할

첫째, 상담자가 집단원을 민감하고 정확하게 이해한 것을 토대로 집단원들과 상호교류할 수 있는 능력,

둘째, 상담자가 비소유적 온정과 집단원에 대한 수용성을 발휘할 수 있는 능력,

셋째, 상담자가 집단장면에서 성숙되고 순수한 심정으로 임할 수 있는 자세 등이다.

상담자의 세 가지 주요 역할은 동일시대상, 욕구대상, 자아지지라고 볼 수 있다. 즉, 집단원들은 자기들을 좋아하고 돌보아주는 상담자와 동일시하는 반응을 보일 것이다. 그들은 상담자 성격의 여러 면을 모형으로 이용하고 상담자를 그들 자신의 자아이상을 형성하는 데 도움이 되는 한 인간으로 간주한다.

4) 집단상담자의 지도력과 집단유형

① 지도자중심의 집단

이 유형의 상담자는 자녀들에게 비교적 권위주의적이고, 엄격하게 보이는 부모의 인상을 연상케 한다. 이런 유형의 집단에서는, 논의할 주제를 보통 상담자가 제시하게 된다.

② 방임적 집단

집단에 대해 크게 간섭하지 않고 자녀가 알아서 하라는 방임적인 부모의 접근방법과 유사한 것이다.

③ 내면적 통제집단

이 유형은 권위적으로 통제하지 않는 것처럼 보이지만 실제로 자녀들이 부모들이 원하는 것만을 하도록 허락해 주는 유형이다. 겉으로는 권위나 통제를 나타내지 않고 내면으로는 통제 가하는 부모의 태도와 같다.

④ 허용적 통제 및 격려집단

집단원들이 허용적인 분위기 속에서 자기의 내면적 이야기를 풀어 나갈 수 있도록 도와주고 지지해 주는 유형이다. 이는 자신의 자녀들에게 한계를 설정하고, 자녀들이 본인 행동에 대한 책임을 느끼도록 환경을 조성해 주고, 스스로의 정체감과 자율성을 유지하면서 자녀들을 지도하는 부모들의 양육방법과 비슷하다고 말할 수 있다.

6. 집단상담자의 자질과 수행능력

집단상담자는 인간행동에 대한 깊은 이해가 있어야 한다. 상담자가 집단원들의 성장과 정체성의 추구과정을 도와주려고 한다면, 상담자는 인간에 대한 깊은 이해와 집단적 인간행동에 대한 거의 완전한 지식을 필요로 한다. 또한 개별적 행동의미를 명료화시키는 능력이 있어야 한다. 상담자가 집단원의 행동을 이해하는 것만으로는 충분하지가 않다. 상담자가 이해한 것을 집단원에게 전달했을 때 그가 자기 자신을 이해할 수 있어야 한다. 그리고 개입 및 상호작용의 속도와 깊이를 조절하는 능력이 있어야 한다. 집단원에게 용기를 북돋아주고 긍정적인 강화를 해줌으로써 자기 자신에 대해서 좀 더 많은 것을 배우도록 도와주는 것 외에, 상담자는 유익한 상담적 분위기를 조성할 책임이 있다.

집단상담을 통한 사회복지실천기술 사례

프로그램 1) 나는 어떤 사람인가?

만일 우리가 자신에 관한 여러 가지 사실에 대하여 정확하게 이해할 수 있다면 우리는 보다 바람직한 삶을 꾸려 갈 수 있을 것이다.

자기 자신을 이해한다는 것은 자기의 심신에 관한 여러 가지 상태, 대인관계의 양과 질, 가치관 및 이와 관련된 자신의 행동 등에 관하여 현실적으로 이해하는 것을 말한다. 우리는 이때까지 지나치게 객관적인 지식 위주의 교육만을 받아 왔다. 이는 곧 자기 자신에 대해서는 학습할 기회를 많이 갖지 못했다는 말이 된다. 그래서 막상 "나는 어떤 사람인가"라는 물음에 직면할 때 망설이는 수밖에 없다. "나는 어떤 성격의 소유자인가?", "나는 무엇을 싫어하고, 어떤 것을 좋아하는가?", "나의 장래 희망은?" 등 자신에 관한 여러 가지 사실에 대하여 정확하게 이해하면 할수록 우리는 바람직한 삶을 꾸려갈 수 있는 바탕을 구축하게 된다.

자기를 이해하는 방법은 여러 가지가 있겠지만 다른 사람이 자신에 대해 본 그대로를 솔직하게 이야기해 주는 방법도 도움이 될 것이다. 그런데 다른 사람이 자신에 대해 이야기해 주려면 자신의 내면세계를 다른 사람에게 보여주어야 한다. 자신을 집단원에게 알리는 것은 바로 자기를 집단에 노출하는 것인 동시에 노출된 내용에 대해서는 비교적 수용하고 있다는 것을 말하는 것이다. 이러한 수용과 노출을 통해 집단원들은 자신에 대해 더 잘 이해할 수 있게 된다.

프로그램 2) 신뢰감 형성

사람은 서로의 만남 속에서 서로 의식하면서 살아가는 존재이다.

그러나, 어떤 형태의 집단이든 초기에는 분위기가 어색하게 마련이다. 우리들은 자신의 언행에 대하여 다른 집단원들이 어떻게 반응할지 모르기 때문에 우리의 느낌, 생각을 자유롭게 표현하지 못하며, 집단활동에 적극적으로 참여하기를 주저하게 된다.

우리 중에 누구든지 사적으로 의미 있는 느낌이나 생각을 집단에 내놓았을 때, 비웃음을 사거나 무시를 당할 것이라고 생각한다면, 자기를 노출하거나 적극적으로 활동에 참여하기를 거부할 수밖에 없을 것이다. 그러므로 참여자들이 학습집단에서 적극적으로 자신을 탐색하고 노출할 수 있게 하기 위해서는 상호 간에 신뢰감을 발전시켜야만 한다. 물론 모든 참여자들이 오해를 받거나 상처받는 데 대한 두려움 없이 사적인 정보를 상호 교환할 수 있는 신뢰로운 집단이 되려면, 장기간에 걸쳐 여러 번 만나야 하고, 집단원들에 의하여 기대를 주고받는 경험을 필요로 하는 것이다. 그러나 우리들이 만약 다음에 소개하는 활동의 성격을 잘 이해하고, 성심껏 참여할 수만 있다면, 우리는 짧은 시간 내에 신뢰로운 집단 분위기를 조성하는 데 크게 도움을 받을 수 있을 것이다. 집단원을 믿고 자신을 집단원에게 맡겨보자. 이렇게 함으로 나 자신부터 집단원들을 신뢰하도록 노력해 보자. 그렇게 되어야만 집단원들도 나를 신뢰하게 되고 나도 성장할 수 있게 될 것이다. 이런 과정을 통해 자신의 불안감에서 벗어남으로 긴장이 해소되고 새로운 관계를 준비하는 데 도움이 된다.

프로그램 3) 자기 각성하기

우리는 일상생활에서 자기 자신을 성찰하고, 탐색하는 기회를 거의 갖지 못한 채 살아가고 있다. 그 결과 우리는 우리의 심신이 현재 어떠한 상태에 처해 있는지에 대하여 거의 지각하지 못하고 있다.

성인이 된 오늘 우리는 우리의 신체를 자유롭게 조종하는 데 너무 익숙해진 나머지 이목구비나 수족의 존재와 기능에 관하여 우리의 지각과 정서를 있는 그대로 경험하기보다는, 외부에 주의를 기울여 타인의 기대나 사회적 요청에 응하여 반응하기를 배움으로써 왜곡시키고 있다. 그래서 우리는 우리의 느낌과 생각에 대해서는 상당히 둔감하게 되었다. 우리는 항상 무엇인가를 느끼고 생각하고 있으면서도 실제로 무엇을 느끼고 있으며, 구체적으로 무엇을 왜 생각하고 있는지에 대하여 실감하지 못하게 되었다.

자기각성이란 자신의 신체적 조건이나 느낌 또는 사고가 현재 어떠한 상태에 있는가를 스스로 인식하는 것을 말한다.

오늘 학습의 초점은 나 자신에 주의를 집중시킴으로 자기 자신을 지각하고, 분석해 보는 것, 다시 말해서 나의 경험에 대한 경험을 해 보는 것이다. 나의 경험에 대한 경험을 하기 위해서 우리는 제3의 눈 혹은 마음의 눈의 도움을 필요로 한다. 이제부터 우리는 마음의 눈을 크게 뜨고 다음과 같은 학습활동에 임할 것이다.

프로그램 4) 적극 경청하기

생산적이고 바람직한 인간관계의 형성, 발달은 상대방의 이야기를 경청하려는 노력에서부터 시작된다고 할 수 있다. 그러나 일상의 대화에서 우리는 상대방의 이야기에 귀를 기울여 그가 전하려는 말의 의미를 완전히 파악하려고 하기보다는 건성으로 들어 넘기거나 혹은 그 말의 결함을 찾아내는데 전념하는 경우가 있다. 그리하여 상대방의 이야기나 행동을 왜곡하고 오해하는 경우가 많다.

여기에 경청한다는 것은 상대방의 대화에 귀를 기울여 듣는 것 이상의 것으로 보다 적극적으로 상대방의 말의 내용을 파악함은 물론, 상대방의 몸짓, 표정, 그리고 음성에서 섬세한 변화를 알아차리고, 저변에 깔려 있는 메시지를 감지하여 그 사람이 말하지 못한 내용까지도 육감으로 직감하는 것을 의미한다. 이와 같은 경청에 방해되는 요인으로서는 ① 다른 사람의 말의 내용을 진정으로 경청할 의사가 없는 것 ② 상대방에게 전적으로 주의를 기울이는 대신에 자기가 다음에 하고 싶은 말을 생각하고 있는 것 ③ 자신의 역할이 상대방에게 어떻게 보이느냐에 대하여 지나치게 신경을 쓰는 것 ④ 자신을 타인의 위치에 두는 공감적인 태도 없이 상대를 편견으로 판단하고 평가하는 것 등을 들 수 있다.

다른 사람의 이야기를 잘 들어주고 받아 준다는 것은 상대방을 이해하는 데는 물론 자신에게도 잘 경청할 수 있게 되어 우리들 자신의 성장에 큰 도움을 얻을 수 있게 한다. 만약 우리의 학습집단이 기대되는 바의 목적을 달성하려면 우리는 무엇보다도 먼저 상호 간에 깊이 있는 경청의 능력을 길러야 한다. 즉 다른 사람이 이야기할 때 잘 듣고, 정확하게 이해하여야 한다.

프로그램 5) 느낌 확인과 보고하기

인간은 느낌의 존재다. 느낌이란 인간의 모든 행동에 수반되는 심적 상태로서 우리가 원하든 원치 않든 언제나 그것을 경험하게 마련이다. 그러므로 우리가 느낌을 갖게 되는 것은 아주 당연한 일이다. 그럼에도 불구하고 느낌에 대한 부정적 문화의 규범들 때문에 우리는 느낌을 있는 그대로 받아들여 생산적으로 활용하는 방법을 학습하지 못한 것 같다.

그 결과, 우리는 우리의 느낌을 억압하거나 부인하려고 하는 경향이 높다. 그러나 우리가 무시하거나 부인한다고 해서 그것이 해소되지도 않을 뿐만 아니라 오히려 그 느낌에 사로잡혀 행동이나 인간관계의 발전에 지장을 받게 되는 것이다. 다시 말해서 우리가 우리의 느낌을 억압하면, 그것이 없어지는 것이 아니라 그것이 밖으로 표출되는 경우 오히려 남을 해하거나 기물을 파괴하는 과격한 행동으로 나타나기도 하고 안에서 작용할 경우에는 편두통, 고혈압, 위궤양 등의 정신적·신체적 질병을 유발하기도 한다. 뿐만 아니라 우리는 어떤 느낌을 경험하게 될 때, 그 원인을 남에게 돌려서 상대방을 비난하거나 상대방의 행동을 고치도록 강요하기도 한다. 예를 들면, 화가 났을 때, 상대방을 비난하는 투로, "너는 나쁜 놈이야!"라고 한다거나 상대방의 행동을 고치도록 강요하는 투로 "너의 나쁜 행동 때문에 내가 화났으니 앞으로는 그러지 말고 너의 행동을 고쳐!"라고 하는 경우가 허다하다.

앞서와 같은 느낌의 두 가지 처리방법은 자기 자신의 성장을 방해하거나 상대방의 기분을 상하게 하는 결과를 초래하기 때문에 바람직하지 못한 것이다. 느낌을 처리하는 방법에는 ① 말로 보고 혹은 기술하기, ② 간접적인 표현 또는 판단하기, 그리고 ③ 직접적인 표현, 즉 과격한 행동으로 나타내기 등의 세 가지가 있다. 이들 중에서 가장 바람직한 것은 곧 말로 우리의 느낌을 보고하는 방법이라고 한다. 느낌을 말로 보고한다는 것은 다른 사람들에게 우리의 정서적 상태에 관한 정확한 정보를 제공해 주기 위하여 느낌이 일어난 그때, 과격한 행동, 판단 및 비난 또는 강요함이 없이 우리의 느낌을 있는 그대로 진술하는 것을 의미한다.

이렇게 함으로써 우리는 우리의 느낌을 효과적으로 처리할 수 있어 파괴적 행동이나 정신 신체적 병도 예방할 수가 있는 것이다. 그리고 우리의 정서 상태를 그때그때 상대방에게 정확하게 말로 보고해서 알려 줄 때, 상대방은 스스로의 언행을 사전에 조절할 수가 있어 상호 간에 원만한 인간관계도 발전시킬 수가 있을 것이다.

실제로, 우리는 우리들의 느낌을 표현할 수 있는 어휘도 충분히 갖고 있지 못할 뿐 아니라 현재 느낌을 가지고 있으면서도 그 느낌을 정확하게 실감하지 못하는 경우가 많다. 그러므로 우리는 앞으로 이 분야의 학습을 강화할 필요성을 절감하게 된다.

자기의 느낌을 일어나는 그 순간에 정확하게 확인할 뿐 아니라 억압하거나 부인함이 없이 그대로를 상대방에게 말로 보고할 수 있는 능력을 기르기 위하여 오늘 우리는 다음과 같은 몇 가지 학습활동을 할 것이다.

프로그램 6) 가치관 명료화하기

우리의 행동이나 삶의 방향은 우리 자신이 가지고 있는 가치관에 의하여 선택, 결정되고 있다. 그럼에도 불구하고 우리는 자신의 가치관에 대하여 구체적으로 생각해 보지 않았기 때문에 실제로 우리가 어떤 것에 가장 큰 가치를 두고 있는지 분명한 의식 없이 살아가고 있다. 우리들이 일반적으로 가치 있다고 생각하고 있는 것들은 따지고 보면 주위의 다른 사람들(부모, 선배, 동료 등)에 의해서, 또는 사회의 도덕적 규범에 의하여 형성된 것이기 때문에 실제로 우리 자신이 가치를 부여하고 있는 것들과는 상이할 수도 있다.

우리가 가치 있다고 생각하고 있는 것이 참인지 아닌지를 확인해 보기 위해서는 ① 여러 가지 가능성 중에서 택일한 것인가? ② 일어날 결과에 대하여 고려했는가? ③ 최근 나의 행동에 구체적으로 나타난 것인가? ④ 비슷한 경우에 반복적으로 행동화되고 있는 것인가? ⑤ 나는 이와 같이 선택에 대하여 만족하고 있는가? ⑥ 나는 이에 대하여 공적으로 확인할 수 있는가? ⑦ 이 가치관이 나의 정서적인 면, 영적인 면의 발달을 촉진하는 것인가, 아니면 방해하는 것인가? 등에 관한 질문들을 스스로 해 볼 필요가 있다.

우리가 가치 있다고 생각하는 우리의 의사결정이나 문제의 해결 등 실제 생활에 직접 혹은 간접으로 영향을 미치고 있다는 사실을 감안할 때, 우리의 가치관을 명료히 해 보는 것은 매우 의미 있는 학습경험이 아닐 수 없다.

프로그램 7) 자기노출하기

자기노출이란 개인적으로 의미 있는 정보를 남들에게 나타내어 보이는 것이며, 이 자기노출은 우리들이 사회적·정서적 자기성장을 이룩하는 데 필수적이다. 만약 우리들이 주위의 다른 사람들에 대하여 이해할 수 없거나 그의 행동을 예측할 수 없다면, 우리는 그들을 두려워하고 경계할 수밖에 없을 것이다. 우리들의 대인관계 현상을 잘 살펴볼 때, 우리는 상호 간에 내어 보임이 없어서 서로 오해하고 경원하게 되는 것이 많다.

"열 길 물속은 알아도 한 길 사람의 속은 모른다"라는 속담이 있듯이 인간의 마음이란 스스로 내어 보이기 전에는 알 길이 없는 것이며, 참된 의미의 만남을 경험할 수 없는 것이다. 그럼에도 불구하고 우리는 흔히 상대방의 동기, 생각, 반응에 대하여 잘 이해하고 있는 것처럼 가정하고 있다. 그 결과 자기중심적 편견에 사로잡혀 인간관계를 그르치게 되는 것이다. 자기노출은 상대방이 나를 이해하게 하고 나에게 가까이 오게 하며, 나와 너의 신뢰와 사랑의 관계를 발전시키는 유일한 방법이다. 솔직한 자기노출을 통하여 우리는 불안이나 긴장을 토로하게 되고 내심의 자유를 누릴 수 있으며, 자신을 보다 깊이 있게 이해하게 되는 것이다.

물론 우리가 염려하는 바와 같이 솔직한 자기노출의 결과 상대방에게 이용당하거나 도덕적으로 비판받거나 배척당할 가능성도 전혀 없지 않다. 그럼에도 불구하고 우리는 조심스럽게 모험을 하지 않을 수 없다.

프로그램 8) 피드백 주고받기

우리의 생활은 대부분 타인과의 접촉에서 이루어지고 있다. 가깝게는 가정의 가족관계에서부터 학교나 기타 회사의 여러 집단활동에 이르기까지 우리는 상호 간에 영향을 주고받으며 살아가고 있다. 이와 같은 삶의 과정에서 우리들 서로가 자기에게 비친 상대방의 모습을 솔직하게 말해 줄 수 있을 때, 우리는 그것을 기초로 하여 자신을 보다 잘 이해할 수도 있고, 나아가서는 우리들의 행동을 보다 나은 방향으로 수정할 수 있어서 우리들 각자의 자기성장에 도움을 얻을 수 있게 된다.

집단원 간에 서로 비친 개인의 모습을 알려주기 위하여는 흔히 피드백의 방법이 사용되고 있다. 여기서 피드백이란 상대방 집단원에게 도움을 줄 목적으로 그 사람의 행동에 대한 나의 반응을 솔직하게 있는 그대로 이야기해 주는 것을 말한다. 따라서 우리는 피드백을 통하여 자신의 행동결과를 확인할 수 있고, 자신을 인식하게 되며, 나아가서는 보다 바람직한 방향으로 자신의 행동을 수정할 수 있게 되는 것이다.

그러나 대부분의 사람들은 피드백 주고받기를 주저하고 있다. 그 이유는 피드백을 받는 것을 마치 자기 자신에 대한 비판이나 비평으로 여기고 있기 때문이며, 피드백을 주는 사람도 상대방의 기분을 상하게 하지나 않을까, 또는 피드백을 받는 사람에게서 공격을 받게 되지나 않을까 두려워하기 때문이다. 그러므로 우리는 피드백을 효과적으로 주고받는 방법을 학습하여야 한다.

효과적인 피드백을 주고받기 위해서는 다음 사항들에 유의하여야 한다.

① 생각이나 느낌을 나타내는 데 그치고, 상대방의 행동을 강제로 바꾸도록 하는 것은 바람직하지 못하다. 그러므로 하나의 지각적인 사실로 주어져야 하고, 도덕적 혹은 가치의 판단이 개입되어서는 안 된다.
② 구체적으로 관찰 가능한 행동에 대하여 그 행동이 일어나 직후에 해줄 때 효과적이다.
③ 주는 이나 받는 이나 모두 피드백을 생산적으로 활용할 마음 준비가 되어 있는가를 충분히 고려한 후에 할 것이다. 신뢰롭고 친근감을 느끼는 사람에게서 피드백이 주어질 때 진정으로 받아들여질 수 있다.
④ 변화 가능한 행동에 대해서 피드백을 주어야 하며, 가능하면 대안까지 마련해서 주는 것이 좋다.
⑤ 한 사람에게서 보다는 집단의 여러 사람들에게서 주어진 피드백이 더욱 의미가 있다.
⑥ 피드백을 받을 때는 관심을 기울이고 상대방의 말의 내용을 확인해 보는 것이 중요하다. 그리고 일단 감사하게 받아서 시험해 보려는 태도로 임해야 하며 화를 내거나 공격하거나 합리화하려는 태도는 바람직하지 못하다.

이상과 같은 점들에 유의하면 성공적인 피드백이 이루어지게 되므로 서로의 장벽이 무너지게 되고 신뢰로운 인간관계를 발전시킬 수 있게 될 것이다.

프로그램 9) 장점과 보완

우리는 모두 자신이 장점과 아울러 시정해야 할 단점도 가지고 있다는 사실을 잘 알고 있다. 그러므로 때로는 우리의 장점을 남에게 자랑하고 싶어 하기도 하고, 때로는 우리의 단점을 은폐하기 위해 애를 쓰기도 한다. 자신의 성장을 위해서는 자신의 장·단점을 정확히 아는 것과 이를 수용하는 것이 대단히 중요하다.

그러나 이와 같은 우리의 장·단점에 대한 판단의 기준이나 지각체제는 문화와 개인의 차에 따라 다르기 마련이다. 한 문화권에서 좋게 보는 행동형이라도 다른 문화권에서는 바람직하지 못한 것으로 볼 수도 있고, 또 동일한 문화권에서도 시기와 장소에 따라서 같은 언행을 두고도 다르게 평가할 수도 있다. 뿐만 아니라 똑같은 행동이 사람에 따라서 보는 이의 관점에 따라서 다르게 평가된다. 그러므로 나 자신이 장점으로 생각하는 어떤 행동특징이 반드시 다른 사람에게도 자랑거리로 보인다고 볼 수도 없고 반대로 내가 단점으로 생각하고 부끄러워하는 어떤 성격적인 일면이 남들에게는 장점으로 부각되어 오히려 동경의 대상이 될 가능성이 없지 않는 것이다.

우리는 남이라는 거울을 통하여 나 자신을 볼 수 있게 되어 있다. 때문에 우리는 나 자신을 이해하기 위하여 언제나 다른 사람들의 도움을 필요로 한다. 이 사실은 나의 장·단점을 이해하는 데도 예외는 아니다. 우리는 내가 어떤 장점과 단점을 가지고 있는지에 대하여 정확하게 알지 못하는 경우가 많다. 다시 말해서, 남들에게는 장점 혹은 단점으로 비치는 어떤 것을 나 자신은 모르고 있을 가능성이 많다. 이 점에서 우리는 다른 사람들의 솔직한 피드백을 필요로 하는 것이다.

장·단점을 지적해 주는 학습활동에서 서로가 노력해야 할 유의사항이 있다. 여러 사람에게서 장점 세례를 받을 때는 흐뭇하고, 어색한 느낌에 사로잡혀 상대방에게 감사할 여유를 잃거나 그것을 그대로 받아들이지 못할 가능성이 있다. 그리고 이때까지 장점으로 알고 있던 자신의 일면을 단점으로 지적 받게 되거나 자신이 문제점으로 이미 알고 있는 사실을 단점으로 다시 저적 받았을 때 당황하거나 섭섭한 나머지 그 사실을 애써 부인하거나 변명을 늘어놓기도 하고 또는 이미 자기도 알고는 있지만 노력해도 안 된다는 식으로 받아넘기기가 쉽다. 그렇게 되는 경우 애써 관심을 표명해 준 상대방은 허전한 느낌을 갖게 된다. 따라서 일단은 그의 관심과 성의에 감사하고, 그의 피드백을 하나의 견해로 받아들인 후 취사선택은 나중에 할 것이다.

우리는 오늘 위에 기술된 사실에 유의하면서 서로 간에 자기성장을 돕기 위하여 솔직하고 깊이 있게 각자의 장단점을 지적해 주고 지적 받는 학습 경험을 하게 된다. 이러한 경험들을 계기로 나의 모습을 보다 명료화시킬 수 있으며, 나의 장단점을 알게 되면 고칠 수도 있거니와 고칠 수 없는 경우라도 예방하거나 적절히 조절, 또는 적응할 수가 있는 것이다.

그러므로 용기를 내어 자신의 장·단점을 있는 그대로 집단원들에게 보고함으로 자신을 깊이 개방하고 수용하는 경험을 해 보자.

프로그램 10) 유사점과 차이점

우리는 비슷한 신체적 구조와 생리적, 심리적 여러 현상들을 공유하고 있다. 그럼에도 불구하고 우리는 상호 간에 유사점만 가지고 있는 것이 아니라 차이점도 가지고 있다. 우리는 각기 다른 유전 및 환경적 배경에서 출생하여 자라왔기 때문에 외계 사물에 대한 지각력이나 사고력과 행동방식에 있어서 개인차를 나타내기 마련이다. 이와 같은 여러 가지 차이점들로 말미암아 우리는 각기 독특한 개성을 형성, 발달시키고 있는 것이다.

우리는 가끔 우리의 느낌, 생각, 동기 등 여러 가지 심리적 현상에 이르기까지 상호 간에 유사점을 발견하고, 친밀감 또는 동료의식을 체험한 적이 있음에도 불구하고 우리는 서로 간의 차이점도 발견함으로 새로운 것을 학습할 수도 있었다. 똑같은 사실에 대하여 서로 다른 느낌이나 견해를 나타내는 동료들을 봄으로써 새로운 사실을 발견할 뿐 아니라 상대방이 가지고 있는 다른 생각과 입장을 이해하고 수용할 수도 있었다.

이때까지 우리는 여러 번 만나서 다양한 활동들을 해 왔다. 그 결과 우리는 상호 간에 상당히 많은 것을 알게 되었으며, 이제는 서로의 유사점과 차이점을 발견할 수 있고 이를 지적할 수 있는 마음의 준비도 이루어진 것 같이 생각된다.

오늘 우리는 나와 너는 어떻게 다르며, 어떤 점이 유사한가에 대하여 주의해 봄으로써 우리의 지각력을 시험해 보고 이를 바탕으로 우리 자신을 보다 정확하게 이해해 보는 학습경험을 해 보기로 하자.

프로그램 11) 삶의 의미 찾기

자신의 삶의 의미는 사람에 따라 다 다를 것이다. 어떤 사람은 그 나름대로 확실한 삶의 의미를 가지고 살아가기도 하고 어떤 사람은 아직 자신이 살아야 할 이유를 확실히 모르고 살아가기도 한다. 우리의 삶이 어떤 의미를 가져야 한다고는 말할 수 없지만 어떤 의미이든 삶의 의미를 가지는 것, 그것도 긍정적인 의미를 가지는 것은 대단히 중요하다.

삶의 의미를 지니는 것은 어떤 의미에서 죽음이 있기 때문이기도 하다. 많은 철학자들은 인간이 유한하기 때문에 삶의 의미를 가진다고 주장한다. 만약 자신의 가능성을 실현하는 데 무한한 시간이 주어진다면, 우리는 아무런 위기나 불안을 경험할 수 없을 것이다. 또한 우리가 죽지 않는다면 우리는 자신의 할 일을 계속 뒤로만 미룰 것이다. 그러나 우리는 유한하기 때문에, 그 우리는 죽어야 하기 때문에 많은 불안을 경험하고, 위기를 맞이하면서도 오늘을 진지하게 살아가고 있는지도 모른다.

그런데 우리는 어느 순간이 자신의 마지막 삶의 순간인지를 모르기 때문에, 항상 이 순간이 삶의 마지막 순간일 수 있다는 가정을 버릴 수 없다. 그래서, 가장 확실한 것은 현재뿐이다. 즉, 우리가 정말로 가진 모든 것은 현재이며, 따라서 현재는 가장 값진 것이다. 그런데 현재가 그렇게 값진 것은 죽음이 있기 때문이라는 점을 잊어서는 안 되겠다. 그래서 삶의 의미를 찾기 위해서는 가급적 실제적인 죽음의 상황에 직면해 보는 것이 큰 도움이 된다.

프로그램 12) 뜨거운 자리와 마무리

우리는 지금까지 "자기성장"이라는 주제하에서 여러 가지 의미 있는 활동경험을 해 보았다. 자기 자신을 있는 그대로 이해하고 받아들이며, 또한 다른 사람들에게 숨김없이 개방할 수 있는 내가 되는 것이 전체 학습의 궁극적인 목적이었다.

이때까지 우리는 자기성장을 위한 여러 가지 학습경험을 한 셈이다. 처음에는 어색하던 우리 집단도 이제는 상당히 친숙한 분위기로 발전하게 되었다. 우리 각자는 자기 자신을 보다 더 잘 이해하고, 수용하고, 개방할 수 있게 되었을 뿐 아니라 상대방도 이해하고 수용하게 되므로 꽤 가까운 느낌을 갖게 되었다. 그러나 약속한 기간이 다 지났기 때문에 우리의 학습집단도 종결을 짓지 않을 수 없게 되었다. 우리의 집단은 이로써 해체되지만 여기서 학습하고 얻어진 결과는 우리의 삶의 과정에서 계속적으로 영향을 미치게 되기를 바라는 마음 간절하다.

따지고 보면, 우리들의 학습은 나 혼자만의 힘으로 이루어진 것이 아니다. 우리 모두의 협력을 통하여, 즉 상호 간에 주고받은 도움에 의하여 이루어진 것이다. 헤어지기 전에 우리는 다시 한번 나 자신을 돌아보고 자기의 상을 재발견해 보며 상호 간에 돕고 도움받은 사실에 대하여 다시 한번 살펴볼 필요가 있다. 그리고 서로서로 감사하는 심정으로 그 사실을 직접 그 대상에게 알려 주게 되면 우리의 경험은 한층 더 풍부해질 것이다.

자기훈련 상담 프로그램 활동사례

나는 어떤 사람인가?

1. 나는 어떤 성격의 소유자인가?
2. 나는 어떤 가능성을 지니고 있는 인간인가?
3. 나의 가치관은?
4. 나의 삶의 목적은?
5. 나는 무엇을 좋아하고 어떤 것을 싫어하는가?
6. 나는 나 자신을 어떻게 보고 있는가?
7. 나는 나의 현실을 용납하고 받아들이는가?
8. 나는 나를 남에게 개방하고 있는가?
9. 나는 다른 사람들과 잘 사귀고 있는가?
10. 나의 장래 희망은?

가치관의 명료화

1. 지난 두 주 동안에 자신이 내린 결정사항
2. 지난 두 주 동안에 자신이 참석했던 활동이나 모임
3. 지금까지 자신의 생화 중에서 가장 의미 있었다고 생각하는 경험
4. 최근에 만족스러웠던 성취 경험 세 가지
5. 자신이 현재 추구하고 있는 생활실천 목표
6. 자신은 항상 화나게 하는 경험이나 상황 세 가지
7. 성취했으면 좋겠디고 생각되는 자신의 소원
8. 행복에 대한 자신의 정의
9. 본인이 한 달밖에 살 수 없다면, 그 한 달을 어떻게?
10. 앞으로 10년 이내에 죽게 된다면 그동안 어떤 일을 할 것인가?

내가 가치 있다고 생각하는 다섯 가지

1. 나는 ________을 가치 있다고 생각한다.

2. 나는 ________을 가치 있다고 생각한다.

3. 나는 ________을 가치 있다고 생각한다.

4. 나는 ________을 가치 있다고 생각한다.

5. 나는 ________을 가치 있다고 생각한다.

나는 어떤 사람인가?

1. 내가 원하는 것은
2. 내가 어렸을 때
3. 내가 싫어하는 것은
4. 내가 좋아하는 것은
5. 나를 가장 기분 나쁘게 하는 것은
6. 내가 행복해지려면
7. 내가 제일 두려워하는 것(일)은
8. 내가 가장 후회하는 일은
9. 내가 살아야 할 이유는
10. 나를 가장 괴롭히는 것은
11. 남(여)성으로서의 나의 매력은
12. 나의 성격은
13. 나의 부모님은
14. 나의 형제(자매)는
15. 나의 자녀는 나를
16. 나의 형제(자매)는 나를
17. 나의 친구들은 나를
18. 우리 집에서는 나를
19. 우리 가정환경은
20. 우리 직장에서는 나를

유사점과 차이점

짝지어진, 관심 있는 집단원과 이야기를 나누면서 서로의 유사점과 차이점을 5가지 이상씩 찾아보십시오(일반적, 피상적인 것보다는 가능하면 깊이 있고, 내면적인 것들에 주의를 기울이십시오).

유사점	차이점

장점과 단점

- 내가 스스로 생각하는 장점

1)

2)

3)

4)

5)

- 내가 스스로 생각하는 단점

1)

2)

3)

4)

5)

12 CHAPTER 지역사회의 이해와 실천기법

지역사회는 공통적 특성을 지니고 있는 사람들이 상호관계로 연결되는 집합체라고 할 수 있다. 상호관계 속에서 개인, 가족, 집단, 조직을 통해 수행되는 지역사회복지사업은 기본적으로 지역사회를 수립하기 위한 기초가 된다. 지역사회에는 여러 가지 문제가 있다. 이런 지역사회문제들을 해결하기 위해서 전문적 지식을 갖춘 사회복지사에 의해 지역사회를 대상으로 하는 사회복지실천이 시도되는 것이다. 사회복지사는 한 개인과 그 가족 그리고 집단뿐만 아니라 지역사회라고 하는 거시적인 차원에 대해서도 관심을 가지고 있어야 하고, 지역사회의 자원과 조직을 활용할 수 있는 능력도 가지고 있어야 한다.

즉, 사회복지사는 문제를 가지고 있는 서비스 이용자가 스스로 그 문제를 분명하게 이해하고 그 자신의 능력을 개발하여 스스로 해결해 나가도록 돕는 역할을 해야 하며 지역사회의 자원과 도구를 사용하여 문제를 해결할 수 있는 범위를 보다 더 넓혀 주는 일을 해야 할 것이다.

사회복지사는 윤리적으로 용인될 수 없는 불평등과 불공정을 발견할 때가 있다. 이러한 때는 대부분 클라이언트나 클라이언트 집단의 외부를 변화시키는 거시적 실천기술이 요청될 때이다. 환경에서의 어떤 체계의 부분은 사회복지사의 변화 노력의 표적이 될 필요가 있을 것이다. 여기서는 지역사회의 개념과 분석, 지역사회조직의 유형에 대해 살펴본다. 또한, 지역사회복지실천가인 사회복지사는 촉매자, 촉진자, 중개자 등 매우 많은 역할을 요구받고 이를 수행해 나가고 있다. 따라서 지역사회복지 실천을 더욱 효과적으로 수행해 나가기 위한 대표적인 실천기술, 즉 옹호기술, 조직화 기술, 임파워먼트 기술, 자원개발·동원기술, 그리고 연계기술 등을 알아본다.

1. 지역사회와 거시적 사회복지실천

1) 지역사회의 개념

일반적으로 지역사회란 '공동소유', '공동체' 등의 뜻을 지니고 있으며, 대체로 제한된 지역에 거주하면서 공동의식을 가지고 조직된 관계를 통하여 공통된 이익을 추구하며 여러 가지 활동을 분담해 수행하는 인간집단으로 이해한다. 지역사회는 지리적 조건에 의해 형성된 지역공동체라고 할 수 있다. 지역사회는 제한되고 인접된 지역 내에서 함께 거주하는 주민으로 성립된 인구의 집합체이며, 공동의 생활양식과 문화를 공유하고 통일된 지역사회 의식을 가지며, 주민끼리 상호 간에 협동하면서 생활하는 공동사회인 것이다(이근홍, 2006). 지역사회는 공통적인 물리적 공간을 점유하고 있는 것뿐만 아니라 공통적인 욕구가 있는 주민으로 구성된 인간집단으로서, 주민의 욕구를 충족시키기 위해서 조직된 사회조직이기도 하다. 이처럼 지역사회란 지리적 영역과 공동생활 요인을 동시에 가지고 있는 인간집단이라고 볼 수 있다(김영모 편, 2001).

이러한 정의를 종합해 보면, 지역사회란 지리적 조건에 의해 형성된 지역공동체로서 일정한 지리적 영역을 공유하고 있는 사람들이 사회적 상호작용을 하면서 사회조직을 이루며, 문화를 공유하면서 지역 공동 의식을 가지고 생활하는 공동체라 할 수 있다. 한편, 지역사회가 지녀야 할 공통 요소는 지리적 영역, 사회적 상호작용, 공동의 결속체와 소속감인 공동의 유대 등이다.

표 12-1 지역사회의 주요 개념

구분	개념
정치적 실체	시·군·구 주택지구 등 지역사회는 많은 정치적·사회적 기능을 수행하며 정부와 개인 사이를 중재한다.
힘	어떻게 상위조직이 하위조직에 영향력을 미치고 통제하는가와 관련이 있다. 지역사회가 각기 다른 정도의 힘을 가진 정부의 하위체계인 것처럼, 주민들도 다른 힘을 갖고 있는 지역사회의 하위체계이다.
지리적 구성	인구가 특정 지역에 집중하는가, 고르게 분포하는가, 상업지역과 주택지역은 어디인가, 지역사회 사이를 구분하는 경계는 무엇인가 등이다.

경쟁	어떻게 지역사회 구성원들이 땅을 활용하며 상업이나 공업, 공공시설, 주거 용도로 더 나은 장소를 찾는가와 관련이 있다.
격리	사회적 억압이나 구속적인 법 또는 개인의 선택으로 특정한 공통된 특성을 가진 집단이 분리되거나 소외되는 것을 말한다.
통합	다양한 집단이 하나의 기능적인 전체로 합하여 섞은 과정을 의미한다.

2) 거시적 실천의 정의

거시적 실천은 사회의 어떤 면을 개선하거나 수정하려고 고안된 사회복지실천이다. 개선이나 변화는 클라이언트에게 자원의 분배를 통제하는 조직이나 사회의 정책과 절차 안에서 추구될 수 있다. 이러한 변화는 클라이언트가 필요한 자원을 얻지 못하거나 자원이 효과적으로나 효율적으로 제공될 수 없을 때 요구된다.

거시적 실천은 클라이언트가 필요로 하는 것이 얻어질 수 없을 때 새로운 자원을 개발하는 데 관계한다. 어떤 때는 새로운 정책과 절차가 개발되고 수행되어야만 한다. 어떤 때에는 아주 새로운 집단, 기관, 조직이 만들어져야 한다. 또 다른 과업은 클라이언트의 권리를 마땅히 찾도록 돕는 것이다. 변화는 클라이언트가 권리를 행사할 수 있도록 체계 안에서 이루어질 필요가 있다. 변화는 한 사람 클라이언트나 수많은 클라이언트의 이익을 위하여 필요한 것이다(전재일 · 이성희, 2003).

거시적 실천은 변화가 일어나야 할 필요가 있는 체계를 표적으로 하고 여러 체계가 모여 일반사회를 이룬다. 체계는 읍 · 면 · 동, 시 · 군 · 구, 시 · 도, 그리고 정부와 같은 정치체계를 포함한다. 또한, 체계는 경찰, 입법, 법정과 같은 법적인 체계를 포함한다. 그 외에 체계는 지역사회복지기관, 지역정신건강센터, 정부의 행정서비스와 같은 사회복지전달체계를 의미한다.

거시적 실천은 가끔 클라이언트를 위하여 대변(代辯)의 활동을 요구한다. 대변은 클라이언트가 필요로 하는 것을 얻도록 돕기 위하여 중재하는 것을 의미한다. 거시적 실천은 조직의 상황 안에서 자주 이루어진다. 즉, 거시적 실천 대부분은 기관이나 조직에 의하여 수행된다. 기관은 가끔 사회복지사의 행동을 제약하거나 제한하도록 규정하는 정책을 펼친다. 기관에 속해 있는 사회복지사는 독립적으로 행동하고, 문제를 처리하고, 원한다면 무엇이든 할 수 있는 사회복지사와는 다르다(전재일 · 이성희, 2003).

2. 지역사회 분석과 조직의 유형

1) 지역사회 분석

사회복지사는 자신이 속한 기관이나 지역사회에 대해서 잘 파악하고 있어야 한다. 특히 지역사회 전체를 개입대상으로 하는 때에는 지역주민의 삶에 영향을 미치는 정치, 경제, 사회, 문화적 특성과 지역사회주민의 욕구나 문제에 대한 파악이 매우 중요하다(설진화, 2008).

지역사회 분석은 사회복지사로 하여금 지역사회 내부의 행동과 의사결정에 영향을 미치는 사회 · 경제 · 정치적 구조와 지역사회의 역사를 알게 함으로써 사회복지실천의 맥락을 이해할 수 있으며, 지역사회 주민이나 클라이언트를 돕기 위해서 또는 지역사회에 필요한 새로운 프로그램을 개발하는 데 필요한 정보와 현존하는 자원에 대한 정보를 알게 한다(Sheafor et al., 1997). 지역사회 분석은 새로운 정보가 나타날 때마다 이루어져야 하지만, 특히 새로운 지역사회에서 일을 시작할 때에는 해당 지역사회에 관한 조사와 분석을 하는 것이 바람직하다. 지역사회의 특성을 설명하는 정보로는 지역사회 욕구조사보고서, 지역사회 계획과 관련된 보고서, 지방정부 발행 각종 보고서, 지역 내 지방신문 등을 통해서 수집하거나, 지역에 거주하는 주민을 대상으로 한 설문조사나 면접 등을 활용하여 정보를 구할 수 있다(김혜란 외, 2006).

지역에 대한 분석은 지역 전체에 대한 포괄적인 분석을 할 수 있고, 특정한 문제나 하위인구집단을 중심으로 분석을 할 수도 있다. 지역사회 전반에 대해 알기 위해서는 인구, 지역사회의 역사, 지리적 조건, 지역경제실태, 소득 분배, 주택, 소득, 교육, 건강과 복지체계, 공공안전과 사법체계, 주요 언론매체와 여론, 지역사회의 주요 문제와 관심사 등에 대해 정보를 수집하는 것이 도움이 된다(표 12-2 참조). 한편, 특정 문제 영역(알코올중독, 가정폭력, 청소년 비행 등)이나 인구유형(아동, 청소년, 여성, 노인, 장애인 등)에 따른 표적집단의 관심과 욕구의 측면에서 지역사회를 분석할 때에는 전반적인 측면에서 지역사회를 분석할 때와 비교하면 지역이 안고 있는 문제에 대해서 심층적으로 더 많이 알 수 있게 된다.

표 12-2 지역 전체에 대한 포괄적인 분석의 주요 영역

영역	세부사항
확인정보	• 도시, 지역, 근린지역 이름 • 지역사회의 영역, 구역, 이웃을 언급하는 명칭 • 지역사회에 대한 사회적, 법적, 물리적 경계 • 다른 지역사회로부터의 거리
인구	• 전체인구, 인구밀도 • 연령대별 분포(학령 전 인구, 초등생, 중·고등생, 노인인구 등) • 가구유형과 가족규모(편부모, 독거노인 등)
지역 역사	• 개발 시기, 이유, 주체 • 시간에 따른 인구특성의 변화 • 전입·전출 이유
지역사회에 대한 지리적·환경적 영향	• 지리적 조건이 지방 교통양상, 경제발전, 인구분포에 미치는 영향 • 교통망이 이웃의 양상, 사회적 상호작용, 기관의 서비스 전달에 미치는 영향 • 천연자원과 환경문제가 현재 및 미래발전에 미치는 영향(오염, 물 공급 등)
지역의 경제 및 사업	• 주요산업, 사업, 생산물 • 지역소유 기업체와 법인, 지역사회 밖에서 통제하는 기업체와 법인 • 지역에서 접할 수 있는 직업유형 • 신규 사업이 지역에 들어오고 나간 이유 • 고용률, 실업률 • 미래 경제성장과 취업기회 전망
소득분배	• 평균소득 • 빈곤선 이하의 인구 및 가구 수 • 다양한 형태의 공공부조를 받는 인구 및 가구 수
주택	• 가장 공통적인 주택유형 • 주택비용과 입주가능성 • 주거밀집 혹은 기준미달 가구 수
교육시설과 프로그램	• 학교의 위치와 유형 • 특별한 욕구를 가진 아동에 대한 적절한 학교 프로그램 • 학생들의 중도탈락률 • 이용할 수 있는 성인교육, 취업훈련 프로그램
건강과 복지체계	• 보건서비스 제공자의 이름과 위치(병·의원, 가정보건프로그램 등) • 사회복지 서비스를 제공하는 기관의 이름과 위치(복지관, 아동보호기관, 약물치료 등) • 지역의 보건 및 복지 서비스 프로그램의 포괄성, 이용가능성, 접근성, 적절성 • 지역 내 자조집단과 비공식적 원조망 • 위탁가정과 시설에 있는 아동의 수

공공안전과 사법 체계	• 경찰, 소방, 공공보건의 적절성 • 교도소, 보호관찰, 가석방 성인의 수 • 교정시설과 청소년 사법 프로그램 대상 청소년의 수 • 지방경찰, 법원, 교정프로그램에 대한 지역주민의 태도
정보원과 여론	• 현안에 대한 정보 및 관점을 제공하는 영향력 있는 TV, 라디오방송, 신문 • 종교집단을 포함하여 지역사회의 다양한 분파의 대변인과 지도자
지역사회의 주요 문제와 관심사	• 지역사회 내 주요 사회문제의 사정(일자리 부족, 청소년 폭력, 가정폭력 등) • 지역사회 문제를 대처하기 위한 노력, 노력하는 사람들 • 현존하는 사회, 보건, 교육 서비스의 주요 공백

출처: Sheafor et al.(1998).

2) 지역사회 조직의 유형

지역사회 조직은 개별사회사업, 집단사회사업과 함께 전통적 사회사업의 한 방법으로서 사회복지실천에서 중요한 위치를 차지하고 있다. 지역사회 조직 사업은 지역사회를 구성하는 개인, 집단, 조직, 이웃 등의 사회적 복리와 안녕을 긍정적 방향으로 향상시키기 위해 지역사회 수준에서 전개되는 일련의 활동을 말하며 공 · 사 사회복지기관의 전문사회복지사에 의해 이루어지고 추구하는 변화에 대해 더욱 의도적이고, 계획적이며, 조직적이고, 과학적인 지식과 기술을 포괄적으로 사용한다는 점에서 다른 지역사회복지 활동과는 구별된다(설진화, 2008).

로스만(Rothman, 1974)은 지역사회복지활동을 체계적으로 분류하여 지역사회복지 모델로 제시한 대표적인 학자이다. 로스만은 지역사회 조직사업을 하나의 현상으로 보는 것보다는 지역사회개발, 사회계획, 사회행동 등 이 세 가지의 다소 독특한 지역사회 연계의 형태로 보아야 한다고 주장하고 그 세 가지 모형은 다음과 같다.

(1) 지역사회개발(Locality Development Model)

지역사회개발모형은 지역사회주민의 의식개선과 역량강화를 통해 지역사회의 통합능력을 기르는 모델로 주로 개발도상국이나 선진국의 낙후된 도시지역에서 많이 사용되며 의식과 태도 등의 강화를 위한 프로그램과 교육, 건강, 주택, 사회복지, 청소년과 여성 프로그램, 지역사회 지도자 훈련

프로그램 등을 강조한다.

지역사회개발 유형은 지역사회의 변화를 가장 효과적으로 이루기 위해서는 광범위한 주민을 의식적이고 계획적인 지역사회변화로의 참여를 통해 의도된 방향으로 사회변화를 이룰 수 있다는 전제에서 나온 지역사회조직사업의 한 형태이다.

지역사회개발에 대한 유엔(UN: 국제연합)의 정의를 보면, "지역사회개발은 지역사회 주민의 적극적인 참여와 주민이 가능한 한 최대의 주도권을 갖고, 전지역사회의 경제적 · 사회적 조건을 향상시키기 위한 한 과정"이라고 말하고 있다. 이 지역사회개발에서는 민주적인 절차, 자발적 협동, 토착적인 지도자의 개발, 교육 등이 특히 강조된다. 이러한 지역사회개발사업의 예로는 도시 지역에서 전개되는 지역복지관의 지역개발사업, 평화봉사단, 성인교육 분야의 지역활동 등이다. 지역사회개발 모델은 자조 기반에 근거하여 지역사회주민이 지역사회문제를 해결하기 위해 함께 노력하는 주체로 설 수 있어야만 문제해결의 진정한 의미가 있다고 보기 때문에 시민참여의식을 갖도록 돕는 과정을 강조한다.

(2) 사회계획(Social Plan Model)

사회계획모델은 지역사회의 구체적 문제해결에 있어 합리적 접근을 강조한다. 사회계획 유형은 비행, 약물, 일탈, 정신건강, 주택, 범죄, 실업 등과 같은 사회문제를 해결하고자 하는 기술적인 과정을 강조한다. 이 모델에서 강조되는 것은 문제해결을 위한 합리적인 계획수립과 통제된 변화이다. 지역사회 주민의 참여 정도는 문제의 성격에 따라, 또 이 문제에 관여하는 기관에 따라 광범위할 수도 있고, 미약할 수도 있다(설진화, 2008). 사회계획모델은 문제해결에 대한 전문적인 계획 및 정책틀 수립을 중심으로 정책이나 서비스 기획 및 실행과 이에 따른 효율성과 효과성을 강조하여 과업중심 목적에 초점을 둔다.

이 방법은 복잡한 산업사회에서 계획된 변화는 거대한 관료적인 기관을 움직일 수 있는 능력을 포함한 고도의 기술을 행사할 수 있는 전문가가 필요하다고 보는 것이다. 특히 사회복지사로서의 전문가는 주민이 필요로 하는 물자와 서비스를 제공하는 데 관심을 갖는다. 이 모델에서는 지역사회개발처럼 지역사회 문제해결능력을 배양한다거나, 사회행동과 같이 근본적 사회변혁을 증진하려는 것은 중요하지가 않다(이애재, 2006). 이 유형을 추진하는 기관으로는 정부(예: 지식경제부를 위시한 각 부처의 기획담당부서, 도시계획국), 지역사회복지협의회와 수많은 민간복지와 보건관계기관을 들 수 있다.

(3) 사회행동(Social Action Model)

사회행동 모델은 지역사회 내 소수계층, 사회적 약자 또는 억압계층의 목소리까지 대변할 수 있도록 지역사회가 갖고 있는 기존의 자원, 권력, 의사결정 구조 등을 재분배 및 재편재하는 과정에 초점을 두고 있다(감정기 · 백종만 · 김찬우, 2005). 즉 이 모델은 지역사회에서 자기권리를 인정받지 못하는 구성원을 중심으로 권력균형을 추구한다.

사회행동 유형은 지역사회의 불우계층에 처한 지역사회주민이 사회정의와 민주주의에 입각해서 보다 많은 자원과 보다 나은 처우를 그 지역사회에 요구하는 행동을 말한다. 이 모델은 지역사회 내의 권력관계를 재분배하거나 변화시키려는 의식적이고 체계적인 노력을 포함하며 재화와 권력의 불평등이 사회구조적 모순에서 시작되었다고 가정하고 있다.

따라서 이에 참여하는 사회복지사는 지역사회의 기존 제도(예: 교육, 취업, 보건, 복지, 가치문화)와 현실에 대한 근본적 변화를 추구한다. 사회복지사는 권력, 자원, 지역사회 정책결정에 있어서 역할 등의 재분배를 추구하며, 공공기관의 기본정책에 대한 변화를 추구한다. 이러한 사회행동사업의 예로는 소수인종집단, 학생운동, 여성해방 혹은 여권신장운동, 급진정당, 노동조합운동, 소비자보호운동, 환경보호운동 등이 있다.

표 12-3 지역사회조직의 유형별 특성

구분	지역사회개발	사회계획	사회행동
목표	[과정목표] 지역사회의 통합과 능력의 향상	[과업목표] 지역사회문제의 해결	[과업과 과정목표] 기본적인 제도 변화
구조와 문제 상황에 관한 전제	문제해결을 위한 민주적 능력과 기술의 결여	지역사회 내의 실재적인 모든 사회문제	사회적 불공평, 박탈, 불평등
변화전략	문제의 결정 · 해결에 관여된 자들의 광범위한 참여	문제에 관련된 사실 수집	대상집단에 압력을 가함
		가장 합리적인 방안 결정	행동을 위한 사람의 조직화

변화 전술과 기법	합의·집단토의 집단 간의 의사소통을 가짐	합의 혹은 갈등	갈등대결, 직접 행동, 협상
사회복지사의 역할	조력가, 조정가, 지도자	분석자, 전문가 프로그램 수행 촉진자	대변자, 행동가
변화와 매개체	과제지향적 소집단 조정	전문가의 관계수립	대중조직과 정치적 과정에의 영향력 행사
권력구조에 대한 견해	공동사업의 협력자	고용자 또는 후원자	외부에 존재하는 반대세력
클라이언트체계의 범위	지리상의 전 지역사회	지리상의 전 지역사회의 일부	지역사회의 일부
지역사회 내의 하위집단의 이해관계	의견 차이의 조정 가능성 동질적 하위체계	개의치 않음 갈등적 관계	갈등적 이익관계
공익에 대한 개념	합리주의 목적과 의사 주체 다양성	이상주의 목적과 의사 주체 단일성	현실주의 목적과 의사 주체 다양성
클라이언트의 개념	시민	소비자	희생자
클라이언트 역할의 개념	참여자	소비자 혹은 수혜자	고객

출처: Rothman(1974), 설진화(2008), 사회복지실천기술론, p. 240 재인용.

3. 지역사회에 대한 실천기법

지역사회복지 실천가인 사회복지사는 촉매자, 촉진자, 중개자, 교사 등 매우 많은 역할을 요구받고 이를 수행해 나가고 있다. 지역사회복지실천을 더욱 효과적으로 수행해 나가기 위한 대표적인 실천기술을 알아본다.

1) 옹호기술(advocacy)

옹호는 지역사회의 클라이언트나 주민이 부당한 처우나 서비스를 받을 경우에 그들의 이익을 대변하는 모든 활동을 말한다.

옹호활동은 ① 클라이언트에게 제공되지 않은 자원과 서비스를 얻을 수 있도록 하고, ② 클라이언트에게 불리한 영향을 미치는 실천, 절차, 정책 등을 수정하며, ③ 필요한 자원이나 서비스를 제공받을 수 있는 새로운 법률이나 정책을 증진시키기 위해서 클라이언트와 함께 클라이언트를 대표해서 일하는 과정이다(Hepworth et al., 허남순 외 역, 2004).

옹호활동에는 개인(사례)에 대한 옹호와 집단(계층)옹호가 있다. 개인옹호는 개인이나 가족이 적절한 서비스를 제공받을 수 있도록 개별 클라이언트 체계와 함께 또는 그들을 대표해서 일하는 것이며, 집단옹호는 특정계층이나 집단의 모든 사람에게 영향을 미칠 수 있는 정책, 실천, 법의 변화 등을 도모하는 것을 말한다. 이러한 집단옹호는 지역사회 주민의 공통된 욕구나 문제를 예방하고 해결하기 위한 사회복지실천 노력의 한 방법이 될 수 있다.

옹호활동은 다음과 같은 상황에서 적절하게 사용될 수 있다(Hepworth et al., 허남순 외 역, 2004).

- 기관이나 직원이 자격이 되는 클라이언트에게 서비스와 혜택의 제공을 거부할 때
- 비인간적인 방법으로 서비스를 전달할 때
- 인종, 종교, 신념 그 밖의 다른 요소 때문에 클라이언트가 차별받을 때
- 서비스와 혜택의 차이로 인해 곤란과 역기능이 있을 때
- 정부나 기관정책이 자원과 혜택이 필요한 사람들에게 부정적인 영향을 미칠 때
- 클라이언트가 스스로를 위해서 효과적으로 행동할 수 없을 때
- 자원이 없어 많은 사람의 공통된 욕구가 해결되지 못할 때
- 위기상황에서 클라이언트가 즉시 서비스와 혜택을 받아야 하는 특별한 욕구가 있을 때
- 클라이언트가 시민의 혹은 법적인 권리를 거부당했을 때
- 조직의 시설이나 절차가 클라이언트에게 부정적으로 영향을 미칠 때

이와 같은 옹호는 표적집단에 대한 강력한 영향력이나 압력을 행사하는 것을 포함하는 개념으로서, 설득과 대표행위 등이 핵심기술이다.

(1) 설득

설득은 사회복지실천에서 자주 쓰이는 대인 관계 기술의 하나이다. 설득은 클라이언트나 주의, 주장에 대한 호의적인 해석을 얻어내기 위해 펼치는 제반 활동으로 요약할 수 있다. 설득의 효과를 높이는 데는 개인적인 권위와 정확한 사실 파악이 필수적이다. 설득은 다음의 네 가지 요소, 즉 메시지 전달자, 전달형식, 전달할 메시지, 전달대상으로 이루어진다.

(2) 대표행위

대표란 다른 사람의 의견을 대신해서 표현 또는 전달하는 행위이다. 대표자와 대표를 요청한 사람(피대표자)과의 관계는 양자의 합의에 의해 결정된다. 대표행위는 다음과 같은 원칙에 바탕을 두고 이루어져야 한다(이애재, 2006).

- 당사자 외에 제3자의 개입이 필요한지를 민저 결징한다.
- 대표자는 자신의 지식을 클라이언트와 공유한다.
- 클라이언트가 원하는 바를 찾아내서 점검한다.
- 대안을 제시하고 클라이언트로 하여금 바람직한 것을 선택하게 한다.
- 매사에 서로 협조한다.

사회복지사가 옹호활동에 사용할 수 있는 기술의 예는 다음과 같다: ① 클라이언트의 집단을 조직하기, ② 관련 기관 간의 협의체 구성, ③ 정부 관료나 입법자들과 접촉하기, ④ 법적인 행동, ⑤ 전문가 증언 제공하기, ⑥ 지역사회 관련 부분 교육하기 등이 그 주된 실천기술이라고 할 수 있다.

2) 조직화 기술

조직화(organizing)는 클라이언트체계의 문제를 해결하기 위해 필요한 인력이나 서비스를 규합하고, 나아가 조직의 목표를 달성하도록 합리적으로 운영해 나가는 과정이다(최옥채, 2001). 즉, 지역사회의 당면문제를 해결하기 위해 지역사회 주민을 선정하여 하나의 모임을 만들고, 그 모임이 조직체계를 갖출 수 있도록 원조하는 기술을 말한다.

사회복지사는 지역사회가 처한 상황과 해결 방향에 따라 목표를 세우고 합당한 주민을 선정하여 모임을 만들고, 이 조직이 지역사회의 욕구나 문제를 해결해 나가도록 돕는 역할을 한다(김범수 · 신원우, 2006). 이러한 조직화 기술은 지역사회복지 실천에서 가장 기본이자 핵심적 기술이다. 효과적인 조직화 기술은 다음과 같다(Beckwith & Lopez, 1997, 김종일, 2004 재인용).

(1) 사적 이익에 대한 관심을 조직화에 활용한다.

사적 이익에 연연하는 사람을 지역사회 공적인 이익을 추구하는 조직화에 참여시키는 것은 결코 쉬운 일이 아니다. 그러나 사익 추구에 전념하는 사람에게 조직화가 자신의 이익 추구와 상충하지 않는다는 점을 인식시킨다면, 이 사람이 조직화에 참여하는 것도 가능해진다. 조직화는 결국 사익과 공익의 공통 영역이 존재한다는 사실을 인식시키는 과정이기도 하다. 바꾸어 말하면, 그것은 '나'와 '우리'의 개념을 다시 정립하는 과정인 셈이다.

(2) 조직화는 역동적인 과정이다.

조직화는 지속적 관심과 노력을 요구하는 동적인 과정이다. 이 과정을 통해 지역주민은 협력의 필요성과 효과적인 실천에 대해 배우게 된다. 아울러 성장하지 않는 조직은 결국 해체된다는 점도 기억해야 한다.

(3) 조직화는 익숙해지는 법을 배워야 한다.

조직원들은 갈등과 대립, 협상에 익숙해져야 한다. 조직화 과정에서 궁극적으로 이런 문제와 직면하게 되기 때문이다. 지역사회 문제가 항상 상대방의 선의에 의존해서 해결되는 것은 아니며 오히려 그 반대의 사례가 더 많은 편이다.

(4) 조직화는 쟁점을 명확해야 한다.

지역사회의 조직화는 쟁점(issue)을 중심으로 이루어진다. 따라서 조직가는 쟁점을 명확하게 재정립할 필요가 있다. 쟁점을 다시 규정할 때에는 다음 사항을 염두에 두어야 한다: ① 쟁점은 시급한 문제로 표현되어야 한다. ② 문제를 구체적으로 담아내야 한다. ③ 실현 가능한 것으로 선정하여야 한다.

3) 임파워먼트 기술

지역사회복지실천은 지역사회 주민의 임파워먼트를 도와주는 과정이기도 하다. 지역사회실천으로서 임파워먼트는 무력감을 느끼는 주민에게 자신들의 잠재력을 개발하고 이 힘을 바탕으로 필요 자원을 획득하도록 도와주는 과정이다. 지역사회 주민의 임파워먼트를 높이기 위한 구체적인 기술과 방법은 다음과 같다(Rubin & Rubin, 2001).

(1) 의식 제고와 자기주장

무력감을 느끼는 개인들을 한데 모아 문제 원인이 자신들에게 있는 것이 아니라는 점을 알게 한다. 이러한 과정을 통하여 자신들을 억압하는 사회구조에 대해 비판적 의식을 갖도록 하고 문제의 원인과 소재를 파악한 다음에는 공개적으로 자기의 목소리를 내어 자신들의 주장을 전개해 나가는 것이 중요하다. 사회복지사는 이들이 공개적으로 자신들의 주장을 전개하는 것에 대해 두려움을 갖거나 위축되지 않도록 도와준다.

(2) 공공의제의 틀과 파워 갖추기

쟁점이 공공의제가 될 수 있도록 쟁점을 정리하고 대중의 관심을 확보할 수 있도록 의제화한다. 이 과정에서 시위나 대중매체 캠페인은 대중의 관심을 유도할 수 있는 좋은 수단이 된다. 파워는 자원동원과 조직화를 통해 주민의 권력을 키우는 과정이다. 사람의 수, 열정, 법적 행동, 전문성, 그리고 힘의 위협 등은 중요한 힘의 원천이 된다. 클라이언트의 역량을 강화하기 위한 조직을 설립하고 자신들의 주장을 효과적으로 표명하기 위한 캠페인을 전개하는 과정을 포함한다. 이를 통해 목표 완수라는 성공을 이루고 무력감을 극복하도록 한다.

(3) 사회적 자본의 창출

사회자본은 지역사회 구성원의 사회적 관계에 바탕을 둔 자원으로써 물리적 자본과는 상대적 개념이다. 이러한 사회자본은 구성원 간의 협력과 연대감을 높이는 데 이바지한다.

4) 자원개발 · 동원기술

자원(resource)이란 사회복지실천에서 클라이언트의 변화나 그들의 생활을 향상시키는 데 유용하게 사용할 수 있는 인력, 물질, 조직, 정보로 이해할 수 있다(최옥채, 2005). 자원개발 · 동원기술은 지역사회의 문제를 해결하기 위해 필수적인 지역사회 내의 자원이 부족하거나 외부의 자원이 필요한 상황에서 활용된다. 흔히 자원의 유형은 개인, 현금, 물품, 시설, 조직, 기관, 정보 등으로 구분되나 지역사회복지실천에 있어서 가장 핵심이 되는 자원은 인적자원과 물적 자원이라고 할 수 있다. 이러한 자원을 개발하고 동원하는 기술은 다음과 같다(Rubin & Rubin, 2001).

(1) 인적자원을 동원하는 기술

기존 조직의 활용, 개별적 접촉, 그리고 사회경제적 네트워크 활용 등이 있다.

이러한 인적자원을 개발하고 동원하기 위해 사회복지사가 고려해야 할 실천기술은 다음과 같다(최옥채, 2005).

① 기존 조직이나 네트워크에 편입된 자원일수록 지역사회조직의 구성원이 되기 쉽다.

② 개인의 지역사회조직 참여는 그가 제공하는 비용과 받는 이득에 의해 영향을 받는다.

③ 기존 조직은 지역사회복지실천의 중요한 자원이며, 참여자들의 비용을 줄일 수 있고, 실천활동이 성공할 가능성을 높이는 데 이바지한다.

④ 대체로 통합의 정도가 높고 참여자 간 응집력이 높은 집단과 네트워크에 의한 동원을 통해 집합행동이 발생하고 활성화된다. 이를 위한 조건으로 기존의 의사소통 네트워크가 있어야 하고, 이 네트워크가 집합행동의 이념과 목표를 수용해야 하며, 이를 활성화시킬 수 있는 분위기가 조성되어야 한다.

⑤ 최소한의 분업이 가능한 소규모 비공식 집단이 다양한 전술을 사용할 수 있고 외부의 방해에도 효과적으로 대응할 수 있다.

(2) 물적 자원을 동원하는 기술

회비, 조직의 홍보와 마케팅, 외부 지원금 신청, 그리고 모금을 위한 특별 이벤트 등이 있다.

물적 자원의 개발 및 동원에서 중요한 것은 후원자에 대한 조직의 신뢰성을 유지하는 것이다. 이를 위해 무엇보다도 현금이나 물품의 사용에 대한 투명성이 확보되어야 하며, 조직 구성원의 전문성과 사명감을 통해 후원자들이 바라는 좋은 결과를 보여주는 것이 필요하다. 따라서 조직 차원에서 구성원에 대한 꾸준한 교육과 책임성 확보를 위한 자체 노력이 요구된다.

5) 연계기술

일반적으로 연계는 서비스 중복을 방지하고 자원을 효율적으로 관리하기 위하여 정기적인 모임과 회의를 통하여 서비스 계획을 공동으로 수립한 후 개별기관이 각각 서비스를 제공하는 것으로, 개별기관의 정체성은 유지하되 서비스 제공에 있어서 팀 접근을 시도해 나가는 것을 말한다(박태영, 2003). 지역사회 내 지역문제에 공동으로 대응하고 협력하기 위한 연계기술이 나날이 더 강조되고 있다. 지역사회 내에서 사회복지사의 연계기술은 다음과 같다(Rubin & Rubin, 2001).

① 지역사회 혹은 주민이 필요한 자원이나 서비스와 연결하는 것을 돕는다.
② 지역사회의 유용한 자원에 대한 정보나 그것을 이용할 지역사회 주민의 능력이 부족할 때에 더 적절하다.
③ 서비스의 중복을 방지하고 자원을 효과적으로 관리하기 위하여 정기적 모임과 회의를 가진다.
④ 다양한 욕구를 충족시키기 위하여 패키지 서비스 혹은 원스톱 서비스가 이루어질 수 있도록 한다.

4. 사례관리

사례관리는 사회복지, 간호, 의료 등의 전문 영역에서 사회복지사, 방문간호사, 그리고 가정의(family doctor)가 다양한 도움이 필요한 사람들을 위해 제공하는 최상의 실천방법으로 100여 년 전부터 수행되어 온 전문적인 실천방법이다. 이후 1970년대부터 사례관리라는 용어는 전문서적 및 여러 문헌에서 빈번하게 등장하기 시작하였다. 사례관리는 이미 이전부터 인도주의 운동으로 영향을 받아 제정된 미국의 정신보건정책 입안의 영향으로 수많은 만성 정신질환자들이 병원으로부터 지역사회로의 탈시설화가 이루어지고, 의료 및 사회적 지원이 지속적으로 요구되는 노인들의 욕구가 증가하면서 그 첫 태동을 시작하였다. 이와 동시에 건강 및 대인복지 서비스가 보다 복잡해지고, 새로운 건강 전문가들이 생겨나면서 조금씩 뿌리를 내리기 시작하였다.

사례관리는 다양하고 복합적인 문제를 가진 개인과 그들의 가족에게 효율적인 서비스를 전달하기 위해 고안된 서비스이다. 사례관리는 특히 재가보호 영역, 정신보건 영역, 직업재활 영역, 노인복지서비스 영역, 발달장애 영역 등에서 활발히 활용되고 있다. 사례관리는 전통적인 사회사업방법론과 전혀 다른 새로운 실천 형태가 아니라 통합적 접근 혹은 모델로서, 클라이언트에게 좀 더 포괄적이고 지속적인 서비스를 제공한다. 전통적인 사회사업이 기관의 서비스와 프로그램에 기초한 서비스인 반면, 사례관리는 클라이언트의 욕구에 초점을 두고 지역사회 차원의 적극적인 서비스 제공과 점검을 강조한다는 점에서 구별된다.

사회복지 영역에서 사례관리의 중요성은 다음과 같다(커스트-애쉬만 · 헐, 1999).

① 클라이언트에게 최소한의 규제된 환경을 제공한다.
② 클라이언트가 시설보호에서 벗어나는 것을 목표로 한다.
③ 가능한 한 클라이언트가 지역사회에 거주하도록 한다.
④ 클라이언트에게 제공되는 보호비용을 감소하려고 노력한다.
⑤ 자원의 획득능력과 권리를 보호한다.
⑥ 클라이언트의 문제를 '질병'과 '치료'로 규정하는 의료모델의 관점을 감소시킨다.
⑦ 휴먼서비스 프로그램의 확장과 복합적 서비스를 제공한다.

1) 사례관리의 개념

(1) 사례관리의 여러 정의들

① 바아커(1987): "사례관리는 복잡한 여러 문제와 장애를 가지고 있는 클라이언트가 적합한 형태로 적절한 시기에 그들이 필요로 하는 모든 서비스를 받을 수 있도록 보장하는 것으로 서비스를 공급하는 접근법의 하나이다"

② 목슬레이(1989): "사례관리란 복합적인 욕구를 가진 사람들의 기능화와 복지를 위한 공식적, 비공식적 자원과 활동의 망을 조직, 조정, 유지하는 것"

③ 로스만(1992): 사례관리가 두 가지 중심적인 기능으로 통합된다고 하였는데 첫째는 지역사회 안에서 클라이언트에게 개별화된 조언과 상담, 치료를 제공하는 것이고, 둘째는 서비스가 필요한 클라이언트를 지역사회의 기관과 비공식적 지지망에 연결하는 것이다.

④ 우리나라 사회복지협의회: 사례관리란 "복합적 원인으로 요보호 상태에 있는 클라이언트에게 유효하고, 다양한 지역사회자원을 연결해 관리하는 원조대책으로 복지, 의료, 보건 간의 독립된 체계를 없애며, 될 수 있으면 재가복지봉사를 계속하는 것"이며, 사례관리실천은 원조를 실행하는 지역사회의 자원 모두가 관련되며, 사례관리자는 케이스의 원조과정을 통해 자원을 연결하는 역할을 한다고 규정하고 있다.

(2) 사례관리의 형태

① 사례관리는 클라이언트와 사회복지사 간의 신뢰와 치료적 관계에 기반을 둔 사회복지실천과정이다.

② 클라이언트에 대한 개념은 환경 속의 인간을 이해하는 이원적인 사회복지 초점을 활용한다.

③ 다양하고 복합적인 문제와 장애를 가진 클라이언트에게 서비스의 연속성을 보장해 주는 것이 목적이다.

④ 질병이나 기능 상실을 동반하는 정서적인 문제를 개선하기 위해 임상적인 개입을 시도한다.

⑤ 서비스 전달을 연계하는 중개와 옹호와 같은 사회사업기술을 활용한다.

⑥ 경제적, 의료적, 사회적, 개인적 보호욕구를 포함하여 장기적인 보호서비스를 필요로 하는 지역사회 클라이언트를 대상으로 한다.
⑦ 최소한의 제한적인 환경에서 서비스를 제공하는 것을 목적으로 한다.
⑧ 개입의 범위를 결정하는 데 있어 클라이언트의 기능적인 역량과 지지망에 대한 활용을 요구한다.
⑨ 자기결정의 원리, 인간의 존엄성, 의사결정에 대한 상호 책임의 개념 등 확고한 사회복지 가치를 갖는다.

2) 사례관리의 역사적 발달과정

사례관리는 1863년 매사추세추주에서 공적인 서비스를 조정하고 기금을 보존시키기 위하여 자선위원회의 프로그램으로 설계하면서 처음으로 시작되었으며, 주로 정신보건, 발달장애, 재활, 아동복지, 재가복지 및 노인복지 등의 휴먼서비스 영역들에서 서비스 조정과 책임성을 강조하는 한 과정으로서 이용되어 왔다.

이러한 사례관리는 최근 20여 년 동안 휴먼서비스 전문 영역들 중에서도 사회복지실천에서 주요 전략으로 급격하게 부상되고 있다. 사례관리의 등장배경은 다음과 같다.

(1) 탈시설화의 영향

1960년대 초 미국에서는 정신지체인과 정신장애인을 대단위 수용시설에서 퇴소시켜 지역사회로 돌려보내는 탈시설화 정책이 전개되었다. 시설 수용 시에는 거의 모든 서비스들이 시설을 중심으로 집중되어 있었기 때문에 각각의 클라이언트를 위한 별도의 서비스 관리를 할 필요가 없었다. 그러나 이들이 지역사회에 거주하게 되자 지역사회 전체에 분산되어 있는 서비스를 통합적으로 제공하는 서비스 관리체계의 필요성이 나타나게 되었다.

(2) 복잡하고 분산된 서비스 체계

사회복귀를 위한 재활서비스는 클라이언트의 생활 전반에 걸친 서비스를 제공하는 것이다. 그러나 기존의 서비스는 특정 서비스를 매우 한정된 범위에서 특정 인구에게 제공하는 형태로 이루어져서 서비스의 단편성과 분산화가 문제점으로 제시되었다. 특히 공공부문에서 민간부문으로 서비스 전달체계가 점점 바뀜에 따라 서비스 사이의 조정역할 장치가 거의 없는 상태가 되었다. 여기에 서비스망이 점차 고도로 복잡해지고 분산됨으로써 서비스가 중복되는 현상이 나타나기도 하고 서비스 간 연계성이 부족하게 되었다. 따라서 사례관리는 이러한 서비스의 연계성을 확보하고자 나타난 것이다.

(3) 클라이언트와 그 가족에게 부과되는 과도한 책임

지역사회 내의 적절한 환경자원의 미비는 클라이언트와 그 가족들에게 많은 책임을 부과하였다. 그 결과 클라이언트와 그 가족들에게 과도한 스트레스가 발생하게 되었다. 이에 따라 클라이언트를 위해 환경자원들을 개발하고 연결하는 기능을 할 수 있는 서비스에 대한 욕구가 증가하였다.

(4) 다양한 문제와 욕구를 가진 클라이언트의 증가

클라이언트는 지역사회에서 생활하기 위해 생활 전반에 걸친 다양한 욕구와 해결해야 할 문제들을 가진다. 그 문제들을 해결하기 위해서는 지역사회에서 살아가는 데 필요한 서비스를 조직화함으로써 그 욕구를 충족시키는 활동이 요구된다.

(5) 서비스 비용 억제

자원이 한정된 상황에서 서비스 전달의 효과를 최대화하는 노력은 항상 중대한 관심사이다. 따라서 제한된 자원 내에서 서비스 전달의 효과를 최대화하면서 서비스의 비용과 중복을 점검해야 하는 전문기술의 필요성이 요구되었으며, 사례관리는 보호의 계획을 총괄적으로 관리하고 비용을 억제하는 수단으로 적합하다고 평가되었다.

3) 사례관리의 목적 및 개입원칙

(1) 사례관리의 목적

① 보호의 연속성 보장

② 서비스 전달의 효과성과 효율성 증대

③ 서비스의 접근성과 책임성의 증대
④ 클라이언트의 가족과 같은 일차 집단의 보호능력 향상
⑤ 클라이언트의 생활기술과 자기보호능력의 향상
⑥ 비공식적, 공식적인 지원체계의 통합 등이다.

(2) 사례관리의 개입원칙

① 서비스의 개별화

이 원칙은 클라이언트의 독특한 신체적, 정서적, 사회적 상황에 따라 각 클라이언트의 욕구에 맞게 서비스가 주어져야 한다는 것이다.

② 서비스 제공의 포괄성

이 원칙은 클라이언트의 다양한 욕구를 충족시키기 위해서 지역사회에서 기능하는 데 필요한 광범위한 지지를 연결하고 조정, 점검하는 것이 필요하다. 이때 필요한 도움의 유형과 범위는 매우 다양하기 때문에 사례관리자는 지역사회에 존재하는 잠재적 지역사회자원에 대한 철저한 지식을 가지고 이를 활용할 수 있어야 한다.

③ 클라이언트의 자율성 극대화

이 원칙은 클라이언트의 선택 자유를 최대화하고 지나친 보호를 하지 않는 것을 말한다. 이는 클라이언트의 자기결정권을 최대한 보장하고자 하는 것이다.

④ 보호의 지속성

서비스의 지속성은 사례관리자가 클라이언트의 욕구를 점검하여 서비스를 지속적으로 제공하는 것을 말한다. 즉, 1회의 단편적인 서비스 제공이 아니라 클라이언트가 자신이 생활현장에서 잘 적용할 수 있도록 지속적으로 원조해야 한다는 것이다.

⑤ 서비스의 연계성

이 원칙은 복잡하고 분리되어 있는 서비스 전달체계를 연결한다는 것을 의미한다. 예를 들어 클라이언트에게 필요한 서비스가 여러 기관에 분산되어 있을 때, 적절한 서비스나 기관으로 클라이언트를 의뢰하여 서비스를

수혜 받도록 함으로써 서비스가 분산되지 않도록 하고자 하는 것이다. 이때 사례관리자는 다른 서비스 전달체계 간 중개자 혹은 권익옹호자의 역할을 하게 된다.

4) 사회복지실천에서의 사례관리

사례관리가 사회복지실천의 영역에서 특히 중요성을 띠는 것은 무엇보다도 클라이언트의 권리를 강조하는 점이 사회복지의 특성과 일치하기 때문이다.

사회복지실천에서 사례관리가 중요한 요인은 다음과 같다.

① 제약이 가장 적은 환경에서 클라이언트를 유지하는 방향으로의 관심 증대
② 탈시설화의 목적
③ 가능하면 오랫동안 노인들을 가정 안에서 유지하고자 하는 목표
④ 클라이언트에 대한 의료 및 여타 형태의 케어에 드는 비용 절감의 노력
⑤ 활용 가능한 자원들을 미처 깨닫지 못하고 있는 클라이언트들의 권익에 대한 증가된 관심
⑥ 일부의 클라이언트들은 제한된 능력으로 인해 보통의 의뢰절차를 수행할 수 없다는 사실의 인식
⑦ 환경이 클라이언트의 문제에 어떠한 식으로 관여되는가에 대한 초점의 증대
⑧ 실천에서의 의료 모델에 대한 초점의 감소
⑨ 휴먼서비스 프로그램들의 확대 및 이로 인한 서비스의 복잡성 증가

이와 같은 이유로 인해 사례관리는 사회복지실천에서 많이 적용되는 것을 발견할 수 있다.

5) 사례관리의 개입과정

사례관리의 개입과정은 학자들에 따라 조금씩 다르지만 일반적으로 접수, 사정, 서비스 기획(계획), 개입, 점검, 평가, 종결의 7단계로 나눌 수 있다.

(1) 접수

사례를 발견하고 클라이언트를 확인한 후 서비스를 제공할 것을 약속하고 계약하는 과정이다. 필요한 서비스에 접근하기 어려운 클라이언트를 위해 케이스 매니저는 출장원조, 의뢰, 정보제공 등의 적절한 사례발견 전략을 선택해야 한다.

(2) 사정

접수과정에서 사례관리 서비스를 제공하기로 결정한 클라이언트를 대상으로 그들의 복합적인 욕구와 문제, 현재의 기능, 장점과 잠재능력, 공식·비공식 지원체계의 그들에 대한 보호능력 등에 관하여 전반적인 자료를 수집하고 종합적으로 분석하는 과정이다.

① 클라이언트의 욕구의 사정

클라이언트의 욕구에 대한 확인은

- 클라이언트 자신의 진술을 토대로 케이스 매니저의 관찰과 함께 이루어짐
- 가족, 클라이언트의 중요한 타인, 이전의 서비스 제공자의 진술과 기존의 자료를 활용
- 클라이언트의 생활 변천과 관련된 스트레스 요인을 포함하는 문제와 위기 상황을 평가한다.

② 클라이언트의 능력의 사정

케이스 매니저(case manager)는 클라이언트가 자신의 욕구를 충족시키고 문제를 해결하려는 동기가 있는가, 스스로의 힘으로 이들을 해결할 수 있는 능력을 가지고 있는가를 확인한다.

- 클라이언트의 긍정적이고 발전적인 요소에 초점을 두어야 함: 강점, 잠재능력, 건전한 기능, 활용 가능한 자원, 성장과 발전의 가능성, 문제해결능력 등
- 클라이언트의 신체적·인지적·정서적·행동적·사회적·경제적 기능을 사정
- 과거의 병력과 기능의 한계

③ 지원체계의 능력의 사정

케이스 매니저는 클라이언트의 욕구를 충족시키기 위한 비공식 지원체계와 공식 지원체계의 능력을 사정한다.

- 비공식 지원체계: 가족, 친척, 친구, 이웃, 자조집단, 종교집단, 직장동료 등이다.
- 공식 지원체계: 사회복지기관과 시설, 지역사회의 공식적인 단체와 기관, 정부기관 등이다.

(3) 서비스 기획(계획)

기획은 사례관리의 목적을 달성하기 위해 클라이언트에 대한 장·단기의 목표를 설정하는 것을 말한다. 즉, 목표달성을 위한 가장 적절한 해결방안을 모색하기 위하여 클라이언트에 대한 개별적인 보호계획을 수립하는 과정으로 서비스 제공을 위한 세부목표와 우선순위를 설정하고 서비스를 개발하고 계획하는 과정이다.

사례관리자로서 사회복지사는 목표설정 시 다음과 같은 내용을 고려해야 한다.

① 클라이언트에 대한 목표는 그들의 생활상의 변화와 관련되어 있는 것으로 사정과정에서 확인된 욕구를 바탕으로 설정되며, 그것은 클라이언트의 생활환경의 개선, 클라이언트의 개인적인 능력의 향상, 클라이언트를 위한 지원망의 개발과 강화 등이다.

② 목표를 설정할 때 매니저는 가능한 한 클라이언트가 스스로 성취하고자 하는 목표를 설정할 수 있도록 지도해야 하며, 현실적으로 실현 가능한 것을 선택할 수 있도록 해야 한다.

③ 기본적인 목표가 설정되면 이러한 목표를 구체적으로 달성하기 위한 세부적인 하위목표가 설정되어야 한다. 이러한 목표들은 클라이언트의 변화를 촉진하는 데 도움이 될 수 있도록 장단기로 구분하여 적절히 안배하고, 우선순위를 정하여 설정되어야 한다.

④ 클라이언트는 기획과정에 최대한 참여를 해야 하고 주어진 서비스를 거절할 수 있는 기회를 주어야 한다.

(4) 개입

클라이언트와 필요한 서비스를 연결하고 개입을 통하여 적절하게 서비스를 배열하고 정리하는 단계이며 보호계획을 수행한다. 사례관리자는 클라이언트, 클라이언트의 사회적 관계망, 대인서비스 제공자들을 변화시키기 위해 직접적·간접적으로 개입한다.

(5) 점검

점검은 사례관리 개입과정의 중요한 과업이다. 점검과정 동안 매니저는 서비스 제공자들의 지속적인 의사소통을 해야 한다. 또한 매니저는 서비스의 계획이 완결되었는지, 서비스의 목표가 달성되었는지에 초점을 맞추어야 한다. 필요한 경우에는 사례의 서비스 계획을 수정한다. 사례관리자는 기록과 서류를 잘 유지하고 보관해야 한다. 사례관리자는 클라이언트의 욕구에 대해 옹호를 해야 하며 지원체계를 대표하여 의사소통한다.

점검은 클라이언트가 지원체계를 적절히 활용하도록 확인하는 과정이며 클라이언트가 중복 서비스를 받거나 지원체계를 남용하지 않도록 한다. 이러한 점검과정은 공식적인 의사소통방법, 즉 공식적·비공식적 회의, 전화, 사례기록, 공식적 평가도구 등을 통해서 해야 한다.

(6) 평가

평가는 사례관리의 필수적인 구성요소로서 클라이언트에게 제공하고 서비스에 대한 진척사항, 보호계획, 서비스 활동 및 서비스 체계의 효과성과 효율성을 종합적으로 판단하는 과정이다. 사례관리자의 전문적인 판단에 근거하여 클라이언트에게 서비스가 더 이상 필요하지 않을 때 사례관리의 과정을 종결하는 단계이다. 평가는 사정만큼이나 매우 중요한 단계이며, 점검이 서비스가 적절하게 수행되고 있는가를 확인하는 과정이라면 평가는 사례관리자가 제공하는 서비스가 이용자에게 유익한 것인가를 판단하는 과정이다. 평가는 사례관리자가 제공하고 있는 서비스와 원조활동이 가치가 있는가를 결정하는 과정으로, 서비스 이용자의 욕구와 문제해결을 위해 욕구의 우선순위와 목표를 수립하고, 개입과 점검을 통해 목표가 어느 정도 달성되었는지를 확인하는 과정이다. 이와 같은 평가를 거쳐 종결단계에서는 서비스 이용자에 대한 사회복지사의 개입이 종료된다. 평가의 유형은 다음과 같이 알아보기로 한다.

과정평가는 원조의 결과물을 평가하는 것이 아니라 원조를 제공하는 과정에 초점을 두는 것이며 결과평가는 변화과정이 다 끝난 후에 이루어지는데 처음 변화과정을 시작하였던 시점에서 기대했던 바의 결과가 성취되었는지를 알아보는 것이다.

① 단일사례설계

단일사례설계는 흔히 단일사례(혹은 클라이언트)에 적용되었기 때문에 붙여진 명칭이다. 이 설계는 개입 이전의 상태와 개입 이후의 상태를 비교하는 것으로 흔히 AB설계라고도 한다. 우선 측정할 수 있는 목적을 설정하고 개입 이전의 행동빈도를 보여주는 기초선을 설정한다. 다음에는 개입을 하면서 행동빈도를 기록하고 이를 도표에 표시함으로써 변화를 쉽게 살펴볼 수 있다.

단일사례설계에서의 평가 시 사용할 수 있는 측정방법

- 직접적 관찰: 클라이언트의 구체적 행동변화에 대하여 빈도, 발생시간 간격, 변화행동의 지속시간 등을 관찰하여 결과를 평가하는 방법이다.
- 자기보고식(평가)척도: 클라이언트의 내적 상태, 즉 사고, 감정, 행동을 척도화하여 그 수준을 숫자로 표시하도록 하는 방법으로 주관적이며 방법론상 신뢰도에 있어 문제가 되기도 한다.
- 표준화된 측정도구
  - 적용절차와 점수환산방법이 규격화되어 있어 누구나 일관되게 같은 방법으로 사용할 수 있다.
  - 검사도구의 적합성에 있어 신뢰도와 타당도가 최소한 인정되고 있다.
  - 대부분의 측정도구들이 검사점수를 해석하는 기본적인 지침이 마련되어 있으므로 그에 근거해서 해석할 수 있다.

② 과제성취척도

과제성취척도는 과제가 성취된 정도를 평가하는 방법이다. 사회복지실천 개입활동은 추상적 활동(중개자, 옹호자, 조정자 역할 등)이 많아 단일사례설계나 과업성취척도를 사용하여 측정하기가 매우 힘들다. 과제성취척도는 사회복지사와 클라이언트가 합의한 과제를 완수하는 정도를 평가하는 데 유용하다.

과제성취척도는 주로 5점 척도(4: 완전히 성취에서부터 0: 과업수행할 기회가 없었음)를 사용한다.

③ 클라이언트 만족도 설문

설문은 단일사례뿐 아니라 집단 혹은 기관에서 서비스를 제공받고 있는 모든 클라이언트에게 적용하여 직접적 개입에 대한 평가뿐 아니라 전체 프로그램에 대한 평가에도 적용할 수 있다. 또한 개입 후나, 개입이 진행 중이거나 개입이 종결된 어느 기간이 경과한 후에도 사용할 수 있다. 방법은 대체적으로 서비스의 질, 서비스에 대한 욕구, 욕구만족 정도 등에 대하여 4점척도, 5점척도화하여 측정된다.

7) 종결

사례관리를 종결하는 것은 단기개입을 종결하는 것보다 복잡한 과정이다. 이는 많은 클라이언트들이 만성적이고 지속적인 문제로 사례관리를 받아오고 있기 때문이며, 클라이언트가 일생 동안 사례관리를 받아야 하는 경우도 많기 때문이다.

사례의 목표가 달성되었거나, 서비스가 클라이언트의 복지를 위해 필요하지 않거나, 클라이언트의 중대한 변화로 인하여 사례관리 과정을 계속 수행할 수 없을 경우에 사례관리를 종결한다. 그러나 종결되었더라도 다시 서비스를 필요로 할 경우 클라이언트가 사회복지사에게 접근할 수 있도록 의사소통의 통로를 지속적으로 유지하는 것이 좋다.

종결은 일종의 사회복지사와 클라이언트 사이의 분리 경험이며 그에 따르는 다양한 감정이 개입되어 있다. 이러한 감정은 성취한 성공의 정도, 사회복지사와의 애착의 정도, 그리고 클라이언트의 과거경험상 중요한 타인과의 분리경험, 종결의 유형에 따라 매우 다양하다. 종결단계에서 사회복지사가 원조관계와 과정을 어떻게 마무리 짓느냐 하는 것은 클라이언트가 공식적 종결을 거친 후 원조과정에서 획득한 진전 상태를 유지하고 계속해서 성장해 가는 데 크게 영향을 미친다.

(1) 종결의 유형

① 클라이언트에 의한 일방적이고 미숙한 종결

- 클라이언트가 갑자기 약속을 어기거나 이런저런 이유로 올 수 없음을 핑계 대거나 자신의 문제에 대하여 더 이상의 논의를 거부할 때 종결이 이루어진다. 대부분 미해결된 저항 때문이다.
- 사회복지사에 대한 부정적 감정에서 오는 경우와 클라이언트가 한두 번의 회합이 있은 후 문제가 이미 해결되었다는 보고와 함께 종결을 원하는 경우이다.

② 시간적 구속요인과 제한적 개입에 의한 계획된 종결

- 기관이나 조직의 기능이 정해진 기간 동안만 서비스를 제공하는 경우이다. 시간제한에 대하여 미리 협상해 두는 것은 종결과정에 매우 중요한 영향을 미친다.

③ 시간제한이 없는 개입 모델에서의 계획된 종결

서비스 기간이 6개월 이상 지속되었을 때 장기적 서비스에서 오는 의존성과 원조관계에서 얻는 만족을 중단하는 일에 클라이언트는 변화에 대한 두려움을 표시하고 원조관계에 매달리려고 한다. 사회복지사는 클라이언트에게 충분한 진전이 있다고 판단되면 클라이언트에게 종결에 대하여 언급하도록 하며, 이에 대한 클라이언트의 동의가 있을 경우에는 클라이언트와 함께 종결에 대한 계획을 세우도록 한다.

④ 사회복지사의 개인적 사정으로 인한 종결

사회복지사가 이동이 있거나 전직을 하게 되는 경우와 같이 개인적 사정으로 인한 종결은 클라이언트와 사회복지사 모두에게 어렵다. 이때 사회복지사는 죄책감에서 오는 과잉보상을 하거나, 종결에 대한 얘기를 지연시키거나 지나친 변명이나 열정을 보이게 된다. 이는 클라이언트에게 종결에 대한 부정적 감정을 표현하여 더욱 어렵게 만드는 결과를 가져온다.

(2) 종결단계에서의 사회복지사의 역할

① 종결을 계획하기

종결에 대하여 클라이언트와 함께 계획하고 논의하는 것은 클라이언트가 사회복지사에게 가지는 정서적 애착과 이에 따른 의존성을 감소시키고 종결에 대한 두려움과 상실감을 통제할 수 있도록 하는 데 도움이 된다.

② 부정적 정서적 반응의 해결

클라이언트의 종결에 대한 부정적 감정표현

- 종결에 대한 부정
- 과거문제의 재발을 보고하기
- 새로운 문제를 가져오기
- 사회복지사를 대체할 사람을 구하기
- 상실감이나 사회복지사에 대한 분노를 직접적으로 표현하기
- 분노의 간접적 표현으로써 회피행동(예: 약속 불이행)

사회복지사는 개입과정에서 초기부터 강점관점의 개입이 지속적으로 이루어지고 클라이언트의 자립심을 기르는 것을 목표로 하여 강조한다면 위의 반응은 최대한 예방을 할 수 있다. 그리고 사회복지사는 감정이입적 반응을 해주고, 그동안 이룩한 진전을 검토하고 클라이언트의 강점과 자원에 대하여 인정을 해준다.

③ 목표달성의 평가

사회복지사는 그동안 성취한 바를 정리해 주고 클라이언트가 자신의 성장을 인식하도록 도와야 한다.

④ 변화의 안정화

클라이언트가 원조과정에서의 성취한 변화를 종결 이후 다른 환경의 일상적인 삶 속에서도 계속하여 유지되도록 돕는다. 이것을 변화 노력의 일반화, 혹은 안정화라고 한다.

⑤ 미래의 상황에서 클라이언트가 원조를 요청할 수 있도록 격려하기

향후 언제든지 서비스를 받을 수 있도록 항상 지지하고 격려한다.

⑥ 의뢰하기

서비스가 종결된 이후에 클라이언트를 다른 기관이나 전문가에게 보내 추가적 서비스를 받게 하고자 할 때 행해진다.

(3) 사후지도

사후지도는 클라이언트와 사회복지사의 공식적 관계가 종료된 다음 일정 기간이 지나서 클라이언트가 원조과정에서 획득한 변화를 유지하고 있는지를 확인하는 과정이다. 사후지도는 클라이언트가 종결 시와 같은 수준에서 잘 기능하고 있는지를 알아보기 위해서이고, 만약 클라이언트가 어려움을 겪고 있다면 필요한 도움을 제공하기 위해서 실시된다. 사후지도는 클라이언트의 종결 후 진전 상황을 점검하는 목적 외에도 사회복지사에게 클라이언트의 진전을 확인함으로써 자신의 개입에 대한 긍정적 확신을 얻는다는 이점이 있다. 또한 사후지도는 개입방법의 효과를 측정하는 데도 도움이 될 수 있다.

04

PART

사회복지실천의 기록과 평가기술

CHAPTER 13 사회복지실천 기록
CHAPTER 14 사회복지실천 평가

13 CHAPTER 사회복지실천 기록

1. 기록의 중요성

현재 사회복지사라면 서비스 이용자에게 제공한 서비스와 그 결과를 어떻게 처리해야 할까? 사회복지사는 이를 기록하여야 한다. 그렇다면 왜 기록하여야 할까? 사회복지기관은 이용자를 위해 관련 서비스를 기록으로 보호하여야 할 책임이 있기 때문이다. 하지만 기록한다는 것이 그리 쉬운 일만은 아니다. 왜냐하면, 무엇을 기록해야 할 것인지, 누가 기록에 접근할 수 있는지 비밀보장의 범위가 어디까지인지 등 간단한 문제가 아니다. 따라서 사회복지사는 효과적이고 객관적이며, 법적 범위 안에서 사회복지실천 업무를 수행하여야 한다. 이때 사회복지사는 관련 업무를 자료로서의 충분한 가치가 있게끔 내실 있는 기록을 하여야 한다. 이를 위해 사회복지사는 기록 전반에 관한 내용과 유형, 기록방법 등을 충분히 숙지하여야 한다.

사회복지사는 서비스 이용자에게 제공한 서비스와 그 결과에 대해 기록해야 한다. 전통적으로 이러한 기록은 소유권을 사회복지기관이 가지고 있으며, 기관은 서비스 이용자를 위해 관련된 기록으로 보호해야 할 책임이 있다. 하지만 이것은 그리 호락호락한 일이 아니다. 무엇을 기록해야 하는가? 누가 기록에 접근 가능한가? 지켜야 할 비밀보장은 어디까지인가? 등 현안들이 많아 정리하기가 쉽지는 않다.

기록은 사회복지실천과 사회복지행정에서 매우 중요한 부분으로, 사회복지사의 책임성과 밀접한 관련이 있으며, 최근에는 전자문서의 활용과 기관에 대한 행정지도 등과 관련하여 기록의 중요성이 강조되고 있다. 기록은 클라이언트 상황을 확인, 기술, 사정하고 서비스의 목적과 활동을 비롯한 서비스전달 과정을 나타내며, 클라이언트에 대한 개입의 효과여부를 평가하는 근거를 제공하며 의사소통을 돕고 클라이언트와 사회복지사에게 환류를 제공하는 중요한 실무 도구로써 사용된다.

2. 기록의 목적과 내용

1) 기록의 목적

기록의 목적은 책임성이다. 사회복지사는 자신이 제공한 서비스를 기록하고 설명하며 평가함으로써 클라이언트와 기관, 그리고 사회에 대한 법적·윤리적 책임을 지게 된다(Kagle, 홍순혜 · 한인영 역, 1997). 기록의 목적을 구체적으로 살펴보면 다음과 같다.

(1) 책임성

기록의 일차적인 목적은 책임성이다. 사회복지실천가들은 기관과 클라이언트, 지역사회에 대해 법적이고 윤리적인 중요한 책임성을 가지고 자신들이 제공하는 서비스나 개입에 대해 기록하고 설명하고 평가함으로써 전문직을 수행하게 된다.

(2) 정보제공

클라이언트와 그 가족, 대리인, 고용주에게 정보를 제공한다. 특히 클라이언트의 알 권리를 존중하기 위해 정보를 개방하고 공유하며 치료 목적에 활용되기도 한다. 또한, 사회복지실천가, 지도감독관, 자문관, 기관 내의 다른 전문가들에게 정보를 제공한다.

(3) 개입이나 서비스의 과정 점검과 평가

기록을 통해서 서비스나 개입이 어떻게 이루어지고 있는지 과정을 점검할 수 있다. 또한, 개입이나 서비스가 효과적이었는지 평가하는 데 사용된다.

(4) 클라이언트에 대한 이해 증진

사회복지사는 클라이언트가 무엇을 원하는지 욕구를 파악하고 개입의 방향을 설정하는 데 도움을 받는다. 또한 클라이언트는 자신에 대한 기록을 보거나 기록과정에 참여함으로써 자신에 대한 이해를 높일 수 있으며 사회복지사와 클라이언트 간 의사소통을 원활하게 한다.

(5) 지도 · 감독과 교육활성화

기록은 실천가들을 교육하고 지도 · 감독하는 데 이용된다. 또한, 교육을 받는 학생이나 실습생 또는 초보 사회복지사들은 자신의 활동에 대해 점검하고 훈련받을 수 있는 기회가 된다. 슈퍼바이저나 상급자는 직원들이 제공하는 서비스나 업무내용을 파악하고 평가하며 지도 · 감독하는 데 활용한다.

(6) 근거자료

기록은 기관 및 사회정책에 따르는 승인을 증명하는 데 이용된다. 서비스의 질을 관리하고 조사를 수행하는 데도 이용된다. 또한 기록은 연구를 위한 자료로 활용되며 재정을 마련하거나 기금조성의 근거자료가 된다.

(7) 효과적인 사례관리

클라이언트에게 제공되는 서비스나 개입 등이 기록됨으로써 클라이언트가 다른 전문가에게 의뢰될 경우에도 서비스가 중단되지 않고 연결될 수 있다. 또한, 서비스나 개입에 대해 문서화함으로써 서비스의 중복이나 누락을 막아 효과적으로 사례가 관리된다.

(8) 다른 전문직과의 의사소통

기록은 기관 안팎의 다른 사람들과 의사소통하는 데 이용되며, 이는 전문직 간 협력을 원활하게 한다.

(9) 자료화

사회복지실천활동이 이루어지는 모든 내용을 자료로 남긴다.

2) 기록의 내용

기록은 사회복지관의 기능과 업무에 따라 다양하기 때문에 일반화하기는 어렵지만, 일반적으로 기록에 포함하여야 할 정보의 내용은 다음과 같다(Baker, 1995; Kirst-Ashman & Hull, Jr., 1999, 전재일 · 이성희, 2003 재인용).

(1) 클라이언트와 만난 날짜

이 정보는 간단하기 때문에 신속하게 기록할 수 있다. 예를 들면 사회복지사는 기록문서의 왼쪽 가장자리에 '2020/03/02'라고 적는다. 사회복지사는 장래의 혼란을 방지하기 위하여 연도를 반드시 기입해야 한다.

(2) 클라이언트에 관한 기본적인 정보

클라이언트에 대한 기본적인 사항을 확인하는 것이다. 일반적으로 기관은 클라이언트의 사례기록 내용물 앞에 나이, 성별, 수입, 가족구성원, 그리고 이전 기관과의 접촉에 관한 내용을 기록하여 표지로 사용한다.

(3) 클라이언트 접촉 사유

클라이언트의 문제와 상황은 무엇인가? 클라이언트는 왜 찾아왔으며, 기관에서 도울 수 있는가? 클라이언트를 확인하고, 사회복지사는 중요한 문제를 간단히 설명할 수 있는가? 등을 기록한다.

(4) 클라이언트의 문제와 상황에 관한 더 자세한 정보

접수(intake)과정에서 얻는 정보의 양과 유형은 다양하다. 인테이크는 기관의 클라이언트와의 최초 접촉을 위해 정해진 절차이다. 이 과정에서 사회복지사는 클라이언트에게 기관의 프로그램, 서비스 요건, 비용 등에 관하여 이야기하게 된다. 또한 클라이언트에 관한 필요한 정보를 얻고, 클라이언트의 문제와 서비스를 받고자 하는 동기를 사정하고, 서비스를 제공할 담당 사회복지사가 정해진다.

흔히 더 많은 정보가 수집되는 예가 있는데, 이러한 서류의 유형을 사회력이라 부른다. 사회력은 연대순이나 이야기체 형식으로 작성될 수 있다.

이야기체 형식은 이야기 단락별로 작성되는 형식을 말한다. 형식에 상관없이 클라이언트와 문제에 관한 정보 이외에 대부분의 사회력은 수행과정을 어떻게 시작할 것인가를 위한 구체적인 권고를 포함한다.

(5) 수행과정의 측면

이 정보는 상황 속의 클라이언트 사정에 관한 사회복지사의 인상, 중재를 위한 구체적인 계획, 클라이언트와 이 사례에 연루된 다른 사람들과의 접촉, 진전된 정도, 사례가 어떻게 종결되었는가에 관한 정보를 포함한다. 흔히 사회복지사는 중재과정을 통한 날짜순으로 클라이언트와 다른 사람들과의 접촉의 간단한 사항(전화한 내용도 포함)을 매번 기록할 것이다.

(6) 사후지도 정보

사후지도 계획이 있는가? 있다면 구체적으로 누가, 언제, 무엇을 할 것인가? 등을 기록한다. 예를 들면, 2020/03/02 홍길동과 종결하였다. 진전을 요약한다. 사회복지사는 클라이언트가 알코올남용이 중단되었는지, AA(Alcoholics Anonymous)와 계속 관여하였는지를 확인하기 위해 4주 안에 다시 만나게 될 것이다.

(7) 슈퍼바이저, 다른 사회복지사와 토의할 문제

사회복지사가 대답해야 할 사례나 문제에 관한 타당성이 없는 내용일지라도 기관의 기록에 포함하여야 한다. 사회복지사가 사례나 문제에 관해 생각할 때 이러한 점들을 기록해 둔다면 다음에 슈퍼바이저와 만날 때 그에 관해 지도를 받을 수 있다. 예를 들면 사회복지사는 다음과 같은 질문을 기재할 수 있다. 가정폭력을 방지하기 위해 지역사회 내에서 이용할 수 있는 서비스는 무엇인가? 클라이언트의 주요한 질병 증상은 무엇인가?

3. 기록의 필요성

기록은 사회복지사가 자신의 사례를 철저히 기록함으로써 개입과정 중에 순간적으로 요구되는 아이디어의 발상과 사례종결 이후 사례발표를 위한 기초자료를 활용하는 데 크게 도움이 된다. 사회복지사는 이러한 기록의 필요성을 인식하고 나아가 기록이 민·형사 등 법률적인 문제와 소송과정에서 필요시 이용될 수 있다는 점도 유념해야 한다. 케이글(Kagle)은 사회복지실천 기록의 필요성을 다음과 같이 설명하고 있다.

- 클라이언트의 욕구를 파악하고 개입하기 위한 기초자료를 얻음
- 기관의 수급자격을 입증할 문서로 활용
- 클라이언트와 서비스에 관한 정보가 필요할 때 이용할 수 있도록 보존함
- 전문가들 간에 협조체계를 원활하게 해줌
- 담당 사회복지사가 부득이하게 바뀌는 경우, 기록을 보고 현재까지 진행한 서비스 과정을 알 수 있음
- 사회복지사의 사고를 구조화하는 데 도움이 됨
- 클라이언트와 사회복지사 간의 정보공유로 의사소통을 촉진시킴
- 슈퍼비전, 자문, 동료들의 피드백 등을 받을 수 있는 근거가 됨
- 교육 훈련과 연구 조사자료로 활용
- 서비스 효과성과 효율성, 서비스 질을 평가하는 데 사용됨
- 사회복지사와 기관이 행정절차 규정 등을 준수하는지 알려 줌
- 행정상의 결정을 내려야 할 때, 정보를 제공
- 서비스비용을 청구하고 프로그램을 실시하기 위한 재원을 확보하는 데 사용

4. 기록의 목적

사회복지사는 기관과 클라이언트, 지역사회에 대해 법적이고 윤리적인 중요한 책임성을 가지고 자신들이 제공하는 서비스나 개입에 대해 기록하

고 설명하며 평가함으로써 전문직을 수행하게 된다.

기록의 목적에 대해 다음과 같이 아홉 가지로 설명할 수 있다.

① 사회복지실천활동의 정당성 확보 및 유지
② 슈퍼바이저는 사회복지사가 기록한 내용을 검토함으로써 슈퍼비전을 통해 효과적인 서비스를 제공했는지 점검
③ 사례의 지속성을 유지
④ 클라이언트를 돕는 다른 전문직과의 의사소통의 효율성 강화
⑤ 클라이언트에게 사회복지실천과정에 대한 정보를 제공함으로써 클라이언트가 사회복지실천활동에 적극적으로 참여하게 도울 수 있음
⑥ 사회복지실천의 발전을 위한 자료로 활용
⑦ 사회복지 활동 개시부터 종결까지의 모든 실천 내용의 문서화, 사회복지사의 사고를 구조화하는 데 도움
⑧ 효과적인 서비스를 위한 점검, 평가, 수정 등을 위한 기초자료, 서비스의 효과성과 효율성, 서비스의 질을 평가
⑨ 사후지도의 적절성에 유효하게 활용

5. 기록의 내용

사회복지실천 기록은 실천현장의 기능과 특성에 따라 매우 다양하기 때문에 그 내용을 일반화시키기엔 한계가 있다. 기록에 들어갈 내용을 정리하면 다음과 같다.

1) 클라이언트 특성

인구학적 정보는 서비스 탐색을 위한 기록 초기에 들어가게 된다. 전문적 판단을 요구하지 않는 인구학적 정보는 행정직원이나 클라이언트 자신들에 의해 수집 기록되기도 하며, 사회복지사와 클라이언트가 서로 처음 대면하기 이전에 기록에 포함되기도 한다.

2) 서비스를 개시하는 방법과 이유

서비스를 개시하는 방법과 이유는 접수면접에서 처음으로 기록되는데, 이 정보는 서비스를 의뢰하는 측이 갖고 있는 서비스에 대한 클라이언트의 욕구와 서비스의 잠재적 이득에 대한 견해를 나타내 준다. 서비스를 개시하는 이유는 서비스의 목적이라는 기록의 요소와는 분명히 구분되어야 한다.

3) 현재와 과거의 클라이언트 상황에 대한 기록

사회복지 기록은 클라이언트의 문제나 욕구를 역사적이며, 생태학적인 맥락에서 이해하기 위해 클라이언트 상황에 대한 현재와 과거에 대한 정보를 포함한다. 이러한 정보는 다음과 같은 중요한 이유 때문에 기록을 꼭 해야 할 필요를 느낀다.

- 클라이언트, 가족, 중요한 타인들에게 '자신들의 이야기를 할' 기회를 제공하여 자신들의 경험을 재검토하고 공유할 수 있도록 하기 위해
- 클라이언트, 상황, 관련 환경을 개별화하기 위해
- 문제의 원인과 문제해결을 위한 자원을 찾기 위해
- 욕구와 결핍뿐만 아니라 강점과 대처능력을 발견하기 위해
- 관심과 서비스를 개입에 관한 관련 쟁점들과 포인트로 초점을 맞추기 위해
- 다른 서비스 제공자들에게 적절한 정보를 전달하기 위해
- 조직 내에서의 서비스 전달에 관련된 결정과 행동, 다른 곳의 서비스를 받도록 의뢰하는 것과 관련된 결정과 행동을 포함하여 사회사업 결정과 행동의 근거를 문서화하기 위해

기록이 현재와 가까운 과거에 초점을 둘 때도 기록의 이러한 구성요소는 흔히 '사회력'이라고 불리기도 한다.

4) 사회력의 개요

(1) 인지 및 신체적 발달

특별한 이정표가 될 만한 것들(예를 들면 뒤집기, 앉기, 그 밖의 운동들), 그 밖의 자

기관리 습관들, 중요한 경험들(예: 임신, 탄생, 질병), 특별한 가족사건(예: 죽음, 별거, 이혼) 형제 및 다른 가족원들의 발달, 심리사회적 성장상의 중요한 사건들과 경험들, 클라이언트와 가족의 태도와 기대, IQ검사 점수 등을 말한다.

(2) 정신건강

현재와 과거의 질병, 사고, 장애, 증상, 고통, 진단명, 입원경력, 치료경력, 수술경력, 약 복용, 보철사용 여부, 식이요법, 운동, 약물사용, 성생활을 포함하는 건강 관련 행동, 과거와 현재, 그리고 예측되는 미래의 건강상태에 대한 태도, 기대, 적응 등을 들 수 있다. 현재와 과거의 인지적, 정서적, 사회적 및 행동 기능, 현재 갖고 있는 문제의 발생 시기와 진행 기간, 현재 상태와 관련 있는 중요한 사건들, 현재 또는 과거의 정신건강 진단명, 입원경력, 치료경력, 수술경력, 약 복용, 클라이언트와 가족 그리고 사회환경 속의 타인들의 태도 및 기대를 말한다.

(3) 반응유형

중요 행동이나 현재의 상황에 관련되거나 클라이언트, 가족 또는 사회환경 내의 타인들에게 중요한 유형들을 고려해야 한다. 그러한 행동의 선례와 결과, 자극 강화제와 같은 통제조건들, 예를 들어 흡연, 거식과 같은 스트레스성 행동, 습관, 가정, 직장, 학교, 지역사회 내에서의 반사회적 행동들을 기록한다. 지식, 정보, 인지유형으로는 현 상태와 관련된 사건에 관한 클라이언트와 타인들의 해석을 말한다. 인간행동, 사회적 서비스 등에 관한 지식, 정보 및 신념, 문제해결을 위한 현재의 노력, 자아개념, 통찰력, 서비스의 수단과 목적에 관한 가치, 선호도 등을 파악해야 한다.

감정, 정서적 반응으로는 현 상황에 대한 클라이언트와 타인들의 정서적 반응, 현 상태와 이에 관련된 중요 사건 등을 인지해야 한다. 불안과 불편의 현 수준이나 변화와 행동의 동기, 서비스에 대한 관여 정도, 미래에 대한 태도, 현 상황의 향상 가능성, 자존감 등을 충분히 인지하고 이에 대한 기록을 남기는 것이 중요하다.

(4) 교육, 직업

교육적인 차원에서는 과거에 다녔던 학교 또는 기타 교육프로그램을 이수하였는지에 대한 성취수준 능력을 봐야 한다. 성취에 대한 경험, 태도, 기대와 교육과 자격증에 대한 가치, 향후의 교육에 대한 희망 여부, 강의실에서의 행동, 학습습관, 기초기술의 수준 등을 고려해야 한다. 직업에서 있어서는 유급활동, 자원봉사 경험, 직장 내 업무 경험이 있는지 확인하고 현재 직업은 무엇이며, 고용주, 직위 직장 경력 중에서의 중요한 사건, 지식, 기술, 흥미, 태도, 적성, 기대, 구직 기술, 작업습관 등을 정보적인 차원에서 알고 있으면 많은 도움이 될 것이다. 또한 현재 및 최근 수입원은 어떻게 나오며 수입액은 얼마인지, 저축, 투자, 주식, 자산은 얼마인지도 기록에 담으면 상담에 많은 정보가 될 것이다.

(5) 법적 문제

검찰, 민법 재판소, 형법 재판소의 조치를 받은 과거와 현재의 사건이나 과거 구속경험이 있는지, 집행유예, 폭력행위나 반사회적 행위에 대한 원고, 피고 또는 증인으로서의 경험이 있는지 보호처분이나 관찰소 교육경험이 있는지 아는 것도 필요하다. 법적인 문제는 개인정보보호에 위반되는 사항이 없는 범위 내에서 신중하게 다루어야 할 내용이라고 볼 수도 있다.

5) 대인관계

가족구성원, 역할 책임에 관한 기술을 포함하여 과거와 현재의 결혼관계 또는 가족 상황을 기록하고 부재중인 부모, 형제, 자녀, 확대 가족원과의 관계를 인지한다. 결혼 관계 및 가족발달에서의 중요한 사건들을 기록하고 결혼과 가족에 관한 태도, 신념, 가치, 가족과 인근 지역사회, 문화의 관계(예: 성문제, 자녀양육, 세대 간 교류와 같은 가족의 구조와 기능상의 문제들)를 다룬다. 동료집단과 비공식적 사회망, 오락, 사회적, 성적 관계를 포함하여 비공식 동료관계에 대하여 기술하고, 공식적 조직, 집단에의 참여 상태, 대인관계 행동, 기술, 관심 등에 대해 자세히 기술한다. 직장 관계에서는 슈퍼바이저와 상부 권위조직, 동료조직, 하부조직 내의 사람들과의 관계성을 포함하여 작업환경 내에서의 관계성 기술, 직장 관계성 속에서의 중요 사건 등을 다룬다.

6) 사회적 정보

- 문화적 정보에는 행동에 대한 가치, 선호, 기대와 편견과 차별의 문제, 자원의 존재성, 이용 가능성, 접근 가능성, 서비스와 서비스 제공자에 대한 태도, 지역사회와의 언어 및 관습의 차이 자원 등이 있다.
- 지역사회에서는 공식적, 비공식적 자원, 인구밀도, 경제상황, 생태환경, 물리적 특성, 클라이언트와 지역사회를 포함시키는 중요 사건 등을 인지해야 한다.
- 제도와의 관계에서는 학교 및 기타 교육조직, 직장, 자원봉사단체, 종교단체, 법체계, 보건 및 정신보건 조직, 사회복지기관 및 프로그램과의 관계 등으로 구성된다.

물리적 환경에 대한 기술은 주거, 이웃, 작업환경, 교통에 대한 안정성, 적절성, 유지성, 접근성에 특별한 관심을 둔다. 탐색과정에서 확인된 문제와 욕구에 대응하기 위해 사회복지사는 클라이언트가 필요로 하고 이용 가능한 자원과 서비스를 고려하게 된다. 기록에서는 보통 클라이언트 상황과 서비스 과정 및 진행에 관한 기술이 이루어진 다음, 정보에 대한 사정이 뒤따른다. 사정은 다음의 경우에 활용된다.

- 서비스를 계획하고, 실행하고, 평가하는 것
- 슈퍼비전과 동료 검토, 질을 확보하는 것
- 클라이언트, 조직, 인정 단체 및 재원 제공단체에 대해 책무성을 수행하는 것
- 클라이언트에게 서비스를 제공하는 다른 조직의 사람들과 의사소통하는 것

기록에서 사정은 있는 그대로의 기술과 분리되어 "사회복지사의 사정", "조작적 가설"과 같은 분명한 명칭을 갖는 것이 좋다. 클라이언트에게 전달되는 서비스의 종류, 질, 양에 영향을 미치는 중요한 결정들의 본질과 정당성을 기록하는 것이 중요하다. 서비스에 영향을 미치는 어떤 결정들은 서비스 환경에서 사회복지사나 다른 사람들에 의해 내려진 전문적 판단을 포함한다.

또한 서비스 목적이 명확해야 서비스 교류와 기록이 구성될 수 있다. 서비스의 목적이란 서비스 목표에 대한 기술이다. 다시 말해 서비스의 목적은

목표를 달성하기 위해 사회복지사, 클라이언트, 그리고 다른 사람들이 어떤 행동을 취할지를 명시하는 것이다.

목적에 따른 서비스계획은 목적을 성취하기 위해 취해지는 행위들을 포함한다. 계획을 자세하게 기술해 놓으면 사회복지사의 부재 시 다른 서비스 제공자가 사례를 맡게 될 경우에도 서비스의 지속성을 유지하는 데 특히 유용하다.

- 기관의 정책과 절차를 준수하고 있는지 확인
- 슈퍼비전, 자문, 동료 검토를 원활히 하는 것
- 클라이언트에게 서비스를 제공하는 다른 사람들과 의사소통하는 것
- 서비스의 실행을 평가하는 것

서비스 특성으로는 클라이언트의 특성과 마찬가지로 서비스 전달, 책무성, 행정 계획, 연구조사 등을 위해 일정한 양식으로 표준화(구조화)된 체크목록 형태의 기록을 말한다.

7) 중간 노트

중간 노트를 과정 노트라 부르기도 하는데, 이는 중간 노트에 어떤 정보를 포함시키느냐 하는 선택의 기준이 클라이언트가 변화되면서 향상되어 가는 과정을 보여주어야 함을 의미하기도 한다. 서비스 계획이 일단 시작되면 사회복지사는 중간 노트에다 클라이언트 상황과 서비스 교류를 정기적으로 기록하고 사정을 해야 한다.

중간 노트에는 다음과 같은 내용들이 포함되어야 한다.

- 지난번 기록 이후의 클라이언트 상황과 상태의 변화에 대한 기록과 사정
- 마지막 기록 이후의 서비스 활동과 서비스 과정에 대한 기록
- 중요한 사건의 보고
- 서비스의 목적, 계획, 과정, 진행에 대한 사정
- 서비스의 목적 또는 계획의 변화

중간 노트가 주어진 사례에 대한 사회복지사의 지속적 관찰과 사정을 기록한다면 서비스 재검토는 서비스 결정과 서비스 활동에 대한 공식적 재평

가를 기록하는 것이라 할 수 있다. 일반적으로 서비스 재검토의 내용은 일자, 참여자, 참여자의 의견, 새롭게 결정된 내용 등이 포함되어야 한다. 서비스는 사전에 수립된 계획에 따라 종결될 수 있고 클라이언트의 독립적 결정에 의해 조기에 종결될 수도 있으며, 서비스 환경에서 타인에 의해 결정 또는 클라이언트와 사회복지사 또는 서비스 교류에 영향을 주는 예기치 못한 조건들 때문에 조기에 종결될 수 있다. 서비스 종결과 관련된 조건들은 책무성, 서비스 평가, 클라이언트에 대한 향후 서비스 계획을 위해 사용된다.

8) 서비스 제공 요약과 사후관리

기관과 사회복지사가 제공한 서비스 활동에 대한 기록은 흔히 서비스 과정의 개괄이라고 할 수 있는 종결 요약과 종결 당시의 서비스 결과에 대한 기술을 포함한다.

- 서비스 제공 개시 이유
- 서비스 제공 기간 동안의 클라이언트의 상황
- 서비스 제공의 계획 및 과정, 목적
- 서비스활동과 클라이언트 상황 간의 중요한 사건들

클라이언트에 대한 서비스가 종결된 이후에도 클라이언트에게는 또 다른 변화들이 생길 수 있기에 사회복지사는 종결된 사례들에 대해 수개월에 걸쳐 사후관리를 하고 있는데, 이러한 과정은 서비스 제공에 대한 영향을 평가하는 데 유용하다. 클라이언트와 기관 사이의 공식적, 비공식적 사후관리에 대한 기록들은 다음의 용도에 사용된다.

- 기관 정책의 준수를 보여주는 때
- 서비스 활동을 기록하는 때
- 서비스의 영향을 평가하는 때
- 사례가 새로 시작되거나 클라이언트가 다른 곳으로 서비스 의뢰받을 것을 대비, 서비스의 지속성 유지를 위해

6. 기록의 형태

1) 기록의 유형

기록의 유형은 여러 가지가 있으며, 새로운 실천방법의 등장에 따라 변화해 왔다. 사회복지사는 자신이 소속된 기관에서 요구하는 기록을 정확하게 이해하고, 효율적으로 수행하는 능력을 발전시켜야 한다. 그래서 지금부터 사회복지실천에서 가장 많이 사용하는 과정기록, 요약기록, 이야기체 기록, 문제중심 기록 등에 대해 살펴본다(이준우 외, 2006; 신성자 외, 2007; 이준우, 2009).

(1) 과정기록

과정기록은 클라이언트를 면담한 내용, 클라이언트의 행동, 실천가가 관찰한 것과 판단한 것 등 클라이언트와 사례관리자의 상호작용을 자세하게 기록하는 방법을 말한다. 과정기록은 원조과정이나 서비스 이용자와 사회복지사의 상호작용 과정을 있는 그대로 기록하는 방법이다. 과정기록의 장점은 사회복지사가 스스로 자신이 수행한 사회복지실천과정과 결정한 내용을 분석하고, 그 내용을 개념화하고 조직할 수 있다는 점이다. 그래서 개입의 목적을 명확히 하고 기술능력을 향상시키는 데 도움이 된다. 반면, 기록하는 데 시간이 너무 많이 걸리고, 실제 내용을 간접적이고 불완전하게 왜곡하여 기록할 수도 있다. 주로 실습생이나 수련생이 교육목적으로 자신의 발전에 필요한 사례를 선택하여 사용한다. 과정기록에서는 사회복지사와 서비스 이용자와의 대화 내용, 사회복지사와 서비스 이용자의 대화에 대한 사회복지사의 느낌, 이에 대한 사회복지사의 분석을 모두 기록한다.

① 과정기록의 특징과 사례

- 사회복지사와 클라이언트 간에 있었던 일을 있는 그대로 기록하는 방식이다.
- 클라이언트가 실제로 말했던 것을 정확하게 상기할 수 있도록 그대로 기록하는 것이다.
- 의사소통의 내용이나 비언어적인 표현까지도 포함된다.
- 클라이언트와 사회복지사와의 상호작용 과정을 면밀하게 분석하기

위해서 사용된다.
- 대화체를 그대로 기록하는 축어록처럼 사용한다.
- 기관에서는 많이 사용하지 않으며, 교육이나 컨설팅을 위해 활용한다.

② 과정기록의 장단점

㉠ 장점

사회복지사가 사용하는 면담기법과 개입방법에 관해 구체적으로 파악할 수 있기 때문에 사회복지사의 교육·훈련에 유용한 자료가 될 수 있다. 즉, 사회복지사가 자신이 수행하고 있는 전반적인 실천개입 수행능력을 면밀히 파악하는 데 도움이 된다. 또한, 효과적으로 개입하고 있는 부분과 지도가 필요한 부분에 대해 슈퍼바이저가 파악할 수 있도록 해 준다.

사회복지사의 자기인식과 서비스 과정에서 자아의 활용을 향상시켜 준다. 따라서 사회복지사는 서비스 이용자의 말과 행동뿐만 아니라, 자신의 말과 행동, 감정도 자세히 기록해야 한다. 왜냐하면, 사회복지사는 자신의 생각과 느낌 등을 면밀히 분석하여 자기인식을 증진시켜야 하기 때문이다. 또한, 과정기록을 하는 과정에서 사회복지사는 효과적인 슈퍼비전을 통해 기록업무를 수행한 사회복지사 자신의 개인적 느낌을 파악해서 이것이 서비스 개입에 어떠한 영향을 미치는지를 분석할 수 있다.

- 슈퍼비전이나 교육적 도구로 매우 유용하다.
- 실무교습과 학습의 수단으로 사회복지교육에서 널리 사용한다.
- 초보 사회복지사나 실습생 등이 자신의 활동에 대한 점검과 슈퍼비전 또는 자문을 받을 때 유용하게 사용한다.
- 클라이언트와 교류를 준비하고, 상기시키고, 기록하고, 분석함으로써, 과정 기록에 대한 감독자의 비평에 반응함으로써 클라이언트와의 상호작용에 대한 이해를 높일 수 있다.
- 어려운 사례를 다루거나 새로운 기술 등을 개발할 때 유용하다.

㉡ 단점

너무 많은 시간이 걸림으로써 기관 실무에 사용하기에는 비효율적이다. 과정기록은 면접 동안 일어난 일을 실제로 완벽하게 기억하지 못한다. 이를 해결하려면 녹음이나 녹화 등을 부가적으로 사용해야 한다(Kagle, 홍순혜 · 한인영 역, 1997).

- 서비스의 상호교류에서 실제로 일어났던 일에 대해 완벽하게 기록하는 것은 불가능하므로 정보가 불완전하며 왜곡될 수 있다. 이를 보완하기 위해서 녹음이나 비디오 녹화 등을 하기도 한다.
- 작성하는 데 시간과 비용이 너무 많이 소요되어 비효율적이다. 따라서 일반적으로 많이 사용되지 않으며, 기록의 목적이나 사례 등에 따라 선택적으로 사용된다.
- 면담이나 서비스 제공 등에 대해 사회복지사가 기억하는 능력에 따라 기록의 유용성이 좌우된다. 사회복지사가 많은 내용을 정확하게 기억하면 좋은 기록이 되지만 반대의 경우 유용성이 떨어진다.

③ 과정기록 시 유의사항

- 정직하게 기록해야 한다.
- 기록하는 데에 너무 집중하다 보니 오히려 면담에 방해가 될 수 있다.
- 내용을 생생하고 사실 그대로 기록하기 위해서는 면접 직후에 가능한 한 빨리 기록한다.
- 과정기록 내용을 공식적으로 활용할 경우 클라이언트의 이름 등 개별적인 사항은 비밀로 해야 하며, 슈퍼바이저가 검토하고 승인 후 별도로 보관한다.

표 13-1 과정기록 사례

면담내용		사회복지사의 느낌과 분석
사회복지사	안녕하세요? 평안하셨어요? 지난번 전화 통화했던 사회복지사 이금옥입니다.	
서비스 이용자	네, 어떻게 말을 해야 할지 모르겠네요. 너무 가슴이 답답하고 미칠 것 같네요. 남편에게 여자가 생겼어요. 저하고 있는 시간보다 그 여직원하고 같이 있는 시간이 많다 보니, 생각만 해도 화가 나요. 미칠 것 같아요. 죽고 싶어요.	서비스 이용자는 매우 고심하는 것 같았다.
사회복지사	지난번 전화로 조금 말씀하신 것처럼 남편이 외도한다는 건가요?	다음 서비스 이용자와의 면담약속 때문에 마음이 급했고, 빨리 결론을 내리려 한 것 같다.

서비스 이용자	아직까지는 외도라기보다는 직원과 친하게 지내는 정도일 수도 있어요. 근데 사무실에 갔더니 그 여직원과 찍은 사진 액자를 책상에 두었더라고요. 너무 속상하네요. 자꾸만 생각이 나고, 마음에 걸리네요. 그 여직원과 자거나 그런 것 같지는 않지만, 그냥 불안하고 두려워요. 화가 많이 나요.	서비스 이용자는 무척 불안해하는 것 같았다.

출처: 이준우 외(2006), 사회복지실천론, p. 289.

(2) 요약기록

요약기록은 일반적으로 사회복지기관에서 가장 많이 사용하는 기록의 형태로 시간의 경과에 따라 변화된 상황, 개입활동, 중요한 정보 등을 요약하여 기록하는 방법이다. 즉, 시간의 경과에 따라 일정한 기간의 간격을 정하여 기록하는 것으로 사례가 장기간 지속할 때 유용하며, 주로 서비스 이용자에게 일어난 변화에 초점을 두어 기록한다.

요약기록은 필요시 간략하게 핵심만을 요약, 기록하므로 대체적으로 사회복지사의 기록 업무량이 많은 사회복지기관에서 주로 사용되는 기록 형태이다.

① 요약기록의 특징

- 사회복지기관에서 흔히 사용되는 기록 형태이다.
- 기록의 내용은 기관에 따라서 달라지지만 일반적으로 개시일, 사회력, 행동계획, 시간의 경과에 따라 변화 상황, 개입활동, 중요한 정보 등이 포함되어 요약하여 기록한다.
- 시간의 경과에 따라 일정한 간격을 정하여 기록하거나 특정 행동이나 사실 등의 기록이 필요할 때 작성한다.
- 사회복지사가 제공한 것보다 클라이언트에게 일어난 변화에 초점을 둔다.
- 일시와 클라이언트에 대한 간단한 내용을 적은 후 서비스나 개입 내용, 클라이언트의 변화에 대해 짧게 요약한다.

② 요약기록의 장·단점

요약기록의 장점은, 사례가 장기간 지속될 경우 유용하며, 전체 서비스 과정을 고려하면서 쉽고 짧게 사용할 수 있다. 단점으로는, 클라이언트의 언어적 표현이나 비언어적 표현 등이 사실적으로 전달되지 않을 수 있고 클라이언트나 사회복지사의 생각이나 느낌이 잘 드러나지 않을 수 있다는 점이다.

③ 요약기록 시 유의사항

- 복합적이고 개별화된 서비스에 대해서만 요약기록을 활용
- 기록에 포함해야 할 내용에 대해 지침을 만듦
- 면담 후 가능한 한 즉시 기록해서 정확도와 신뢰도를 확보
- 장기 개입의 경우 요약기록 방법이 유용하므로 매일 면담내용을 기록할 수 있는 사례 노트를 활용하여 시간에 따라 기록할 필요가 있음

(3) 이야기체 기록

이야기체 기록은 사회복지사가 클라이언트, 상황, 서비스에 대해 이야기를 풀어 가듯이 서술체로 기록하는 방법으로 특정 내용 요소들을 문서화하는 데 효과적이다.

① 이야기체 기록의 특징

사회복지실천 분야에서 보편적으로 활용하는 방법의 하나로서 이야기하듯이 서술해 나가는 기록 형태이다.

- 면담내용 혹은 서비스 제공 과정에서 이야기한 것을 그대로 대화 형태로 표현하는 것이 아니라 내용이 정리되어 서술되어 있다.
- 이야기체 기록은 일정한 틀이나 양식이 있지 않으므로, 즉 표준화나 구조화가 덜 되어 있기 때문에 총괄적인 기록이 가능하며 클라이언트의 상황, 서비스 교류의 특별한 특성들을 잘 나타내고 있다.
- 클라이언트와 그 상황, 그리고 서비스가 갖는 나름의 특수한 본질을 개별적으로 반영할 수 있다.
- 몇 가지 주제 등으로 제목을 정하면 문서가 훨씬 조직화된다.
- 단점과 한계를 보완하기 위해서 사례 노트를 사용한다.
- 중요하다가 판단되는 것을 모두 기록할 수 있는 융통성 때문에 널리 사용되고 있다.

② 이야기체 기록의 장단점

이야기체 기록의 장점은, 중요한 정보를 기재하고 그렇지 않은 것은 기재하지 않을 수 있으므로 기록에 융통성이 있으며, 클라이언트 상황, 서비스의 특수한 본질을 반영할 수 있는 점이다. 단점은 과정기록에 비해 시간이 덜 들지만 기록할 것과 하지 않을 것을 구분하고 재구성하기 때문에 역시 시간이 많이 소요되며, 기록자의 주관이 개입되어 기록자가 중요하게 생각하는 내용은 반영하고 그렇지 않은 내용은 누락될 수 있다는 점이다.

③ 이야기체 기록의 유의사항

- 복합적이고 개별화된 서비스에 대해서만 이야기체 기록을 활용한다. 단 서비스나 전형적인 일상 서비스는 구조화된 양식이나 체크리스트를 활용한다.
- 기록에 포함해야 할 내용과 그렇지 않은 내용에 대해 지침을 만든다.
- 면담 후 가능한 한 즉시 기록해서 정확도와 신뢰도를 확보한다.
- 장기 개입의 경우 이야기체 기록 방법이 유용하므로, 매일 면담 내용을 기록할 수 있는 사례 노트를 활용해 시간에 따라 기록하는 것도 좋은 방법이다.

(4) 문제중심 기록

문제중심 기록은 현재 제시되고 있는 문제를 중심으로 구성되며, 문제 영역을 규명 · 사정하고 각 문제에 대하여 무엇을 할 것인지에 대한 계획을 기록하는 방법이다. 이 방식은 의료 혹은 정신보건 세팅에서 여러 전문직이 함께 일할 때 효과적이다. 이 방식은 원래 병원에서 의료 기록을 표준화하고 수행 정도를 검토하기 위하여 개발되었다. 문제중심 기록은 보통 SOAP 방식으로 기록하며, 이의 구성요소는 **표 13-2**와 같다.

표 13-2 SOAP 방식의 구성요소

구성요소		내용
S	주관적 (subjective) 정보	서비스 이용자가 상황을 어떻게 인식하고 느끼는지를 나타낸다.
O	객관적 (objective) 정보	전문가의 직접적 관찰, 임상적 실험, 체계적 자료 수집 등에 의해 얻어진다. 서비스 이용자의 행동이나 외모에 대한 사회복지사의 관찰, 사실적 자료와 같은 객관적 정보를 기술한다. 서비스 이용자가 의료적 진단이나 정신과적 진단을 위한 공식 검사를 받았다면, 그 결과가 사실적 정보로서 포함될 수 있다. 또한 주거 상태, 경제적 상태 등도 서비스 이용자의 현재 제시된 문제와 관련된다면 포함될 수 있다.
A	사정 (assessment)	주관적 정보, 객관적 정보에 근거하여 사회복지사의 사정, 견해, 해석, 분석을 기술한다. 확인된 문제에 대한 서비스 이용자가 지각하는 인식의 의미, 사회복지사의 관찰과 사실적 정보에 대한 의미를 사정하고 분석한 견해를 기술하는 것이다.
P	계획 (plan)	주관적 정보, 객관적 정보, 사정을 기반으로 하여 확인된 문제에 대한 개입 계획을 기술한다.

문제중심 기록은 현재 문제를 중심으로 문제 영역을 사정하고 목록화해서 각각 문제에 대해 무엇을 할 것인지 계획하고 그 진행 사항을 기록하므로 문제 지향적이다. 기록의 주요 목표가 문서화뿐만 아니라 정보교환에 있기 때문에 다른 전문직과 함께 일하는 현장에서 효과적이다.

① 문제중심 기록의 특징

㉠ 의학 및 보건 분야에서 학제 간 협력을 증진시키기 위해서 개발되었다. 문제중심으로 구성되고, 문제의 영역을 밝히며, 각각의 문제를 해결하기 위한 개입 계획을 기록한다.

㉡ 다양한 전문직 간 효율적인 의사소통과 정보교환을 위해 중요하다. 팀 접근 시 다른 분야의 전문가들도 모두 동일한 기록지에 기록하기 때문에 다른 팀에서 무슨 일을 하는지 쉽게 파악할 수 있다.

② 문제중심 기록의 구성

㉠ 일반적 구성

- 데이터베이스: 성, 연령, 결혼상태, 기능, 재정상태, 검사결과, 중요한 인물 등
- 문제 목록: 초기 호소문제, 관련 전문가의 사정내용 등

- 계획과 목표: 규명된 문제와 관련된 계획과 목표
- 진행 및 결과 기록: 실행된 것과 결과에 대한 노트

ⓛ SOAP식 구성

- S(Subjective information, 주관적 정보): 클라이언트나 가족으로부터 얻는 주관적 정보, 기본적인 자료, 클라이언트가 느끼는 자신의 상황에 대한 인식과 감정

> 예 가정에 돈 한 푼 벌어주지 않아 '죽는다', '헤어지자' 해도 들은 척 만 척. 허구한 날 술만 마시고 잔소리해도 자식들 때문에 산다.

- O(Objective information, 객관적 정보): 검사와 관찰로부터 얻은 객관적 정보, 전문가의 관찰, 검사결과, 체계적 정보

> 예 문제적 음주, 가족대응기제 약화

- A(Assessment, 사정): 주관적 정보와 객관적 정보를 검토해서 추론된 전문가의 해석이나 결론

> 예 알코올의존성 진단, 가족대처기술의 결핍, 질병에 대한 이해부족

- P(Plans, 계획): 문제를 해결하기 위한 방법이나 계획

> 예 주 1회 알코올중독예방교육 참가, 가족교육 강화(질병 대처 프로그램 등 수강)

③ 문제중심 기록의 장단점

㉠ 장점

다양한 전문직 간의 의사소통을 촉진시킬 수 있다.
팀 기록이 간결하고 형식이 표준화되어 있어 기관장이나 슈퍼바이저, 조사 연구자, 외부 자문가 등이 더 쉽고 질 높은 기록 검토를 할 수 있다.

- 다양한 분야가 함께 일하는 현장에서 의사소통을 수월하게 하며, 타 분야 간 협조를 원활하게 한다.
- 전문직 간의 의사소통을 촉진시키고 책무성이 증가된다.
- 특정한 문제에 초점을 두므로 적절하지 않은 정보는 기재하지 않게 되어, 기록이 간결하다.
- 미해결의 문제에 대해서는 대안적인 계획이나 다른 기관에 의뢰

하는 것에 대해 윤곽을 그릴 수 있다.
- 형식이 표준화되어 있으므로 기관장이나 슈퍼바이저, 조사연구자, 외부 자문가 등이 보다 쉽고 질 높은 기록 검토를 할 수 있다.

ⓛ 단점

서비스 이용자의 욕구, 자원, 강점보다는 문제를 강조함으로써, 사회복지실천의 관심의 폭을 지나치게 한정시킬 수 있다.

개인과 환경의 상호작용보다는 개인을 강조함으로써, 관련 현상의 복잡성을 단순화시킬 수 있다(Kagle, 홍순혜 · 한인영 역, 1997).

- 클라이언트의 강점보다는 문제를 강조하고, 개인과 환경의 상호작용보다는 개인에게 초점을 둠으로써 생태체계적 관점이나 강점관점과 잘 맞지 않을 수도 있다.
- 문제의 사정이 부분적으로 이루어지고, 지나치게 단순화하며, 클라이언트의 능력과 자원을 덜 중요시하는 경향이 있고 통합적이고 체계적인 쟁점들을 왜곡시킬 우려가 있다.

우리는 클라이언트에 관한 기록을 왜 중요하게 관리해야만 하는가? 기록은 서비스 이용자 개인에게는 대단히 소중한 내용일 수 있기 때문이다. 서비스 이용자 자신만이 간직하고 싶은 이야기를 사회복지사와의 대화 속에 노출하기도 하므로 서비스 이용자와 면접하는 사회복지사는 기록의 관리를 철저히 해야만 한다. 기록된 파일을 책상 위에 놓고 자리를 비우거나 기록이 컴퓨터 화면에 노출된 상태에서 자리를 비우는 일 등은 사회복지사가 지녀야 할 자질을 의심케 하는 사례가 될 수 있다. 사회복지사는 서비스 이용자의 비밀을 보장해야 할 의무와 책임이 있기 때문에 어떤 형태의 기록이든 신중하고 철저하게 관리해야 한다.

CHAPTER

14 사회복지실천 평가

사회복지현장에서 전문성 확보에 대한 요구가 갈수록 강력하게 대두하는 이유가 무엇일까? 그 이유는 전문적인 서비스 실천개입의 존재근거가 그 실천 때문에 정말로 서비스 이용자가 변화되었는가에 대한 효과성에 집중되기 때문이다. 이에 따라 서비스 실천개입에 따른 효과성을 측정하고자 하는 것과 서비스 개입과정의 효율적 운영에 대한 탐색이 강조되고 있다. 그렇다면 사회복지사는 어떻게 행동하여야 할까? 사회복지사는 서비스 개입에 따른 이용자의 변화측정에 대해 지대한 관심을 두고, 과학적이며 객관적으로 이용자에 대한 서비스 개입결과를 산출할 수 있는 체계적인 방법과 활용기술을 고안해야 한다.

평가는 사회복지실천 개입에서 전문적인 접근의 본질적인 요소가 된다. 수행된 서비스 개입에 대한 평가가 객관적이며 체계적으로 이루어지지 못한다면 사회복지실천의 효과성을 증명할 방법이 없다. 즉, 사회복지실천이 전문적인 개입이라고 할 수 있는 것은 '의도된 계획에 따른 의도된 실행이 이루어지고 의도된 결과'를 산출할 수 있기에 가능한 것이다. 다시 말하면, 사회복지실천이 전문적이라고 할 수 있으려면 서비스 개입에 따른 성과를 명확하게 평가할 수 있어야 한다.

1. 사회복지실천 평가의 중요성

사회복지실천의 평가를 통해 사회복지사와 클라이언트는 의도한 대로 서비스 계획을 이행했는가의 여부와 목적이 성취되었는가를 결정짓고 이를 토대로 문제나 목표, 서비스 계획 등을 수정할 수 있으며, 동일한 서비스 계획을 다른 방식으로 수행할 수도 있다. 평가가 사회복지실천에서 중요한 이유는 다음과 같다.

첫째, 사회복지실천의 효과성 측정으로서, 평가의 일차적 목적은 목표를 달성했는지 측정하는 것이다.

둘째, 사회복지실천의 효율성 측정으로서, 이것은 동일한 비용으로 높은 효과를 내었을 때, 효율성을 증가하기 때문에 평가과정을 통해 실천의 효율성을 측정할 수 있다.

셋째, 자원 사용에 대한 책임성 입증으로서, 이것은 재정적인 자원이나 지역사회의 승인이 필요할 때에 이에 대한 근거를 제시하는 계획안이 된다.

넷째, 클라이언트에 대한 책임성 이행으로서, 사례의 진행 정도에 대해 사회복지사 자신뿐만 아니라 지역사회와 클라이언트에게 알려줄 책임을 이행할 수 있다.

다섯째, 실천과정에 대한 점검으로서, 클라이언트는 어떻게 반응하고 있는지, 계획했던 변화가 일어나고 있는지 등 변화과정에 대한 점검을 할 수 있다.

여섯째, 사회복지사가 실천내용에 대해 점검하고 평가함으로써, 반성할 기회를 갖고 새로운 활동에 반영한다.

2. 평가의 개념과 유형

1) 평가의 개념

사회복지실천에서 평가란 무엇인가? 사회복지실천에서 사용되는 중재 혹은 개입의 결과를 사정하기 위한 기술이다(Zastrow, 1995). 넓은 의미에서 평가 과정은 개입이 효과적이고 효율적이었는가를 사정한다. 이상적인 개입은 효과적이면서 효율적이어야 한다. 그렇지만 개입은 효과적이지만 많은 시간과 노력, 자원이 바람직한 목표달성을 위해 필요한 상황에서는 효율적이지 못할 수도 있다. 사회복지사는 언제나 목적과 목표를 분명히 하여 개입을 시작해야 한다. 개입의 목적과 목표를 분명히 하지 않고 나중에 그 개입이 성공적이었는가를 평가하는 것은 불가능하다.

평가는 변화가 일어났는지 아닌지, 변화가 얼마나 일어났는지를 설명할 수 있는 측정도구나 측정절차를 선택하고 설계하는 것이 필요하다. 어떤 절차는 변화에 영향을 미친 상황의 요인이나 변수를 명백히 하는 데 도움이 된다. 평가는 문제해결과정의 마지막 단계이다. 평가를 통해서 사회복지사와 클라이언트는 사회복지사가 의도한 대로 서비스 계획을 수행하고 있는지, 그 목적이 달성되고 있는지를 결정할 수 있다. 평가에 근거하여 사회복지사와 클라이언트는 다른 문제를 변화시키고, 목적을 바꿀 수 있으며, 서비스 계획을 바꾸거나 다른 방식으로 계획을 수행할 수 있다.

이처럼 평가를 통해 얻은 자료를 바탕으로 프로그램을 중단, 축소 혹은 수정할 것이냐, 계속, 보완 혹은 확대할 것이냐를 결정하는 중요한 행정적 결정을 내릴 수 있다. 프로그램이 당초 의도했던 효과를 발생하지 못한다든가, 나타나는 효과와 비교해서 비용이 더 클 때는 이를 즉각 수정 혹은 축소, 중단하여야 할 것이다(성규탁, 1994). 평가는 권리보호와 서비스의 할당에 의한 이슈가 제기되기 때문에 의료, 정신건강, 그리고 약물남용 장면에서 실천하는 사회복지사의 특별한 관심사가 된다. 이러한 이슈는 서비스가 어떻게 전달되는가와 관련해서 자원을 줄이고 정책을 변화시킴으로써, 사회복지서비스에 영향을 미친다.

사회복지사는 다른 전문가와 함께 서비스와 개입계획의 효율성과 효과성을 입증해야 한다. 그런데 어떻게 입증할 수 있을까? 입증하는 방법은 크게 다음의 질문에 성실하게 답하는 것이다. 처음 의도한 목적을 달성하고 있는가? 얼마만큼의 예산과 시간, 그리고 다른 자원이 소요되는가?

평가란, 개입의 효과성과 효율성을 측정하는 것이다. 효과성은 목표달성 여부를 말하고, 효율성은 투입된 비용과 산출된 성과 간의 비율을 말한다.

2) 평가에 포함되는 사항

전재일과 이성희(2003)는 평가에 포함되는 사항을 다음과 같이 제시하였다.

① 사회복지사가 개입계획의 효율성과 효과성을 클라이언트와 함께 사정하는 것

② 사회복지사와 클라이언트가 의도한 대로 서비스 계획을 수행하고 있는지를 결정하는 것

③ 기관이 제공하는 프로그램과 서비스를 동료 사회복지사와 함께 사정하는 것
④ 효과적인 접근 방법을 선택하는 데 있어서 사회복지사와 클라이언트에게 도움이 될 이전의 프로그램 평가로 산출된 지식을 이용하는 것
⑤ 의도하지 않은 결과에 대해 주의하고, 개입의 역효과를 방지하기 위해 합리적인 조처를 하는 것
⑥ 서비스 계획을 평가하는 데 사용할 기록 자료를 보관하는 것

3) 평가의 책임성

사회복지사의 책임성은 사회복지실천 장면에서 많이 강조되고 있다. 사회복지실천은 사회복지사가 사회에 대한 책임을 지는 것을 포함하는 것으로, 효과적이고 효율적으로 수행하는 것을 뜻한다. 효과성과 효율성의 문제는 정부나 민간단체가 사회복지에 자원을 많이 투입하면서 더욱 중요시되고 있다. 자금을 부담하는 측은 어느 정도 책임성 있게 귀중한 자원을 주민복지를 위해 사용했는가를 알고자 할 것이 당연하다. 사회적 책임을 지는 것은 우리나라 사회복지 전문직이 당면하고 있는 가장 중요한 과제이다. 왜냐하면, 이를 수행하기 위해서는 프로그램을 담당하는 사회복지사가 고도의 전문적 지식과 풍부한 경험을 가져야만 하고, 이들에게 충분한 행정적 지원을 제공하여 의욕과 사명을 가지고 일할 수 있도록 해야 하기 때문이다(성규탁, 1994).

사회복지사는 클라이언트에게 그의 어떤 동의나 계약을 유지하고, 동의한 서비스를 제공할 책임이 있다. 사회복지사는 사회복지실천 가치를 유지하고 서비스 전달에 있어서 윤리강령을 지킬 전문직에 대한 책임도 있다. 사회복지사는 기관의 지침과 프로그램, 기관이 개발한 정책 안에서 서비스를 전달할 사회복지사를 고용한 기관에 대한 책임이 있다. 바꾸어 말하면, 기관은 기관에 대한 지지와 승인을 제공하는 사람들에 대한 책임이 있다. 기관을 지원하는 사람들은 일반적으로 서비스 목표를 수용하지 않는 수많은 사람(납세자)이다(Johnson & Yanca, 2001, 전재일 · 이성희, 2003 재인용).

책임성은 사회복지기관의 다수 후원자와 상황 속 인간의 체계적 특성 때문에 복잡하지만 효과성과 효율성이라는 두 가지 구성요소를 가진다. 먼저, 효과성은 서비스가 처음 의도한 목표에 도달했는가에 관련된다. 그러나 인

간 상황이 복잡하고 기관 프로그램이 다른 목표를 가지고 개인에게 관여하기 때문에 효율성을 측정한다는 것은 어렵다. 그렇지만 측정할 수 있는 목표가 행동계획에 포함되었다면, 이들 목표가 특별한 서비스 상황에 도달하였는지를 판단할 수 있다. 기관이 목적과 목표를 잘 정의했다면, 평가와 책임성은 건전한 기초 위에서 수행될 수 있다. 목표의 확인과 서비스 평가는 책임성에 있어서 중요한 요인이다. 평가는 사회복지실천과정의 일부로서 중요할 뿐만 아니라 현대의 사회적 정치적 입장에서도 기관의 기능수행을 위하여 필요하다.

다음으로, 효율성은 서비스의 비용을 가리킨다. 인간서비스의 특성 때문에 책임성은 클라이언트 수, 클라이언트와 보낸 시간, 서비스 비용을 결정하는 것 이상을 의미한다. 서비스가 클라이언트의 능력에 영향을 미친 정도를 포함하는 사회비용도 고려되어야만 한다. 사회비용은 서비스가 클라이언트의 직접적인 환경 안의 체계 기능 수행에 얼마나 영향을 미치고 혹은 클라이언트, 중요한 다른 사람, 그리고 지역사회가 얼마나 영향을 받았는가를 포함한다.

사회복지사 대부분은 적은 자원으로 많은 결과를 창출할 것을 요청받고 있다. 이런 면에서 효과성과 효율성의 균형을 유지하는 것은 무엇보다 중요하고, 질적인 서비스가 효율적인 방식으로 클라이언트에게 제공되어야만 한다. 변화과정의 단계별 효율성에 관한 끊임없는 평가가 필요하며, 평가는 특히 자원이 줄고 관리보호가 필요할 때 불가피하다. 또한, 사회복지사는 부가적이고 대안적인 서비스의 승인이 거의 모든 관리보호계획에서 이루어지도록 하는 것이 필요하다.

평가는 프로그램의 수행 직전에 설정한 목적과 목표와 관련 행동 프로그램의 결과에 관한 자료의 수집으로 시작한다. 기관은 기관의 프로그램에 대한 책임을 지는 데 가장 적합하다. 사회복지사는 개인 클라이언트와 기관에 대한 책임을 져야 한다. 책임을 져야 할 기관을 위해서 프로그램의 효과성과 효율성 모두를 평가하는 계속적인 조치를 발전시켜야 한다. 기관의 일부로서 사회복지사는 평가과정에서 사용할 자료를 기관에 제공해야 한다.

클라이언트는 힘이 약하기 때문에 그들의 견해와 입장이 무시되는 경향이 있다. 또한, 클라이언트는 서비스를 평가할 지식과 경험이 없을 수도 있다. 그렇지만 그들은 평가에서 고려되어야 할 질문을 구성하는 데 관여할 수 있고, 기관의 목표를 달성하기 위한 이상적인 서비스에 관한 그들의 입장을 제시할 수 있다.

현대 사회복지실천에서 전문적 책임성을 충족시키기 위해서 모든 사회복지사는 책임성의 이슈에 관해 관심을 둬야 한다. 사회복지사는 클라이언트, 기관, 그리고 지지하는 일반인의 다른 관점을 조정하여야만 한다. 사회복지사는 클라이언트와 다른 지식이 있는 다양한 사람과 협력하여야만 하고, 전달하는 서비스의 정확한 사정이 이루어질 수 있도록 서비스 평가를 위한 수단을 개발하여야만 한다. 사회복지사가 평가적 활동을 수행함으로써 사회복지실천의 책임성 요구를 마음에 간직하여야 할 것이다. 이러한 요구는 클라이언트와 전문직에 대한 책임성과 마찬가지로 기관의 요구, 재정지원, 그리고 지역사회의 요구를 포함한다. 사회복지사는 사회복지사와 클라이언트의 관계, 기관이나 기관의 지원단체와 일반인과의 관계와 관련해서 책임성의 요구를 충족시킬 적절하고 정확한 자료를 수집해야 한다(Johnson & Yanca, 2001, 전재일 · 이성희, 2003 재인용).

4) 평가의 유형

평가를 효과적이고 효율적으로 계획하기 위하여 여러 가지 평가방법과 평가기준을 수행하기 위한 수단을 이해하는 것은 많은 도움이 된다. 가장 단순한 형태의 평가는 무엇일까? 그것은 무엇이 일어났고, 그것이 왜 일어났는가에 관한 사회복지사의 사고에 관한 것이다. 사회복지실천과정의 종결단계 동안 사회복지사와 클라이언트는 계약 시에 설정한 목표에 얼마나 도달하였으며, 무엇이 목표달성을 가능케 하였는가를 결정한다. 평가는 무엇이 클라이언트에게 도움이 되었으며, 무엇이 다르게 수행될 수 있었는가를 논의하는 것을 포함한다(전재일 · 이성희, 2003). 평가를 이해하는 한 가지 방법은 평가에 관련하여 다음과 같은 여러 가지 분류체계를 고려하는 것이다(Johnson & Yanca, 2001).

(1) 특수 사례 프로그램과 기관에 관한 평가

특수한 사례를 고려할 때 평가의 목표는 사회복지사와 클라이언트가 함께 설정한 목표를 달성하였는가, 아닌가에 초점을 둔다. 활동과정의 평가는 여러 가지 행동계획의 구성요소가 목표에 도달하는 데 영향을 미쳤는가에 초점을 두어야 한다. 활동가의 평가는 클라이언트가 보통 목표달성이 활동과정에 관한 가장 좋은 정보원이기 때문에 사회복지사와 클라이언트의 공동노력을 통해 이루어진다. 사회복지사는 흔히 상황 속의 클라이언트와 클라이언트가 다른 사람과는 어떻게 관계하고 있는가에 관하여 생각을 한다. 이것은 사회복지사가 비슷한 상황에 처한 미래의 클라이언트에게 어떻게 접근할 것인가를 알게 한다.

프로그램과 기관 평가는 기관의 기능수행 효과성을 결정한다. 이러한 종류의 평가는 흔히 서비스 제공의 효율성에 관심을 둔다. 프로그램 평가는 네 가지 목적을 가진다. 첫째, 평가는 외부의 재정지원단체와 승인단체의 요구를 충족시켜야 할 필요가 있다. 둘째, 평가는 클라이언트 만족의 지표를 제공할 수 있다. 셋째, 평가는 새로운 실천지식과 사회복지사의 역량을 개발하는 데 사용될 수 있는 정보를 제공할 수 있다. 넷째, 프로그램 평가는 새로운 서비스를 위한 욕구나 다른 서비스 제공자들, 재정자원 및 일반인에 대한 서비스 효과성을 문서로 만들 수 있다.

(2) 양적, 질적 평가와 임상, 관리평가

양적 평가는 조사한 양적인 자료를 가지고 사람 수(빈도)와 평균 차이를 이용하여 만족을 측정하는 것이다. 이 절차의 이점은 통계적 처리의 결과가 임의적인지, 서비스와 관련된 것인지를 결정할 수 있다. 단점은 자료가 개인경험의 부족으로 아주 의미가 없을 수 있다는 점이다. 질적 평가를 위한 자료는 사람들에게 그들의 경험과 관련된 것을 질문함으로써 나온다. 질적인 자료는 클라이언트의 관점으로부터 종합적인 서비스를 제공하는 이점이 있다. 그렇지만 질적 자료의 수집은 양적 자료 수집보다 더 많은 시간이 걸리며 더 큰 비용이 소요된다. 이 외에 클라이언트의 표집 크기가 더 작고, 자료를 분석하기가 더 어려운 점이 있다.

서비스 전달체계는 조직관리의 경향과 평가의 활용으로 크게 영향을 받아왔다. 임상 실천은 또한 행동심리학과 그것이 행동을 측정할 때 무엇을 강조하는가에 따라 영향을 받아 왔다. 정보와 기록의 전산화 경향은 양적인 자료의 요구를 충족시키게 하였다. 그렇지만 사회복지사 대부분은 인간의 기능수행의 질적인 요인으로 모든 정보를 양적인 방식으로 처리할 수 없다는 것을 지지한다. 행동은 측정할 수 있지만, 감정과 정서는 측정할 수 없으며, 그리고 질적인 측정은 이러한 요인을 평가하기 위한 더 나은 기제이다. 대부분의 클라이언트 조사는 이러한 방법이 각각 지니고 있는 이점을 취하여 양적, 질적 자료 모두를 포함하여 활용하여야 할 것이다.

임상과 관리 이 두 가지 형태의 평가의 적용은 완전히 다르다. 관리평가는 직원을 배치하고, 프로그램을 결정하고, 서비스 욕구와 서비스를 지지하는 자원을 구체화하는 데 사용된다. 또한 관리평가는 문제의 범주로 나눌 수 있는 통제적 자료를 요구하는 데 적합하다. 임상평가는 사회복지사와 슈퍼바이저와 같은 전문가에 의하여 사용되고, 클라이언트는 평가받는 상황에 관여한다. 가끔 자료는 이 두 가지 유형의 평가에 사용되지만, 같은 정보를 두 가지 다른 목적을 위하여 사용하기는 어렵다. 임상평가는 보통 욕구의 유형과 다루어야 할 관심사, 욕구와 욕구의 해결이 클라이언트와 그의 상황에 의하여 어떻게 영향을 받는가에 관한 구체적인 정보에 관심을 둔다. 이러한 정보는 범주나 통계로 바뀔 때 그 의미의 일부는 상실할 수도 있다.

(3) 평가차원에 따른 분류

① 성과평가

성과에 대한 평가는 목표에 비추어 성취된 결과를 평가하는 것이다. 측정도구가 없다면, 클라이언트의 관점과 생각을 사회복지사의 생각과 비교하기 위해 상담이나 질문지를 사용할 수 있다. 서비스 이용자의 변화와 관련된 내용으로 사회복지 실천 서비스로 인해 서비스 이용자가 얼마나 영향을 받았는가를 의미한다. 가령, 생각이나 태도의 변화, 행동, 지위의 변화 등을 살펴보는 것을 들 수 있다. 그리고 프로그램 참가자 수, 상담 회기 수, 서비스 제공시간 등 주로 서비스 내용 자치와 관련하여 산출된 내용을 평가하기도 한다.

② 과정평가

과정평가는 프로그램이 어떠한 경로를 거쳐서 효과를 발생하였는지를 파악하는 평가를 말한다. 프로그램이 끝났는데도 효과가 나타나지 않을 때가 있다. 이런 때에는 서비스를 전달한 과정을 추적해 올라가서 살펴보고, 그 원인을 파악할 필요가 있다. 효과가 있을 때에도 역시 그 전달과정을 추적해 올라가 효과가 나타나게 된 이유를 후 조사해 본다. 즉, 프로그램의 효과는 어떠한 과정을 거쳐 발생하였는지, 그것이 발생하지 않았을 때 어떤 과정상에 잘못이 있는지, 더욱 큰 효과를 발생하는 과정은 없는지를 알아보는 작업이다.

사회복지실천 서비스가 의도대로 전달되었는지, 만약 성공적으로 전달되었다면 그 이유는 무엇이었는지, 그리고 누구에게 효과적이고, 어느 상황에서 효과적인지? 성공과 실패의 원인이 어디에 기여했는지를 파악하는 평가 방법이다.

과정평가는 사회복지실천과정을 분석하기 위한 것으로 성과평가에서 빠지기 쉬운 프로그램의 준비, 진행, 종결 과정에서 환경적인 요인과의 관련성을 프로그램의 과정에 따라 분석하는 기법이다. 과정평가를 수행하기 위해 어떤 조사 방법을 선택할 것인가는 연구문제의 성격에 따라 다르게 선택된다. 연구 문제에 따라 사례연구방법, 기록검토, 참여관찰, 욕구조사 등 다양한 방법으로 과정평가를 할 수 있다.

③ 사회복지사 평가

사회복지사의 행동이나 태도 등이 개입에 어떠한 영향을 주었는지 파악하기 위해 클라이언트로부터 피드백을 받는 것이다.

(4) 평가 목적에 따른 분류

① 형성평가

형성평가는 개입 과정에 대한 평가이다. 사회복지실천과정에 초점을 두고 주기적으로 진전 상황을 평가한다. 형성평가는 원조과정 동안 실시한 사정과도 관련되며, 서비스나 프로그램의 효과를 향상시키기 위함이다. 사회복지사가 과정을 검토해 보도록 하고 필요한 경우에는 목적에 벗어나지 않는 범위 내에서 개입 계획을 수정할 수 있도록 한다.

② 총괄평가

총괄평가는 최종 결과물을 평가하고 성공 혹은 실패와 관련된 요인을 알아내는 것이다. 따라서 총괄평가는 활동이 종결되었을 때, 그 활동의 결과로서 산출된 성과와 효율성에 대하여 종합적인 가치판단을 하는 행위이다. 과정평가가 활동과정을 고찰하고, 서비스를 제공하는 여러 단계 동안의 활동이 최종결과에 얼마나 영향을 미쳤는가에 관심을 둔다면, 총괄평가는 결과와 효과성에 관심을 두고 있다. 이러한 평가는 관계의 성질, 세션의 내용, 활동이 이루어진 장면과 같은 것을 고찰한다. 두 가지 형태 모두 사회복지실천에서 중요하며, 평가과정에 포함되어야 할 것이다. 사회복지사가 이용하는 평가의 종류는 부분적으로 사회복지실천과정의 단계나 책임성에 관련되며, 자료를 필요로 하는 기관에 따라 다르다(Johnson & Yanca, 2001).

총괄평가는 프로그램의 최종적 효과를 파악하는 작업이다. 즉, 프로그램이 집행되고 난 후에 그 프로그램이 클라이언트와 사회에 미친 영향을 추정하는 조사 활동이다. 총괄평가는 결과 혹은 산출평가라고 한다. 이처럼 총괄평가에서는 효과성과 효율성을 다 같이 평가해야 한다.

서비스를 제공하기 위하여 짜인 프로그램을 시행함으로써, 어떤 의도된 영향은 클라이언트와 지역사회에 미치게 된다. 즉, 프로그램은 기대하는 장기적 또는 단기적 효과를 일으킨다. 이러한 효과가 곧 서비스전달체계가 달성할 목표이다. 예를 들면 기능의 회복, 사회적 재활, 건강회복, 생활능력의 향상, 자조능력의 향상, 클라이언트의 만족도 등은 사회복지 프로그램이 이룩하는 산출이요, 효과인 것이다. 그리고 어떤 프로그램은 장래 상당한 기간에 걸쳐서 클라이언트, 그의 가족 및 사회에 장기적으로 효과를 미칠 수 있다.

이밖에도 전문가들의 합의하에 프로그램의 목표에 따라 여러 가지 평가기준을 작성할 수 있다. 간단명료하면서도 결과를 적정하게 측정할 수 있는 평가기준을 작성한다는 것은 하나의 기술이라고 할 수 있다. 그리고 결과평가에는 위에서 지적한 바와 같이 서비스를 받은 후 3년 또는 이보다 더 긴 기간에 걸쳐 사후 결과(프로그램의 장기적인 영향)를 추적하는 경우도 있다.

③ 통합평가

형성평가와 총괄평가를 통합한 평가이다. 단일사례연구를 통합평가로 보기도 하고 과정평가나 총괄평가의 변형으로 보기도 한다.

3. 프로그램 평가

프로그램 평가는 가족상담, 사례관리, 가정위탁보호 등과 같은 많은 클라이언트나 전체 지역사회에 제공하는 프로그램의 효과성과 효율성을 평가하는 것이다(Compton & Galaway, 1999). 프로그램 평가 역시 형성적이고 총괄적일 수 있다. 프로그램 평가는 프로그램을 검토하고 기관의 클라이언트나 지역사회에 더 좋은 서비스를 제공하도록 기능수행을 변화시키는 데 기초를 두고 사용된다면 형성적이다. 반면, 평가가 이사회나 재원 제공자에게 노력의 결과를 보고하는 데 사용된다면 총괄적인 것이다. 허드슨과 그린넬(Hudson & Grinnell, 1989)은 프로그램 평가의 다섯 가지 범주를 다음과 같이 제시하였다.

① 욕구사정: 프로그램 수립에 대한 가능성을 결정하는 것이다.
② 평가가능성 사정: 프로그램이 평가될 수 있는가를 결정하는 것, 자원을 활동에 연결해 주고 활동을 의도된 결과로 이어주는 논리뿐 아니라, 프로그램에 필요한 자원, 예상되는 프로그램 활동, 그리고 의도한 프로그램 결과를 분명히 한다.
③ 과정분석: 프로그램에 대한 개입을 모니터하고 측정하는 것이다.
④ 결과분석: 프로그램의 효과성을 결정하기 위해 프로그램 결과를 측정하는 것, 프로그램 비용의 측정과 병행할 때, 결과분석은 비용-효과와 비용-편익을 설명해 준다. 비용-편익연구는 비용-효과성 연구 이상의 많은 이익을 고려한다.
⑤ 프로그램 모니터: 자원과 활동, 결과에 대한 프로그램 자료의 계속적이며 끊임없는 수집과 분석, 그리고 프로그램 정보에 관한 보고를 말한다. 과정 및 결과 분석이 한 번의 연구로 끝날 수 있지만, 모니터는 계속되며, 보통 컴퓨터에 들어 있는 정보시스템을 포함한다.

1) 프로그램 평가의 목적

프로그램 평가는 프로그램 자체나 정책 또는 지역사회를 대상으로 사회복지 서비스의 질적 향상과 사회문제를 효과적, 효율적으로 해결하기 위해 수행된다. 프로그램 평가의 목적은 구체적으로 다음과 같다.

첫째, 프로그램 수행 시 합리적 결정을 내림으로써 프로그램을 바람직하게 추진하기 위해서이다. 둘째, 기관예산을 포함한 자원의 사용과 예산의 효율성 및 효과성을 평가하여 기관운영에 책임성을 갖게 하기 위해서이다. 셋째, 프로그램 실시 이전과 이후를 비교하여 효과를 검증함으로써 이론 형성에 기여하기 위해서이다. 넷째, 프로그램 계획 단계에서 계획 과정을 평가함으로써 프로그램 진행 과정을 개선하기 위해서이다. 다섯째, 새로운 프로그램의 개발 및 프로그램 개발비 산출 등 설계적 목적을 위해서이다. 여섯째, 합리적 자원배분과 서비스전달체계의 개선을 위해서이다.

2) 프로그램 평가의 중요성

첫째, 사회복지 분야에 투입된 공적 자원과 민간자원의 투명성과 서비스의 효과성, 효율성 등에 대한 책임성이 요구되기 때문이다.

둘째, 사회복지기관이 수행하는 프로그램이 기관의 목적에 적합한 정도를 객관적으로 평가하고 기관의 정체성을 확립하는 데 기여할 수 있다.

셋째, 프로그램이 보다 다양한 사회적 욕구와 문제를 체계적, 통합적으로 충족시키고 있는가를 평가함으로써 전문성을 향상할 수 있다.

넷째, 프로그램의 내용이나 운영이 수혜자의 욕구에 적극적으로 부응하여 수혜자에게 편의를 제공하고 있는가를 평가하여 수혜자 중심적 운영을 도모할 수 있다.

다섯째, 프로그램의 평가 지표가 미리 제시되는 경우 기관 운영자는 평가 지표에 따라 일정한 방향으로 프로그램을 운영할 수 있다.

여섯째, 사회복지프로그램과 관련되어 객관적 이론을 정립하는 데 기여할 수 있다.

3) 프로그램 평가의 기준

프로그램 평가의 기준은 합법성, 노력성, 효과성, 효율성, 적절성, 접근 가능성, 만족성, 지속성, 적합성, 포괄성, 사회적 형평성 등이 있다.

① 합법성: 사회복지 프로그램이 관련 법률과 운영규칙 등에 적합하게 운영된 정도에 대한 평가

② 노력성: 다양한 프로그램과 관련된 사람들이 프로그램을 위해 노력하고 일한 정도에 대한 평가

③ 효과성: 목적 달성 정도를 나타내는 평가기준으로 프로그램의 성공여부를 나타냄

④ 효율성: 투입과 산출의 비율로서 최소한의 비용으로 최대의 산출을 낳

았는가에 대한 평가

⑤ 적절성: 프로그램 실현 가능성으로 현실적으로 적합한 범위 내에서 프로그램이 계획되고 운영되는가에 대한 평가

⑥ 접근 가능성: 모든 사람이 시간적, 공간적, 비용적, 심리적, 지리적으로 손쉽게 서비스를 이용할 수 있는가에 대한 평가

⑦ 만족성: 프로그램을 이용한 사람들의 주관적 만족도와 문제해결 정도에 대한 평가

⑧ 지속성: 클라이언트가 서비스의 중단이나 누락 없이 지속적으로 서비스를 제공 받을 수 있는 정도에 대한 평가

⑨ 적합성: 프로그램이 서로 다른 클라이언트의 욕구에 적합한가에 대한 평가

⑩ 포괄성: 다양한 욕구를 충족시키기 위해 다양한 서비스가 제공되고 있는 정도에 대한 평가

⑪ 사회적 형평성: 서로 다른 처지에 있는 사람들을 다르게 대우하는 수직적 형평성, 같은 처지에 있는 사람들을 똑같이 대우하는 수평적 형평성의 측면을 평가할 수 있음

4) 프로그램 평가의 방법

프로그램 평가의 방법에는 직접적 관찰, 자기보고 평가척도, 표준화된 측정도구가 있다. 구체적 특징은 다음과 같다.

① 직접적 관찰: 변화 여부가 명백하고 객관적으로 규정할 수 있는 경우 변화여부를 관찰하는 것이다. 관찰의 대상은 행동 또는 심리일 수 있으며, 심리상태를 평가하기 위해서는 행동용어로 구체화해야 한다.

② 자기보고 평가척도: 클라이언트의 내적인 상태를 평가하기에 적절하다.

③ 표준화된 측정도구: 결과를 측정하기 위해 표준화된 측정도구를 활용하므로 누구나 일정하게 기입하는 절차가 있다. 측정도구를 사용할 때에는 도구의 타당도, 신뢰도, 유용성, 민감성, 적용의 용이성 등을 고려해야 한다.

(1) 동료 검토

동료 검토는 사회복지사의 수행 정도를 동료 사회복지사가 평가하는 것이다. 동료 검토에서 사용될 수 있는 항목은 다음과 같다.

- 클라이언트의 문제가 명확히 기록되었는가?
- 클라이언트와 가족구성원이 치료계획에 참여하였는가?
- 치료계획이 기록되었는가?
- 개입방법은 클라이언트의 문제에 적합한 것이었나?
- 클라이언트와의 접촉 빈도와 기간은 문제와 관련해서 적합했나?
- 치료계획, 사회복지사의 행동, 사용된 접근방법이 영구적인 계획을 염두에 두고 있는가?
- 지역사회 자원을 적절하고 효과적으로 사용했는가?
- 목표로의 진척이 뚜렷이 보이는가?
- 사례기록이 명확하고 분명하며 간결한가?
- 필요로 하는 기관양식이 기록되어 있는가?

(2) 클라이언트 만족도 설문

개입기간 동안 클라이언트가 받은 서비스에 대해 클라이언트의 의견을 구하는 것이다. 개입의 최종 당사자가 클라이언트이고 사회복지사나 기관의 궁극적 목적도 클라이언트에 대해 최선의 서비스임을 고려할 때, 개입에 대한 클라이언트의 반응은 매우 중요하다.

4. 사례연구 설계

1) 단일사례연구 설계

(1) 단일사례 설계의 개념

단일사례 설계는 개인 및 가족 소집단 등을 대상으로 문제를 해결하기 위한 개입의 효과를 과학적으로 입증하는 것이다.

(2) 단일사례조사 설계의 유래와 특성

단일사례연구의 일차적인 목적은 가설의 검증에 있는 것이 아니라 어떤 표적 행동에 대한 개입의 효과성을 분석하는 데 있다. 단일사례조사는 양적 연구의 한 방법으로 하나의 사례에 대해 그 변화를 계량적으로 분석하는 데 초점을 두는 반면 사례연구는 질적 연구방법 중 하나로 개인이나 집단의 특정 문제나 특성을 있는 그대로 관찰하여 기술하고 분석하는 연구 방법이다. 단일사례조사 설계는 개입의 변화를 시각적·객관적·계량적으로 보여주는 새로운 연구방법으로 활용되기 시작하였다. 단일사례조사 설계는 다른 조사방법과 비교해 볼 때, 다음과 같은 특징이 있다.

① 단일사례

단일사례조사 설계에서는 하나의 사례를 두고 개입의 효과를 평가하는데 한 사례를 반복 관찰함으로써 미치 집단실험조사에서의 동세집난과 실험집단과 같은 집단 비교의 효과를 구하는 특징이 있다.

② 개인이나 집단

단일사례조사 설계의 조사대상이 되는 사례는 개인이나 집단 모두가 능하다. 집단을 하나의 사례로 보고 개입의 효과를 구할 경우에는 집단 구성원의 개별 정보를 평균이나 전체 빈도 등으로 묶어 하나의 사례로 다룬다. 이처럼 집단 외에 조직, 지역사회, 문화적 단위 등 어떤 것이든 그것이 하나의 단위로 묶이면 단일사례조사 설계의 대상이 될 수 있다.

③ 반복측정

단일사례조사 설계는 사례가 하나이므로 통제집단을 따로 갖지 않고 비교 대상을 사례 내부에 두고 있다. 즉, 하나의 사례에 대한 반복측정을 통해 종속변수 값들의 변화를 두고 개입 독립변수의 효과를 파악하는 것이다. 반복측정을 통해 자료를 수집하는 것은 통제집단을 대신한다는 점에서 좋은 대안이 되기는 하지만, 반복측정 자체에서 야기되는 조사대상자의 반응 등과 같은 문제가 야기될 수 있다.

④ 즉각적인 피드백

단일사례조사 설계는 개입의 효과를 확인하기 위해 사례의 진행 자료들로부터 나오는 피드백 정보에 의존한다. 주기적으로 연속해서 수집되는 자료들은 개입의 효과로 나타나는 표적행동의 변화를 상시적으로 제공한다.

⑤ 표본의 크기=1, 분석 단위=1, N=1

단일한 대상(개인, 집단, 조직, 지역사회 등) 사례, 즉 하나의 대상 또는 사례를 대상으로 한다. 조사의 대상이 되는 사례는 개인 또는 집단이다.

⑥ 반복적 관찰

경향과 변화 정도를 알 수 있도록 반복적인 관찰을 한다. 통제집단이 없는 대신 하나의 사례를 반복적으로 측정함으로써 개입의 효과를 파악한다.

⑦ 즉각적인 환류와 무통제

반복적이고 연속적으로 자료를 수집하기 때문에 개입으로 인한 조사대상의 변화를 주기적으로 파악할 수 있다. 클라이언트는 스스로 통제집단이 되기 때문에 통제집단이 없다. 클라이언트의 문제, 상황, 목적에 관련된 개별화된 기초선은 개입과정 동안 변화를 측정하는 기준이 된다.

⑧ 개입 전후 비교

단일사례 설계는 개입 전을 통제 상태로 보고 개입 중 또는 개입 후의 상태를 실험 처치 후의 상태로 보아 개입 전후를 비교, 실험조사 설계의 통제집단 후 비교설계와 같은 논리를 가지고 찾는다.

2) 단일사례 설계의 이점

(1) 목표와 개입 계획 단계

사회복지사는 단일체계 설계의 틀에 근거하여 목표를 사려 깊게 재고해 볼 수 있다. 단일사례연구 설계에서 요구되는 종속 및 독립(치료)변수의 명확한 분류를 통해 사회복지사는 이 둘의 혼돈 가능성을 줄인다.

(2) 클라이언트 목표의 평가단계

다양한 자료를 통해 다양한 유형의 정보를 얻게 되므로 이로써 편견을 줄이고, 클라이언트의 상황에 대한 좀 더 정확한 자료를 만들 수 있다.

3) 단일사례조사의 과정

(1) 표적행동의 선정

단일사례조사에서는 우선 개입 대상이 되는 클라이언트의 문제행동을 표적행동으로 선정해야 하는데, 이는 단일사례조사의 종속변수가 된다. 그리고 이 표적행동은 클라이언트에게서 도출되어야 하며, 구체적이고 측정 가능한 것이어야 한다.

예를 들면, 클라이언트의 막연한 신경쇠약이 아니라 신경쇠약으로 나타나는 증상인 손톱 물어뜯기', '과식', '말더듬', '제산제의 과도한 사용' 등을 표적행동으로 삼아야 한다. 이 표적행동은 무엇보다 시간 간격을 두고 반복 관찰하며 이 표적행동을 기초로 사회복지사의 개입에서 명확한 목표를 설정해야 한다.

표 14-1을 보면 클라이언트의 문제와 표적행동, 목표설정에 대한 예시다.

표 14-1 단일사례조사 – 구체적 표적행동과 개입 설정 사례

문제	구체적인 표적행동	명확한 개입목표
학교 결석	일주일에 2~3일 무단결석	일주일에 5일 모두 등교
아버지와의 나쁜 관계	아버지와 1년 동안 외출 1회, 일주일에 말다툼 2~3회	일주일에 한 번은 상호 동의하에 2시간 이상 함께 보낸다. 여기에서는 말다툼이 없어야 함
직장 스트레스	스트레스로 인한 위산과다로 제산제를 하루 2회 복용	제산제 복용 횟수 줄이기 (주 1~2회)
우울증	먹고 싶지 않음 우울증 점수가 높음 사회활동에 참가하지 않음	하루 세 끼 식사하기 우울증 점수를 유의미하게 줄이기 일주일에 세 번은 사회활동에 참여하기

출처: 최일섭, 김성한, 정순둘(2001), pp. 128-130.

(2) 기초선

단일사례 설계는 우선 측정할 수 있는 목적을 설정하고 개입 이전의 행동 빈도를 보여주는 기초선을 설정한다. 단일사례 설계에서 변화의 정도를 측정하기 위해 개입 시점에서 설정하는 기준선으로 개입하기 이전 단계이며 A로 표시한다. 개입 시점에서 설정하는 기준선으로 개입하기 이전 단계이며 A로 표시한다.

(3) A와 B

A는 보통 설정된 기초선을 의미하며, 개입 전 국면이라고도 한다. B는 개입 단계를 의미하며 복수의 개입유형이 사용되면, C, D 등으로 표기한다. 일반적으로 기초선의 기간은 얼마나 자주 표적행동이 발생하고 그 패턴이 얼마나 안정적인지에 따라 결정된다. 안정적인 패턴이 나타나면 적절한 기초선이 된다.

왜냐하면 안정적인 패턴일 경우 효과적인 개입에 대한 클라이언트의 변화를 쉽게 관찰할 수 있기 때문이다. 산만한 패턴일 경우에는 조금 더 긴 기간의 기초선이 필요하지만 기초선의 기간이 과도하여 개입을 지연하지 않도록 조절하여야 한다.

일반적으로 기초선의 관찰 횟수는 최소한 3회로 본다.

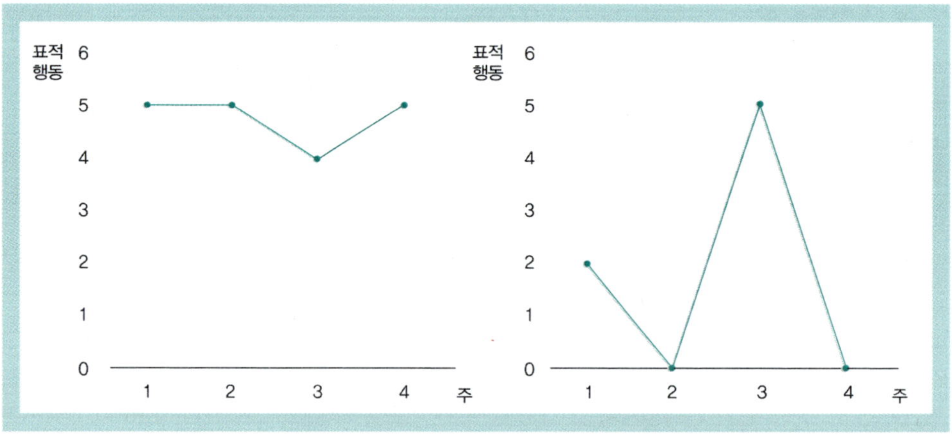

기초선의 패턴: 안정적 패턴(좌) 대 산만한 패턴(우)

4) 유형

(1) AB설계: 기본 단일설계(기초선 → 개입 단계)

AB설계를 기본 단일설계라고도 하며 AB설계는 기초선(A) 설정 후 개입(B)이 뒤따르는 것을 말한다.

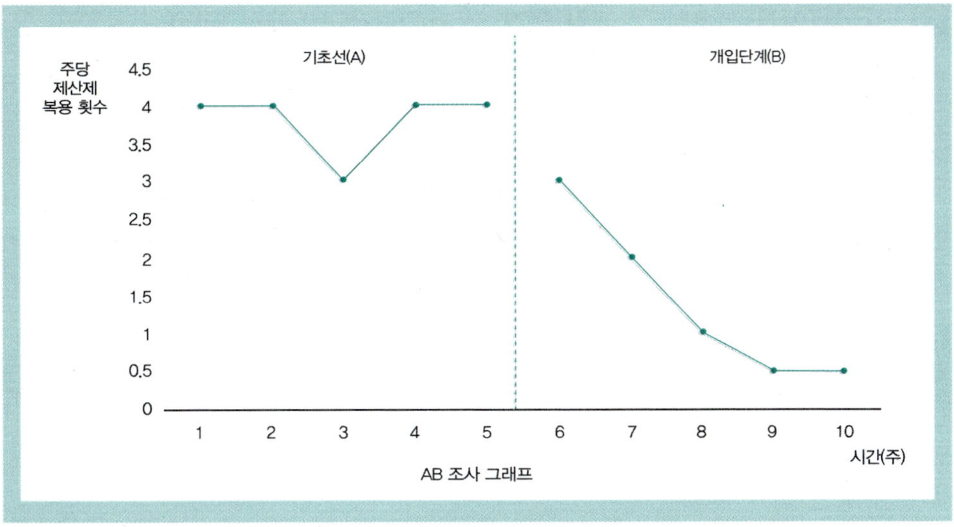

*제산제를 복용한 횟수가 감소한 것은 분명하지만 그 감소가 100% 워커의 개입(상담)에 의한 것이라고 할 수 없다. 왜냐하면 스트레스를 받던 직장을 그만두었다든가, 상사의 전출 등 제3의 요인에 의해 제신제 복용 횟수가 경감하였을 수도 있기 때문이다.

(2) ABA설계(기초선 → 개입 단계 → 제2기초선)

AB설계에 개입을 중단하는 제3의 국면 A를 추가, 변화의 개입 효과성을 확인할 수 있게 만든 설계이다. ABA설계는 기초선(A) → 개입(B) → 기초선(A)의 형태로, 개입 이후에 기초선 관찰이 다시 이루어진다.

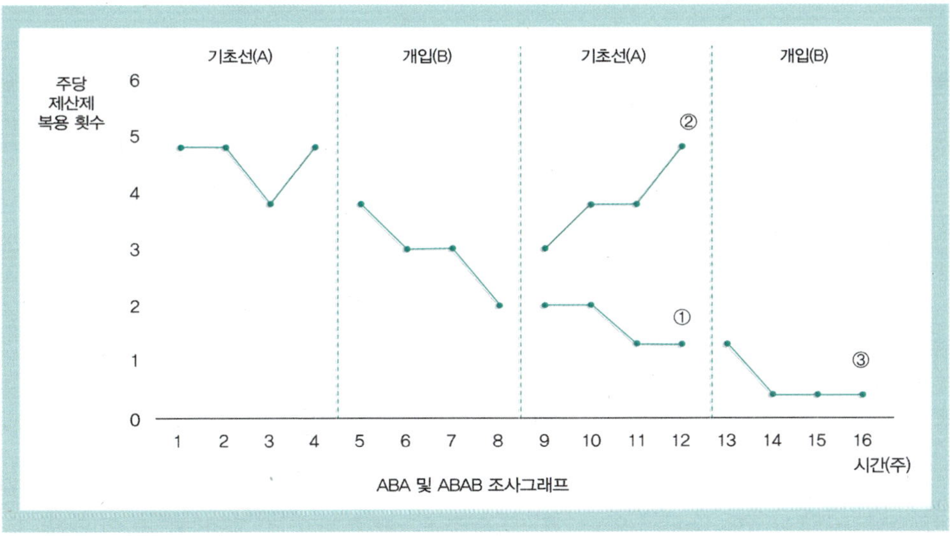

(3) ABAB설계(기초선 → 개입 단계 → 제2기초선 → 개입 국면)

ABA설계에 다시 개입을 재개하는 B국면을 추가한 설계이다 즉, ABAB 설계는 외생변수를 좀 더 효과적으로 통제하기 위해 제2기초선(A)과 제2개입 단계(B)를 추가하는 것이다. 다시 말하면 기초선(A) → 1차 개입(B) → 반전, 철회(A) → 2차 개입(B) 형태이다. 두 번째(A)에서는 개입을 철회한다.

(4) BAB설계(개입 단계 → 기초선 단계 → 개입 단계)

기초선 측정 없이 바로 개입할 때 사용하는 설계이다. 클라이언트가 위기에 처해 있거나 기초선을 측정할 수 없는 상황에서 바로 개입하는 설계이다.

(5) 다중요소 설계(기초선 단계 → 서로 다른 개입방법 사용)

다중 요소 설계에는 ABCD, ABA, ABACA설계 등이 있다. 하나의 기초선 자료에 대해 여러 가지의 각기 다른 개입방법을 연속적으로 도입해 보는 것이다. A는 기초선이고 B, C, D는 각기 다른 개입방법이다.

A는 기초선이고 B, C, D는 각기 다른 개입방법이다.

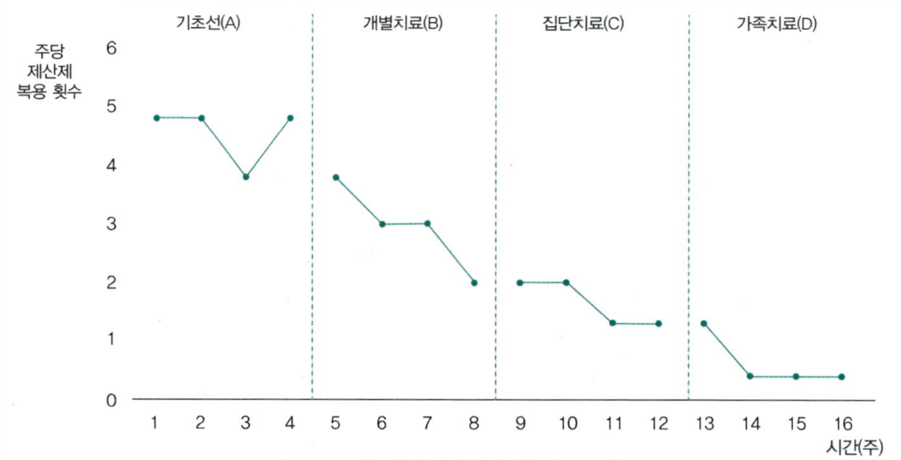

ABCD 조사그래프 (우울증 환자에 대한 다중치료)

집단치료와 가족치료는 개별 치료의 연장이며, 또 다른 형태의 개입이다. 다양한 형태의 개입이 적용된 후 우울증은 지속적으로 완화되고 있음을 보여준다. 이 조사 유형은 연속적인 개입, 즉 첫 개입에 대한 효과가 나타나지 않는 경우 다른 형태의 개입을 시작하거나 애초에 다중 개입방법을 계획하는 경우다. 즉 C, D는 B의 연장이며 또 다른 형태의 개입이지만 C, D의 개입 시 ABA(A B A B) 조사처럼 기초선 단계로 다시 돌아가지는 않는다. 이 유형은 클라이언트에게 적합한 새로운 개입방법을 적용해 볼 수 있다는 장점이 있다. 단점으로는 상호작용효과, 즉 클라이언트가 두 가지 혹은 세 가지 개입을 함께 경험함으로써 개입의 효과가 누적되는 경향이 있어 특정한 개입에 대한 개별적 효과를 파악할 수 없다.

(6) 복수 기초선

둘 이상의 기초선을 사용하는 것을 말한다. 개입을 중단하는 대신에 동시에 개입을 시작하므로 윤리적, 실천적 문제를 피할 수 있다. 개입의 인과적 결론을 더욱 확실히 하기 위해 개발된 것이다.

① 문제 간 복수 기초선 설계

하나의 특수한 개입방법이 같은 상황하에 있는 같은 대상자의 다른 문제해결에 효과가 있는지를 평가하기 위해 설계방식, 단 문제는 상호 독립적이어야 한다.

예를 들면, 청소년 보호시설에 있는 길동(15세)은 다른 사람들과 쉽게 싸움을 하고 보호시설의 권위에 잘 도전하며, 학습활동이 원만하지 못한 문제를 가지고 있다. 따라서 사회복지사는 우선 싸움을 적게 하기 위한 개입을 한 다음 효과가 있다면 권위에 덜 도전하도록 개입을 하고 그것이 효과가 있으면 그때 원만한 학습활동을 위한 개입을 순차적으로 하게 된다. 이러한 복수기초선 조사의 장점은 사회복지사의 개입이 문제해결의 원인이라는 증거를 보다 명확히 제공한다는 것이며 특히 대상자 간 복수기초선 조사에서 그렇다. 하지만 이 조사는 비실용적이며 다소 복잡하다는 제한점이 있다. 경우에 따라서 클라이언트의 문제는 개입의 효과를 파악하기 위해 시간적 간격을 두는 것보다는 한꺼번에 해결해야 할 경우가 더 많다.

② 상황 간 복수 기초선

하나의 특수한 개입방법이 같은 대상자의 같은 문제를 두 가지 이상의 다른 상황에서 치료하는 데 효과가 있는지를 평가하는 설계이다.

③ 대상자 간 복수 기초선

특정한 개입방법이 같은 상황(세팅)에서 동일한 문제를 가진 여러 대상자에게 효과가 있는지를 평가하는 것이다. 예를 들면, 양로원에 거주하는 세 명의 클라이언트가 동일한 요실금의 문제를 겪고 있을 경우 (노인용) 기저귀를 착용한 후 요실금 문제가 어떻게 해결되는지를 알고자 할 때 활용할 수 있다.

이때 대상자 간의 상호작용을 해소하기 위해 각각 기초선을 달리한다. 즉, 첫 번째 클라이언트에게 먼저 개입한 후 그 효과가 나타나면, 두 번째 클라이언트에게 개입하고 두 번째 클라이언트에게서 효과가 나타나면 세 번째 클라이언트에게 개입하는 방식으로 진행한다.

같은 상황하에서 같은 문제를 가진 여러 사람에게 특정 개입방법을 실시해 그 개입방법이 효과가 있나 보기 위해 사용하는 설계이다.

(7) 철회 설계

ABA설계, ABABA설계 등이 이에 속하다. 기초선(A) 측정 후 일정 기간 동안 개입(B)을 하고, 일정 기간 동안 개입을 중단(A)하는 것을 말한다. 개입한 상태와 하지 않은 상태를 두 번 관찰할 수 있기 때문에 AB설계에 비해 개입에 대한 확신을 얻을 수 있다.

5) 단일사례조사의 장단점

장점	단점
• 실천현장 및 임상적 환경에 쉽게 적용되며 치료과정에 전혀 방해되지 않는다. 그리고 통제집단이나 개입을 위해 많은 클라이언트가 필요하지 않으며 어떤 통계적 지식이나 이론적 배경 없이도 시작할 수 있다. • 시각화에 유리하다. 즉, 개입의 결과를 기초선과 비교하고 검토하기가 용이하다. • 치료과정에서 워커와 클라이언트 간의 지속적인 피드백을 주고받을 수 있다. 그리고 특별한 치료의 목적 또는 문제에 초점을 맞추고 있기 때문에 워커의 개입을 지지하거나 보완한다.	• 일반화하기가 어렵다. 즉, 한 사람의 클라이언트에게는 효과가 있지만 다른 클라이언트들에게도 동일한 효과가 있을지는 확신할 수 없다. • 개입의 각 단계마다 그 기간이 동일하지 않을 수 있어 적용상에 문제가 있을 수 있다. 즉 원칙적으로 기초선 단계와 개입단계 또는 B 단계와 C 단계의 기간은 같아야 하지만 실제 현장에서 모든 단계가 정확하게 동일한 기간을 갖는 것은 거의 불가능하다. • 사회복지사의 개입에서 어떤 단계에서는 고의로 그 개입이 철회되는 상황이 발생할 수 있으므로 때로 윤리적 도전을 받을 수 있다.

6) 단일사례조사 설계 정리

(1) 단일사례조사의 특성

단일사례조사는 그 대상, 즉 N=1조사를 말하는데 여기서 N은 개인, 가족, 집단, 조직체 등이 될 수 있다. 특히 단일사례조사는 조사와 실천의 가교로서 사회복지사의 개입을 과학적으로 조사 연구하는 기능을 한다. 즉, 사회복지사의 개입 전과 개입 후 클라이언트의 상태를 비교함으로써 개입의 효과를 과학적으로 증명할 수 있다. 또한 단순함에 있어 별다른 이론적·통계적 지식이 없어도 이해하고 실행에 옮길 수 있는 장점이 있다. 또 중요한 것은 시각화에 있는데 클라이언트의 변화를 그래프를 통해 잘 표현함으로써 클라이언트의 치료 동기를 높일 수 있다.

(2) 단일사례조사의 과정

단일사례조사에서는 우선 개입 대상이 되는 클라이언트의 문제행동을 표적행동으로 선정해야 하는데, 이는 단일사례조사의 종속변수가 된다. 그리고 개입이 이루어진 후 변화를 비교하기 위해서는 개입 전의 상황을 관찰해야 하는데 이를 기초선이라고 한다. 기초선에서 (A)는 충분한 시간을 두고 관찰하여야 하며, 개입이 이루어진 후 (B) 관찰 또한 기초선과 유사한 기간과 횟수의 관찰이 필요하다. 단일사례조사를 진행하는 마지막 단계는 적절한 유형을 선정하는 것이다. 단일사례조사의 유형으로는 B 조사는(사례조사), A B 조사, ABA 및 A B A B 조사, ABC 및 ABCD 조사 그리고 복수기초선 조사 등이 있다.

(3) 단일사례조사의 결과분석

단일사례조사의 분석방법으로 우선 시각적 분석방법이 가장 흔히 활용된다. 이 시각적 분석으로 명확한 해석을 내리기 곤란한 경우 좀 더 객관적인 방법으로서 통계적 분석방법을 활용한다. 이외에도 클라이언트의 변화가 어떤 실질적인 의미를 주는지 확인하는 임상적 분석방법이 있다.

참고문헌

강기정 · 김연화 · 박미금 · 송말희 · 이미선(2009). 건강가정론. 경기: 양서원.

강문희 · 박경 · 강혜련 · 김혜련(2006). 가족상담 및 심리치료. 서울: 신정.

강주희(2005). 인지 · 정서 · 행동치료(REBT)를 활용한 체계적인 불안 감소 훈련 프로그램의 효과. 대구가톨릭대학교 대학원 박사학위논문.

강철희 · 정무성(2006). 지역사회복지론. 나남.

강호선 · 김민경 · 조영미(2011). 가정폭력사례의 적용과 실제. 1366 경남센터.

고수현(2010). 사회복지사업현장론. 경기: 양서원.

권중돈 · 김동배(2005). 인간행동과 사회환경. 서울: 학지사.

권진숙 · 신혜령 · 김정진 · 김성경 · 박지영(2008). 가족복지론. 경기: 공동체.

김경호(2011). 사회복지실천론. 양서원.

김계현(1995). 상담심리학. 서울: 학지사.

김기태 · 김수환 · 김영호 · 박지영(2006). 사회복지실천론. 경기: 양서원.

김동일(1998a). 학업발달상담. 교육학대사전. 서울: 하우.

김동배 · 이윤로(2004). 집단사회사업의 실천과 평가. 경기: 21세기사.

김만호(2010). 지역사회복지론. 양서원.

김병숙 · 심봉환(1994). 고용촉진을 위한 직업정보의 활용방안. 천안: 한국기술교육대학교.

김범수 · 신원우(2006). 지역사회복지론. 경기: 공동체.

김영애 · 김정택 · 심혜숙 · 정석환 · 제석봉(2005). 가족치료. 서울: 시그마프레스.

김용민(2009). 사회복지실천기술론. 서울: 청목출판사.

김용환 · 김승돈 · 송기영 · 안외자 · 양정안 · 이덕희(2016). 사회복지실천기술론. 동문사.

김운삼 · 유도경 · 윤경원 · 이기용 · 이치균(2017). 교육학개론. 수양재.

김윤재 · 이수영 · 김경우 · 김정수 · 김은혜(2007). 가족복지론. 서울: 동문사.

김익균 · 박은미 · 이정남 공저(2009). 가족복지론. 서울: 동문사.

김정진(2024). 사회복지실천기술론(개정 3판). 서울: 학지사.

김종일(2004). 지역사회복지론. 경기: 현학사.

김통원 · 김용득(1998). 사회복지실천 사례관리. 서울: 지샘.

김충식 · 나용선 · 서상범 · 신상수 · 최명주(2009). 사회복지실천기술론. 경기: 공동체.

김형식(1997). 사회복지프로그램 평가기법. 서울: 아시아 미디어리서치.

김형태(2005). 상담심리학. 서울: 동문사.

김혜경 · 도미향 · 문혜숙 · 박충선 · 손홍숙 · 오정옥 · 홍달아기(2006). 가족복지론. 경기: 공동체.

김혜란(1996). 과제중심 모델의 적용에 관한 연구. 한국 사회복지학, 30, 25-47.

김혜란 · 홍선미 · 공계순(2006). 사회복지실천기술론(개정2판). 경기: 나남출판.

김혜란 · 홍선미 · 공계순 · 박현선(2022). 사회복지실천기술론. 서울: 학지사.

김혜선 · 박혜인 · 옥선화(2005). 가족관계학. 서울: 한국방송대학교출판부.

김혜숙(2003). 가족치료 이론과 기법. 서울: 학지사.

김혜숙 · 박주현 · 이영주 · 임상록(2012). 가족상담 및 치료. 서울: 신정.

김혜영 · 석말숙 · 최정숙 · 김성경(2010). 사회복지실천기술론. 경기: 공동체.

김흥규 · 원애경(2007). 상담심리학. 경기: 양서원.

남세진 · 조흥식(1997). 집단지도방법론(전정판). 서울: 서울대학교출판부.

노안영(2006). 상담심리학의 이론과 실제. 서울: 학지사.

노안영 · 송현종(2007). 상담실습자를 위한 상담의 원리와 기술. 서울: 학지사.

노충래(역)(2006). 집단사회복지실천. 서울: 학지사.

노혜련(1995). 가족치료실천: 말기과정. 이화여대사회사업학과 편. 가족치료총론. 서울: 동인.

류종훈(2005). 사회복지실천기술론. 서울: 유풍출판사.

류현수 · 이정숙 · 김주아(2009). 가족관계와 복지. 서울: 동문사.

박경란 · 이영숙 · 전귀연(2004). 현대가족학. 서울: 신정.

박민자(2003). 가족과 한국 사회. 서울: 경문사.

박성석 · 오정아 · 이영주 · 최경화 · 최금해(2009). 가족복지론. 경기: 양서원.

박주현 · 최더경(2013). 가족과 젠더. 서울: 창지사.

박태영(2003). 지역사회복지론. 경기: 현학사.

변화순 · 조은희(2003). 다양한 가족출현에 따른 쟁점과 가족 관련법의 방향 정립에 관한 연구. 한국여성개발원 연구보고서.

보건복지부(2012). 2012년 정신보건사업 안내.

사회복지교육연구센터(2009). 사회복지실천기술론. 서울: 나눔의집.

서병완(1988). 학습습관 향상을 위한 집단상담 프로그램. 대학생활연구, 제6호, 59-84, 한양대학교 학생생활연구소.

서울시정일보(2011. 3. 28). 대한민국 가족의 변화, 어떻게 볼 것인가?

서혜석 · 이대식 · 조장래 · 정향숙 · 이영희 · 곽의향 · 김미혜 · 박우진 · 조상임(2008). 사례관리. 경기: 양서원.

서혜석 · 이혜숙 · 한경리 · 박지윤(2024). 사회복지실천기술론. 경기: 공동체.

설진화(2008). 사회복지실천기술론. 경기: 양서원.

성규탁(1994). 사회복지프로그램의 평가. 계간 사회복지, 122, 3-26.

성정현(2006). 가족복지론. 경기: 양서원.

손병덕 · 황혜원 · 전미애(2008). 가족복지론. 서울: 학지사.

손재석 · 황미영 · 장경옥 · 윤경원(2019). 정신건강론(2판). 정민사.

송성자(2001). 한국가족문화와 가족치료접근. 한국가족치료학회지, 9(1), 1-20.

신성자 · 고유나 · 권신혜 · 김수정 · 박용권 · 성희자 · 이현정 · 전보경 · 정숙희 · 최은지(2007). 사회복지실천기술론. 경기: 양서원.

양옥경 · 김정진 · 서미경 · 김미옥 · 김소희(2011). 사회복지실천론(개정4판). 경기: 나남출판.

엄명용 · 김성천 · 오혜경 · 윤혜미(2011). 사회복지실천의 이해(3판). 서울: 학지사.

원요한(2007). 사회복지실천기술론. 경기: 학현사.
유동수(2000). 감수성 훈련. 서울: 학지사.
유영주 · 김경신 · 김순옥(1995). 결혼과 가족. 서울: 경희대학교출판국.
윤현숙 · 김기환 · 김성천 · 이영분 · 이은주 · 최현미 · 홍금자(2001). 사회복지실천기술론. 서울: 동인.
윤경원(2016). 인성과 자기계발. 동문사.
이경남 · 김인숙 · 김현주 · 박은주 · 서화정 · 이순영 · 이찬희 · 허영숙(2008). 사회복지실천론. 서울: 학지사.
이경희 · 이경준 · 이규은 · 유비(2024). 사회복지실천기술론. 동문사.
이경희 · 이소희 · 방은희(2004). 가족복지. 서울: 형설출판사.
이근홍(2006). 인간행동과 사회환경. 경기: 공동체.
이나미(1995). 에로스 타나토스. 서울: 형단문화사.
이우언 · 윤경원 · 안외자 · 박선태 · 최병태(2017). 인간행동과 사회환경. 동문사
이성진(2005). 행동수정. 서울: 교육과학사.
이소희(2003). 가족문제와 가족복지. 서울: 양지.
이장호 · 김연수(1992). 집단상담의 원리와 실제. 서울: 법문사.
이준우(2009). 사회복지실천기술론. 파란마음.
이애재(2006). 사회복지실천기술론. 경기: 양서원.
이여봉(2006). 가족 안의 사회, 사회 안의 가족. 경기: 양서원.
이영분 · 김기환 · 윤현숙 · 이은주 · 이원숙 · 최현미 · 홍금자(2002). 사회복지실천론. 서울: 동인.
이영호(2008). 사회복지실천기술론. 경기: 공동체.
이옥선(2008). 사회복지실천기술론. 서울: 박문각.
이원숙(2012). 가족복지론(3판). 서울: 학지사.
이유섭 · 손연숙 · 허홍무 · 박영숙(2009). 사회복지실천기술론. 서울: 레인보우북스.
이윤로(2007). 사회복지실천기술론(2판). 서울: 학지사.
이윤로 외(역)(2003). 사회복지실천기술론. 서울: 현학사.
이인정 · 최해경(2004). 인간행동과 사회환경. 서울: 나남출판.
이인정 · 최해경(2007). 인간행동과 사회환경(개정2판). 경기: 나남출판.
이장호(1998). 상담심리학. 서울: 박영사.
이장호 · 정남운 · 조성호(2006). 상담심리학의 기초. 서울: 학지사.
이종목 · 오익수(1984). 성취동기 육성 프로그램의 개발과 그 실시효과. 학생생활연구, 29-58, 전남대 학생생활연구소.
이재창(1994). 진로교육 발전방안 탐색에 관한 연구. 진로교육연구, 2, 80-119.
이정근(1989). 진로지도의 실제. 서울: 성원사
이정서(2024). 사회복지실천기술론. 동문사.
이준우(2009). 사회복지실천기술론. 서울: 파란마음.
이준우 · 이화옥 · 임원선(2006). 사회복지실천론. 서울: 인간과복지.

이형득(1995). 집단상담의 실제. 서울: 중앙적성출판사.

이형득(1998). 자기성장집단상담의 단계별 발달과정. 집단상담연구, 1(1), 35-62.

이혜성(1988). 잠재력 개발을 위한 집단 상담 프로그램, 대학생활연구, 제6집, 41-58, 한양대 학생생활연구소.

이효선(2003). 사회복지윤리와 철학의 이해. 서울: 학지사.

임은희(2004). 사회복지실천론. 서울: 학지사.

임상록 · 구승산 · 권향임 · 박주현 · 손경숙 · 윤영미 · 이명순 · 정옥희(2009). 사회복지실천의 이해. 서울: 파란마음.

임상록 · 박주현 · 배은숙 · 오세숙 · 이명순 · 이영주 · 이혜자 · 최덕경(2010). 사회복지실천기술론. 서울: 파란마음.

장수미 · 이선민 · 문용준(2006). 성폭력이 의심되는 여아의 위기개입. 정신보건과 사회사업, 22, 287-303.

장수미 · 최정숙 · 박형원 · 김주현 · 홍현미라 · 이혜경 · 이영선 · 한인영(2010). 사회복지실천기술론. 서울: 학지사.

전남련 · 김재환 · 이혜배(2007a). 아동행동 연구 및 관찰평가. 서울: 창지사.

전남련 · 신재명 · 이권일 · 김상조(2007b). 사회복지실천기술론. 경기: 학현사.

전재일 · 이성희(2003). 사회복지실천기술론(수정판). 서울: 형설출판사.

전재일 · 이준상(1998). 사례관리의 기초. 사회복지개발연구원.

전재일 · 이종복 · 조운희 · 이준상 · 이애재 · 이성희(2002). 사회복지실천론(개정판). 서울: 형설출판사.

전종국(1985). 집단상담에서의 상담효과 요인에 관한 연구, 대학상담연구, 6(6).

전종국(1998). 집단상담에서의 지금여기 개입의 정당화 및 적용. 집단상담연구, 창간호.

전현수(1998). 인간중심적 실제. 정신치료12. 한국정신치료학회.

정문자 외(2008). 가족치료의 이해. 서울: 학지사.

정명숙 (역)(2007). 사회복지와 심리학. 서울: 시그마프레스.

정진선 · 문미란(2008). 인간관계의 심리. 서울: 시그마프레스.

정원철(2005). 사회복지실천과 상담. 경기: 양서원.

정은영(2008). 문제행동의 예방과 지도. 서울: 국립특수교육원.

정현숙 · 유계숙(2001). 가족관계. 서울: 신정.

정황순 · 박주현 · 김준환(2012). 가족복지론. 서울: 창지사.

조남두 · 윤경원(2010). 인간관계론. 동문사.

조추용 · 오정옥 · 한성심 · 이채식(2005). 가족복지론. 서울: 창지사.

조휘일 · 강정숙 · 권순미 · 권현진 · 김경희 · 양인숙 · 윤정혜 · 이시연 · 이효선 · 원미순 · 전선영 · 최희수(2005). 사회복지실천기술론. 경기: 학현사.

조휘일 · 이윤로(1999). 사회복지실천론. 서울: 학지사.

조흥식 · 김연옥 · 황숙연 · 김융일(2009). 사회복지실천론(개정3판). 경기: 나남출판.

조흥식 · 김인숙 · 김혜란 · 김혜련 · 신은주(2010). 가족복지학(4판). 서울: 학지사.

조흥식 · 김인숙 · 김혜련 · 신은주(2006). 가족복지론. 서울: 학지사.

주은선(역)(2006). 상담의 기술. 서울: 학지사.

제석봉 외(역)(2006). 사회복지 상담심리학. 서울: 학지사.

최해림(1989). 인간중심적 접근에서 치료관계. 정신치료, 3(1). 한국정신치료학회.

최경석 · 김양희 · 김성천 · 김진희 · 박정윤 · 윤정향(2003). 한국 가족복지의 이해. 서울: 인간과복지.

최규련(1991). 가족상담의 과정과 상담자역할에 관한 고찰. 수원대학교 논문집, 9, 171-186.

최규련(2007). 가족관계론. 경기: 공동체.

최규련(2008). 가족상담 및 치료. 경기: 공동체.

최덕경 · 배은숙 · 이금옥 · 정유란 · 박주현(2013). 인간행동과 사회환경. 경기: 양서원.

최선화(2007). 풀어쓴 사회복지실천기술(3판). 경기: 공동체.

최옥채(2000). 지역사회실천론. 서울: 아시아미디어리서치.

최옥채(2005). 사회복지사를 위한 조직화 기술. 경기: 학현사.

최옥채 · 박미은 · 서미경 · 전석균(2011). 인간행동과 사회환경(4판). 경기: 양서원.

한국인구보건연구원 편(1987). 한국 가족구조의 변화. 서울: 한국인구보건연구원(현 한국보건사회연구원).

한덕웅(2002). 집단행동이론. 서울: 시그마프레스.

Baker, B. I.(1995). *The social work dictionary*(3rd ed.). Washington, DC: NASW.

Baker, L., & Brown, A.(1984). Metacognitive skills of reading. In P. D. Pearson, R. Barr, M. L. Kamil and P. Mosenthal(Eds.), *Handbook of Reading Research*(pp. 353-394). New York: Longman.

Bales, R. F.(1953). The Equilibrium Problem in Groups. In T. Parsons, R. F. Bales, & E. A. Shils(Eds.), *Working Papers in the Theory of Action*, 111-161. Glencoe, IL: Free Press.

Berzon, b., Pious, C., & Fanson, R.(1963). The therapeutic event in group psychotherapy: A study of subjective reports by group members. *Journal of Individual psychology, 19,* 204-212.

Bloom, B. S.(1968). *Learning for mastery*. UCLA Evaluation Comment, 1.

Bandura, A.(1977). *Social Learning Theory*. Englewood Cliffs, NJ: Prentice-hall.

Bandura, A.(1978). The self system in reciprocal determinism. *American Psychologist*, 33, 344-358.

Bard, M., & Ellison, K.(1974). Crisis intervention and inverstigation of forcible rape. *Police chief, 41*(5), 68-74.

Barker, R. L.(1991). *The social work dictionary*. Silver Spring, MD: National association of Social Workers.

Barker, R. L.(1995). *Social work dictionary*(3rd ed.). Washington, DC: NASW Press.

Beck, A. T.(1964). Thinking and depression: II. Theory and therapy. *Archives of General*

Psychiatry, 10.

Beck, A. T., Ruch, A. J., Shaw, B. F., & Emery, G.(1979). *Cognitive therapy of depression*. New York: Guilford.

Beckwith, D., & Lopez, C.(1997). *Community Organizing*: People Power from the Grassroots(http://comm-org.edu/paper97/beckwith.htm).

Corsini, R., & Rosenberg, B.(1955). Mechanisms of Group psychotherapy: Process and Dynamics. *Journal of Abnormal And Social psychology*: *51*, 406-411.

Collins, D., Jordan, C., & Coleman, H.(2010). *An introduction to family social work*(3rd ed.). Belmont, CA: Brooks/Cole.

Compton, B. R., & Galaway, B.(1999). *Social Work Process*(6th ed.). Pacific Grove, CA: Brooks/Cole Publishing Company.

Cooper, M., & Lesser, J.(2008). *Clinical Social Work Practice: An integrated approach*(3rd ed.). New York: Allyn & Bacon.

Corey, M. S., & Corey, G.(1992). *Group Process and Practice*. Pacific Grove, CA: Brooks/Cole.

Dobson, K. S., & Dozois, D. J. A.(2001). Hisorical and philosophical bases of the cognitive-behavioral therapies. In Dobson, K. S.(Ed), *Handbook of cognitive-behavioral therapies*(2nd ed.). New York: Guilford.

Dryden, W., & Ellis, A.(1989). Albert Ellis: on efficient and passionate life Interview 1. *Journal of Counseling and Development*, 67, 539-546.

Duvall, E. M., & Miller, B. C.(1985). *Marriage and family development*(6th ed.). New York: Haper & Row, publication.

Edward E. Jacobs, Robert L. Masson, Riley L. Harvill, Group Counseling, 416 pages *Strategies and Skills*, Wadsworth Pub Co(February 26, 2001).

Epstein, L.(1988). *Brief treatment and a new look at the task-centered approach*(4th ed.). New York: McGraw-Hill.

Epstein, L., & Brown, L. B.(2002). *Brief treatment and a new look at the task-centered approach*(4th ed.). New York: Macmillan.

Festinger, L., Schachter, s., & Back, K.(1950). *Social pressures in informal groups: A study of a housing community*. New York: Harper & Row.

Freedman, S., & Hurley, J.(1980). Perceptions of helpfulness and behavior in groups. *Group, 4*, 51-58.

Fravell, J. H.(1976). Metacognitive aspects of problem solving. In L. B. Resnick(Ed). *The nature of intelligence*. Hillsdale, NJ: Erlbaum.

Flexner, A.(1915). Is Social Work a Profession? in Proceedings of the National Conference of Charities and Correction, 42nd Annual Meeting, Baltimore.

Forsyth, D. R.(1991). Change in therapeutic groups. In C.R. Snyder & D.R. Forsyth(1991), *Handbook of social and clinical psychology: The health perspective*. NY: pergamon Press.

Fuhriman A., & Burlianme G. M.(1990). Consistency of Matter: A comparative analysis of individual and group process variables. *The Counseling psychologists*, *18*(1), 6-63.

Freud, S.(1964). Why War? In J. Strachey(Ed.), *Standard Edition of the Complete Psychological Works of Sigmund Freud*(Vol. 22). London: Hogarth Press.

Freud, S.(1966). *Introductory Lectures on Psychoanalysis*. NY: Norton.

Gelatt, H. B.(1962). Decision making: A conceptual frame of reference for counseling. *Journal of Counseling Psychology*, *9*, 240-245.

Gilliland, E. B., & James, K. R.(1997). *Crisis Intervention Strategies*. CA: Brooks/Cole.

Ginsberg, L. H.(2001). *Social work evaluation, principles and methods*. Boston: Alln & Bacon.

Greist, J. H., Klein, M. H., & Erdman, H. P.(1976). Routine on-line psychiatric diagnosis by computer. *American Journal of psychiatry,* 1405-1407.

Gresham, F. M. & Elliot, S. N.(1990). *Manual for the social Skills Rating System.* American Guidance Service.

Greene, R. R., & Ephross, P. H.(1991). *Human Behavior Theory and Social Work Practice*. NY: Aldine de Gruyter.

Greenwood, E.(1957). Attributes of a profession. *Social work, 2*(3), 45-55.

Hamilton, N. G.(1989). A Critical Review of Object Relations Theory. *American Journal of Psychiatry*, *146*, 12-23.

Hartman, A., & Laird, J.(1983). *Family-Centered Social Work Practice*. New York, London: The Free Press.

Hepworth, D. H., Rooney, R. H., & Larsen, J. A.(2002). *Direct Social Work Practice: Theory and Skills*(6th ed.). Brooks/Cole.

Hepworth, D. H., Rooney, R. H., Rooney, G. D., Strom-Gottfried, K. S., & Larsen, J.(2006). *Direct Social Work Practice: Theory and Skills*(7th ed.). Thomson Brooks/Cole.

Hollis, F.(1949). The techniques of casework. *Social Casework, 30*, 235-244.

Hollis, F.(1970). The Psychosocial Approach to the Practice of Casework. In R. W. Roberts, & R. H. Hee(Eds.), *Theories af Social Casework*. Chicago: University of Chicago Press.

Hollis, F., & Woods, M. E.(1981). *Casework: A Psychosocial Therapy*(3rd ed.). New York: Random House.

Holman, A. M.(1983). *Family Assessment.* Beverly Hills/London/New Delhi: Sage Publication.

Howard, H. S.(1980). The Psychotherapy Handbook. edited by Richie Herink, *The New American Library*, Inc., 508-509.

Hudson, J., & Grinnell, R.(1989). Program evaluation. In B. R. Compton, & B.

Galaway(Eds.), *Social Work Process*. Belmont, CA: Wadsworth.

Hunter, J., & Allen, M.(1992). Adaptation to electronic mail. *Journal of Applied communication Research, 20*(3), 254-274.

Johnson, L. C.(1986). *Social work practice: A generalist approach*(2nd ed.). Needham Heights, MA: Allyn & Bacon.

Johnson, L. C., & Yanca, S. J.(2001). *Social work practice: A generalist approach*. Boston: Allyn & Bacon.

Johnson, L. C., & Yanca, S. J.(2010). *Social work practice: A generalist approach*(10th ed.). Boston: Allyn & Bacon.

Kendall, P. C.(1991). *Child and Adolescent Therapy*. The Guilford Press.

Kendall, P.(1993). Cognitive-behavioral therapies with youth: guiding theory. current status, and emerging developments. *Journal of Consulting and Clinical Psychology. 61*(2), 235-247.

Kirst-Ashman, K. K., & Hull, Jr., G. H.(1999). *Understanding generalist practice*. Chicago: Nelson-Hall publishers.

Kirst-Ashman, K. K., & Hull Jr., G. H.(2009). *Understanding Generalist Practice*(5th ed.). Brooks/Cole, Cengage Learning.

Lantz, J. E.(1996). Cognitive theory and social casework. *Social Work, 23*(5), 361-366.

Lewin, K.(1951). *Field Theory in Social Science*. New York: Harper & Brothers Publishers.

Lewin, K., Lippit, R., & White, R. K.(1939). Patterns of Aggressive Behavior in Experimentally Created Social Climates. *Journal of Social Psychology, 10*, 271-301.

Loewenberg, M & Dolgoff, R.(1996). *Ethical Decision for Social Work Practice*(5th ed.). Itasca, IL: F. E. Peacock.

Lowenstein, S. F.(1985). Freud's Metapsychology Revisited. *Social Casework, 6*(3), 139-151.

Lawrence, G. H.(1981). *The Use of Human Computer to Enhance Homework Adjuncts to Psychotherapy*. Unpublished Psy. D. Dissertation, Ruters University, The State University of New Jersery, Ruters.

Lucas, R. W., Mullins, P. J., Luna, C. B., & Mclnroy, D. C.(1997). Psychiatrists and a computer as interrogators of patients with alcohol-related illnesses: A comparison. *British Journal of Psychiatry, 131,* 160-167.

MacKenzie, K. R.(1983). The clinical application of a group climate measure. In R. R. Dies & K. R. MacKenzie(Eds.), *Advances in group psychotherapy: Integrating research and practice*. (pp. 159-170). Madison, CT: International University Press.

Meichenbaum, D.(1977). *Cognitive-behavior modification*. New York: Plenum.

Meichenbaum, D.(1985). *Stress Inoculation training*. New York: Pergamon.

Middleman, R.(1978). Returning Group Process to Group Work. *Social Work with Groups, 1*(1), 15-26.

Miley, K. K., O'Melia, M., & DuBois, B. L.(1995). *Generalist Social Work Practice: An Empowering Approach*. Allyn & Bacon.

Miley, K. K., & Dubois, B. L.(1995). Empowering Processes for Social Work Practice. In W. Shera & L. M. Wells(Eds.), *Empowerment practice in Social Work: Developing Richer Conceptual Foundations*(pp. 2-12). Toronto: Canadian Scholar's Press, Inc.

Moreno, J.(1951). *Sociometry, Experimental Method and the Science of Society*. An Approach a New Political Orientation. New York: Beacon House.

Moreno, J.(1953). *Who Shall Survive? Foundations for Sociometry, Group Psychotherapy and Sociodrama*. New York: Beacon House.

Myer, R. A., Williams, R. C., Ottens, A. J., & Schmidt, A. E.(1992). Crisis assessment: A three dimensional model for triage. *Journal of Mental Health Counseling, 14*, 137-148.

NASW(1981). Standards for the Classification of Social Workers, NASW Code of Ethics. Washington, DC: Author.

NASW(1996). Code of ethics of the National Association of Social Workers. Washington, DC: Author.

Nelson, J. C.(1983). *Family treatment: An interactive approach*. NJ: Prentice Hall Inc.

Nichols, M. P., & Schwartz, R. C.(2005). *The Essentials of Family Therapy*(2nd ed.). Pearson Education, Inc.

Nixon, H. L.(1979). *The Small Group*. Englewood Cliffs. NJ: Prentice-Hall.

Olson, D.(1993). Circumplex Model of Marital and Family Systems: Assessing Family Functioning. In F. Walsh (Ed.), *Normal Family Processes*(2nd ed.). New York: Guilford Press.

Palmer, S., Glass, T., Palmer, J., Loo, S., & Wegener, S.(2004). Crisis intervention with individuals and their families following stroke: A model for psychosocial service during inpatient rehabilitation, *Rehabilitation psychology*, *49*(4), 338-343.

Papell, C. P., & Rothman, B.(1980). Social Group Work Models: Possession and Heritage. In A. Alissi(Ed.), *Perspectives on Social Group Work Practice*, 116-132. New York: The Free Press.

Parad, H. J., & Parad, L. G.(1990). Crisis intervention: An introductory overview. In H. J. Parad & L. G. Parad(Ed.), *Crisis intervention book 2: The practitioner's source-book for brief therapy*(pp. 3-68). Milwaukee, WI: Family Service America.

Payne, M. S.(1991). *Modern social work theory: A critical introduction*, London: Macmillan.

Reid, K. E.(1997). *Social Work Practice with Groups: A Clinical Perspective*(2nd ed.).

Pacific Grove, CA: Brooks/Cole.

Robert, A. R.(2005). *Crisis intervention handbook: Assessment, treatment, and research*(3rd ed.). New York: Oxford University Press.

Rothman, J.(1974). Three models of Community Organization Practice. In Cox, F. et al., *Strategies of Community Organization*. IL: Peacock.

Rusbult, C. E.(1980a). Commitment and satisfaction in romantic associations: A test of the investment model. *Journal of Experimental Social Psychology, 16,* 172-180.

Saleeby, D.(2002). *The strengths perspective in social work practice*(3rd ed.). New York: Longman.

Sarason, B. R., Levine, H. M., Basham, R. B., & Sarason, B. R.(1983). Assessing social support: The Social support questionnaire. *Journal of personality and Social Psychology*, *44*, 127-139.

Seden, J.(1999). *Counselling Skills in Social Work Practice*. Philadelphia: Open University Press.

Sheafor, B. W., & Horejsi, C. R.(2006). *Techniques and Guidelines for Social Work Practice*(7th ed.). Pearson Education. Inc.

Sheafor, B. W., Horejsi, C. R., & Horejsi, G. A.(1997). *Techniques and Guidelines for Social Work Practic*. Boston: Allyn & Bacon.

Sheafor, B., Horejsi, C., & Horejsi, H.(1997). *Techniques and Guidelines for Social Work Practice*. Boston: Allyn & Bacon.

Shulman, L.(1984). *The skills Helping: Individuals, families and Groups*(3rd ed.). Itasca: F. E. Peacock.

Thyer, B. A., & Myers, I.(1997). Behavioral and cognitive theories. In Brandell, J. R.(Ed.), *Theory and Practice in Clinical Social Work*. New York: The Free Press.

Toseland, R. W., & Rivas, R. F.(1984). *An Introduction to Group Work Practice*. New York: Macmilan.

Toseland, R. W., & Rivas, R. F.(1995). *An Introduction to Group Work Practice*(2nd ed.). New York: Macmillan.

Tracy, E. M., & Whittraker, J. K.(1990). The Social Network Map: Assessing Social Support in Clinical Practice. *Families in Society*, 461-470.

Vandiver, V. L., & Corcoran, K.(2002). Guidlines for estabilishing treatment goals and treatment plans with Axis I disorders: Sample treatment plan for generalized anxiety disorder. In A. R. Roberts & G. J. Greene(Eds.), *Social workers' desk reference*(pp. 297-304). New York: Oxford University Press.

Werner, H. D.(1965). *A rational approach to social casework*. New York: Association Press.

Woods, M. E., & Robinson, H.(1996). Psycho social Theory and Social Work treatment. In F. Turner(Eds.), *Social Work Treatment*. New York: The Free Press.

Woods, M. E.(1990). *Casework: A psychosocial therapy*. McGraw-Hill.

Walther, J., & Burgoon, J. K.(1992). Relational communication in computer-mediated interaction. *Human Communication Research*, *19*(1), 50-88.

Young, J. E.(1986). A cognitive-behavioral approach to friendship disorders. In V. J. Derlega and B. A. Winstead(Eds), *Friendship and social interaction*. New York: Springer-Verlag, pp. 147-276.

Yalom, I. D.(1975). *The Theory and Practice of Group Psychotherapy*. New York: Basic Books.

Yalom, I. D.(1995). *The Theory and Practice of Group Psychotherapy*(4th ed.). New York: Basic Books.

Zastrow, C.(1993). *Social Work with Groups*. Chicago: Nelson-Hall Pub.

Zastrow, C.(1995). *The Practice of Social Work*(5th ed.). Pacific Grove, CA: Brooks/Cole.

Zajonc, R. B.(1968). Attitudinal dffects of mere exposure. *Journal of Personality and Social Psychology*. Monograph Supplement 9: 1-27.

Zunker, V. G.(1999). *Career counseling: Applied of life planning*. Pacific Grrove, CA: Brooks/Cole.

저자소개

■ 윤경원

영남대학교 대학원 교육학과 상담심리전공 (교육학 박사)
현) 대원대학교 사회복지(학)과 교수/학과장
전) 영남대학교 교육학과 겸임교수
경운대학교 아동사회복지학부 연구교수
한국상담학회 이사
한국교류분석상담학회 이사 및 학술지 편집위원장
한국진로상담학회 회장
대원대학교 평생교육원장/인권센터장/교수학습센터장/상담센터장
저서) 인간행동과 사회환경, 인간관계론, 정신건강론, 교육학개론, 인성과 자기계발, 자기성장의 열쇠 등 다수

■ 김윤배

건국대학교 일반대학원 졸업 (사회복지학박사)
현) 서영대학교 교수
전) 사회복지공동모금회 기획사업 전문위원회 간사
서울시 등촌1종합사회복지관 과장
저서) 인간행동과 사회환경, 다문화가족의 이해, 직업윤리 등

■ 간호옥

연세대학교 사회복지대학원 박사수료
현) 연성대학교 사회복지학과 전임교수
저서) 사회복지실천론, 사례관리론 등

■ 권태우

동아대학교 대학원 교육학 박사
소아청소년발달센터장 역임
현) 부산과학기술대학교 사회복지과 교수

■ 오선영

원광대학교 일반대학원 가정아동복지학과 박사
현) 충북보건과학대학교 복지행정과 교수/학과장
충청북도 증평군 증평복지재단 이사
전) 춘천교육대학교, 공주교육대학교 외래교수
충청북도 여성고용대책위원회 위원
국민건강보험공단 청주청원서부지사 장기요양등급판정위원회 위원
충북사회복지사협회 자문위원
저서) 사회복지현장실습, 인간행동과 사회환경, 사회복지개론, 아동권리와 복지, 사회복지조사론, 사회복지정책론 등

최신
사회복지실천기술론

초판 1쇄 인쇄 / 2025년 2월 20일
초판 1쇄 발행 / 2025년 2월 25일

•

공저자 / 윤경원 · 김윤배 · 간호옥
권태우 · 오선영
발행인 / 이 중 수
발행처 / 동 문 사

•

서울특별시 서대문구 홍제원 1길 12
(홍제동 137-8)
Tel : 02)736-3718(대), 736-3710, 3720
Fax : 02)736-3719
등록번호 : 1974.04.27. 제9-17호
가격 : 26,000원

•

ISBN : 979-11-6328-668-4(93330)
E-mail : dong736@naver.com